U0748973

刘泽华全集

刘泽华◎著　南开大学历史学院◎编

随笔与评论

天津出版传媒集团

天津人民出版社

图书在版编目(CIP)数据

刘泽华全集.随笔与评论/刘泽华著;南开大学历
史学院编. —— 天津:天津人民出版社,2019.10
ISBN 978-7-201-15219-6

Ⅰ.①刘… Ⅱ.①刘… ②南… Ⅲ.①刘泽华-文集
Ⅳ.①C53

中国版本图书馆 CIP 数据核字(2019)第 193147 号

刘泽华全集·随笔与评论

LIU ZEHUA QUANJI · SUIBI YU PINGLUN

出　　版　天津人民出版社
出 版 人　刘　庆
地　　址　天津市和平区西康路 35 号康岳大厦
邮政编码　300051
邮购电话　(022)23332469
网　　址　http://www.tjrmcbs.com
电子信箱　reader@tjrmcbs.com

总 策 划　任　洁
责任编辑　张　璐
装帧设计　明轩文化·王　烨

印　　刷　河北鹏润印刷有限公司
经　　销　新华书店
开　　本　710 毫米×1000 毫米　1/16
印　　张　24.5
字　　数　396 千字
版次印次　2019 年 10 月第 1 版　2019 年 10 月第 1 次印刷
定　　价　158.00 元

版权所有　侵权必究
图书如出现印装质量问题,请致电联系调换(022-23332469)

前　言

由天津人民出版社编辑出版的《刘泽华全集(全十二卷)》,在众多南开师友、刘门弟子、家属及出版社领导、各位编辑的共同努力下,终于可以问世了。此套全集由南开大学历史学院主持编选,一些事项需要在此说明:

一、刘泽华,享誉海内外的著名史学家、南开大学荣誉教授,1935 年 2 月出生,2018 年 5 月 8 日病逝于美国西雅图,享年 83 岁。自 1960 年大学三年级破格留校任教后,刘先生在南开大学历史系、历史学院执教四十余载,直至 2003 年退休。刘先生曾任南开大学历史系主任、校学术委员会委员、教育部人文社科重点基地中国社会史中心主任等校内外多种重要学术职务,受聘于多家高校及科研单位并担任客座教授,退休后被授予"南开大学荣誉教授"称号。刘先生著作较多,理论观点自成一体,所提出的"王权支配社会""王权主义是传统思想文化的主脉""中国传统政治思想是一种'阴阳组合结构'"等命题和论断,准确而深刻地把握住了中国传统政治文化与政治实践的特点,具有重要的理论创新性,学术影响极大。

二、在几十年的教学与科研进程中,刘先生带起了一支专业素质较强的学术团队,以他的学术观点为灵魂,系统梳理中国传统政治思想的脉络,找寻传统与现代政治理念间的异同,致力于剖析中国现代化进程中的诸多症结,具有鲜明的学术个性、敏锐的问题意识和强烈的现实关怀,被誉为"王权主义学派"或"刘泽华学派"。先生可谓是中国政治思想史领域的代表性人物之一。

三、鉴于刘泽华先生崇高的学术地位及其论著的重要理论价值,《刘泽华全集(全十二卷)》得以入选天津市重点出版项目。为保证文集的学术水平和编纂质量,天津人民出版社与南开大学历史学院密切合作,联手打造学术精品。经刘泽华先生生前授权,由南开大学历史学院主持全集编选工作,成立了由李宪堂、张荣明、张分田教授为主的编选工作组,带领部分研究生收集初稿进行编选,之后又多次协调召开京津地区刘门弟子研讨会,对全集十二卷的顺序、各卷目录及学术年谱进行了反复讨论。天津人民出版社副总编辑任洁带领团队全力投入,负责各卷编辑工作。

四、时值南开大学百年华诞,作为献礼之作的《刘泽华全集(全十二卷)》的出版引起广泛关注。全集编选工作得到各方支持,进展顺利。多位师友提供刘泽华先生文章手稿及照片。阎师母及先生的女儿刘琰、刘璐对全集的出版十分关心,就全集的编撰、封面设计提出不少建设性的意见。葛荃教授代表刘门弟子撰写了全集的序。葛荃、张荣明、李宪堂、孙晓春、季乃礼、林存阳等教授审读了各卷。何平、杨阳、林存光、邓丽兰等诸多刘门弟子,以及诸多南开史学的毕业生纷纷表达期待之情,翘首以待。

五、由于刘泽华先生的写作时间始自 20 世纪 50 年代初,直至 2018 年 5 月逝世前夕,跨度长达半个多世纪,各个时期的学术规范、报刊发表要求不尽相同,给收集整理和编辑工作带来相当大的困难。此次出版,除对个别字句的误植进行订正外,基本保持发表时的原生样态,以充分体现论著的时代性,便于后人理解当代中国史学演变的路径及意义。刘泽华先生的回忆录《八十自述:走在思考的路上》于 2017 年由生活·读书·新知三联书店出版后,引起广泛关注,被誉为"当代中国学人的心灵史",此次全集出版时也将其收录进来,以体现全集的完整性,并于文末附由林存阳教授与李文昌博士所梳理的"刘泽华先生著述目录"。

六、由于印刷模糊、议题存疑等原因,刘泽华先生的个别文章未能收入。希望以后有机会再增补出版,以补缺憾。

七、天津人民出版社《刘泽华全集(全十二卷)》编辑小组的全体编辑,对全集编辑出版工作倾情投入,付出了艰巨的劳动,他们是责任编辑金晓芸、张璐、赵子源、霍小青、孙瑛、王小凤、康嘉瑄、韩伟,二审赵艺编审和三审任洁编审。在此向天津出版传媒集团和天津人民出版社表示衷心的感谢。

刘泽华先生长达半个多世纪的学术生涯是在南开度过的,他对南开大学、南开史学拥有一份真诚、朴素的情感,曾带头汇捐四十万元用于设立"中国思想史奖学金",希望中国思想史学科能后继有人。这套全集也是按照刘先生生前愿望,由南开大学历史学院主持编选,这也是刘泽华先生向南开百年奉献的一份真挚祝福。

唯愿刘泽华先生在天之灵安宁!引导我们永远走在思考的路上!

南开大学历史学科学术委员会

2019 年 10 月 17 日

序:刘泽华先生的学术贡献

葛　荃[①]

刘泽华先生(1935—2018),河北石家庄人,中国当代著名史学家,中国政治思想史研究著名学者。研究领域包括先秦史、政治史、知识分子史、历史认识论和中国古代政治思想史。先生成果丰硕,为当代中国学术研究贡献良多,主要体现在以下三个方面。

一、著述等身

中国政治思想史研究自 1952 年全国院系调整以后基本处于停滞状态。间或也有些研究成果,刘泽华先生此时即有论文面世,大都是先秦诸子及后世思想家方面的学术论文,鲜有专著问世。20 世纪 80 年代改革开放后,中国政治思想史研究得以复苏。1984 年《先秦政治思想史》出版,这是继 1924 年梁启超《先秦政治思想史》[②]之后唯一的一部同名学术专著,其翔实和厚重的程度,体现了中国学术界六十年来的知识积累和理性认知的进步。其后,1987 年《中国传统政治思想反思》出版,这两部著作在学术界形成了重要影响,奠定了刘泽华先生的学术地位。

关于《先秦政治思想史》,据先生自述,这是一部“迄今为止最系统、最全面(包括‘人’和‘书’)、资料最翔实的一部先秦政治思想史”。诚哉斯言!从体例来看,这部著作有三个特点。一是脱出中国哲学史研究的套路,真正形成了

---

①葛荃(1953—　　),安徽巢湖人,系刘泽华先生首徒。曾在南开大学、山东大学任教。现为中国政治学会常务理事,中国政治思想史研究会常务理事兼会长。术业专攻:中国政治思想与政治文化。

②该书一名《中国圣哲之人生观及其政治哲学》。

中国政治思想史的知识体系。二是立论允当,均有翔实的史料依据。所谓"言必有据",这正是先生"让史料说话"治学理念的验证。三是在理论突破方面有所尝试。《先秦政治思想史》的写作时间大约是从 1979 至 1983 年。那个时段的中国刚刚改革开放,曾经的教条主义思想束缚还没有完全破除,在理论方面有所突破是需要胆识和超前意识的。刘泽华先生说:"在研究方法上我突破了用阶级理论定义政治的'铁则'。我认为政治有阶级性,也有社会性。""1949 年以后到本书出版之前所有的思想史著作,在论述人物及其思想时几乎都被戴上'这个'阶级或'那个'阶级的帽子,而我在本书中实行了'脱帽礼',把帽子统统摘掉了。这在当时也可以说是绝无仅有的,谓余不信,不妨翻翻那时的著作。"刘泽华先生延续了"马克思主义"流派的论说方式,破除了教条思维的束缚,摒弃了几十年来桎梏人们头脑甚而轻车熟路的"阶级代入法",形成了夹叙夹议、史论结合、突显学术个性的叙事方式。刘泽华先生以传统中国的政治思维与当下的家国情怀相观照,充分展现了政治思想史研究的理论深度与学术感染力,具有明显的开创性,从而在学术界形成了广泛影响。

《中国传统政治思想反思》更是一部力作。刘泽华先生以鲜明的问题意识"反思"传统,论题包括人性、民论、天人合一、法制、礼论、谏议思想、清官问题,等等。书中提出了中国传统政治思想的研究对象和研究方法问题,论述了传统人文思想与王权主义问题。这些论题的视角和形成的学术判断展现出作者自由思维的敏锐与犀利,引起学界极大的关注。《先秦政治思想史》和《中国传统政治思想反思》开启并奠定了刘泽华先生的研究路向,提升了先生在学术界的知名度和影响力。其中王权主义理念的提出,预示着先生学术思想体系的核心部分已经形成,为其以后的研究及王权主义理论体系的构建开通了道路。

嗣后几十年,刘泽华先生在中国古代政治思想史研究领域用功尤勤,出版了一卷本《中国古代政治思想史》(1992)、三卷本《中国政治思想史》(1996)和九卷本《中国政治思想通史》(2014)。这三部著作跨越二十余年,反映出先生在中国政治思想史领域的超越性进路。其中,1992 年初版的《中国古代政治思想史》于 2001 年出版修订本,被国家教育部研究生工作办公室推荐为全国研究生教学用书。2014 年出版的《中国政治思想通史》是这一学科发展近百年来唯一的一部通史类著作。如果从 1923 年出版的谢无量的《古代政治思想研究》和 1924 年梁启超的《先秦政治思想史》算起,近百年来,有关中国政治思想史类的个人著述并不少。除了梁、谢之作,还有萧公权、萨孟武等人的二十余种,但是冠以"政治思想通史"者,唯先生一人耳。

此外,刘泽华先生还出版了《中国政治思想史集(全三册)》《中国的王权主义》《专制主义与中国社会》(合著)、《士人与社会 (先秦卷)》《士人与社会(秦汉魏晋南北朝卷)》《中国传统政治哲学与社会整合》(合著)、《洗耳斋文稿》《中华文化集粹丛书·风云篇》《中国传统政治思维》《竞争、改革、进步:战国历史反思》(合著)、《王权思想论》《中国古代王朝兴衰史论》(合著)等三十多种书,并主编《中华文化通志·制度文化典》。晚年出版个人回忆录《八十自述:走在思考的路上》,这部著作登上了《南方周末》《新京报》等各大书榜,又被《中华读书报》评为 2017 年 5 月月度好书。

刘泽华先生在《历史研究》《哲学研究》《历史教学》《红旗》《文史哲》《南开学报》《天津社会科学》《学术月刊》等刊物,以及《人民日报》《光明日报》《文汇报》《今晚报》等先后发表学术论文、学术短文合计两百四十多篇。

另外,先生还有多部论文和著作在外文期刊或外国出版社出版。其中《中国传统政治思想反思》由卢承贤译成韩文,首尔艺文书苑 1994 年出版;三卷本《中国政治思想史》由韩国著名学者、韩国荀子学会会长、韩国政治思想学会会长张铉根教授用功二十年(1997—2017),译成韩文,合计二百六十万字,已经于 2019 年 2 月面世。

20 世纪 80—90 年代,中国政治思想史研究形成热潮,计有几方重镇。中国古代政治思想史有南开大学、吉林大学,中国近现代政治思想史以中国人民大学为首。进入 21 世纪,重镇相继衰落。唯 2014 年泽华师主编的九卷本"通史"问世,彰显了他数十年的学术积累和巨大的学术影响力,即以皇皇巨著表明其学术追寻的孜孜以求和笔耕不辍的坚守,誉为"著作等身",实至名归。

二、开创学派

学者的成功不仅在于著述,更在于培养新人、接续文化与学术传承。刘泽华先生于1982年初指导硕士研究生,1994年始招博士研究生, 几十年培养弟子众多。其中一些弟子选择在高校或科研单位任职,在学术观点上与先生相承相通,逐渐形成了一个相对松散却志同道合的学术群体。刘泽华先生的学术旨趣在于反思中国历史与传统文化,以批判中国君主专制政治为要点,形成了一套学术理念,具有鲜明的启蒙性。在先生的感召和引领下,学术群体虽然分散在各地,但仍能坚守学术志向,传承先生衣钵,形成了李振宏先生命名的"中国政治思想史研究中的王权主义学派"①。

这里需要说明的一点是,这一"学派"的形成,并非有意为之,更非刻意求之,而是在长期的指导、引领与合作中自然形成的,正所谓"无心插柳柳成荫"。一方面,先生指导研究生的重点是精读原典和研习理论方法,主要通过讨论的方式,激发学生思考,学会做研究。另一方面,先生以指导学生习作的方式来培养和提高学生的研究能力,旨在通过实际操作,激活学生的思维能力。特别是对于某些年龄偏大、入门较晚的学生更是如此。正是在这样的过程中,在先生耳提面命、逐字逐句的谆谆教诲中,师生得以思想交流、情感交融。老师的学术旨趣、价值理念感染和浸润着受教者,许多学术判断和创见性论断在学生的著述中得到接续和不断阐发。兹可谓聚似一团火,散则满天星,历经有年,以刘泽华先生为中心的学术群体逐渐形成。

关于学派的名称,李振宏认为"是考虑到这个学派内部成员的学术个性、差异性问题,而'王权主义学派'较之'刘泽华学派',可能具有更大的包容性"②。这一判断当然是有道理的。不过据我所知,先生本人却没有完全认同。他认为,应该是"王权主义批判学派"或"王权主义反思学派",否则容易令人产生误解,以为我们是赞同王权主义的,其实恰恰相反。

我与师门中诸位好友倒是倾向于最初的提法,以为"刘泽华学派"更为恰当。李教授关注的重点是"王权主义学派"的提法有更大的包容性。不过我以为,孔子以后儒分为八,墨子之后墨分为三,无论怎样分化,其学派的基本理念和宗旨是一脉相承的。中国传统政治文化的价值系统抑制人的个体主体性,长期以来的集体主义教育也使得我们的文化基因对突显个人有着天然的

---

①② 李振宏:《中国政治思想史研究中的王权主义学派》,《文史哲》,2013年第4期。

恐惧和抵制。事实上,以刘泽华先生为创始人的学术群体,其成员主要是硕士生或博士生,以及部分优秀私淑弟子及学道同人。正是基于价值观的认同与长期的学术合作而相互呼应,形成了学术传承,以礼敬先生、光大师门的共识凝结了认同基础,具备了"师承性学派"的典型特征。故而冠以老师之名讳而称学派,或可开当代中国学界风气之先。

开创或形成学派,并非自家的一厢情愿,而是成就于学界共识。其规定至少有三:一是创始人创建出相对完备的理论体系及相应的知识与话语体系,具备特色鲜明的方法论;二是学术群体成员基本沿顺着相同的学术立场和价值观而接续传承;三是学术群体不仅合作,更有学术创新,而且多有建树,发扬光大。借此而言,刘泽华先生能身体力行,堪为典范。学术群体成员长期合作,建立了全国性学术组织①,并在各自的研究领域各有擅长与学术特色。李振宏对此论述详尽,这里不赘言。

三、知识创新

坊间探讨何为大学,谓之须有大师。能称为大师者,必然能在人类社会的知识传承方面有所创新。刘泽华先生正是这样,主要体现在三个方面。

一是中国政治思想史理论架构和知识体系的创新。梁启超早在 20 世纪 20 年代就已经提出了政治思想史研究对象问题,不过他仅仅从类型的视角解读了中国政治思想史的研究对象。一是从"所表现的对象"来划分,分为"纯理"和"应用"两类;二是从"能表现之主格"来区分,分为"个人的思想"和"时代的思想"。这样的概括显然过于笼统,学理性略有不足。此后,大凡涉猎中国政治思想者,纷纷做出解读。

近一个世纪以来,比较具有说服力的是徐大同在 20 世纪 80 年代初的认识。他提出:"政治思想史的研究对象是:历史上各个阶级和政治集团对社会政治制度、国家政权组织,以及各阶级相互关系所形成的观点和理论体系;各

---

① 2014 年,以刘门弟子为主,发起成立中国政治学会之中国政治思想史专业委员会,即中国政治思想史研究会,迄今已经召开七届年会暨"中国政治思想史论坛"。该论坛始于 2012 年,即筹备成立研究会,在学术界形成了广泛的影响。

种不同政治思想流派之间的斗争、演变和更替的具体历史过程;各种不同政治思想对现实社会政治发展的影响和作用。"①进入 21 世纪,徐大同的认识进一步凝练,提出"一切政治思想无不是反映一定的社会阶级、阶层或集团的政治理想、政治要求,设计夺取、维护政治统治方案或为政治统治'出谋献策'。古今中外概莫能外"②。这一认识较之 80 年代有所扩展,不过其核心仍然可以概括为"关于国家与法的认识"。

刘泽华先生认为,徐大同等人的说法相当深刻,抓住了政治思想史研究的主要内容,可是尚有不足。"问题主要是把政治思想史的对象规定得过于狭窄,有碍于视线的展开。"他提出政治思想史除了研究国家和法的理论外,还有一些内容也应列入研究范围。计有政治哲学、社会模式理论、治国方略和政策、伦理道德、政治实施理论及政治权术理论等。③三十年后,先生在 2014 年出版的《中国政治思想通史》中进一步概括说:"中国古代的政治学说包罗万象,有时还与其他领域的学说理论交织在一起,而中国古代政治思想史的研究对象应包纳无遗,故在确定研究的内容和范围时,宁失之于宽,勿失之于狭。即除了关于国家、政体、法制的理论以外,还要根据中国古代政治学说自身的特点,充分注意政治哲学、社会模式理论、关于治国方略与政策的理论、政治实施理论、政治权术与政治艺术理论、政治道德理论,以及中国古代政治学说所关注的其他各种理论和其他各种门类学术理论中所包含的政治理论内容。"④

刘泽华先生在前人研究的基础上,重新审视中国古代政治思想史的研究对象,提出了政治哲学等五个方面也须作为中国政治思想史的研究对象。这一学术判断符合中国历史和文化生态,拓宽了中国政治思想史的研究视域,具有原创性,为构建中国政治思想史知识体系奠定了基础。

---

① 徐大同、陈哲夫、谢庆奎、朱一涛编著:《中国古代政治思想史》,吉林人民出版社,1981 年,第 2—3 页。

② 徐大同:《势尊道,又尊于道》,载于赵宝煦主编:《知识分子与社会发展》,华夏出版社,2003 年,第 51 页。

③ 刘泽华:《先秦政治思想史》,南开大学出版社,1984 年,第 2—7 页。

④ 刘泽华主编:《中国政治思想通史(综论卷)》,中国人民大学出版社,2014 年,第 6 页。

对中国政治思想史进行整体性的概括是基于学科的发展逐渐展现出来的。自从 20 世纪初叶梁启超"常作断片的发表"①,随着学科发展,有诸多研究者想对中国政治思想史做整体性的把握。不过,研究者往往是通过历史分期或概括特点进行整体性的描述。如陶希圣《中国政治思想史》、吕思勉《中国政治思想史十讲》等,莫不如此。被誉为以政治学理论研究中国政治思想史第一人的萧公权也是这样。②相较而言,萧公权的整体性认识是有一定的创新性的,但是基本格局没能走出前人的思路。

刘泽华先生的认识在一定程度上超越了前人,他以"王权主义"概括中国古代社会、政治与思想,对中国政治思想史做出了整体性判断。在《中国政治思想史(先秦卷)》序言中,他将中国政治思想史的主题归纳为三点:君主专制主义、臣民意识、崇圣观念。随后,他将这三点归结为一点——王权主义。在他看来,所谓王权主义"既不是指社会形态,也不限于通常所说的权力系统,而是指社会的一种控制和运行机制。大致说来又可分为三个层次:一是以王权为中心的权力系统;二是以这种权力系统为骨架形成的社会结构;三是与上述状况相应的观念体系"③。他认为,"在观念上,王权主义是整个思想文化的核心"。作为现代人的研究,当然要借助现代学科的分类来审视传统思想,"但不能忽视当时的思想是一个整体,它有自己的特定的逻辑和结构,而政治思想则是其核心或主流部分,忽视这个基本事实,就很难贴近历史"④。借此断言,"在中国的历史上,除为数不多的人主张无君论以外,都是有君论者,在维护王权和王制这一点上大体是共同的,而政治理想几乎都是王道与圣王之治"⑤。显然,王权主义不是一个简单的政治意识形态化的陈述,而是对中国传统社会的政治、社会与思想文化的结构性认知。在这一结构中,君主政治权力系统是中心。与中心相关联的,一方是与之相应的社会结构,另一方则是与权力中心及社会结构相应的思想观念。这里的逻辑关系

---

① 梁启超:《先秦政治思想史》,中华书局,1936 年,第 1 页。

② 萧公权按照思想演变的趋势,划分为四个时期:草创时期、因袭时期、转变时期、成熟时期。又以思想的历史背景归纳为三段:封建天下之思想、专制天下之思想、近代国家之思想。

③ 刘泽华:《中国的王权主义》,上海人民出版社,2000 年,第 2 页。

④⑤ 刘泽华:《中国的王权主义》,上海人民出版社,2000 年,第 4 页。

很清楚,政治思想与政治权力系统及社会结构相关联,三者之间存在着相互影响与作用的互动关系。

这就是说,刘泽华先生突破了以往就思想而谈思想,以分期的方式概括政治思想全局的思路。他从历史学家横亘历史长河的认知高度审视中国古代社会、政治与文化,用王权主义的体系性框架对中国传统社会政治、经济、思想文化做总体性把握,梳理出思想与社会、思想与政治、思想与制度之间互动和相互影响的认知路径,形成了独具学术个性的学理逻辑,实则构成了一种认知范式。

正是在王权主义总体把握的认知基础上,先生对中国政治思想史的命题和范畴做了梳理。诸如传统人文思想与君主专制主义、宗教与政治、王权与"学"及士人、王权与圣人崇拜、革命与正统、政治理想与政治批判,以及道与王、礼与法,等等。又提出中国传统政治思维的"阴阳组合结构",这一判断极具首创性。刘泽华先生在几十年的探索、思考中,渐渐形成了自成体系的学理逻辑,构建了充分展现其学术创新性的知识体系,终成一家之言。

二是学术观点的创新。刘泽华先生的研究新见迭出,多有首创性学术判断,这里仅举两例。

1.关于"王权支配社会"。这一观点是在传统的"权力支配经济"基础上提出的。先生坦言他受到了前人的启发:"王亚南先生的见解可谓前导。"不过他指出,王亚南是从经济入手解读政治权力与社会的关系。而"王权支配社会"与前人所论有着相当的差别。他说:"第一,我不是从经济(地主制)入手,而是直接从政治权力入手来解析历史。君主专制体制主要不是地主制为主导的经济关系的集中,而恰恰相反,社会主要是权力由上而下的支配和控制;第二,我不用'官僚政治'这一术语,君主要实现其统治固然要使用和依靠大批官僚,但官僚不是政治的主体,而只是君主的臣子、奴仆,因此不可能有独立的'官僚政治'及其他学者提出的'学人政治''士人政治'等。君主可以有各式各样的变态,如母后、权臣、宦官,等等,但其体制基本是一样的。"①

"王权支配社会"的提出具有首创性,用先生自己的话说:"我提出这一看

---

① 刘泽华:《王权支配社会的几个基本理论》,《历史教学(上半月刊)》,2018年第2期。

法不是出于灵机一动,而是多年来学术积累的概括。"正是在这一看法的基础上,总结出了"王权主义"理论体系。这一学术判断为深入解读和诠释中国政治思想提供了政治学视角,使诸多传统论题的研究,诸如天人合一、圣人观、重民思潮等,得以走出前人的框架与格局。

2."政治文化化与文化政治化"。刘泽华先生沿顺着思想与社会互动的思路提出,"政治关系就不仅仅是单纯的权力关系,它还是一种文化关系"。他把制度、法律、军队、警察、监狱等称为政治关系中的"硬件",将信仰、情感、态度、价值观等称为政治关系中的"软件",认为"政治文化指的就是这些'软件'"。在这里,先生借鉴了现代政治文化理论,指出"政治文化是政治实体中一个有效的组成部分,在某些情况下,对政治行为起着指导作用"。他把这种状况称为"文化政治化"。其中"包括两层政治含义:其一,一定政治体制的形成有赖于一定的文化背景;其二,一定政治体制的存在和运行,受到文化因素的制约和改造。仅仅从制度、法律、规定、强制等范畴来谈政治是远远不够的,还必须结合一定的文化背景才能真正理解政治的运行和发展"[①]。

政治文化化是说,一定的政治制度与法律体系可以通过不断的政治社会化过程逐渐内化成为政治共同体内成员所奉行的行为准则与政治观念。刘泽华先生从政治与文化互动关系的视角切入,借鉴现代政治学的政治社会化理论,深刻剖析中国传统政治思想的内在结构与关联。"政治文化化与文化政治化"不仅具有学术创新性,而且作为政治学立论本土化的案例,充实了中国政治思想史研究领域的中国话语。

三是研究方法的创新。严格而论,人文社会科学的研究方法和方法论是有区别的。一般而言,研究方法指的是研究的技术手段,如计量方法,包括田野调查、质性研究,等等。方法论是指运用某种理论作为认知、分析、论证和形成学术判断的手段。刘泽华先生是彻底的唯物主义者,自喻"马克思主义在我心中"。他的方法论基础是历史唯物论和辩证唯物论,学界称为"历史与逻辑相结合"的研究方法。从20世纪70年代中期起,先生坚定而决然地摒弃了僵化教条思维,扩展视野,提出并践行中国政治思想史研究的"互动"方法与价

---

① 刘泽华:《政治文化化与文化政治化》,《天津社会科学》,1991 年第 3 期。

值研究方法。

关于"互动"方法。刘泽华先生提出的"思想与社会互动研究方法"是其辩证思维的体现。他认为,"在以往的研究中,大致说来,占主流的是'二分法'。先是阶级的二分法,强调两者的对立。近年来,讲阶级性的大大减少,取而代之的是'精英'与'大众'的二分法"[①]。在他看来,"思想与社会本是一个有机的整体。然而,由于学科的分化,人类社会的主要领域被分割"。"为了提高研究的专门化程度,人们可以将本来浑然一体的历史现象分割给不同的学科。"为此他提出"必须以综合性的研究来还原并解读事物的整体",概括出"互动"方法论。就是要"综合思想史与社会史的资源、对象、思路、方法",运用"互动"方法进行研究,"撰写更全面的思想史和社会史"。[②]

为了进一步说明,泽华师举出统治思想与民间社会意识关系问题作为案例。他认为,正是学科分工细化导致的"二分法"将思想分为统治思想和民间社会意识,研究者将上层与下层、官方与民间、经典与民俗、精英与大众、政治思想与社会思想分隔开来。为此就需要运用互动方法论,"依照历史现象之间固有的内在联系,确定研究对象,拓展研究视角,设计研究思路,对各种社会政治观念进行综合性解读"。"在对统治思想、经典思想、精英思想、社会思潮、民间信仰和大众心态分别进行系统研究的基础上,考察它们之间的相互关系,对全社会普遍意识发展史做出深度分析和系统描写。"[③]互动研究方法关注事物之间的联系与逻辑,可以视为辩证唯物论在政治思想史研究领域的具体运用。这种研究方法能够突破主流思想和政治意识形态对于政治思想史研究的局限,对中国社会的思想与文化做出更为深刻与合理的阐释。

关于价值研究方法。刘泽华先生说:"一方面要注意学科自身的认识规律,循序渐进;另一方面还要借鉴思想史和哲学史研究的经验与教训。"于是提出要把价值研究作为中国政治思想史研究的重要视角,这显然是一种方法论的提炼。

---

①②③ 刘泽华等:《开展统治思想与民间社会意识互动研究》,《天津社会科学》,2004 年第 3 期。

先生认为,研究中国政治思想史不能只限于描述思想内容和思想发展的历史过程,同时要考察思想的价值,价值性认识在政治思想史研究中是具有特别重要意义的。他说:"为了判明一种思想的价值,首先要明确价值标准……这就是历史唯物主义。""价值问题不只是个阶级定性问题,还有许多其他方面的内容。不做价值分析,政治思想史就会变成一笔糊涂账。为了更好地判明各种思想的价值,应该探讨一些价值标准问题。在这个问题上,既要借助历史学中已获得的成果,又要结合政治思想史的具体情况,理出一些自身特有的标准。"①

在他看来,在历史上,一些代表剥削阶级的政治思想付诸实践,是可行的,有效的,"甚至起了促进历史的作用"。那么,"在这种情况下,真理与谬误该如何分辨,代表剥削阶级利益的政治思想中有否科学和真理?实践证明是可行的,起了积极作用的思想是否就是实践检验证明了的真理?"②这些认识是在《先秦政治思想史》中提出的,时值20世纪80年代初期,"思想解放"几近热潮,这些认识代表着中国政治思想史研究的新思维趋向。

总的来看,刘泽华先生密切关注中国思想、社会和历史相关的宏观性问题,从批判和破除教条主义的思想禁锢出发,彰显和倡导史家自由思考和独立认识的主体意识,形成了成熟的方法论理念,并用于研究实践。互动研究方法和价值研究方法的提出,对推动中国政治思想史研究的深入与拓展,构建创新性知识体系具有重要意义。

四、学术人格

刘泽华先生的学术人格主要是通过其治学理念体现出来的。他说:"研究中国的政治思想与政治精神是了解中国历史与现实的重要门径之一。"为了从传统的封建主义体制和心态中走出来,"首先要正视历史,确定历史转变的起点。我们经常说要了解和熟悉国情,而历史就是国情最重要的组成部分。我的研究目的之一就是为解析中国的'国情',并说明我们现实中封建主义的由

---

① 刘泽华:《先秦政治思想史》,南开大学出版社,1984年,第11页。
② 刘泽华:《先秦政治思想史》,南开大学出版社,1984年,第12页。

来"①。可知先生作为历史学家有着强烈的家国情怀和现实关怀,并凝聚为特色独具的治学理念,形成了极富主体精神的学术人格。

其一,反思之学。反思(turn over to think)的概念在近代西方哲学已有使用,可以界定为认知主体以当下的立场和认知方式审视、回溯传统,即以往的事物与知识。刘泽华先生最早使用这一概念就是在前文提到的《中国传统政治思想反思》一书中。"反思"作为书名,实则体现了他的治学理念。作为历史学家,他认同这样的理念:历史是个不断地再认识的过程,需要当下的认识主体不断地予以反思。历史本来就是人类过往的记述,历史研究就是要为当下的现实生活做出解释,给出学术判断。"学科学理与反思国情就是我研究政治思想史的两个主要依据,也是我三十年来循而不改的一个原因。"这是他致力于"反思"中国历史与传统政治思想的"愿力"②所在。

刘泽华先生曾明确表示:"我觉得我们这一代人经历的曲曲折折很值得反思,其中我认为政治思想的反思尤为重要。""我是强调分析,强调反思……我自己也认为我是反思派,是分析派,而不是一个弘扬派,我主张在分析当中,在反思当中,来区分问题。"③先生的反思之学有两个突出的特点。一是坚持马克思主义基本方法,"把马克思主义作为一种认识论来看待"。他坚持"马克思是伟大的思想家,是人类的精神财富",并且"仍然认为马克思讲的一些基本的道理,具有很强的解释力,比如经济是基础这一点,我到现在仍然认为是正确的"。但马克思主义不是教条,因而对于某些观点需要"修正"。"作为一种学派,它的发展一定要有修正,没有修正就没有发展。其实不只是我在修正,整个社会从上到下都在修正,历史在变,不能不修正,有修正才能发展。"④这里说的修正,指的是学理层面的反思、批判和发展。

二是延续"五四"批判精神。刘泽华先生认为:"'五四'在中国思想文化史上都是划时代的,不管别人怎么批评,我个人还是要沿着'五四'的批判道路接着往下走的。""我自认为我是一个分析的、批判的态度。""五四"精神体现

① 刘泽华:《中国政治思想史集(第一卷)》,人民出版社,2008年,第1页。

② 佛教用语,指心愿的造业力。在这里指意愿之力。

③④ 王申等:《独立思考,突出学术个性——刘泽华先生访谈》,《中国研究生》,2011年第4期。

着一种鲜明的批判精神,正如李振宏所指出的,王权主义学派有着鲜明的学术个性和强烈的现实关怀,"与现代新儒家有明显对立的学术立场,对中国古代政治思想文化抱持历史批判的科学态度"①。这里说的批判当然不是对传统思想与文化的全盘否定,而是哲学意义上的"扬弃",有否定,有拣择,有传续。泽华师延续"五四"批判精神的初衷是"关切民族与人类的命运"。他认为"历史学的重要功能之一,应该是通古今之变,关切民族与人类的命运"。"如果史学要以研究社会规律为己任,那么就必须关注人间烟火。所谓规律,应该程度不同地伸向现实生活。"②

"反思"的治学理念彰显着刘泽华先生的学术个性。正是基于数十年的坚守,先生及其研究群体才能在中国政治思想史领域不断推出成果,为当代中国的文化精神提供理性与新知。

其二,学术主体性与自由思维。刘泽华先生的治学理念体现了作为历史学家理应具有的学术主体性和自由思维。他明确表示"我一直主张独立思考,强调学术个性"③。20世纪80年代后期,先生发表了两篇文章,一为《除对象,争鸣不应有前提》,一为《史家面前无定论》,④集中体现了先生的学术人格。

刘泽华先生提出:"在认识对象面前,一切学派都应该是平等的,谁先认识了对象,谁就在科学领域处于领先地位。"他反对在"百家争鸣"面前设置前提和人为的规定,"百家争鸣是为了发展科学。科学这种东西是为了探索和说明对象,因此科学只对对象负责"⑤。他明确表示:"我认为在历史学家的面前,没有任何必须接受的和必须遵循的并作为当然出发点的'结论'与'定论'。""从认识规律上看,众说纷纭,莫衷一是,是认识的常态;反之,舆论一律,认识一致,则是变态。前者是认识的自然表现,后者则是权力支配与强制的结果。"⑥

---

① 李振宏:《中国政治思想史研究中的王权主义学派》,《文史哲》,2013年第4期。
② 刘泽华:《历史研究应关注现实》,《人民日报》,1998年6月6日第5版。
③ 王申等:《独立思考,突出学术个性——刘泽华先生访谈》,《中国研究生》,2011年第4期。
④ 分别载于《书林》,1986年第8期、1989年第2期。
⑤ 刘泽华:《除对象,争鸣不应有前提》,《书林》,1986年第8期。
⑥ 刘泽华:《史家面前无定论》,《书林》,1989年第2期。

基于这样的认识,刘泽华先生力主研究者理应具有认知主体的个性,即主体精神,认为研究者要从历史中走出来,以造就当下的主体精神。为此,他不赞成把"国学"说成是中华文化的本体,不赞成"到传统那里寻根、找自己,等等"。他说:"我认为传统的东西是资源不是主体或本体,我不认为孔子能包含'我',孔子他就是一个历史的资源,我就是我! 中国文化的主体应该是一个活的过程,应该首先生活在我们的现实之中,至于说作为资源,那没问题。"①

　　此外,涉及中西文化的"体用"问题,先生断言:"如果讲到体和用,我就讲先进为体,发展为用。只要是属于先进的东西,不管来自何方,都应该学习,拿来为我们现在的全方位发展服务。"②

　　刘泽华先生的主体性也体现在他有意识地对教条化阶级理论进行批判。1978 年与王连升合写《关于历史发展的动力问题》一文,"依据马克思、恩格斯有关生产是历史发展的'根本动力'说,来修正当时神圣的阶级斗争说"。这篇文章是他从教条主义束缚中走出来的标志, 也是其学术主体性得以彰显并确立的标志。这篇文章与戴逸、王戎笙先生的文章成为 20 世纪 70 年代末、80 年代初史学界和理论界关于"历史动力问题"大讨论的由头文章。

　　总的来看,刘泽华先生的学术主体性贯穿着深刻的反思精神,坚持站在当下看传统。在研究对象面前,没有前提,没有定论,也不存在任何不可逾越的权威。他要求自己也教导后学要在前人画句号的地方画上一个问号。他的自由思维是学理认知的自由和学理逻辑的自由,内含着深刻的怀疑和批判精神,确认在学术研究的场域,研究者必须持有独立人格。他用自己数十年的学术生涯践行了这样的治学理念,形成其作为历史学家的学术人格,展现了学者的良知和现代知识分子的天职:质疑、颠覆和构建。

　　其三,笃实学风。刘泽华先生秉承了南开史学的学风——"平实"。他的创新性论断和首创性学术判断,无不具有翔实的理论依据和史料依据。这种治学理念的基础是"一万张卡片理论"。

　　在南开大学做青年助教时,南开大学历史系泰斗郑天挺先生的一句话他牢记在心——没有两万张卡片的积累,不能写书。嗣后先生自称为"文抄工"。

---

①② 王申等:《独立思考,突出学术个性——刘泽华先生访谈》,《中国研究生》,2011 年第 4 期。

14

他说:"我属于平庸之才,脑子也不好,所以我就拼命抄。""我这个人不聪明,底子又差,记忆力也不好,所以首先做的是文抄工(不是'公'),每读书必抄,算下来总共抄了几万张卡片。批评者没有人从资料上把我推翻。我的一些考证文章到现在仍经得起考验。"[①]这里说的"文抄工"指的是从历史典籍、文献或研究著述中抄录资料,在没有电脑等现代录入手段的时代,这是文史研究的基本功,也是学术积累的重要方式。所谓"读书破万卷",由此方能锻铸扎实、厚重的学术功底。

刘泽华先生的勤奋给他带来巨大收获。1978年湖北云梦睡虎地出土的"秦简"公开发表,他根据秦简考证出战国时期各国普遍实行"授田制"这一事实。这项发现印证了"权力地产化"是实际存在的,从而为"王权主义"理论的建构提供了史实支持。[②]这是他学术生涯中感到最得意也是津津乐道的一件事。

刘泽华先生倡导"让史料说话"的治学理念,对他的研究结论充满自信,因为所有的结论都是从史料中得来的。他曾说过三卷本一百二十万字的《中国政治思想史集》"不是每一个字都恰当准确,却没有一个字是空洞的、轻飘的"。

笃实学风体现的是治学理念,展现的是其学术人格。作为历史学家必须构筑坚实的史学功底和理论功底,先生的"王权主义"理论就是在长期的研究和思考中形成的,结构严谨,逻辑通透,从而感召学界同人与弟子,形成了被李振宏誉为"使人真切地感受到了学术的进步"的王权主义学派。

五、全集编序

编辑出版全集是刘泽华先生的遗愿,感谢天津人民出版社和南开大学历史学院为此做了详细规划,多次召开研讨会议,最终确定了全集编序。

全集共计十二卷,我们将《先秦政治思想史(上下)》作为第一卷和第二

---

① 刘泽华述、陈菁霞访:《反思我们这代人的政治思想尤为重要》,《中华读书报》,2015年3月4日第7版。

② 参见刘泽华:《论战国时期"授田"制下的"公民"》,《南开学报》,1978年第2期。

卷。之所以做这样的安排,主要是考虑到这部专著在泽华师的学术生涯中具有重大意义。如前所述,中国政治思想史研究开端于 20 世纪初叶。1923 年,谢无量著《古代政治思想研究》由商务印书馆出版。翌年,梁启超著《先秦政治思想史》由中华书局出版。时隔半个多世纪,刘泽华先生的《先秦政治思想史》于 1984 年问世。这部著述多有创新,在研究对象、研究方法和理论深度方面超越了前贤,奠定了刘泽华先生的学术地位。

全集以《中国传统政治思想反思》作为第三卷。这部力作于 1987 年出版,汇集了这一阶段刘泽华先生关于中国古代政治思想的深刻反思,突破了传统的教条主义思维,明确提出了王权主义理念,用于概括传统中国的政治与思想。事实上,正是《先秦政治思想史》与《中国传统政治思想反思》这两部著作在研究视域上和认识深度上走出了前人研究的窠臼,独辟蹊径,初步形成了王权主义理论的核心内涵体系,将发展了半个多世纪的中国政治思想史研究提升到了一个新高度,同时也形成了独具特色的学术风格。

第四卷收录的《中国的王权主义》是 2000 年由上海人民出版社出版的专著,这是刘泽华先生关于王权主义理论的一部专论。"王权主义"是先生对中国古代社会、政治与文化的总体概括。从最初思路的提出到理论体系的凝聚成形,历经十多年。其间先生有诸多论文问世,观点一经提出,便遭遇太多视儒学为圭臬为神圣为信仰者的攻讦。刘泽华先生秉承先贤"直书"理念,辅之以历史学家的独立人格与学术个性,在不断的反思与深思中将这一理论体系构建完成。这部著作是先生关于中国传统政治思想创新之论的集大成,为 21 世纪的中国学术增添了最为浓重的一笔。

第五卷和第六卷收录的是先生关于中国政治思想史研究的论著。其中,第五卷主要是对先秦、秦汉政治思想的论著,曾经结集作为《中国政治思想史集(第二卷)》出版(人民出版社,2007 年)。第六卷则是未曾结集的学术论文,包括先生对于中国传统政治文化的一些研究成果。

第七卷收录的是刘泽华先生关于中国社会政治史研究的论著。如前所述,先生的学术视域比较宽阔,除了政治思想史研究,还涉猎先秦史、秦汉史、社会史、政治史,等等。本卷即收录了这一方面的研究,包括《士人与社会(先秦卷)》和学术论文。刘先生的王权主义理论不仅仅是对于中国古代政治思想的概括,而是将君主政治时代的中国视为一个制度与思想相互作用的社会政治整体,因而先生并不是孤零零地只谈思想,而是十分关注思想与社会的互动。认为从思想与社会相互作用的视角才能更深入地剖析传统政治思想的真谛,把握其真质,从而对于中国传统社会政治本身才会形成更为贴近历史真实的解读。本卷收录的正是刘泽华先生践行这一治学理念的学术成果。

刘泽华先生的历史研究主要放在战国秦汉史和历史认识论及方法论方面。前者编为第八卷,即关于战国秦汉史及中国古代史的有关著述。后者即历史认识论与方法论,编为第九卷,内容相对比较丰富。包括先生的治学心得、历史认识论与方法论的研究成果等。诚如前述,其中《除对象,争鸣不应有前提》(《书林》,1986 年第 8 期)、《史家面前无定论》(《书林》,1989 年第 2 期)两篇文章集中展现了先生的治学理念和学术自由精神,对于冲破教条主义束缚,培育科学精神和独立人格极具催动性,在学术界影响巨大。今天读来,依然感受到其中浓烈的启蒙意蕴。

全集最后三卷分别是第十卷《随笔与评论》、第十一卷《序跋与回忆》、第十二卷《八十自述》。这三卷的文字相对轻松些,主要是发表在报刊上的学术短文、采访、笔谈,以及为南开大学师长、学界同人、好友及后学晚辈撰写的序跋等。其中最后一卷收录的《八十自述》是刘泽华先生对自己一生治学与思考的总结,从中可以深切感受到先生"走在思考的路上"之心路历程。

全集最后附有刘泽华先生的著述目录,以方便读者检索。

全集是刘泽华先生毕生治学精粹的汇聚,展现了先生这一代学人的认知与境界。经南开大学历史学院与天津人民出版社着力促成,对于当代学界及后世学术,意义匪浅。

"哲人其萎",薪火永续。

是为序。

葛荃于巢社

2019 年 7 月 21 日

根是一种生命，她也在不断新陈代谢；寻根固然不忘以往，但又要采得新的生长点。

刘锋华

原载《寻根》,2016 年第 2 期

目　录

20 世纪 80 年代随感录

论国学

时评

政治思想散论

略论荀子的经济思想及其重农倾向

一

荀子很重视生产,以此达到富国、富民的目的。在当时的社会经济中,他认为农业最重要,但对开发山林、泽梁,发展牧畜,也很注意,这样可以尽万物之用。荀子对工商是别有看法的。

荀子认为,农业生产是社会财富的源泉。农民是财富的创造者,"田野县鄙者,财之本也"①。不管荀子的主观意识如何,但他在客观上肯定了劳动人民是社会财富的创造者。这与那种认为一切都是天帝赐予的观点是全然不同的。

农业既是财之本、货之源,因此就该特别重视。怎样才能强本固源呢?荀子认为,一方面从农业本身加强,改进技术;另一方面他认为,必须限制工商、充实农业。但他并不是从狭隘的观点,像许行那样看待工商,他认为工商还是社会所必需的。工可制造器具,商可使"货财通"。因此他认为在一定程度上对工商应加以保护,反对对工商征收过多的苛税。但他又主张限制工商,限制什么呢?第一,"省工贾"②,即限制工商人数。因为"工商众则国贫"③。在他看来工商不是财之本源,而是消费者,这点从他的"省工贾、众农夫"④可以得到证明。如果社会上生之者少而食之者多,必须国贫民穷。荀子把工与商同等看待是不正确的,因为工是创造价值的。但荀子这一主张中有积极的地方,这就是工商要适应农业,减少社会非生产人数,增加生产人数。生之者众,食之者寡,财必须恒足。另一方面如若不"省工买",势必造成职业无"分",会有许多人弃农从工商追逐功利,破坏了"农

①③《荀子·富国》。
②④《荀子·君道》。

3

农、士士、工工、商商"①的"名分"，这样会引起严重后果，因为"群众未县，则君臣未立也"②。君臣未立"无君以制臣，无上以制下，无下害生纵欲"由此生。除限制工商人数之外，第二，还必须限制工商欺诈好利。依荀子之见，人皆求利，则不容易统治。

我们知道，自给自足的自然经济的农业是封建制度的经济基础，名分等级是封建制度的政治基石。工商的发展对这两者都有某种程度上的威胁。因此站在封建制度立场上的荀子提出固本、限制工商的主张，是很合乎逻辑的。

荀子第一个提出重农抑商的主张。这一思想在其后得到了很大的发展，在封建社会中有过极大的影响，成为正统的封建经济理论的基石。因此也就成了封建统治者制定经济政策的理论根据。

二

荀子对如何保证提高农业生产也提出了一些引人注意的措施。在先秦诸子中，除《吕氏春秋》有几篇专门讨论农业的，对当时生产诸问题记述的较为详细外，其他任何人都没有像荀子那样多的论到农业生产诸问题。其论述虽然简略，也比较零乱，但却很有意义。甚至对今天也有某种参考价值。归纳起来他提出了如下一些措施。

1."众农夫。"增加农业生产人数，减少社会非生产人数。减少谁呢？减少士大夫、工商及官僚冗员等。关于省工商在上边已谈过，这里不再赘述。荀子提出减少士大夫等实在是一项大胆而可贵的主张。他认为"士大夫众则国贫"③。这显然是吴起、商鞅裁冗员，贬贵族政治改革的总结。在当时的士大夫中虽然也有一些人是社会所必需的，在政治、学术其他等方面有贡献，但大部分是些寄生虫、无聊的食客，减少这些人实在是必要的。

2."罕兴力役，无夺农时。"④这就是要保证农作时间。当时徭役很重，田荒园芜，荀子对此是坚决反对的。这里应注意"罕举力役"的"罕"字，孔子提出"使民以时"，以达无违农时的目的，荀子则更进一步要"罕兴力役"，这比孔子是更进了一步。

---

①《荀子·王制》。
②③《荀子·富国》。
④《荀子·王霸》。

4

3."朴力而寡能。"①所谓"朴力"就是踏踏实实从事生产,努力耕作。"寡能"并不是指不求改进技术地蠢干,而是指专心于农业,不求他技,例如工商等。也就是他所谓的"农农"。

4."所志(志是记识的意思)于四时者,已(与以同)其见数之可以事者矣。"②意思是说要依四季之变化安排农活。节气不让人,应及时播收。对节气也不能消极地等待,而应积极地利用,成为节气的主人,这就是他所说的:"望时而待之,孰与应时而使之!"③不应让节气催人。人应做好准备迎节气。

5."相高下,视肥饶,序五种。"④种植五谷要因地制宜,因为不同的土质适于不同的植物。"所志于地者,已其见宜之可以息(作蕃息讲)者矣"⑤。

6."修堤梁,通沟浍,行水潦,安水臧,以时决塞,岁虽凶败水旱,使民有所耘艾(读为刈)。"⑥要兴修水利防涝、防旱。

7."掩地表亩。"⑦"掩地"就是指在播种前要翻耕土地。"表亩",表明亩的界限,因为土地所属之人与耕种人不同,以防纠纷。

8."多粪肥田。"⑧

9."刺草殖谷。"⑨

在种植上荀子提倡要"善治",要在"善"字上做文章,这点很重要。"善"就是要讲方法,讲技术,要巧干。"因物而多之,孰与骋能而化之?"⑩要运用人的智慧,运用科学技术使物变化,以增加生产。"善"与"不善"所得之结果就是事倍功半与功倍事半的问题,不可不注意。他讲:"今是土之生五谷也,人善治之,则亩数盈,一岁而再获之……"⑪做什么事都应求"善",农业更应特别注意。农业的对象是植物,是可以生长的活东西,"治"起来要比"治"死东西困难得多。所以"善"字就具有特别的意义。

荀子从来不劳动,上述诸项自然也不是他的创造,而是劳动农民多年积累的经验。荀子只是进行了总结和提倡。在当时剥削阶级及知识阶层普遍流行轻蔑劳动的情况下,荀子能反俗而行也是十分可贵的。

---

① 《荀子·王霸》。

②③⑤⑩ 《荀子·天论》。

④⑥ 《荀子·王制》。

⑦⑧⑨⑪ 《荀子·富国》。

三

在荀子思想中还有一点十分可贵的是，他认为民富是提高生产的基础。在荀子之前虽然有不少人也主张富民，但他们却没有触及民富与生产的关系。又是荀子第一个提出民的贫富对生产好坏具有决定性意义。他说："民富则田肥以易（作治讲），田肥以易则出实百倍。"①如果民贫的话，"则田瘠以秽，田瘠以秽则出实不半"②。历史证明荀子这一思想是正确的。他所说的"民富"只是一种理想，历史上哪一个社会也不可能实现。在剥削制度下，人民总是挣扎在生命线上。尽管如此，如果有一段时间，剥削阶级对人民剥削的程度稍稍减轻，生产就会得到较快的发展和提高。民富与民贫对生产发展的确起决定性的作用。用今天的观点看，人是最基本的生产力，如人得不到最起码的生活保证，就根本不能实现劳动能力的再生产，提高生产就无从谈起，更说不上生产的积极性以及改进工具等。中国封建社会长期停滞不前其根本原因就在于剥削阶级对人民压榨过重。

在荀子的时代富民虽然不可能实现，但这并不妨碍荀子提出这一问题。怎样民才可富呢？他认为必须实行裕民和节用。

在剥削制度下，人民的生活好坏固然与生产的发展水平有关，但起决定作用是剥削阶级及其国家对人民剥削的程度如何。在中国历史上一切剥削阶级中的先进人物所谓的"富民"主张，只是要求减轻剥削程度而已，从来没有超出这一范围。荀子的裕民主张也不例外。他所谓的"裕民"就是"轻田野之税，平关市之征，省商贾之数，罕兴力役，无夺农时"③。田野之税轻到何种程度我们不知道。他认为必须以"法"征收，"上以法取焉"④。他所谓的法有两种：一是"田野什一"⑤，另则是"相地而衰政（衰是等差的意思。政读征）"⑥。关于先秦的税赋制度我们了解的还不十分清楚，这里不论。值得注意的是关于"相地而衰政"。荀子认为应根据土地美恶、差别，征收赋税。就是说好土地应多征，坏的应少征。因土质好而造成的比劣等土地多收入部分应归国家。相地差征，显然是以国家对土地最高的所有者为前提的。实行差征意义还在于，这是由劳

---

①②③④⑥《荀子·富国》。
⑤《荀子·王制》。

6

役地租转为实物地租过程中必须解决的一个实际问题和理论问题。实行劳役地租不存在差征问题,农民以劳役的形式给地主耕种,其收获全部归地主。但实行实物地租必然出现差征问题。

轻田野之税,剥削阶级及国家收入不会减少吗?荀子不以为然。他对上与下,国与民之间的贫富关系作了精彩的论述。他说:"下贫则上贫,下富则上富。"上以下为转移。为什么?他说:"田野县鄙者,财之本也。垣窌仓廪者,财之末也。百姓时和,事业得叙者,货之源也;等赋府库者,货之流也。"①用今天的话讲就是,生产是财政的基础。荀子认为国家征收多少直接关系到生产的成败。如果"上"对"下"实行横征暴敛,一时间也可以使"仓廪实","府库满",但是"下"必须朝与此相反的方向变化;"百姓虚""田野荒",生产的东西"出实不半"。如是,"上虽好取侵夺,犹将寡获也"②。这种做法是"伐其本,竭其源,而并(并)之其末"③。其结果是:在名义上"有贪利纠譑(纠作收讲。譑读为挢,挢,取也)之名"。在实际上"有空虚穷乏之实"。名败财空"其倾覆灭亡可立而待也","求富而丧其国","求利而危其身。"④祸莫大焉。如若实行裕民政策,轻税敛,则民富。生产提高,"出实百倍"。民富了,"君子奚患乎无余!"⑤正如孔子所说未有下富而上贫者也。依上述的分析,我们可以看出荀子的思想逻辑是:生产是国富、民富的基础。民富是生产的保证。轻田野之税是民富的前提。显然荀子是把社会生产、生活、分配等作为一个整体来加以考察的。他的分析以今天眼光来衡量固然很粗糙,但其中却包含了真理的因素。作为两千多年以前的人物有这种思想,实在是了不起的,在当时也的确高人一头。例如与墨子相比,墨子在当时也主张富民著称,但墨子认为必须把社会财富集中于国家的府库,反对散于民间,他说"官府实则可民富"。与荀子的出发点正相反,荀子认为只有民富了府库才可能实。在剥削阶级统治的社会中,国家府库不会为民谋利,墨子的主张只能助长横征暴敛。他的方法正反对他的目的。

为了富民,除裕民之外,荀子认为还必须节用、善藏其余,以备有患。荀子的节用与墨子的节用不尽相同。他是以他所设想的提高生产为基础、以民富为前提、以"礼"为标准。墨子主张以"自苦为极"。荀子主张以"礼"节之。墨子从自苦为极出发,抨击了统治者的挥霍无度的奢侈生活是对的,但对人民说来,人民已经是苦不可再苦了,自苦为极实际上是要人民把腰带勒得更紧些

---

①②③④⑤《荀子·富国》。

而已。荀子以礼节之的主张比较多地注意了人民的生活，但是又为统治者挥霍开了后门，因为在礼的名义下可以干出任何荒淫无耻的事来。在剥削制度下提倡节用，对于劳动者也不无裨益，但一般说是无实际意义的，并且常常流为欺骗劳动者的空话。只有在劳动者当家做主的社会主义社会里，节用才可能是为自己、为社会谋福利的手段之一。

原载《光明日报》，1961 年 6 月 2 日，第 4 版

论墨子政治思想的几个问题

墨子与他所创的墨家学派,在先秦学术思想界占有极重要的地位。墨家与儒家并称为显学,影响很大。在战国前期学术思想界中,墨、杨二派甚至压倒了儒家。关于墨子的思想已有不少人写了文章和书,评价不一。本文因篇幅所限,不能对墨子思想进行全面考察,只就他的政治思想方面的几个问题略述浅见。

墨子是代表新兴封建地主阶级特别是中小地主阶级的利益

评价一个历史人物的政治思想,首先应该考察他的阶级立场。目前学术界对墨子的阶级立场有各种不同的看法:有的说是站在奴隶主阶级立场,有的则说是劳动农民、手工业者的代表。其中又各有不同的说法,或认为是激进的,或认为是妥协的,或认为保守甚至是反动的。我认为墨子不是劳动者的代言人,也不是奴隶制的拥护者,而是站在封建地主阶级的立场,特别是代表了中小地主的利益。现从如下几方面略加论证。

先看看墨子对当时各阶级的态度。

墨子的时代正是由奴隶制向封建制过渡的时期,中原与东方诸先进国的封建制已基本确立。但奴隶制的残余还有相当大的势力。当时的阶级关系比较复杂。封建地主与农民是社会的主要阶级,但也还存在奴隶主与奴隶阶级;此外,还有独立手工业者、商人等。墨子所说的王公大人士君子此时大部分已变为封建主阶级。在封建主阶级中,一部分是大封建主,他们掌握政权,多是原来奴隶主转化而来,保守性较大,并极力保存一部分奴隶制。另一部分是从下升上来的中小地主,如士之类,革命性较大,在政治上不占主要地位。墨子所讲的庶人指民、农夫、四鄙萌人、百姓、贱人,等等,属于具有依附性的农民阶级。墨子所说的仆、圉、胥靡、舂酋等则是奴隶。

墨子对各阶级的态度有三个特点:

第一，他认定王公大人士君子对农民的统治与剥削不仅是必要的，而且是合理的。这集中表现在他的"分事"论中。①墨子认为王公大人士君子是专门从事统治与剥削的人，农民只能从事生产劳动，并且供养前者。他还认为前者比后者重要得多，因此前者不应该参加劳动生产。②墨子的"分事"论并不像有的同志所说的那样，是社会分工论，其本质是要建立层层的封建统治。墨子说："夫义者，政也。无从下之政上，必从上之政下。"③接着他就说，士要管制庶人，将军大夫管制士，三公诸侯管将军大夫，天子则是最高的统治者。墨子把百姓放在最下层。孟子和荀子批评墨子"无等差"或"优差等"，④我认为这并不全然正确。有些同志也认为墨子是反对不平等的，我看这种说法也是不全面的。人们通常在谈到"治人"与"治于人"、"劳心"与"劳力"的所谓分工时，总是援引孟子的一些说法。其实，早在孟子之先墨子就已提倡"分事"论了。孟子的理论只不过是墨子"分事"论的进一步演绎和理论化而已。

第二，墨子主张王公大人等统治剥削农夫，但他却反对把农夫、庶人等变成奴隶⑤，更反对用人殉葬⑥，认为这些都是惨无人道的行为。

第三，在剥削阶级与被剥削阶级的关系上，墨子主张"上下调和"⑦。他主张王公大人等对农夫压榨不要过甚，否则便称之为"暴王"。又认为"下"绝不应该反抗"上"，如果起来反抗，则认为是"淫暴寇乱盗贼"，格杀勿赦。所以后期墨家有"杀盗非杀人"的谬论。墨子的"调和"论虽然有要统治者做适当让步的内容，但主要的还是要"下"对"上"的"调和"。因此他反对由下而上的改革，只主张由上而下的改良，他说："上以为政，下以为俗。"⑧"上变政而民易教。"⑨他把社会改革的希望全寄托在"上变政"上。

墨子代表的是封建主阶级，但主要的还是中小地主，特别是士之类。⑩这

---

① 参见《墨子·非乐上》。

② 参见《墨子·鲁问》。

③《墨子·天志上》。

④ 参见《孟子·滕文公》《荀子·非十二子》《荀子·天论》。

⑤ 参见《墨子·天志下》。

⑥ 参见《墨子·节葬下》。

⑦⑧《墨子·节葬下》。

⑨《墨子·非命中》。

⑩ 参见范文澜：《中国通史简编》（第一编），人民出版社，1953 年。

表现在,他反对大封建主政治上的专权、经济上的兼并等。他提出要士参加政权,发展他们的经济等。这些与奴隶制联系较少的中小地主,由于势力还比较小,因此在当时有较大的妥协性,这与战国后期有些不同。

再看看墨子的一些主要活动。

根据《史记·孟子荀卿列传》记载,墨子曾做过宋国大夫。这说明墨子已加入统治阶级的行列。墨子出仕时间不长,但却一直在诸侯之间进行游说,宣传他的主张,虽未被采纳,但却受到优惠的待遇。他到楚游说,楚国人说他是北方贤圣人。楚惠王以书社五百里封他。墨子叫他的弟子公尚过到越游说,越王大悦,希望墨子到越国,并打算以吴坂故地五百里封他。这两次分封墨子都没有接受,因楚越都没有真心实行他的主张。墨子不以利损道,精神可赞,但也说明他的社会地位是很高的。

墨子出仕时间很短,但他却不断指派他的弟子到诸国出仕。他曾"游耕柱子于楚"①,"游公尚过于越"②,"出仕曹公子于宋"③等。还有他的高足禽滑厘会率墨家之众为宋守城、防楚攻,成为宋国的支柱。这样,墨子实际上做了后台老板。墨子在政治上虽不大得志,但他的生活却相当悠闲。他自己会说:"翟上无君上之事,下无耕农之难。"④

根据以上诸点,可以断定,墨子一直生活于社会的上层,不是劳动人民的代表。他的主张不能得到实行,一方面是因为他批评了那些大封建主,与他们的意见不完全相合;另一方面主要是墨子的理论过分脱离实际,空想的成分太重。

关于墨子的学说,无法详说。这里只说一点,即墨子把许多矛盾的东西都揉在一起了。如:他相信鬼神,但又非命;主张富民,但又不反对剥削;强调尚同,但又主张人分等级;宣传兼爱,又把利放在第一位,认为私有制不可侵犯;诸如此类的很多。他的言论有时很激烈,但他的精神却是"调和"的。其所以如此,这是由他的社会阶级地位决定的。

"尚同"是为了建立统一的封建秩序和中央集权政治,并且其中还有法家与术家的倾向

墨子生活的时代正是诸国征战不已的时代,阶级矛盾也十分尖锐。社会

①《墨子·耕柱》。

②③《墨子·鲁问》。

④《墨子·贵义》。

向哪里去？这是当时人们最为关切的问题。为了寻找出路，各阶级各阶层都有自己的主张。墨子也认为社会必须改善，并且提出了"尚同"主张。为了"同"，就需要有"同"的标准，标准就是"义"。墨子认为人人同"义"，天下就会统一太平。如异"义"，天下就会大乱。这在"尚同"三篇中有详细的论述。墨子尚同的主要内容之一便是要取消"异义"而同于一"义"。"义"的内容是什么呢？墨子在他的各篇中，几乎都谈到这个问题。我们可以归纳如下几点：

第一，在经济上：维护私有制，反对"民"对富人私有权的任何侵犯；认定富人对"民"的剥削是合理的；主张"富民"，但目的是让"民"更多地为富人出力。

第二，在政治上：主张打破旧的"亲戚"等级制和大封建主专权，建立新的上下尊卑等级[①]；坚决反对民众造反；主张尚贤；反对攻国等。

第三，人伦道德就是兼爱。人的伦理关系即"君臣上下惠忠，父子兄弟孝慈"[②]。

第四，敬奉鬼神。

可见，墨子"义"的本质就是建立一套封建秩序。"义"不仅是道德范畴，而首先是一种政治主张。"同义"不是要封建主放弃其特权同于"民"，而是要"民"、被剥削者安于封建秩序。所以有些人把"义"笼统说成意见，把"同"说成大家都"同意"[③]，远没有抓住墨子同义的本质。

"义"的本质既然是这样，所以不会举国上下都同意。因此墨子提出由上立"义"，并通过由上而下的强制手段来实现："义不从愚且贱者出，必自贵且知(智)者出。"[④]"贵智者"是天子诸侯大人，"贱愚者"是"民"。民只能俯首从命。有人说义虽出自天子，同于天子，但天子是大家选举出来的，是为大众服务的，因此民应服从政长、天子的领导[⑤]。这实在是过奖了。天子政长不是人民的勤务员，也不会是由"民"选举的。墨子的理论是"天子"由"天"选择，天子以下的政长由天子选择[⑥]。有人说把"天"去掉就是由"民"选举，可惜这不是墨子讲的。以民为"天"与墨子把民看成愚贱之人是格格不入的。

"上"立了"义"，怎样实现？墨子提出了两个基本方法，即"富贵以道其前，

---

① ⑥ 参见《墨子·尚贤(上中下)》。

② 《墨子·明鬼下》。

③ 参见侯外庐主编：《中国思想通史简编》(第一卷)，人民出版社，1957年。

④ 《墨子·天志中》。

⑤ 参见吕振羽：《中国政治思想史》(第五编)，生活·读书·新知三联书店，1955年。

明罚以率其后。"①这是一套软硬结合的方法。当时人民生活极为困苦,墨子对此有敏锐的观察,他讲民有三患:"饥者不得食,寒者不得衣,劳者不得息。"②他主张应该让民"暖衣饱食"③,并且还进而提出:"衣食者,人之生利也。"④这些思想的确是极其光辉的,表现了他对人民的同情和人道主义的倾向。

那么,怎样才能使民富起来呢?首先必须使民能够安心从事生产。因此,他对劳师征战,徭役不断,使民无法生产的种种作为进行了严厉的抨击⑤。他提出:"凡费财劳力不加利者不为也。"⑥其次,他对统治剥削阶级浪费财富的种种无耻做法也进行了斥责,提倡节用、尚俭,这在《节用》《非命》《节葬》诸篇都有详尽的论述。墨子不仅提出反浪费还进一步提出用财的原则,即"诸加费不加于民利者圣王弗为"⑦。以减轻人民的负担,从而相对地改善人民的生活。

墨子虽然讲了许多利民、富民的话,但他的最终目的并不是为了人民。墨子并不反对剥削和役使人民,他只是反对"过甚"而已。这点他自己有明确的议论:"贱人不强从事,即财用不足"⑧,这里所谓"财用"乃是指王公大人的财用。他又讲:"百姓不利必离散而不可得用也。"⑨可见他的富民、利民乃是达到剥削与役使人民的一种手段。有人根据墨子类似上述的一些话就断定墨子是反对人剥削人的制度等等,我认为是不符合墨子的思想实际的。

在人剥削人的社会中,改善一下被剥削者的生活条件,可能会在一定程度上暂时缓和一下阶级矛盾,但阶级对抗绝不会因此而得到根本解决,被剥削者不会放弃反抗斗争。对人民的反抗怎么办?墨子主张施以刑罚,这就是"明罚以率其后",并且认为是最主要的手段,他说:"古者圣王为五刑,请以治其民,譬若丝缕之有纪,罔罟之有纲,所(以)连收天下之百姓不尚同其上者也。"⑩

那么,由谁制定刑法宪令呢?这就是家君发宪布令于其家,各家之义不

---

① 《墨子·尚同下》。
②⑧ 《墨子·非乐上》。
③ 《墨子·天志中》。
④ 《墨子·节葬下》。
⑤ 参见《墨子·非攻》等篇。
⑥ 《墨子·辞过》。
⑦ 《墨子·节用中》。
⑨ 《墨子·非命下》。
⑩ 《墨子·尚同上》。

同,必须总其家之义以尚同于国君,国君尚同于"天子",天子尚同于"天",天子依天的旨意发宪布令于天下。墨子这种层层"选其义""总其义"似乎是由下而上的集中,是民主的,不少的同志持有此论①,其实不然,在墨子的言论中根本没有从人民中"选其义"这一说。相反,他讲的都是要"下"绝对服从"上",依天子的旨意来立义:"里长顺天子之政而一同其里之义。"②天子是宪令刑法的制定者,下一级绝对听命于上一级。这一点是尚同的另一主要内容。

墨子的刑治思想与西周的刑治不完全一样,它有两个主要特点:第一,西周的原则是"刑不上大夫,礼不下庶人"。墨子的刑罚在理论上则包括所有的人。"墨者之法,杀人者死,伤人者刑。"③在西周,庶人是奴隶,是奴隶主的"工具",因此不能同奴隶主同样论法。但此时庶人已"解放",在理论上与封建主一样,都是人,因此才可能有表面上的同刑罚。第二,西周对民施刑是临事而断,没有公开的成文法,意之所在便是刑。叔向反对子产铸刑书时说:"昔先王议事以制,不为刑辟。惧民之有争心也……严断刑罚,以威其淫,惧其未也……"若如再铸刑书"民知有辟,则不忌于上。并有争心,以征于书,而徼幸以成之,弗可为也"。④墨子反对这种滥刑。他主张刑要适中,合乎"义"的原则,这叫"明罚"。否则就变成"杀","杀"是不义的,他说:"善用刑者以治民,不善用刑者以为五杀。则此岂刑不善战,用刑则不善故遂以为五杀。"⑤要"明罚",必须把刑公诸于民,即墨子所说要"发宪布令"。成文法在春秋中叶以后先后在各国公布。墨子主张发宪布令和当时的潮流是一致的。

墨子认为刑法不是消极的防范,他认为有两个方面,这就是所谓的"赏善"与"罚恶"。合乎"义"者为善,违反者为"恶"。赏是为了培植"顺民",罚是用强制手段镇压人民的反抗,两个方法,目的同归。"赏善"不仅赏行善者,扬善者亦赏,"若见爱利家者以告,亦犹爱利家者也","若见爱利国者,亦犹爱利国者也"⑥。罚恶不仅指作"恶"者,同谋、包庇或见恶不告者亦罚,"若见恶贼国不以告者,亦犹恶贼国者也"⑦。这不正是告密连坐的先导吗?

墨子知道用连坐逼迫人民相互告密是不可能实现的,因此又提出最高统

---

① 参见侯外庐主编:《中国思想通史简编》(第一卷),人民出版社,1957 年。吕振羽:《中国政治思想史》(第五编),生活·读书·新知三联书店,1955 年。

②⑤《墨子·尚同中》。

③《吕氏春秋·去私》。

④《左传》昭公六年。

⑥⑦《墨子·尚同下》。

治者要有一批"贤良"的"羽翼"遍布全国进行侦察暗探和监视。他说:"古之圣王治天下也,其所差论以自左右羽翼者皆良。外为之人,助之视听者众。故与人谋事,先人得之。与人举事,先人成之。光誉令闻(俞樾云'光'作'广'),先人发之。唯信身而从事,故利若此。"①"一目之视也,不若二目之视也。一耳之听也,不若二耳之听也。一手之操也,不若二手之强也。"②这里又可以看出,墨子虽然反对"亲戚"(血缘)集团专政,但又主张"道同志合"的亲信集团专政。但在剥削阶级当权的社会里,完全抛开"亲戚"的信身是根本不可能的。事实上以"亲戚"为"信身"的基础乃是通例。

建立"亲信羽翼"集团,一方面可以了解民情,另一方面可借以实行权术政治。他讲:"上之为政,得下之情则治,不得下之情则乱。"③"耳""目"遍布全国,探听细微向上报告,"数千万里之外有为善者,其室人未偏知,乡里未偏闻,天子得而赏之。数千万里之外,有为不善者,其室人未偏知,乡里未偏闻,天子得而罚之"。与人处事就能"先人得之""先人成之""先人发之"。墨子这种做法只能流于权术伎俩,正如他自己讲的:"是以举天下之人皆恐惧振动惕栗不敢为淫暴,曰,天子之视听也神。"④因此我们也可以说,墨子是权术政治的先导。

依墨子之见,通过上述各种措施,就可以达到天下"同"一了。这种同的局面乃是"上之所是亦必是之,上之所非亦必非之"。"下"绝对服从"上"。不得越雷池一步。绝不能有"下比之心"。⑤显然这正是专制主义的局面,因此也可以说墨子是专制主义的先导。有人说墨子很讲民主,甚至说成是个民主主义者⑥。其实,连一点民主的影子也没有。

墨子的尚同并不是像有的人所说那样,是为了"爱民""利民"。墨子说得很清楚:"凡使民尚同者,爱民不疾民无可使。曰:必疾爱而使之,致信而持之。"⑦可见,使民尚同的目的是为了"使之""持之"。"使"就是剥削他们,"持"就是占有他们。在"持""使"的前提下,那里还有真正爱民可讲。

墨子尚同思想中具有法术的性质。但并非说墨子就是法术家,或法术家本源于墨子。只能说墨子思想中有法术的成分,是法术家思想的一个来源。墨

---

①②③⑦《墨子·尚同下》。

④⑤《墨子·尚同中》。

⑥ 参见吕振羽:《中国政治思想史》(第五编),生活·读书·新知三联书店,1955年。

家后学具有明显的形名性质，而形名又是后期法术家的一个主要来源之一。墨子有法术的倾向，可以找出他们的源流关系。

综上所述，墨子的尚同思想有两个基本内容：一是统一天下，建立统一的封建秩序，二是通过法制建立统一的中央集权政治。这两者都符合历史的发展趋势，在当时是具有进步意义的。

墨子为了实现"尚同"，因而提出"尚贤"论，它的本质是改良主义的

战国初期的中小地主，特别是士，要求参与政事。但是政权为大封建主垄断，在用人上还继承西周以来的传统。这就是墨子所说的，不管有能力与否，"亲戚则使之""无故富贵，面目佼好则使之"。这种任人唯亲与社会经济发展是不相适应的。因此要求开放政路，任人唯贤就成了社会的呼声。针对这种状况，墨子提出"使能以治之"的用人原则，打破"富贵""亲戚"为用人范围的旧框框。应当"不党父兄，不偏富贵，不嬖颜色"①。"虽在农与工肆之人有能则举之。"②更进而提出："官无富贵而民无终贱"的口号。对那些"不肖者"要"抑而废之，贫而贱之，以为徒役"③。这些言论确有叱咤风云的味道。墨子的"尚贤"论比之他人的举贤才，有较多的进步性，可谓难能可贵。但是墨子贤能论的内容指什么，代表哪个阶级的利益以及怎样估计这一理论的精神实质？目前学术界持有不同见解。这些是须要加以探讨的。

墨子批评"亲戚则使之""无故富贵则使之"，但并非像有人所说的那样把"亲戚""富贵"排斥在贤能之外。他曾例举三代圣王就是以"富贵为贤"④，只是"不偏富贵"而已。他所说的"虽在农与工肆之人有能则举之"，其用意也不是像有的同志所说那样，是代表劳动人民的利益，要劳动者当权。他在口头上虽也承认农与工肆之人中也有贤者，但又认为民既"愚"且"贱"，为"下愚之人"⑤"百姓为愚不肖"⑥；而且又讲："自贵且智者为政乎愚且贱者。"⑦所以墨子尚贤的对象不是一般的老百姓，而是当时的知识阶层——士。他说："国有贤良之士众，则国家之治厚。贤良之士寡，则国家之治薄。故大人之务将在于众贤而已。"⑧墨子极力鼓吹贤良之士的才能与重要性："贤良之士厚乎德行，辩乎

---

①③④⑦《墨子·尚贤中》。

②⑧《墨子·尚贤上》。

⑤《墨子·非攻下》。

⑥《墨子·非命中》。

言谈,博乎道术者乎。此国家之珍而社稷之佐也。"①"士者,所以为辅相承嗣也。"②因此,"尚贤者……政事之本也"③。

关于贤能的标准,墨子提出了系统的思想主张。简而言之,即能实现"上下调和"的人。这些人对于其上的王公大人是:"贤人唯毋得明君而事之,竭四肢之力以任君之事,终身不倦。若有美善则归之上。是以美善在上,而所怨谤在下;宁乐在君,忧戚在臣。"④对"下","为贤之道将奈何?曰:有力者疾以助人,有财者勉以分人,有道者劝以教人。若此则饥者得食,寒则得衣,乱者得治。若饥则得食,寒则得衣,乱则得治,此安生生。"⑤墨子所称赞的贤人就是所谓的"奉公守法""廉洁尽职"的清官而已。就他们的立场而言,是坚定不移地站在封建主阶级方面的。

贤良之士的任务,墨子在《尚贤》三篇中作了详细的说明,总其要义有三:第一,进行政治改革,听狱治政以正刑法,建立与巩固封建秩序;第二,在经济与财政方面,必须在首先"实官府"的前提下"富万民",为此就必须注意生产的管理;第三,在前两者的基础上达到王天下、正诸侯、统一天下的目的。贤士既有如此重要的作用,因此墨子认为尚贤是统治者的首要责任。

尚贤必有术,墨子之术即"置三本",何谓"三本"?曰:"爵位不高则民不敬也,蓄禄不厚则民不信也,政令不断则民不畏也。"⑥因此必须"富之、贵之、敬之、誉之,然后国之良士亦将可得而众也"⑦。若不置"三本","贤者不至乎王公大人之侧",必然"不肖者在左右也"⑧。不肖者治国,势必造成"失措其国家""倾覆其社稷"⑨,这叫作"明小物而不明大物也"⑩。墨子"三本"主张的实质可归纳为下列三点:第一,为士打通进入政界之路,提高士的经济地位与社会地位;第二,造就一个新的官僚集团,实行官僚政治;第三,这也是一种高级文化政策。由此还可看出,尚贤根本不是由下而上的选择,抑不肖也不是实行什么罢免权。尚贤的本义就是要以贤为上。按照墨子"尚贤"论的唯贤能是用的原则,在理论上似乎否定了政长的阶级局限和偏爱,这就是他所说的官无常贵、民无终贱,农与工肆之人只要贤能亦可为政长。因为贤能是做政长的理论前提,但这并不妨碍在实际上他又把这些人排斥在贤能之外。因为墨子所谓的贤能之士必须是"辩乎言谈,博乎道术",受过教育,破书万卷,具有渊博知识

---

①②⑦⑨⑩《墨子·尚贤上》。

③⑤《墨子·尚贤下》。

④⑥⑧《墨子·尚贤中》。

的人,然而这在当时条件下农与工肆之人是根本做不到的。因而在另一些地方丝毫不影响他把农与工肆之人同愚贱连系在一起。退一步讲,即使有极个别的农与工肆之人学得了知识,做了士,但依上述墨子所提出的贤士标准,这些人也不再代表农与工肆之人的利益了。他们已加入了统治阶级的行列。

墨子的尚贤主张有其进步意义,在一定程度上也符合人民的要求。但是墨子的尚贤是由"上"来尚贤,而不是由人民来选贤的。因此它在本质上不会是劳动人民的思想。在剥削阶级占统治地位的社会中,尚贤能尚到人民身上是根本不可能的。尚贤主张在很多情况下还会束缚住人民的行动。因为把社会问题归结为几个人的问题,把社会改革的希望全寄托在几个贤人身上,这就会转移人民对统治阶级斗争的视线。这显然是一种改良主义思想。

"非攻"的实质是维护私有制,但他反对用"攻"来统一天下,主张以"诛"达到此目的

"非攻"是墨子学说中的一个主要内容。首先需要指出的是,关于"攻"这一概念,有许多人只理解为指战争而言,这是不全面的。"攻"包括的内容极广。凡是不合墨子所谓的义或利的任何行动,他皆称之为"攻"。因此,"攻"是指经济、政治、道德伦理等方面的事。那么,"攻"的概念中有否战争这一内容呢? 有。但攻不是指一切战争,它只是指不合他所谓义、利的那种战争。所以"非攻"并不是反对一切战争。

他把战争分成两种:一称为"攻",一称为"诛",墨子是"诛"而非"攻"。但用什么区分"攻"与"诛"呢? 总结墨子所述种种理由可归结为利(或义)。不利者为"攻",有利者为"诛"。

墨子认为当时兼并战争有害而无利,因此称为"攻"而非之。因为:第一,攻战侵犯了他人的私有权,正像入人园圃,盗人桃李一样,小者"芟刈其禾稼",大者占领他人之城郭、土地和人民。所以攻战是不义的行为,利己而不利人。"不与其劳获其实,已非其有所(当为'所有')取之故。"[1]第二,攻战长途出师,兵甲辎重消耗不可胜计,即便能抢夺一些财物,可是两者相权,"计其所得,反不如所丧者之多"[2]何况还有玩火自焚的可能,害莫大焉。第三,对百姓

---

[1]《墨子·天志下》。

[2]《墨子·非公中》。

18

有害无利,如果打仗,"君子庶人也必且数千,徒倍十万""春则废民耕稼树艺,秋则废民获敛",使"民易务",结果,"百姓饥寒死者不可胜数"。总之,民皆欲生,而攻战则置民于死地,故当非之。

墨子反对攻战侵犯私有权。但正是私有制才产生了"攻"。非攻而不非私有制,攻永无止之时,这是去流存源的办法。但为了维护私有权而非攻,在一定情况下也不是不可能的。因为在私有制中还有这样一条法则:只有在等价交换的情况下才能转让所有权。然而战争的掠夺根本破坏了这一法则,它用强力改变所有权。这种方法是大财产垄断者所惯用的,在当时是那些大封建主所追求的,他们具有强烈的兼并性。中小封建主不是不想扩大自己的财产,无奈他们经济力量小,争不过大封建主。受兼并掠夺战争之害最大者当然是老百姓,可是丧失财权的主要是中小封建主。所以墨子的非攻不仅是要维护私有制,而其重心是要保护中小封建主的所有权。他多次讲到"大家"不应篡"小家",这里的"小家"就是指中小封建主。

墨子不主张用"攻"的方式争夺土地、依属之民和王天下,但他认为要用"义",并且根据义采取"诛"的手段达到上述目的是必要的。他说:"今若有能以义名立于下天,以德求诸侯者,天下之服可立而待也。"①这种方法的特点就是退一步,进两步,照老子的说法,就是"将欲夺之,必固与之"②。为此,在与他国相交时必须"先利天下诸侯","大国之不义也则同爱之,大国之攻小国也则同救之。小国城郭之不全也必使修之,布粟之绝则委之,币帛不足则共之,以此效(交)大国则小国之君说"③。这种政策可以一箭双雕:与大国可以保持平衡局面,但却可以争取小国倒向自己方面,壮大自己、孤立敌手;对民要实行"宽惠"政策,即"必务宽吾众",争取民倒向自己这一边,"宽以惠,缓易急,民必移"④。在军事上要实行"易攻伐以治我国",实际上并不是真正"易攻伐",而是指不要打无把握之仗,应保存自己实力,蓄精养锐,做好士兵训练,"信吾帅",然后对准敌手的弱点一攻而下之。这就是他所说的:"人劳我逸则我兵甲强","量我师举之费以争(征)诸侯之毙,则必可得而序利焉(俞樾云,'序'当为'享'字之误)。"实行如上诸术,就可以内有人民支持、强兵壮马,外有盟国,举师又有义名,"以此授(孙诒让云,'授'疑为'援'之误,'援'作'引''取'讲)诸侯之师则天下无敌矣"⑤。墨子虽然以"攻"为

---

①③④⑤《墨子·非攻下》。
②《老子·第三十六章》。

不义、以"诛"为义,但这只是他个人的标准,与我们所讲的正义与非正义是不能同日而语的。"攻"不等于非义,"诛"不等于义。有些同志认为"非攻"就是反对不正义的战争、反对侵略战争[①],这种说法是值得商榷的。例如认为大攻小就是不义,这是错误的。义不义根本不是以交战两方大小为准:大者为非,小者为是。而应看战争的起因、目的以及它的历史作用。认为墨子反对大攻小就是反对侵略,这种说法也有问题。我认为"侵略"二字根本不能用来说明当时各"国"之间的战争。因为当时"国"的含义与今天决然不同。各国只是地方行政单位。战争的双方也是同一"天下"的不同社会阶级或同一阶级中的不同集团。若用"侵略""被侵略"来说明交战的性质,那必然以独立民族国家和承认当时各国分立的合理为前提,但这完全不符合中国历史的真实的,所以用此二字不仅不能说明问题,相反只能造成混乱。

综上所述,墨子不是站在劳动人民的立场,而是封建地主阶级的代言人,他对中小地主利益尤其关切。他企图用缓和阶级矛盾的方法来巩固封建制度。他不是民主主义者,更不是空想社会主义者[②],因为他既不反对私有制和剥削,又不反对阶级压迫。相反,他还认定这些是合理的。而没有这两个基本思想,就绝不能称他为空想社会主义者。

墨子的政治主张在当时是进步的,但必须指出他的阶级局限性。历史上有两种不同的进步,一种是劳动者所代表的进步,这是永不褪色的进步(自然在不同时代有不同的历史形态)。另一种是剥削阶级在特定历史时期即其上升时期所代表的进步。这种进步与前者在性质上是不同的,它具有二重性。它要求代替前一种剥削制度,这是符合历史发展规律的,是进步的。但是这种进步又恰恰是建立在另一种剥削制度的基础上,因此就有极大的局限性、暂时性,并且还常常与反动性交织在一起。墨子的政治思想也正是这样。我们不仅肯定他的政治主张的进步意义,更重要的要指出他这种进步性的阶级性质。这样才有可能对历史人物做出正确评价。

原载《河北日报》,1961 年 8 月 11 日,第 3 版

---

① 参见杨荣国:《中国古代思想史》,人民出版社,1958 年。任继愈:《墨子》,上海人民出版社,1957 年。

② 参见吕振羽:《中国政治思想史》(第五编),三联书店,1955 年。

试论孔子的富民思想

人皆欲富

春秋时代是奴隶制向封建制过渡的时代。在生产发展的基础上,这一转变是沿着两个方面进行的:一方面是个人私有制,首先是土地的个人私有的出现和发展;另一方面,由于奴隶的反抗斗争,奴隶逐渐获得解放。与此同时,社会上出现了两个新的阶级:一个是封建主,其中包括大商人和私营手工业者。这个阶级尽一切办法扩大自己的财产,逐渐发展成为社会生产资料和财富的垄断阶级;另一个阶级即农奴和小自耕农等组成的农民阶级,他们多是由奴隶转化而来的,虽然是被剥削者,比奴隶的社会地位却有了质变:不仅是劳动者,而且也是小私有者,因此也希望自己的生活富裕起来。所以,追求个人的财富和奴隶的解放等,就构成当时不可抗拒的潮流。这一潮流猛烈地冲击着西周那种建立在分封世袭的土地国有(即王有)基础上的奴隶制。在这一个时期,衡量一个人的进步和反动,就要看对这两个基本问题所持的态度是怎样的。当时的阶级斗争主要也是围绕这两个问题展开的。孔子对这两个问题在本质上都是赞助的,因此,孔子在基本方面也是进步的。

孔子不但在原则上赞成当时发展起来的私有制,并且提出了具有时代意义的人皆欲富这一命题。他说:"富与贵是人之所欲也","贫与贱是人所恶也"。[1]"人"这一概念在一般的情况下,乃是指一切人。这里只举一两件典型的史料:《左传》昭公六年记载"人有十等",其中既有王公大人,也有奴隶。可见"人"不是专指奴隶主。西周青铜铭文中有"鬲百人"的记载[2]。大家公认"鬲"是奴隶。因此人皆欲富的"人",既指剥削者,也包括"民"在内。

---

① 《论语·里仁》。
② 见《令毁》铭文。铭文中奴隶称"人"者甚多,这里仅举一例。

孔子对"民"是相当同情的。如"爱人"①，"因民之所利而利之"②，以及富民等思想。他希望"民"都能有最低的生活条件，这就是子贡所说的"博施于民而能济众"③，"爱人"、尊重人和对民的同情，乃是孔子人皆欲富的思想前提。如果把人不当人看待，那就绝对不会提出这一主张。因为财产(奴隶)不能再有财产。孔子这一思想把西周以来的那种传统的、神权的、只有周天子和奴隶主贵族才能享受富贵的观念给打破了。孔子认为富与贵是人们天生的自然的要求，它属于"性相近"的"性"的一个方面。孔子是把富贵同人欲联结起来的第一人。

但是，在当时真正能富且贵的，只有新兴的封建主和大商人，奴隶主是没有前途的，劳苦大众是根本不可能富起来的。因此，在孔子这一思想中，虽然对小私有者的农民的生活权利表现出一定的尊重，但是本质上和客观上乃是为新兴封建主扩大财富开路，不过打的招牌却是"一切人"。这样，一方面使封建主、商人等可以在"一切人"的名义下肆无忌惮地追逐财富；另一方面，又可以用来作为制定争取民众的政策的基础。因为人皆欲富，谁能给人以较多的利益，谁就能争取民众倒向自己。孔子的富民主张正是在这一基础上提出来的。

孔子的人皆欲富的思想集中反映了时代的趋势。作为在经济上应有生活权利的人首次被发现了。这种思想对当时社会起了促进使用。

"均无贫"

春秋时代劳动大众不断起来反抗，闹"乱"子。对闹"乱"子原因的分析，在孔子之前主要有两种看法：一是怨天尤人，很少看到社会的经济的原因；另一种则开始从经济中寻求原因，如子产、晏子、叔向等④。前者消极的居多，后者是面对现实的。孔子继承了后者，他看到社会贫富的对立，指出民恶贫是闹"乱子"的原因。他说："贫而无怨，难。"⑤尽管孔子希望是无怨，但是他意识到这是困难的，因此在一定程度上承认了贫而怨是不可避免的实际问题。为了

---

① 《论语·颜渊》。

② 《论语·尧曰》。

③ 《论语·雍也》。

④ 关于子产的思想，见《左传》襄公十年；关于晏子、叔向的思想，见《左传》昭公三年。

⑤ 《论语·宪问》。

改变贫穷地位,敢于起来斗争,这就是"乱",孔子说:"好勇,疾贫,乱也。"①他虽然对"乱"也持否定态度,认为"乱"是小人所作,"君子固穷,小人穷斯滥矣"②。但是对实际问题的分析又有税利的眼光。如鲁国季康子患"盗",问孔子,孔子就说:"苟子之不欲,虽赏之不窃。"③这句话既尖锐地批评了剥削者,又表现出对人民困苦处境和反抗行动的同情。

孔子不主张"闹乱"子,但是他看到了乱的原因是民贫所致。因此为了防止"乱",他就提出了均贫富的主张。"丘也闻有国有家者,不患寡而患不均,不患贫而患不安。盖均无贫,和无寡,安无倾。"④这句话的内容,我认为有两个问题要讨论:其一,冉有为季氏担忧的根源问题。冉有认为祸根在颛臾,因此不取之,"后世必为子孙忧"。孔子反对这种看法,认为"忧"不在邦外而在邦内,"吾恐季孙之忧,不在颛臾,而在萧墙之内也"。这就是他讲的"不患寡而患不均……"那一席话。其二,"不患寡而患不均……"所指的对象问题。我认为孔子的意思是说,"有国有家者"所考虑的祸患不在家国外部,而在内部财产是否均平,等等。当然我们也不能把"均无贫"看作是孔子主张人人一律平等。全部论语只有两个"均"字,都在《季氏》这一章,而且说的既含混笼统,更无实际着落。所以我认为"均无贫"是孔子的一种模模糊糊的理想。

两千多年前的孔子能看到贫富的对立,看到贫与"乱"的内在联系,并且模模糊糊地提出"均无贫"的主张,来幻想解决这一矛盾,这就足以使他可以获得古代杰出思想家的称号。

富民主张

孔子幻想改善贫者的处境,而贫者最多的是"民"。由此就必然导出了他富民主张。"子适卫,冉有仆。子曰:'庶矣哉!'冉有曰:'既庶矣,又何加焉?'曰:'富之。'曰:'既富矣,又何加焉?曰:'教之。'"⑤富与教是孔子对民的两项基本原则。"富"指物质生活方面而言,"教"指精神方面而言。富与教的关

---

① 《论语·泰伯》。
② 《论语·卫灵公》。
③ 《论语·颜渊》。
④ 《论语·季氏》。
⑤ 《论语·子路》。

系,富居首位,富而后成教。"子贡问政。子曰:'足食,足兵,民信之矣。'"①可见使民信必须以足食为前提。

孔子的所谓富民,并不是真正从民利出发。不过在他富民主张中注意了民的最根本的生活要求,即吃饭问题。孔子提出"足食"是为政的第一要义。

怎样才能使民"富"起来呢?孔子把希望全寄托在仁人君子身上,幻想他们对民实行宽惠政策。行事要利于民,"因民之所利而利之"。这样就是"惠而不费"②。他希望当政者能实行一些有利于民的生产和生活的政策,归纳起来有如下几个方面:

第一,要重视生产。为此就要使民能从事生产。这正是针对时病而发的。当时战争不已,徭役不断,滥用民力的现象十分严重。为了改变这一状况,孔子提出:一要"使民以时"③,保证民的生产时间;二要"使民如承大祭"④,用民要慎重,不要滥用民力;三要使民合乎"义";"义"即适宜,即"择可劳之而劳之"⑤。四要使民还要讲"信""惠",等等。孔子能提出这些使民的原则,对当时生产是有好处的。

孔子赞扬大禹治水、修沟洫,⑥也说明他对生产的重视。

第二,孔子主张薄赋敛,减轻对人民的剥削。根据《左传》哀公十一年记载,季康子为鲁国执政,要在鲁国实行"田赋"制。这种"田赋"制虽然是封建主的一种新措施,但是它却加重了人民的负担。在实行之前,季康子让子贡去征求孔子的意见,孔子反对。反对新制度这一点,孔子是有保守的一面。但是反对的着眼点不是那个制度,而是赋敛的多少问题。孔子主张"敛从其薄",实行"周公之典"就行了,不必搞什么新名堂。他从实际出发,只要厚敛,他就反对。

第三,孔子主张统治者要节用。他说:"奢则不孙,俭则固。与其不孙也宁固。"⑦更值得注意的是,孔子把节用同爱人连在一起,他说,"节用而爱人"⑧。他不仅看到了物,而且在物的背后还发现了"人",这点是很可贵的。

第四,他希望富有施舍,赈济贫者。他说:"君子周急不继富。"⑨"原思为之宰,与之粟九百",原思嫌多,辞而不受,孔子便讲:"毋,以与尔邻里乡

---

①④《论语·颜渊》。

②⑤《论语·尧曰》。

③⑧《论语·学而》。

⑥ 参见《论语·泰伯》。

⑦《论语·述而》。

⑨《论语·雍也》。

党乎。"①这里可以看出孔子的一片好心。

孔子的富民思想是可贵的,但也是有限的,充其量只不过是希望减轻对人民的剥削而已。对孔子我们不能要求他从根本上反对剥削。他比较重视民众生活,这就是他的贡献。

义和利

每个人皆欲富贵,但是用什么方法达到呢?孔子也有一套理论。他说富贵"不以其道得之,不处也",贫贱"不以其道得之,不去也。"②所谓"道"即求富的方法和原则。换句话就是"义"与"利"的关系问题。孔子认为,两者必须结合起来"见利思义"③,"见得思义"④。但是他又看到这两者又有矛盾,"放于利而行多怨"⑤。"义"与"利"矛盾时舍"利"而存"义",他说:"不义而富且贵,于我如浮云。"⑥"君子喻于义,小人喻于利。"⑦

孔子是不排斥功利的。不过他的功利主义有他的原则。第一,要维护个人的私有制,把侵犯者视为不义。第二,承认剥削,但是认为剥削不宜过甚。他这种功利主义在本质上反映了私有制发展的要求,代表了封建主的利益。但是其中有着十足的中庸之道的精神。

孔子主张,如果富而可求,应尽力求之。如不可求,或求之不得,便应当安贫或乐贫。这就是他的"固穷"和"贫而乐"的理论。怎样才能做到这一步呢?就是要在精神上求得安慰。孔子的富民主张,兜来兜去最后还是兜了个空。在孔子看来,应该使民获得必要的生活条件。但是这些条件不能由民通过斗争去获得,而要靠剥削者的恩赐和施舍,所以,孔子的富民主张具有十分明显的二重性:一方面表现出一定程度的对人民的同情;另方面又束缚了人民的手脚。我们不仅要看到他们对人民同情的方面,而且还要指出这些思想在实际上又怎样落了空。

原载《光明日报》,1962 年 6 月 22 日,第 4 版

---

① 《论语·雍也》。

②⑤⑦ 《论语·里仁》。

③ 《论语·宪问》。

④ 《论语·季氏》。

⑥ 《论语·述而》。

老子"道"的虚无性和神秘性

目前学术界大致都肯定老子是我国古代的一位朴素的辩证法思想家。但是对老子究竟是唯物主义者还是唯心主义者,则还有不同的看法。我认为老子是个唯心主义者。现在仅就他在思想核心——"道"中的几个问题作一些考察。

一切唯物主义,它们的共同点,就是承认物质是具体的、永久的、普遍的东西。因此不管它们对客观世界的统一性理解如何,但都认定这种统一性的本体是现实的,并且是不依人的主观意志为转移的客观存在,是可以被人认识和感觉到的。唯心主义则与此相反。它们所谓的本体是幻想中虚构的东西。老子所谓的本体正是这样。

先从正名来看:老子说的本体是"绳绳不可名"的,"道隐无名",所以称之为"无名"。没有名称人无法理解,所以"字之曰道"。但"道"仍不能尽老子之意,于是便根据想象中这一本体的特性、特点和作用,等等,给它起了一系列的名字。老子认为"道"生天地万物,因而称之为"母"。天地万物当然就是"子"了。把"母"更形象化,称之为"牝"。但非一般的牝,而是"玄牝"。道生万物就像植物之有根,因而又称之为"根"。又像"朴散则为器",所以"道"包罗一切,故称之为"天网"和"无名之朴"。"道"在老子想象中是最大的,所以"强为之名曰大"。自然也就是"无极"了。但"大道泛兮,其可左右",无物不入,又"可名于小。"道"迎之不见其首,随之不见其后",因此"是谓惚恍"。在想象中似乎还有"状",却又无法形容,所以叫"无状之状"。它似乎又有"象",但非一般现实物之"象",而是"大象",大象是"无形"的,是"无物之象"。归根结底,道"复归于无物",所以称之为"无"。这个"无"非具体事物之有无,而是永远之"无",所以又称之为"常无"。这样一来,"道"自然是个神秘的东西,故又称为"谷神"。这里,"道"与"神"携起手来了。这种"道",人是无法感觉到的,因而称之为"夷""希""微"。老子给世界的本体起了这么多的名称,只能说明他思想中的对象是空虚的。这样滥用概念掩盖事物的本质是一切唯心主义的共同特点。

再从文字的训诂方面来考察：老子说"道冲而用之或不盈"。"道冲"是什么？傅奕本"冲"作"盅"。"盅"，俞樾云："说文皿部：'盅，器虚也'。老子曰：'道冲而用之。''盅'训'虚'，与盈正相对。作'冲'者，叚字也。"①又说："有物混成，先天地生，寂兮寥兮。"马叙伦云："寂寥，无人声也。寥，说文作'廫'，空也。"②老子又说，道"绵绵若存"。高享认为："'绵'，疑借为'昏'。昏古读为民，与绵音相近。昏昏，犹冥冥也，不可见之义也。"③类似上述例证，不胜枚举。这些都说明老子的先天地生的"道"是虚无的东西。因此"复归于无物"，自然也就"大象无形"了。

老子一方面认为道是"无物""无形"，即不是客观的实在，另一方面又认为道是超感觉的，"道之出口，淡乎其无味。视之不足见，听之不足闻，用之不足既"。都是说，"道"是不可被人感觉到和认识到的，这样的东西当然也就不会是物质的了。这一点，有人认为不能用现代科学唯物主义的"物质"概念去衡量古代。我认为这种看法是不妥当的。列宁曾指出，"物质"这一概念是哲学中最后的概念。它所指的内容无论对现代或古代都是适用的。也又有人说，物质的东西不一定都是能感觉到的。这种说法固然有道理，但我认为这不过是指某种具体物而言，如果作为哲学上的本体，像老子的"道"根本不能被感觉，那就不是唯物主义所理解的物质了。

我们再来看老子的"道"与"物"的关系。辩证唯物主义认为，世界的统一性在于它的物质性。这种物质性是寓于每个个别事物之中的，绝不能离开千变万化的具体事物而存在。"物质"与每个事物的关系是一般与特殊的关系，是互相联系不可分割的。古代唯物主义哲学家由于历史条件的限制，还不能对上述命题达到科学的认识。根据他们直观的经验，只能是在一个特殊的事物中求世界的统一性④。就是说，他们把特殊当成了一般。这一点虽然是不正确的，然而它在本质上却是值得肯定的，因为他们没有把一般（统一性）同特殊割裂开来。正因为如此，所以称之为朴素的唯物主义。唯心主义却与此相

---

① 《诸子平议·老子平议》。
② 《老子校诂》。
③ 《老子正诂》（重订版）。
④ 参见恩格斯：《自然辩证法》，人民出版社，1955 年。

反。它们把世界的统一性与特殊的事物对立起来,认为这种统一性是独立存在的,是唯一真实的东西,而种种特殊事物只不过是它的存在形式。唯心主义者给它起了种种名称,如"理念""绝对观念",等等。在老子那里则称之为"道",这个"道"正是与万物相对立的。

老子的"道"虽然是虚无的,但他却认为"道"是永恒存在的。天地万物有生有灭,"道"却是"独立而不改"。世界上的一切都不过是"道"的外壳和外化出来的现象。这种现象只能是暂时的,"夫物芸芸,各复归根,归根曰静。是谓复命,复命曰常",千万种事物,终究要回到它们的根即"道"那里去的。

"道"生万物和万物归于"道"还不足以证明"道"是超现实的,因为朴素的唯物主义者也提出世界本源这个命题。问题在于这个本源和万物的关系。唯物主义者认为两者是统一的,唯心主义者则认为是分裂的。老子的"道"正是这样。他说:"玄德深矣远矣,与物反矣。""玄德"几近于"道"。老子虽然没有直接说道"与物反",但从逻辑上来考究,比"玄德"更高一级的"道"也应当与物对立。这种离开了具体事物而独立存在的本源,只能是幻想中虚构的东西。所以老子又说:"道者,万物之奥。"《广雅释诂》:"奥,藏也。"就是说,"道"是万物藏身之处。可见"道"是凌驾于万物之上的一个框框。

老子虽然讲"道"对万物"生而不有,为而不恃",似乎生万物之后就不管了。实际上他仍然认为"道"是万物的主宰,说:"大道氾兮,其可左右"。"道"如进入万物,则万物福莫大焉:"昔之得一者,天得一以清,地得一以宁,神得一以灵,谷得一以盈,万物得一以生。"这里所谓"一"即"道"。如果"道"从中溜走,则祸莫大焉:"天无以清将恐裂,地无以宁将恐发,神无以灵将恐歇,谷无以盈将恐竭,万物无以生将恐灭。"可见老子的"道"是与万物分离的,它可以超越于万物之上自由地走来走去。

老子虚无的"道"是与他反动的社会观相呼应的。他的这种思想,一半是奴隶主制度的挽歌,一半是对新兴封建制度的恫吓。他说:"天地尚不能久,而况于人乎?"在老子看来,世界是空虚的,人生也不过是虚无的幻化,所以人倒不如来个"无知""无欲""清静无为",和"道"相一致,以求得精神上的超脱。他认为只要把握住"无"就能得到一切,"无"产生一切,而一切都要归于"无"。只有这个"道"是常在的,所谓"谷神不死"。如果有人修道深化,与"道"同而为一,就可以羽化登仙了。"圣人处无为之事,行不言之教。万物作焉而不辞,生而不有,为而不恃。"这是说圣人之所以能生养万物,就在于"圣人"与"道"合而为一，把握住了"无"。可见，老子所谓贵道尊德实际上就好比是修仙术，这不是唯心主义又是什么？

一切唯心主义都和宗教有内在联系，因为宗教本身就是客观唯心主义的一种表现形式。从表面看来，老子是否定神，主张打倒"天"和"上帝"的，似乎是个唯物主义无神论者。有些人甚至以此作为证明老子是唯物主义无神论者的主要根据。但是，只要我们细加分析，就会发现老子的"道"是与神紧密联系的。老子多言"道"而少言"天""神"，但他不否认"天""帝"的存在，只是比"道"降一格罢了。例如他说："以道莅天下，其鬼不神；非其鬼不神，其神不伤人。""吾不知谁之子，象帝之先。"神鬼既然存在，所以老子主张祭祀："善建者不拔。善抱者不脱。子孙以祭祀不辍。""天"在《老子》一书中单独出现时，多半指"神"而言，非指自然之天。"天"既是神，所以"天"是有意志的，"天将救之，以慈卫之"。因此老子也主张事天，并且把事天与治人同等看待，"治人事天，莫若啬"。老子不唯要事天，进而认为有德者还可以配天，"是谓配天古之极"。不仅可以配天，而且还可以与天合而为一。"知常容，容乃公，公乃王，王乃天，天乃道，道乃久，没身不殆。"这里说的"天"，有人释为自然之天，做了"王"怎么就变成自然之天呢？这是讲不通的。我认为可以把老子说的"天"释为神，就是说，一个人很公正就可成为王，做了王就变成神，成了神就与道合一，因而"没身不殆"。因为老子的"圣人"本来也有超然的意思，这与"没身不殆"倒是很合拍的。

老子的"天"具有神秘性，他所谓的"天道"同样是如此。"道"在西周还不是一个哲学概念，在当时主要有三种意思：一作"道路"讲；二作"言"讲，例如"道可道"的第二个"道"即此义；三作"法术"讲，例如《尚书·康王之诰》："皇天用训厥道，付畀四方。"等是。作"法术"等义讲的"道"与神也是有关系的。《左传》桓公六年隋国之臣季梁曾这样说："臣闻小之能敌大也，小道大淫，所谓道，忠于民而信于神也。"可见"道"包括两个内容，一为治人，一为事神。

所谓"天道"，是从"皇天用训厥道"这一概念中蜕化出来的。"天道""天之道"在《左传》记载中主要指天神的意志和安排。子产曾说："天道远，人道迩。"[1]子产虽然对"天道"进行了批判，但他所指的"天道"依然是天神之道。有人说老子的"天道"是借用了当时天文学的概念，并没有神秘的意思。但这在《老

---

① 《左传》昭公十八年。

子》一书中并没有明显的证明，而关于"天道"的神秘性却有好几处。例如"天道无亲，常与善人。"这与西周以来"天"择有德者与天下的说法是一致的。"天道"在老子看来是有意志的，可以活动的，如他说："天之道不争而善胜，不言而善应，不召而自来，繟然而善谋。""天道"既然是如此，当然是无法感知的，只有在冥想中才能悟到，所以他说："不窥牖，见天道。"当然，老子的天道与他以前的天道也有不同之处，"天"的成分减少，"道"的成分增多，但还没有超出原来的神秘意义。

由上所述，说"道"是"上帝""天"的别名，这是有事实根据的。不能把"天"的神秘性说成是老子的失言。有人说，"天"已经能够用了，老子又何必以"道"来代替"天"呢？这在现在来看固无必要，但在当时是完全可能的。周天子已下台，"天"已经摇，老子创造一个与"天"本质相同的"道"，去与新势力相对抗，是并不奇怪的。

总之我认为：老子的"道"是虚无的，是与万物相背离的，并且还有神秘性，所以说老子"道"的本质是客观唯心主义的。

（文中引语凡未注明出处者，均引自《老子》一书）

原载《河北日报》，1962年3月9日，第4版

中国传统人文思想中的王权主义

在中国传统文化的再认识中,人文思想是引人注目的问题之一。论者之中有人提出以儒家为代表的传统人文思想,是提供天下为公、人格平等、人格尊严、个性独立、道德理性、民主政治的基础。在我看来,事情并非如此。

中国传统的人文思想,从其主流看,导向的是王权主义,即君主专制主义。从逻辑上讲,专制主义可以包括在人文思想之中,从历史上看,中国古代的人文思想很发达,君主专制主义也很发达,专制主义恰恰以具有浓厚的人文色彩的儒家思想为统治思想。另外,从内容上看,中国古代人文思想的主题是伦理道德,而不是政治的平等、自由和人权。这种认识结构也决定了人文思想只能导致专制主义。在古代的传统思想,特别是儒家思想中,虽然有不少重民、爱民、利民、惠民、恤民、爱民如子、民为邦本等主张和理论,这些也常被人们誉之为民本主义和民主主义等等。其实,事情的本质未必如此。古代的重民、爱民并不是目的,一般地说,它只是一种手段。孔子讲得很清楚:"惠足以使人。"①不管人们就"爱民"问题讲了多少美好语言,"民"基本上是被恩赐和怜悯的对象,他的地位从来没有比这更高过。那么谁是目的呢?是君主,是帝王。人们常爱把范仲淹的"先天下之忧而忧,后天下之乐而乐"作为民主思想的典型加以征引,其实不应忘记他前边说的两句话:"居庙堂之高则忧其民,处江湖之远则忧其君。"这正说明君主是目的,"民"只是被怜悯的对象。

我们说君主是目的,并不是说君主是不受任何制约的。从理论体系上看,君主也是被规定的对象。他不仅要受到天、人的制约,还要受名分、伦理道德的制约,即受到道统的制约。但在总体上,这些理论又是对君主地位的肯定和维护。对君主的严格要求正是为了保证君主地位的巩固与稳定。道德自然化,恰恰是君主因自然而为必然的证明。如下几个方面就是君主绝对性的证明:

---

① 《论语·阳货》。

第一，君主能参天地，是调节人与自然的中枢。

天地化育万物是古人的共同认识。在天地化育万物的过程中，人并不是纯粹的外在物，而是可以参与其中的。但一般人并没有份，只有圣人君子才能做到。荀子说："君子者，天地之参也，万物之总也，民之父母也。无君子，则天地不理，礼义无统。"[①]中国传统思想中的圣与王在理论上不完全一致，但一般说来又是"内圣而外王"。正如董仲舒所说："古之造文者三而连其中谓之王。三画者，天地与人也，而连其中者通其道也。取天地与人之中以为贯而参通之，非王者孰能当是。"[②]圣人、君主参天地的理论、把君主抬到超人的地位，君主不但被圣化，而且也有神化的意味。

第二，君主体现着自然与社会的必然性。

中国古代的思想家十分注重自然与社会的必然性，把这种必然性称之为"道""理""时""势""必""然""节""序""数"，等等。但人对必然性的关系却各不相同：百姓处于浑浑噩噩的自发状态，只有君主、圣人知"道"，并把握着必然性。"圣人者，明于治乱之道，习于人事之始终者也。"[③]"道不同于万物，德不同于阴阳，衡不同于轻重，绳不同于出入，和不同于燥湿，君不同于君臣。凡此六者，道之出也。"[④]君主是道在人间的体现。君主也只有"体道"[⑤]，才能成为君主。所以又说："道者，万物之始，是非之纪，是以明君守始以知万物之源，治纪以知善败之端。"[⑥]"天者，理也；神者，妙万物而为言者也；帝者，以主宰事而名。"[⑦]帝王是把握天理引诸于人世的中枢。他体现着规律，体现着必然，人们要遵从规律和必然，首先必须遵从帝王。

第三，君主是认识的最高裁决者。

权力和认识本来属于两种不同的范围。在古人的认识中，坚持和提倡权力与认识二元者虽时有其人，但在传统中占主要地位的是把两者并为一元——君主是认识的最高裁决者。《尚书·洪范》关于王道皇极的论述颇有代

---

① 《荀子·王制》。
② 《春秋繁露·王道通三》。
③ 《管子·正世》。
④ 《韩非子·扬权》。
⑤ 《韩非子·解老》。
⑥ 《韩非子·主道》。
⑦ 《二程遗书》卷第十一。

表性。"无偏无陂,遵王之义;无有作好,遵王之道;无有作恶,遵王之路;无偏无党,王道荡荡;无党无偏,王道平平;无反无侧,王道正直。"这几句话是传统思想中的最高信条之一。其妙处在于把王权、认识、道德和行为准则四者结合为一,而且以王权为核心。在这当中"王"虽然是抽象的,但上升为具体时,则表现为对王权的肯定。儒家倡导的"内圣外王"理论,为王之权力、认识、道德的统一作了更具体、更深入、更巧妙的论证。圣和王虽然常常有矛盾和冲突,但圣的最后归宿是王。因此,王高于圣。荀子把君主说成"居如大神,动如天地"①,就是把君主视为认识和道德的最后裁判。历史上连续不断的文字狱是权力与认识发生尖锐冲突的表现。中国的经学有着非常丰富的内容,但它作为官学,不仅为维护王权和封建秩序服务,同时又受王权的支配。其实何止经学,史学的主干部分,所谓正史等,也多半是遵照官方的旨意来编写的。到了清代,连版本都由皇帝"钦定"。从认识过程和逻辑来看。未必都以王为中心,但实际上王权高于认识过程的逻辑。中国古代不存在独立的认识主体,这就决定了难有独立的认识。

王权主义与人文思想不是两种对立的思想体系,前者是后者的一部分。而且专制君主正是以人文思想很浓的儒家思想为统治思想的。这种情况与西方近代的历史过程有极大的不同,因为近代西方的人文思想与封建专制是对立的。中、西之所以会有这样大的差距,关键是人文思想所背靠的历史条件不同。近代西方人文思想的发展以商品经济为基础。而中国古代的人文思想是建立在自然经济基础之上的。在以小农为主的自然经济基础上,不可能产生民主思想,而只能产生家长主义。而家长主义正是王权主义的最好伴侣。

原载《光明日报》,1986 年 8 月 4 日,第 3 版

---

① 《荀子·正论》。

"政治"概念大于"阶级"概念 *

当前政治体制的改革,涉及的问题非常广泛,也非常复杂。这里仅就几个理论和认识问题提出一些粗浅看法,供大家参考和讨论。

一、我国政治体制现代化问题

在讨论政治体制现代化时,首先涉及一个问题:政治是否等于阶级?对于这个问题我想应有一个新的认识。在阶级社会中,政治是具有强烈的阶级性的。但政治又不完全等同于阶级,政治的内容应大于阶级。政治生活中有一些是具有社会性的。它既有阶级性,又有社会性。这种社会性超出了阶级的局限,是人类社会共同创造的产物。从历史上看,政治也包括在人类发展的成果之中。不能在政治和阶级之间画等号。比如说,在各个国家的不同时期,都有一个通过政治方式来调节人和自然的关系的问题,运用一些立法及一些公共措施来保证两者之间的谐调,这些就很难说是阶级的。又如,交通秩序是靠某种强力行为维持的,而这种强力在某种意义上可以看成政治的行为,但难以将此都看成阶级的。人生活在社会上总要遵守某些秩序,否则这个社会就难以维持。可见,所谓政治,应该说既包括基本政治制度,又包括管理制度。如果这样看政治,那么在如何估计我国当前政治的实际状况以及政治体制改革的问题时,就可以把眼界放宽些。

要不要在实行经济现代化的同时,实行政治现代化?从一般常识上来说,既然经济决定政治,经济现代化也必然带来一个政治现代化,不可能经济现代化而不要政治现代化。问题在于现在我国政治是否已经现代化了。对此现在有两种估计:一种估计认为,我们的经济虽然落后,但我们的政治是先进

---

*原题目为"关于政治体制改革的几个理论问题"。

的；另外一种估计认为，虽然经济和政治发展可以不平衡，但大体上又是同步的。我个人倾向于后一种估计。即是说，一方面要看到我们的政治和经济有着不平衡，我们确实在经济上相对于一些现代化国家是落后的，而政治上，从社会制度讲是比他们先进的。我们是社会主义制度，他们是资本主义制度。但另一方面，我们还应充分认识到，在我们不太发达的经济基础上，不应把我们的政治上的先进性估计得太高。在不太发达的经济基础之上能够建立发达的政治制度，我想在道理上是难以讲通的。

政治既然是阶级的又是社会的，我们对现代发达国家政治的估计，就不能笼统地从阶级定性的角度来判断西方资本主义社会的政治制度都是落后。在当今发达资本主义国家中也有许多和其先进经济相适应的先进的政治制度。比如涉及国家职能中对现代生产的现代化管理问题，这一点在发达资本主义国家是相当突出的。它有阶级性，但还有社会性的一面。

基于这种估计，我认为，在我们进行政治体制改革，达到政治现代化的问题上，首先要总结我们自身实践发展的经验，包括成功的和失败的两方面经验作为改革的依据。同时，外国政治制度中先进的东西，如西方较为发达的民主制度、行政管理、现代化的文官制度等也值得我们研究和借鉴。我们的政治现代化，既要立足于我们自己的实践，又要参考外国政治制度中先进的东西。把这二者结合起来，我们的政治现代化可能在更广阔的道路上前进。如果我们闭关自守，认为我们一切都是最先进的，无须向外国学习，那么我们就很难改革。不加分析，笼统地认为在政治上我们已经走到世界的最前列，其中可能有相当多的盲目性。当然，离开了我们的实践照搬照抄，那也很难实现政治现代化。

二、坚持四项基本原则问题

这包括要不要坚持，以及如何坚持两个大问题。关于是否坚持的问题大家没有什么分歧。虽然有人提出了一点疑问，但我个人认为还是要坚持四项基本原则的。作为一种政治制度，无论哪一个国家都有一定的规范。我们是社会主义国家，不可能没有一个特定的规范。没有这种规范，我们过去的革命就没有意义了。从人类历史发展来看，社会主义问题是近几百年以来群众当中发展起来很有群众基础的一种思潮，它有其内在的合理性。怀疑这一点，不符合历史,也不符合现实的实际。但是,在如何坚持四项基本原则的问题上还存在很多问题,值得深入研究。

例如,四项基本原则是一种既定的、先验的、定型化的框子,还是发展的、实践的范畴?我认为应该否定前者。事实上,从我们新中国成立三十多年和共产主义运动史看,对社会主义的理解是很不相同的。比如从国际共运史上,有苏联式的社会主义、中国式的社会主义、南斯拉夫式的社会主义及匈牙利式的社会主义,等等。应该说它们都是社会主义。苏联对自己处于社会主义的什么阶段就争论不休,有说是建成了社会主义,有说是发达的社会主义,有说是高级社会主义。最近看来,大部分人认为尚远远未达到社会主义的高级阶段。我们三十年来对社会主义理解也不同。如果把1949年当作社会主义时期开始的标志,那么从国民经济恢复时期到社会主义改造完之后的情况就很不一样。然后又进入"人民公社"的社会主义,所谓"一大二公"。后来又有"文化大革命"时期的"穷共产主义"的观念。至少可以说,三十年来我们对什么是社会主义有着不同的看法。我认为,自党的十一届三中全会以来,有关社会主义的新认识是符合中国的实际情况的。我们不可能设想在一个生产力水平较低的前提下建设一个发达的社会主义。从生产力发展水平来看,目前我国的社会主义尚处在初级阶段。谈这个问题,我是想强调四项基本原则不是既定、完成的,而是可以再认识的、实践的、发展的。在这个问题上,要把理论上对四项基本原则的认识与实际政策区分开来。四项基本原则既然可以再认识,在实践上可以再探索和摸索,那么就可能存在不同的看法。因此,对什么是社会主义,什么是四项基本原则以及如何对待四项基本原则等问题,要允许有不同的认识。毫无疑问,我们必须坚持四项基本原则,但在理论上我们也要认识到四项基本原则是一个不断再认识的过程。对于在理论上对四项基本原则的不同认识,不能用行政的权力加以裁决。

三、民主与法制问题

第一,如何理解社会主义民主。什么是社会主义民主,尚存在很大分歧。选举制、少数服从多数都属于社会主义民主制度。除此之外,民主制度中一个非常重要的原则就是权力制衡原则。这种制衡,应当包括权力分散过程当中的各种制衡。没有制衡,就没有发展的民主;没有制衡,或处理不好,一元化领导就常常和个人专断联系起来。我们过去多年最大的一个教训大约就是个人专断,对我国政治、经济、文化影响极大。我们没有能力制约这种膨胀的个人专断,说明我国政治制度还不健全。所以必须考虑政治体制当中的制衡问题。

第二,民主究竟是阶级的,还是社会的。我认为不能把民主当成工具,不能把民主简单地理解为阶级的。除此之外,它还有社会性。从历史上看,民主是先于国家而存在,先于阶级而存在的。从阶级社会看,民主不只是当权阶级的事。比如在资本主义社会中,民主不只是资产阶级的事,而且是广大人民斗争的结果。英国工人的大宪章运动提出各种要求,以后基本上都实现了。把资产阶级民主完全理解为虚伪的、形式的,就是忽视和抹杀了民主的社会性一面和人民群众的创造。这是我们多年以来对资产阶级民主采取简单的否定的形而上学认识的恶果。简单地摒弃西方资产阶级民主,显然是不可取的和不科学的。我认为,我们应当吸取西方资产阶级民主中合理的东西。

第三,权利与义务问题。权利与义务就应该是相辅相成的。既要讲权利,又要讲义务。但从中国传统政治文化来看,我们比较重视义务,而很少强调个人权利。个人权利观念在我国历史上是极少的。我们经常歌颂为义务而献身的模范,很少颂扬为个人权利而斗争的勇士。权利问题必须落实到人身上,人本身就是目的。必须承认每个人都有他自己独特的、自己才能实现而不能被别人代表的权利。我们有过分地宣传一种"代表"的思想,但这种"代表"在某种意义上往往会发展为剥夺。"代表"问题很多,应当重新考虑。我认为,要强调个人某些合法、合理的东西是不能被代表的,这可能会引出提倡个人主义的责难。其实,对个人主义也应当作一些分析。我们所理解的个人主义与西方所理解的个人主义有很大程度上的不同。西方所讲的个人主义不完全如我们所理解的损人利己,它还包括对于自己不可剥夺的权利的维护。集体主义与发展的、健全的个人权利是不矛盾的,应该说它们是相辅相成的。

第四,如何对待在社会主义国家中持不同见解的人的态度问题。我认为,过分强调统一和一致,既不可能也不切实。事实上,在很多问题上党内就存在着不同的见解,更不要说社会生活了。实践证明,过去认为不正确的见解,现在看来却是正确的。比如,农业社会主义改造时期,邓子恢同志主张稳一些,被批判为"小脚女人",但现在证明他强调的实行责任制的意见是对的。"大跃进"时期搞"三面红旗",批了彭德怀,但事实证明他的意见是正确的。由于事实上存在有不同意见,这就涉及如何对待持不同见解的人的问题。我想社会主义民主的标志之一,就是能够允许不同见解的存在。不允许他们存在,对我们本身也没有好处。从历史上看,资本主义社会在见解上是允许反对派存在的。应该说,资本主义社会中,允许反对派存在,是它得以自我调整、自我完善、自我发展,有很强应变能力的一个重要条件。社会主义制度下,只要持不同见解的人在行动上不触犯刑律,不能轻易地用行政权力加以剥夺和制裁。不同的见解可能对实际工作带来一些障碍,这是一个事实,但对这一点也要作分析,其中未必没有一点合理的东西。

四、政治家与思想家关系问题

实际的政治活动不可能与思想家的认识完全一致。这有一个行动和认识、选择和认识的差别。政治家较重实践,注意利害关系,思想家侧重于对象的认识。二者可以统一,也可能不统一。社会存在思想库,政治家可以从其中选择自己所需的理论和政策。认识常常是多元的,而政治则要求统一。因此,要很好地处理这一关系。我看主要是一个认识与选择的关系。理论家对对象负责,合不合政治家的意,由政治家决定。这就像去商店买东西一样,你可以买你要的东西,但你无权销毁你不买的东西。谈到此就涉及知识分子问题。

知识分子应当是社会的主要成员之一,是社会主体力量之一。我们过去习惯于把知识分子当成附属于某一阶级"皮"上的一撮"毛",这在封建社会可能有些道理,但在近代社会,尤其现代,是极不妥当的。在阶级存在的情况下,知识分子会有阶级倾向和阶级性,有阶级的烙印,但也不完全如此。知识分子有时是从认识对象去思考问题。有许多认识对象是没有阶级性的,是属于自然和整个社会的。知识分子的性质与他的认识有极为密切的关系。过去片面地强调知识分子向工农学习,这对知识分子地位的估计是不妥当的,没有把知识分子当成社会主体力量之一。现在知识分子在社会实践中的作用越来越大,它应为整个社会进步服务,当然首先要考虑到人民群众的多数。随着社会发展,知识分子是一个发展的阶层。所以不能简单地提倡用工农兵形象来改变知识分子。总的说来,思想家、知识分子应当尊重政治家的选择,但政治家没有权力也不应该对他没有选择的东西采取粗暴的态度,这是社会主义民主所不能允许的。

五、对封建主义影响的估计问题

在我们的社会生活中存在着资本主义影响,对此不能忽视。但我认为对我们影响最大的是封建主义。我们国家没有经过一个真正的、独立的资本主义阶段，但我们却有较长的封建主义历史。自 1840 年以后，经济上的资本主义要比政治上的资本主义发展得快一点，这是近代中国资本主义发展的一个特点。近代虽然发展了一些资本主义经济，但资本主义的民主制度却很少。还有，新中国成立以后，我们把资本主义当成主要批判对象，却缺乏对封建主义的清理，这就掩盖了许多封建主义的毒瘤。"文化大革命"中泛滥出来的主要是封建主义的东西。因此，我认为对当前政治体制改革影响最大、困惑我们观念的是根深蒂固的封建主义。长期以来极"左"的东西，更多的是和封建主义连在一起，还有小农的平均主义。例如，我们常把重民思想、清官思想、伯乐思想等思想观念，看成是历史的优秀遗产，当成民主的精华加以宣扬，其实，它们从根本上是从属于封建主义的，因为这些思想总的来说抹杀了人民群众主体性。仔细地分析一下这些盛行的思想的来龙去脉，对我们清理封建主义是很有益的。否则，把封建主义和社会主义纠缠在一起，事情就很难办。这项工作要花大气力去做，这样才能适应政治体制改革的要求。

原载《天津社联学刊》，1986 年第 11 期

崇圣、忠君与屈原政治人格的悲剧性

　　《离骚》《九章》等篇,是屈原的政治宣言和政治人格的表白。屈原太热衷于政治了,整个宇宙自然万物都被灵化为政治的象征。屈原,作为一种文化现象,他的政治人格意义的影响绝不亚于文学等方面。与同时代的人相比,他的政治观念与理论属平平(他是一位伟大的怀疑主义者,这方面的意义另当别论),从政治人格看则独树一帜。他的死是他内在逻辑矛盾不可克服的结果,他的死不是惰懦,而是人格的自我证明。正是这一点,使屈原成为千古烈士,成为与政治纠葛在一起的传统士人不断反思的议题之一。他的政治人格是在崇圣与忠君的冲突中表现出来的。

一、崇圣

　　春秋战国思想巨变之一,表现在人文压倒了神文。人文思想中包含有个人主体独立的内容,但归结点不在于此,它导向的是圣人崇拜。圣人既是通天人之际的超人,又是社会文明与盛世的创造者和规范者,同时又是道德模范。圣人的具体化便是先王、"三后"、先王之道。屈原高扬先王的旗帜,把先王前圣之治视为政治理想与王之为王的合理的根据。"汤禹俨而祗敬兮,周论道而莫差","夫维圣哲以茂行兮,苟得用此下土"。屈原视自己为圣徒,把前圣作为自己行为品德的准标,依前圣以节中。他还以前圣为准则,把人分为君子和小人,扬君子而弃小人。崇圣与尊先王在理论形态上具有向后看和寄他性,不免失掉自我主体;但从追求理想、追求人的完美看,又蕴含着张扬自我主体的内容。从两者结构关系看,不管如何张扬自我,自我仍不免是圣人的工具。

二、忠君

　　如何实现政治理想,当时的思想界大致提供了三种方式:其一是"革命"，其二是同姓易位，其三是明王用贤。前两种，如非常之时，非常之人，是断断不可采取的。对于屈原来讲，他虽从历史的角度涉及过这个问题，但他本人仅仅是选择第三种方式。因此，他把一切政治理想的希望都寄托在楚怀王身上。他的贵族气和政治价值观念决定了他也不会去走"横纵"之路。在他面前只有一条路：在一棵树上吊死。司马迁的评论是最中肯的："虽流放，眷顾楚国，系心怀王，不忘欲反，冀幸君之一悟，俗之一改也。其存君兴国而欲反覆之，一篇之中三致志焉。"不管屈原对怀王直言还是哀怨，都是"忠"的展开，"思君其莫我忠兮，忽忘身之贫贱"。

屈原的"忠"，有其特点，姑且称之为理性的忠。这可从两方面分析：其一，他要格君心之非，使怀王成为明君；其二，他要佐助怀王实现前圣之政。天真的屈原完全忽略当时颇为流行的另一种庸俗的理论，君主就是圣明的。因此，他越忠，越唠叨，怀王就越心烦，只好把他撵走了事。

三、政治人格的悲剧性

屈原对圣的追求和理性的忠贞，在现实生活中却被寄希望的怀王抛弃了。如何与君主打交道，应该说，当时的思想理论与政治家们已提供了许多智慧，如最著名的能伸能屈，一龙一蛇等韬略。这些在成就功业上可能是亟须的，甚至是必要的，在一定的环境中也不排除它的某种合理性，但就政治人格而论，无论如何是属于下品，政治功业与政治人格不必统一，也无须统一，各人的追求也不尽相同。屈原所追求的是政治人格的完美和一贯。在他的不朽的诗篇中虽然坦露了苦痛、犹豫、彷徨和动摇，但最后的选择是："虽九死其犹未悔。"他的政治人格的伟大不在于功业与政治认识的超人，而在于他的行为与逻辑的统一，他要做的是他执着追求的，为了执着的追求决不低三下四。在那些官场油子看来，屈原未免太迂腐和傻帽了，然而这正是屈原所特有的，并使屈原成为一种政治文化现象的典型。中国的脊梁无疑应是多种成分的合成，但像屈原这种不屈节、不辱志、不怕孤独、不怕死的精神无论如何应该是其中的组成部分。

自杀有各式各样的，屈原的死是政治人格的升华，是追求理想决心的自我证明，是自我主体意识的壮烈表现。因此，他自杀给人们留下了无穷无尽的思考，不管人们有怎样的评价，评价本身证明他已成为历史进程中的一个坐标点,成为一种政治价值观念的体现。

屈原在文学上的贡献是划时代的,他的政治人格意义似乎比文学的影响更深广,更悠久。

原载《学术信息》,天津市社会科学界联合会,1991 年 9 月 20 日

"人为贵"与"王为尊"

时下一大批学人高扬中国传统文化是人文主义，以"人为贵"为依据，于是说，中国传统思想文化是提倡人格平等，尊重个性的，等等。乍然一看有证、有据、有理，读起来让人感到格外欣慰和满足。中国古人的确讲了许多"人为贵"的道理，这里我特别要罗列几个要点：

其一，天、地、人同为万物之本。"天地人既定，万物备生其间"，故有"三生万物"之说。这就是说，人在万物生成过程中具有举足轻重的作用。"何谓本？曰：天、地、人，万物之本也。天生之，地养之，人成之。"这就是说，人在维系宇宙秩序中也具有不可或缺的作用。

其二，人是神的目的，神是人的工具。"天视自我民视，天听自我民听"，将天神、上帝人文化，其旨在论证天神的目的是为人类谋利益。还有的将天神、上帝视为"轮人之规，匠人之矩"，当成是人用的工具。

其三，万物之中，天、人同类，人得天地之精华。"天地之精所以生物者，莫贵于人。"

其四，人乃万物之灵。人与万物都是自然的产物，然而在万物之中，有"血气"的动物高于无"血气"的植物；在有"血气"的一类中，人又是最高的，"有血气之属莫知于人"，人是万物之中最有智慧的。

其五，人能改造自然，自食其力。董仲舒说："天地之生万物也，以养人。"人是自然的主人，可以利用自然为自己造福，这就突出了人的价值。

其六，人能够自觉结成社会，进而驾驭万物，创造历史。"力不若牛，走不若马，而牛马为用，何也？曰：人能群，彼不能群也。"由于人能"群"、能"和"，所以可以使万物为自己所用。

其七，人之所以有别于禽兽，在于人具备道德、义理。荀子认为："水火有气而无生，草木有生而无知，禽兽有知而无义；人有气、有生、有知亦且有义,故最为天下贵也。"具备伦理道德是人之为贵的根由,又是人之为人的根本。

上述"人为贵"的道理讲得的确很好,但在古人那里"人为贵"的主体含义是说人作为一类与其他物类相比,人为贵。如果把人落实到"个人",在"人类"内部,个体的人是分等级贵贱的,而其中"王为大"、王最尊贵,这表现在:

其一,王是天子,可与上帝、天地相匹配。中国古代称君主为"大人",称臣民为"小人"。人为贵,而人类又有贵贱、大小之分,这是中国古代绝大多数思想家的共识。

其二,人得天地之精华,而王者尤为精粹。《尚书纬·璇玑钤》说:"天子之尊也,神精与天地通,血气与日月总,含五帝之精,天之爱子也。"

其三,天地之间人最灵秀,而能贯通天地人的是王者。董仲舒有一段名言:"古之造文者三而连其中谓之王。三画者,天、地与人也,而连其中者通其道也。取天地与人之中以为贯而参通之,非王者孰能当是?"这就使王者在宇宙间居于无人可以取代的特殊地位。

其四,没有王的教化,人还说不上是人,必须由王或圣人教化,人才成为人。《左传》襄公十四年有一段话:"天生民而立之君,使司牧之,勿使失性。"这就把立君与教化民性联系起来。王既是最高权力者,又是使人成为人的最伟大的导师,最高权力与最伟大导师结合在一起,自然应统治天下。

其五,众民不能自治,必须立王以治之。除少数无君论者外,诸子百家一致认为芸芸众生不能自治,只有设立君长,才能"治之而争夺息,导之而生养遂,教之而伦理明,然后人道立,天道成,地道平"。在古代的思想家那里基本没有民主自治的相关理论,也没有治权在民的相关设想。

人为贵与王为尊,在传统思想文化中是一种结构性存在,根本不能把两者分开。如果只想说人为贵,有极大的片面性;如果以此作为逻辑的起点往下推论,得出人人平等等说法,那就是违背历史事实的。

由此我要说的是,传统的人文精神与君主专制主义是什么关系?人文思想与专制主义相辅相成,二者之间具有相当的统一性,即人文思想是论证专制主义的理论工具,专制主义是人文思想的政治结论,可谓相辅而相成。所以在历史上到处充斥的是君尊臣卑观念与相应的制度。别的不说,眼下以帝王为主题的影视占据了许多黄金播放时段,万民匍匐在皇帝脚下的镜头铺天盖地,作为历史现象无疑是这样!但是否应反思一下其中蕴含的文化价值是什么呢?这就是小文提出的问题!

原载《今晚报》,2009 年 11 月 17 日

"民本"与"君本"的组合

时下一些人一谈到"民本""民惟国本""民为贵"等类似的词句,就说是民本主义或民主主义,而且也多半说成是儒家特有的。如果细读古书,不难发现这类说法有极大的片面性。民本之类的命题从来就不是一个独立的元命题,因此也不是中国古代的政治思想推论的前提,也就是说,民本之类的命题不能独立存在,必须与君本联系起来进行综合判断和评价。还有,这类说法不是儒家独有,几乎各家各派都有相同或近似的论述,墨子、道家不用说,就连法家也是讲爱民、利民的,"均贫富"这个词在历史上非常响亮,而最早就是由韩非提出来的,《晏子春秋》中也有,但成书的时间还有争论。"以人为本"这个光亮的词现在家喻户晓,它也是由法家提出的。

"君本"与"民本"是中国古代政治思想的两大基点,两者扭结在一起,而民本又从属于君本。历代思想家由这两大基点推导出了系统的政治构思。"君为民主"与"民惟国本"构成不能分开的"组合命题"。

1.民为国本与国为王有

在传统观念中,君、国是一体的,民为国之本,国为君之有。"民惟国本",又可以说"民为君之本"。汉代的贾谊讲得更为明快:"闻之于政也,民无不以为本也。国以为本,君以为本,吏以为本。故国以民为安危,君以民为威侮,吏以民为贵贱。此之谓民无不为本也。"一般说来,民为国本与民为君本是同义命题。表明君主更显赫的,就是"溥天之下,莫非王土","人迹所至,无不臣者"。

2.民贵君轻说与君为民主说

《礼记》记载着孔子一句著名的话:"民以君为心,君以民为本。"告诫君主必须明了"心以体全,亦以体伤。君以民存,亦以民亡"的道理。孟子的名言:"民为贵,社稷次之,君为轻。"也是这个意思。但是不要忘记君为"民主",即民之主。这是民本论的政治基础和理论前提,历史资料表明,一切持民本论的思想家都认同君为民主的说法。就连黄宗羲等抨击暴君暴政的思想家也把一人主天下视为理所当然。

3.立君为民说与民为君用说

历代儒者，以及墨子、法家慎到、杂家《吕氏春秋》等都明确指出：立君为国为民。荀子说："天之生民，非为君也。天之立君，以为民也。"但民众不能自治，必须立君以治之。民的存在恰恰又是为君主所用的工具，"臣下者，主之所用也"。朱元璋说："为吾民者当知其分，田赋、力役出以供上者，乃其分也。"

4.君养民与民养君说

君养民与民养君并不是对立的命题。思想家们一论及设君之道、为君之道，就大讲君养民；一论及民为国本，又强调民养君。"先王之时，民养于上"，帝王以及官僚都自视为民之父母，广大臣民也认为君主对自己有养育之恩，连柳宗元都说，身体发肤和知识皆受自于君。

民养君说的主旨则是论说民的生产劳动在国家政治中的基础作用。《慎子·威德》："百姓之于圣人也，养之也；非使圣人养己也。"孟子说："治人者食于人"，"无野人莫养君子"。秦汉以后，这类思想几成共识。

5.富民与足君说

孔子弟子有若有一句名言："百姓足，君孰与不足？百姓不足，君孰与足？"这些思想一直是历代王朝重民政策的重要理论根据之一。就连暴君隋炀帝也曾在诏旨中引用富民足君之论。

6.民弃君说与得民为君说

民弃君说来自对君与民之间的对立、冲突的清醒认识。这就是"革命"说。荀子的"君舟民水"说形象地揭示了民弃君的事实。与此相匹配的论点是：得民心者得天下。

以上诸例说明君本与民本是相互关联结为一个整体的，以民界定君，以君界定民，将"君为民主"与"民惟国本"共铸于同一理论框架之中。这套理论主要为君道而设，其对君权的制约、规范和指导作用是显而易见的，而其归结点又都是追求一种理想化的君主政治模式。民本论不是人民主权论，也不含有治权在民思想。它只能属于专制主义范畴。重民的主体是君主，民众只是政治的客体，是君主施治、教化的对象。

原载《今晚报》，2009 年 9 月 21 日

孟子:柔性的君主专制主义

近几年,主张孟子是民主主义者的人似乎越来越多。的确,在先秦诸子中,除道家(主要是杨朱和庄子)、农家外,对君主批判最激烈,对"民本"说得最深透的要数孟子。特别是"民为贵,社稷次之,君为轻"这一句以及近似的论述,着实让人另眼相看。但我认为,在体制上,孟子依然在君主专制主义框架内。这点从他的若干关键的断语中可以求证:

其一,他主张君权神授。他赞成《书》中所说的"天降下民,作之君,作之师"。由于王位是天授的,因此王位不能私自处理,"天子不能以天下与人"。因此他反对私相禅让。当时燕王哙把王位传给了子之,他认为燕王哙超越了权限,禅让必须有天意:"匹夫而有天下者,德必若舜禹,而又有天子荐之者,故仲尼不有天下。"大意是,道德必须像舜禹那样,而且还要有天子的推荐,才能为天子。孔子虽然是圣人,由于没有天子的推荐,所以不能得到天下。禅让就其把权力传给贤人比传给家人而言,有其合理性。但孟子说的禅让乃是指定接班人制,仍属于君主专制体系中的东西。

君权神授是中国古代帝王的合法性的支柱理论。不管朝代如何更替,新登基的帝王都把自己视为天命选择。

其二,他赞成孔子说的"天无二日,民无二王"。传说尧把天子之位让给舜,尧死后,舜为尧尽三年之孝,孟子认为这是违背礼的大禁,"舜既为天子矣,又帅天下诸侯以为尧三年丧,是二天子矣"。他认定天子只能是现实的,而且只能有一个,这是绝对的制度。

其三,"无君无父,是禽兽也。"这是反对杨朱和墨子时放的重话。他说:"杨朱为我,是无君也;墨氏兼爱,是无父也。"这就是"无君无父,是禽兽也"。再进一步,杨、墨之论的后果是"率禽兽食人,人将相食"。杨朱的"为我"并不侵犯他人的利益,杨朱主张君主要少干涉,并不是无君论。墨子讲兼爱只是主张对别人的父母应像对自己的父母一样孝敬。孟子认为面对君主不能讲"为我",必须把君主放在首位。

其四,他的整个政治思想都是在追求"王""王道",并把一切寄希望于王。孟子认为历史的进程是一治一乱。治是"圣人""圣王"之功,乱是"暴君"之过。君主暴虐则民背离,君主行仁政则民顺从。孟子认为君主的品质是维系天下的纽带,君主"身正而天下归之"。

对孟子的上述说法,我们应作两面观。一方面,他向君主提出了极高的要求,由此对暴君进行了抨击。另一方面,在向君主提出道德要求的同时,又把天下的命运系在了君主的脖子上。孟子斥责当时的君主是率禽兽食人之辈,但孟子教导人民,等着吧,"五百年必有王者兴"!

其五,他自己宣称,他是最"敬王"的。有记载说"孔子三月无君,则皇皇如也",他认为合乎情理,因为"士之失位也,犹诸侯之失国家也"。

其六,说庶民失去人性。他说:"人之所以异于禽兽者几希,庶民去之,君子存之。"意思是说,人与禽兽的差别就那么一点点(即他说的人性善的原始因素——"不忍人之心"),庶民都丢掉了,君子保存下来了。他为了论证等级贵贱的合理性,一反自己的人性相同的观点,这与他说的人都是"同类"以及"民为贵"相去何远!

这六条都是社会结构的制度硬件。他提出的仁政对民众包含很多同情心,但这属于政策性的软件。把硬件与软件结合起来,可以说他的君主专制主义有相当的柔性,我名之曰"柔性的专制主义"。孟子的柔性专制主义比同辈人要高一筹。但不能因此说他不是君主专制主义。他说的"民为贵"不是民主制,而是说民的背向决定国家的兴败,"贵"说的是重要性。一个国家,君主不行可以闹"革命",换一个,老百姓怎么能换掉呢?"贵""轻"只是在这个意义上说的。

原载《今晚报》,2009 年 5 月 30 日

漫谈中国的王权主义

今天,我想采用漫谈的方式就中国传统的王权主义的问题和同学们交流一下我的看法。我虽然是历史系出身,也研究历史的问题,但我比较关心的是政治思想。你们知道政治思想史的教学和研究在 1952 年的院系调整之后基本上中断了,国内的高校几乎没有开政治思想课程的。因为政治学系取消了,而历史学又侧重在当时的一些问题,所以搞政治思想的人极少。留下思想史这一根线的应该是人民大学的何干之先生。他当时有一个研究室,有几位先生研究近现代政治思想,而古代政治思想几乎绝迹了。我虽然在历史系,但感到不搞政治思想对中国历史的灵魂很难把握,后来政治学恢复之后,政治思想史划在政治学范围之内,历史系没有。所以我就成了一个漂泊的人,人在历史系,历史专业,我的精力又侧重于搞政治思想。今天能到这里来,是不是可以叫作归根呢?我不知道。你们政法大学过去没有政治学,现在有了,很好。现在搞政治思想史的比较多了,凡是有政治学系的地方都会有这门课,而在我那个时代很孤独。

因为我这个耳朵失灵了,一会儿你们提问题可能我很难听到,希望你们随时写个条。如果你们临时提问题也可以,我就到你们身边去听,或者你们上来。咱们还是要交流,没有交流,一片寂寞,是最寒心的事。所以一定要有交流,教学才能互相促进。

今天我说的这个题目叫 "漫谈中国的王权主义":说起来这个题目不新鲜,王权主义与君主专制、皇权主义差别不大。我为什么独独选了一个王权主义呢?这也是历史学的影响。叫皇权主义有一个问题,就是先秦那个时候虽然 "皇" 和 "帝" 这两个概念都有了,但没有称 "皇帝" 的。秦始皇以后称皇帝,但泛称也可以叫 "王",所以我就用了这个王权主义。我讲王权主义,如果说和过去前辈们有什么差别的话, 就在于我不是把王权主义仅仅看作是一个观念,或者仅仅看作是一个政治体系、政治制度,我讲的王权主义至少包括三个方面,一是讲它的制度,政治制度体系;二是讲王权和社会的关系,我强调的有一条,叫作王权支配社会,这是引起争议的一个大问题;第三个层次我强调的是中国的传统政治思想的主流是以君主独尊、君尊臣卑,也可以说是中国传统文化的主干,这点争议也比较大。在我的书和文章当中都从不同侧面、不同角度翻来覆去地论述过王权主义的问题。

王权主义是个很大的主义,可以说笼罩着历史、笼罩着社会,一直对现在我们的思维方式等都有着极为广泛的影响。这个看法是从研究中得出来的,但作为我个人来讲,也有经历带给我的教训、激情和再思考,这就是"文化大革命"。"文化大革命",在座的许多年轻人可能不一定熟悉,这是非常遗憾的现象。现在对"文革"史的研究实在是太薄弱了,很不应该。"文革"史不应只是搞历史的人来研究,应该是很多学科关注的一个大课题。我曾经在南开大学历史系做过一件事儿,在国内第一个开设了"文革"史的课。如果不研究"文革"史,中国史就是残缺的。这门课大受学生欢迎,我又向全校开放,选课的学生很多。后来我不管事了,没有多久,这门课也停了。我自身经历过这么一场大的事件,这里面有很多东西,不仅仅是那个时代自己的创造,它实在是中国历史的延续。从这一点而言,它推动了我要关注中国的王权主义。这一点我从来不隐瞒,我能说的地方我一定要讲。所以我在分析王权主义的时候总是有一个通古今之变的思想在指导着我。

我搞不搞考据呢?我搞过考据,我的文章中有一部分是考据性的。但考据与通古今之变不矛盾,通古今之变要建立在材料充实的基础之上,心中才有底。我写的东西未必都准确,但我心里很实在,因为我是根据材料说话的,所以我不怕别人批评。我在网上看到一些人对我进行了猛烈的批判,说我无知、反动,但仔细一看,我发现,他们没有具体针对我的文章进行具体的争辩,而是看到"王权主义"这个词就批,所以我无法回答。我希望在座的诸位能看看我的书,再对我送行批评。

说到王权主义或君主专制,确实还有原则性的争议。中国的传统政治是不是君主专制呢?这个问题从清末以来一直有争论。讲中国是君主专制的,当然人很多,但是也有一些人不以为然。我想有一个人是很值得注意的(不搞历史的人一般都不大注意或不知道这个人),这个人叫孙诒让,他是一位很了不起的大学者,考据学大家,清末最大的学者之一。他的《周礼正义》可以说是经典之作。他写过一本书，叫《周礼政要》。这本书很多人也不太关心了，是在一九零几年写的。他在这部书中讲，中国不是专制，你西方有的中国都有，你说议会，我们早就有；你说责任内阁，我们有。五四时期对中国是不是专制主义的问题也有一些人提出疑问。后来比较系统讲的是钱穆先生。钱穆先生认为五四时期讲中国是君主专制主义是民族自卑造成的，怎么是事事不如人呢？我们中国历来都很好，我们有中国式的民主，我们古代就是中国式的民主。钱穆先生高寿，在我国港、台等地区影响很大，但在我国大陆，因受到毛主席的批判，20世纪50年代、60年代、70年代，基本上从我们的历史视野中消失了。80年代以后，特别是90年代以后，随着儒学、国学的走红，钱穆先生的著作风靡学界，有些学者认为钱穆讲得很有道理。另外，80年代有一些人写文章认为中国古代不都是专制，中国有过民主时期，春秋时代实行的就是民主制，当然是从原始社会传过来的原始民主制的遗存。在有关城邦制的讨论中，有一派是持上述观点。有没有材料？当然也有一些，比如一些人特别重视"共和"这两个字，"共和"就是我们祖先创造的，中国最早搞了"共和制"。事情是这样的，周厉王就是周朝晚期的一个王，他被当时的国人推翻了，接着有十几年是几位大臣联合掌权号曰"共和"，又称"共和行政"，于是就有人说这是"共和制"。实际上"共和"不是若干诸侯共同掌握政权，《竹书纪年》对此有明确的记载，"共"是一个国名，"共国之伯名和，行天子政"，根本不是共和制。在春秋时期，有一种"副贰"现象，除了君主之外有一个候补者或者副手，叫"副贰"，既然是有"副贰"，就不是一元制，于是认为这属于民主制的遗存，而专制是后来的事情。近十几年，学界有些人认为不要把中国的专制说得太多，这可从两方面来讲，一方面是中国的皇帝没有多少权，下设三公九卿、六部等，权力是有分工的，中国是分权制，像唐代，宰相有若干位，集体办公，宰相们可以把皇帝的决定反驳回去，因此把宰相集体办公称之为"最高国务会议"。就实而言，如果说古代有最高国务会议，那也不是宰相会议，而是御前会议，御前会议不是表决制，而是由皇帝独断。把相权看得这么重，实际上就是钱穆先生讲的责任内阁。他曾经说过这样一句话，当皇帝很麻烦、很难、很累，所以很多皇帝不管事。给谁呢？给宰相，所以宰相就是责任内阁。这个观点有相当的影响。祝总斌教授研究宰相制度，很深入。他的结论是，宰相是君主的"大管家"，这个断语很准确。另一方面，有些人认为，中国的皇帝权力有限，皇权就到县，皇帝任命官僚就到县，县以下实行什么？是实行农村的乡绅自治。

比较早的是由费孝通提出来的,这几年在学界,特别是研究社会史的人中有很强的声音。他们强调农村县以下是乡绅自治体。和这个相关的一种看法还有,就是中国这个权力系统不完全是皇权,也不是民,在皇权和民之间还有一种力量叫士大夫政治,士大夫政治与绅士的关系比较密切。

上述看法我认为都不能成立。从有文字记载以来,有充分的证据表明,就是专制体制。商周时期是血缘组织为基础的君主专制,周代又增加了完备的分封制,战国以后逐步建立了以郡县为基础的中央集权性的君主专制。前边说了,周朝没有实行过什么共和制。春秋时期与"副贰"相对,更普遍的观念是"君不可二",君主不能有两个,政治中心不能有两个,就是"国不可二",二必乱。我认为不存在所谓轮流做主的问题。君主的继承法是另外一个问题,但是这个继承的核心仍是君主专制。至于说皇权没有到基层这个说法,我认为也不符合实际。我想介绍给大家一本书,希望你们读一下,就是瞿同祖先生写的《清代地方政府》,他对地方的研究很深入,他的结论是,地方体制是皇权统治。这个问题可以追溯到 20 世纪 40 年代吴晗和费孝通的争论。费孝通主张地方自治,吴晗就反对。在这个领域还有很多东西需要再研究。我认为中国从有政权以来就是实行的君主专制体制,战国前后形式有很大变化,但君主专制基本是一脉相承的。中央集权制形成以后,所有的机构不管是六部还是地方,可以说是皇帝的办事机构和皇帝的派出机构,不存在和皇帝分权的问题。最高的极力都集中在皇帝那儿,至于说权力是不是出皇帝行使,那是另外一个问题,有权臣,有母后,等等,那是它的变态。中国的这个皇权到没到基层?到了基层,我的说法叫一竿子插到底。有一个日本的学者,他说中国的皇帝是对人的统治,就是说皇帝统治到每一个人,你看看中国的户籍制度就会明白。

我比上述讲法更进一步的地方是,王权支配社会。这个提法遇到了麻烦。马克思主义理论强调的是经济,经济决定着社会各种关系,作为一种基础性的分析我赞同,但在具体的运作层面,很难都用经济决定论去分析。中国社会结构的主体(我不是说所有的社会结构)是由什么决定的?我认为不是经济运动的自然产物,而是权力分配的产物。1983 年在一次讨论会上我提出这个问题,我说权力分配决定着社会主要的结构。此论一出,就受到一些非常熟悉的朋友的批评,说你这个观点就是杜林暴力论的翻版。恩格斯有一本非常著名的著作《反杜林论》,杜林是当时德国柏林大学的讲师,他强调了暴力,恩格斯批判他,说暴力不可能产生阶级,不可能产生经济关系。这一点我还是认同的。但作为具体的社会结构，我认为权力在里边起了很重要的作用。有学者说中国古代的土地运动是"地租地产化"，就是靠地租积累资本来买土地。这个判断无疑有相当依据，但我认为土地运动的主要动力来源于权力，我的判断是"权力地产化"，因此权力分配就决定着社会的基本结构，至少决定着结构的主体。他们说我是杜林理论的翻版，我说要考察历史的实际，做出这个结论的时候，我做了一系列的考证。考证什么？当时多数都认为中国的封建社会从战国开始，当然还有西周说、魏晋说，等等。既然多数人认为是战国进入了封建社会，我就着重考察这个时期的社会结构。从 20 世纪 70 年代后期到 80 年代初期我写了若干篇文章，一层一层地分析，君主们是通过什么方式来的？战国时期有记载的上百个封君有很大的实力，他们又是通过什么方式来的？战国的大夫是通过什么方式来的？士是怎么形成的？民靠什么生活，被什么控制？下边到奴隶，我都做了详细的考证。这些文章我得出一个结论，原来社会结构主要是受政治控制，是政治作用。所以我是在这个基础上提出了权力支配社会。如果你们有兴趣，请看我的《洗耳斋文稿》。要推翻我的观点，得把我这些文章都推翻。我很有信心，推翻也不大容易，因为我对春秋战国所有的史料都清理了一遍。20 世纪 70 年代末我提出战国普遍实行授田制，因为土地原来是在周天子和诸侯手中掌握，这个时期为调动民的积极性，把田授给了民。你们看这些年的战国史著作，多数采纳了我的这个说法。有的学者在其著作中指出，刘泽华在其文章中把这个问题基本理清楚了。我不是说经济因素在社会分层中没有作用，但社会结构的主体主要由权力分配决定的。在 20 世纪 80 年代，我和两个青年(也是我的学生)合写了一本书叫《专制权力与中国社会》，这本书最近又重版。书开头有个引子，引了什么？就引了吕不韦和他父亲的对话。吕不韦本来是很有名的大商人，他要搞政治。他父亲说，这个政治很危险，有多少利呀？吕不韦问他父亲，经营农业有几倍的利呀？他父亲说：十倍。农业能有十倍之利那不是一般的小农了，我想吕不韦的父亲是一个很善于经营的人。他又问：做买卖是多少利？他父亲说：百倍。他接着问，我现在要想法儿立一个君主，你说我会得多少利？他父亲说：无数。吕不韦果真成功了，封了十五个郡，封了君，成了侯。在这里边起作用的是什么，显然是权力。我以这个做引子来分析专制权力及中国社会。姓刘的第一个皇帝是刘邦。刘邦到五十岁的时候还游手好闲，他父亲说他是个无赖。等到他做了皇帝之后，他和他父亲有一段对话，他父亲过去嫌他不好好干活，游手好闲，现在他父亲问他的产业有多少？回答两个字：天下。天下就是刘邦的产业。《诗经》中说"溥天之下，莫非王土；率土之滨，莫非王臣"，不要小看这是一句口头禅，这是生活的概括。秦始皇做了皇帝以后就宣布，天下都是我的土地，太阳照到的地方的人都是我的臣民，后来的皇帝没有例外都是如是说。西汉时期那些侯和比较高层次的大夫，他们是社会结构的中坚，这些基本上都是靠权力分配而来的。前几年，我请我的一位博士生研究汉代的豪族，根据他统计的结果，百分之七十是由于政治权力分配造成的，他是一条一条列举材料求证的，很有说服力，他的论文已经出版。这证明权力分配决定着社会结构的主要部分。比如均田制，一直到唐代还有，对小农影响也很大，也是由权力来分配的。所以这个权力在社会结构方面是不可低估的。唐宋以后田制有很大变化，但权力的作用依然不可低估。明代有一部小说，小说里边提出一个问题，它说，你看看现在的大户、富户，靠那支笔头发家的占多少？靠那支锄头，就是经营农业的，发家的有多少？这个明代的小说家给了一个回答，他观察的结果是，靠那个锄头发家的不过十分之三；靠那支笔发家的占十分之七。同学们，光靠那只秃笔就能写出高楼大厦？写出田园阡陌？这不可能，那个笔头是指靠笔杆子科举，做了官，才能成为富户。一个十分之三，一个十分之七，很能说明权力对于社会结构的决定性作用。我不认为中国古代是自由的土地私有制，我的判断是：土地多级所有，主权、所有权、使用权交错在一起，分界不清楚。我们后来的发展过程、社会结构的变化，很多时候和权力交织在一起，近代以来第一代的资本家和权力有很大的关系，所以叫官僚资产阶级。现在生活中，我们经常提到权力资本，在现实生活中这个问题非常严重，是很值得警惕的一个大问题。权力变成一种特别的通行货币，它可以跟很多东西进行交换，从古到今，你会找到无数的例证。所以权力这个东西对于社会结构的影响是不可低估的。

权力支配社会显然是一个比较古老的文明，近代文明一定要从权力支配社会这个层次解脱出来；如果权力过大，影响着社会结构，这就说明我们还是在一个过渡状态。

社会中有各种权力，哪个权力最大？我想大概没有一种权力比皇权更厉害。佛教在印度是不拜王的，到了中国不行。佛教中国化最重要的一点就是佛教要拜王，不然在中国它很难立足，在中国的历史上也有很多次灭佛，所以宗教权也是要受制于皇权的控制。至于说知识分子是不是游离在社会之外了，我历来怀疑，中国的知识分子没有游离在政治控制之外。中国的知识分子应该说是依附于皇权的。因为依附于皇权，所以没有独立的士大夫致治，其他的如行会权、宗族权，等等，都受制于皇权。

下边谈谈中国传统观念的主导问题。传统中有许多观念，我认为其中的王权崇拜应该说是老大，或者用简单的话来讲就是"君尊臣卑"四个字。这不仅仅是一个制度上的问题，它涉及中国整个的思想文化，在各个领域可以说都是以"君尊臣卑，贵贱有别"为主线。梁启超说"二十四史"是帝王的家谱，现在有人不大赞成，说他太简单化了。任何一个概括都有一定的片面性，这是毫无疑问的，包括我说的王权支配社会，肯定也有片面性。作为主要的，你说"二十四史"以什么为中心？毫无疑问是以帝王为中心，所以梁启超讲"二十四史"是皇帝的家谱，大体无错。这一句话把我们的传统也都包括进去了。

这里我要提出一个问题。就是战国时期的诸子百家争论的主旨是什么？说到诸子百家，很多学者认为这个时期是最民主的时期，政治思想上有民主主义、空想社会主义、人文主义、自由平等，当然也有专制主义等。我却有另一种看法，在政治思想上，诸子百家争的不是上述这些，而是争实行什么样的君主专制。20世纪80年代出版了我的《中国传统政治思想反思》，其中有一篇专门论述这个问题。书一出来，有一些学界的人说我太过头了。为这个事情当时《人民日报》记者曾对我进行了一次专访，访谈记录在《人民日报》连续发表了两天。我还写了一篇《中国传统的人文主义与王权主义》，我说，人文主义的导向是什么？导向也是专制主义。古希腊讨论过民主制、共和制，寡头政治等，中国先秦诸子讨论过民主制吗？讨论过共和制吗？没有。诸子，除庄子有点无君论的味道外，几乎都认定君主制。诸子对君臣之间的纳谏、进谏讨论得很多，劝君主要纳谏、要用贤；臣的职责是进谏，甚至有人提出要敢于抗君命。诸子有一个共识，进谏与纳谏关系到国家政治兴败。的确在政治决定之前，倡导议论，应该说有一定的民主因素，但仅限于议论。民主制的关键是决策。决策权在哪呢？在君主，君主是，"兼听而独断"。因此进谏、纳谏不是政治体制民主，要认清这一点。我们不能把发表意见与决断权混为一谈。君主独断这个观念是先秦诸子的共同认识，在独断之外没有别的民主议决之类的观点。有一次讨论会，我的一位老相识，他说：老刘，你老说专制，老子说的那个"小国寡民"、小政府、无为政治也是专制吗？这位先生将我的军，将得好。我说，老子是讲无为，讲少干涉，但这与民主制不是一回事。要注意，老子还讲过"无为而无不为"。怎么做到"无为而无不为"呢？他提出来要让老百姓吃得饱，让他们骨头很健壮,这都不错,再往下还有一条,就是要让老百姓的思想都是空空的,要使他们什么都不知道,糊里糊涂,一片混沌。试问,实行愚民政治,你说这个政治是民主政治还是专制政治?他无法回答我这个问题。老子讲愚民讲得很多,不可低估愚民这一点在政治文化中的作用。先秦的这些大思想家,在政治体制上没有给我们留下更多的空间。这之后,大一统的专制皇权凌驾在整个社会之上,思想家们的思想也被封闭了,除了无君论外,都没有跳出君主专制的大框架。这个观点你们赞成不赞成,很希望你们接着研究,来反驳我。

有人说不能把王权看得那么重,它头上有三座大山压着呢,这就是"天""道""圣"。人们可以用这三件法宝牵制王权,这也是一种民主。的确,这三个概念很有分量,是理性(其实还有神性)的最高的三个范畴,对君主在某些地方有一定的制约作用。"天"至高无上,"圣"可以高于王,"道"更厉害,人们对道的理解尽管有很大差异,但是有一个基础命题是一致的,就是"道高于君","从道不从君"。道和君主发生矛盾的时候,要的是道,而知识分子——古代的士人是以弘道为己任。可见王已经被降低了。但这里有一个重要的问题被忽略了,即天、道、圣与王是统一的,甚至是同一的。天固然至高无上,可不要忘记,君主是天子,这还有点谦虚味,更干脆些,君主就是天,古人早就明确说过:"君,天也。"天历来与王是对称的,读古书时要注意,很多地方的"天"指的是帝王。商、周崇拜"上帝","上帝"很神秘、崇高,商王不甘心让它置于自己脑顶,到商代晚期,最后的两个王就把这个帝戴到自己头上了,叫帝乙、帝辛。帝辛就是商纣王。不得了啊,不要看这是一个简单的称号,这是反映着王对"帝"的垄断。周取代商之后更多是讲"天"。周王的地位在哪呢?周王是天之子,从此有了"天子"的称号。周王是天在人间的代理。现在一些人大讲"天人合一",请不要忽视,其核心是"天王合一"。在传统社会里,不是任何人都可以和天沟通的。有人把天完全道德化,认为"天人合一"提高了人的道德地泣,从某个角度可以这样说,但始终不应忽视王在这里面的作用。

"圣"这个概念非常神圣,但是我们古代的思想家又制造了一个词儿——圣王,圣和王连在一起了。"圣王"比泛泛说的圣人,比一般的王都要高,古人期待的是什么?期待的是圣王。"道"这个观念很了不起,诸子们提出了"道高于君","从道不从君"。那么,道在哪里?谁体现道?先哲们苦思结果是圣人、圣王。这样一来,天、圣、道、王,在先秦诸子那里基本上就结合在一起了。到了秦始皇,很干脆,把天、道、圣收进自己口袋里:有的人说秦朝是最没有文化的时代,是隔断了传统的时代,此说很有影响。我写了一篇文章专门讨论这个问题。我说秦始皇是先秦政治文化的集中代表。诸子不是都期盼天子吗?秦始皇说我就是天子,都期盼圣王出世,战国时期的王们不敢把圣加在自己身上,秦始皇很干脆,我就是圣王!大家都崇尚"道","道"在哪里?秦始皇说,我之所以胜利是因为得"道"而胜利,我就是"道"!天、圣、道、王一体化了。于是就形成了一个观念,天、道、圣、王是合一的。天、道、圣、王合一可以说是中国思想史上一个大的命题。我分别写了几篇文章论述天、道、圣、王的关系。当然这里面还有很多问题需要再深入研究。我曾经让我的一个学生统计了一下"二十四史"当中"圣"字和谁发生关系最多,他统计的结果是与王权、君主、王连接在一起的起码占 60%。如果把间接的联系也统计进去,我想比率会更高。在传统社会中,谁有了最高权力,在观念上讲,谁就是圣,谁就是道,谁就是天。

为什么谁的权大谁的真理就大?你们都是研究法律、行政的,把权力和道理合而为一,有利于控制。按说,权力与道理应该是两个系统。不是说有权就没理,但也不一定有权就有理。可是在我们那个时代,两者绝对是一致的。为什么会出来"文革"这么不可思议的东西?那么多人不完全都是被迫的。多数人是属于"紧跟"。像我自己,应该说是属于想跟而被甩掉的一个人。"文革"一开始,我当时三十一岁,就被"揪"出来了。很快,又当了"牛鬼蛇神",比那些岁数大的,我自称为"小牛"。本来我是紧跟着的,但我写过几篇文章,而且都是写政治思想史的。1960 年前后连续好几年出现全国大灾荒,饿死了很多人。此时我写了几篇文章,发表在《光明日报》上。一篇说孔子的"富民"思想,又写了荀子的"重农"思想。"文革"一来不得了,说我是影射、讽刺、反对"三面红旗"(总路线、大跃进、人民公社),大字报铺天盖地。我的学生最初也把我当作一个小偶像,因为我是他们的支部书记。一下子变成"黑"的了。1967 年被"解放"以后我的思想状态是什么呢?还是一个字"跟"。我那个时代,由理性而变成迷信,进而变成愚昧,这是我们那个时代很多人的经历。总之,圣人崇拜,必定会助长专制。

有人说孟子的"民为贵,社稷次之,君为轻",难道不是民主思想吗?针对民本思想,我与我的合作者写过几篇文章。民本和民主是两个不同体系的东西。"民本"是传统思想中的一个大问题,很多话讲得十分精彩和深刻。但是民本不是一个逻辑的起点,不能从民本往下推,在它旁边还有一个更大的东西,是什么呢?是"君本"。君本讲得更多,君本和民本是结合在一起的,所以我给这种关联关系起了个名,叫"中国传统政治思维的阴阳组合结构"。我们的思维方式和外国人不太一样,这种现象很多哲学家都指出过,其特点是"混沌"、有人说是"黑箱",冯友兰、张岱年等都有类似的话。"混沌"是什么样子?他们没再进一步的分析。我沿着这个思路,至少在政治思维上,我提出是一种"阴阳组合结构":有君本,有民本,民本必须归为君本,民本不能独立,君本是不能动的,君本属于阳,民本属于阴。同样,讲天人合一,还有天王合一,这两者之间也是分不清的。讲"道高于君",又讲君能"体道",君主就是道。你们看看皇帝死后,给他最后的鉴定——谥号,特别到了唐朝以后.尤其宋代理学发展起来以后,开头要讲王和天是什么关系,接着是王和道是什么关系,还有与圣的关系。在谥号中,把天、道、圣都加到了帝王身上。我专门写过一篇文章讲谥号的政治文化意义。我建议你们研究时要特别留意那些常见的材料,大家习以为常,就不分析了,其实里面含有很多的东西。韩愈和柳宗元,是大文学家、大思想家,很了不起。他们有一批文章没有人理,就是他们给皇帝上的歌功颂德的表奏。有的是他们主动写的,有的是受一些人委托,因为他们是大笔杆子。看起来都是些俗套滥话,可恰恰是这些东西反映了人们当时的政治敬畏、政治观念、政治文化、政治心态。韩愈本人说,我别的文章都可以不要,我敢和任何人争锋的是什么?他说就是这些表奏。他们不愧为文字大师,把中国最美好的词汇都献给了皇帝。那几个皇帝,除了宪宗还有一点作为外,另几个都不怎么样。对于任何形式主义的东西万万不可忽视,形式主义是中国文化当中十分发达的一种文化。形式主义常常成为一种前提,它不需要分析。而这种前提一旦确定,不需要再思考了,它恰恰就成为思维的起点。所以我说,越是形式主义的东西越是需要分析,越要找到他内在所包含的政治含义。韩、柳把最美好的词都献给了皇帝,反过来呢,把最卑贱的词都用在了臣民的身上。我又写了几篇文章,讲古代臣民的自卑观念,骂自己骂得一塌糊涂,骂自己骂得一无是处。"臣罪当死,天王圣明",这八个字就是韩愈说的。千错万错都是臣的错,罪该万死。臣民的自卑意识一点也不比那个原罪意识差。中国古代这种东西影响深远。

最近我把政治思想史的文章汇集在一起,由人民出版社出版,书名是"中国政治思想史集"。第一卷、第二卷都是一些基础性的论述,用心最多的是第三卷。第三卷重在论述和分析传统的思维方式和思维定式。一旦形成定式,是很难突破的。如果说传统思想文化的影响,我认为最主要的还是王权主义。现在人们大讲"天人合一"是中国的传统文化主干,我就不大赞成。有的人说是"和谐",古代的和谐的内容是什么?古代讲的是金字塔式的和谐,是讲等级贵贱的和谐;现在讲的,应该是以宪法为基础的和谐,是契约性的和潜,是人人在法律面前平等的和谐。这样的和谐只有破除了古代等级结构为基础的和谐,才能建立起来。对古今的和谐要分析。现在大讲"以人为本",一些人说来自儒家,其实"以人为本"四个字是法家讲的。不要忘记法家是在讲君主专制思想体系时讲"以人为本"。因此古代的"以人为本"与现在提倡的有原则的不同。现在有一些人无限地把古代的"天人合一","以人为本","和谐"等等拔高,离开了那个时期的历史条件,是不符合历史实际的。从这个意义上讲,我和他们分歧很大。这个时候我要讲,我遵从马克思主义,我还是要讲历史是有一定规律的,在其进程中是有阶段性的。文化是一定历史阶段的产物,不是超时空的,特别是它的主流不能超时空。我认为至少先做历史的判断,然后再说其他。

【问题与回答】

1.专制思想深入人心,专制体制由来已久,那么先生的说法,对当前政治民主改革以及国民民主观念之形成有何帮助?

这个问题很难回答。我在《专制权力与中国社会》再版序言里讲了一句话,我写的这本书,自认为是"历史备忘录",是想说明我们背靠的是什么,我们的起点在哪里。怎么从王权主义中走出来?应该说我们在走,这个事儿可能要几代人,希望我们能走出来。应该说我们有了很大的进步。想想我这个七十岁出头的人,在四十岁以前,有些问题都是不能思考的也不敢思考。现在什么问题都可以议论。我看这就是发展,至少议论民主在发展,表达民主在发展。这是个渐进的过程:韩愈有一首诗说:"草色遥看近却无。"春天来了,近看的时候草还是发黄的,但远看则是一片绿。我们就是那个小草,也许当大家都有了一份自由的时候,就可以发展得快一点儿。

2.中国政治思想中的"民本"是不能独立的吗?

这个我前面讲了,有君本,有民本,中国古代民本是不独立的,从来没有独立过。民本一定是以君本为基础而讲的,没有超出这个。包括黄宗羲这样的大思想家,他最后归结的还是要明君。

3.王权靠什么统治县以下人民?是否靠意识形态?君主专制思想体系的人性论的基础是什么?

统治到基层的问题不可能全靠意识形态,古代社会的基层有里甲制度,有严格的户籍制度,徭役、赋税、兵役,等等,要直接到人头或户头。中国古代的官和吏是分开的,县以下没有任命的官,但有一堆吏来办事。那些乡绅也必须执行上边的命令。仅仅靠意识形态肯定不行。不能用是否任命官来判断专制主义是否到基层。

君主专制与人性论的关系问题,我写过一篇文章进行过论述。在分析先秦各种人性论的基础上,我得出的结论是,几种主要的人性说在政治上都归结为专制主义。儒家的人性,它总是和道德系统与社会体制联系在一起的。从性善发展出来的是一种道德专制、道德统治,进而到君主专制。而性恶论强调的是外在力量和控制。这两种理论和君主专制都不矛盾。法家不讲性恶性善,过去多把法家说成是性恶,我不这么认为。法家强调人性好利,好利无所谓善恶。君主的本事就在于怎么利用、利导、利诱。传统的人性论没有和政治分开,现在要不要分开?我不是很清楚,因为怎样才能确定人性尚不清楚。马克思讲人是社会关系的一种综合,我认为还是很有道理的。社会关系内容很多,主要的恐怕是利益问题。从动物性来说,人性更多的是"自为"、是"利己",叫个人主义也可以。我在写杨朱时,对他说的"拔一毛利天下而不为"没有批评,他的意思是为了获得生命的完整性,于是说拔一毛也不干。这和流行的看法不太一样。道家强调人的自然性,但是道家的自然性要舍弃社会性,结果把社会的人去掉了。比较现实地说,我认为法家的"自为""好利"说更接近于人性的原点。我分析过历史上的人性论,但我不用人性这个词去分析现在的社会现象。人们常说,违反人性,恢复人性,人性化,等等,试问什么是人性?是性恶,还是性善?如果有人主张人性恶,恢复人性好吗?我说不清楚,所以我不用人性来说事。我们只是说中国古代的人性论恰恰和专制主义连在一起的。

4.中国的王权主义对社会最深的或者最终的影响是什么?它产生的基础是什么?

最终的影响,我说不上来,我只说这个东西对我们的现实影响很大。它产生的基础,我刚才已经强调了,传统社会的财产分配主要是权力分配决定的,在这个过程中又造成权力太大。财产分配问题很复杂,国家的权力肯定要参与的,但主体部分应该是经济中的事。历史上的权力就是马上得来的,一个武力集团打胜了。它的头儿就是皇上,皇上反过来就分配权力,分配经济。经济越不发展,权力分配经济的现象相对就突出。经济发展了,权力过分控制经济问题迟早得变。现在许多人讲权力资本,就是一个很严重的问题。权力资本恐怕主要是由于权力分配经济而形成的。权力资本反过来又要强化集权。

原载《集思录——名家论坛》(第三辑),知识产权出版社,2010 年

再说王对道的占有——回应陈启云先生并质疑

道不同,要相谋,这是陈先生来南开执教时我们的约定。我与陈先生是朋友,又是南开同人。学生问:你们两位的看法差距很大,我们从谁？我告诉学生,你们与教师的关系不是"从",而是交流、争论,要经过认真求证、比较得出自己的看法。陈先生最近著文对我提出学术批评,这正表现了南开历史学科历来崇尚独立思考、追求学术自由的学风,我格外高兴。

一、批评的靶子和扣来的帽子从何说起?

回应主要问题之前,我想有必要对陈先生批评我的几个相关要点做一下澄清和说明。这几个问题关乎批评的目标是否准确和批评的进路是否清晰。倘若捕风捉影,或悬鹄以射,则失去了论辩的基础。

1.陈先生起文说我"倡导的'皇权主义'",是"对整体中华文明的一种抨击心态发展出的意识形态"。"整体中华文明"包括范围是哪些?我在何处论述过"整体中华文明"?常识告诉我们,"整体中华文明""中华文化""传统思想文化""古代的王权主义"等概念的范围相差是何等的大！我说传统政治思想的主旨或占统治地位的是"王权主义",这是不是事实可以争论,但怎么就上升为对"整体中华文明"的"抨击"?"抨击心态"已不是学术语言。至于说我有"意识形态",是不是需要对这个概念先加以说明? 陈先生有"意识形态"吗?

2.陈先生把我说的王权主义简化为"君权运作的实迹",这并不准确。我使用"王权主义"有狭义与广义之分。狭义说的是政治思想文化,广义的包括三个层次:一指皇帝–贵族–官僚政治权力体系;二是说政治思想文化的主旨,由于政治思想在整个思想文化中居于主导地位,有时也说是古代社会思想文化的主旨或占统治地位的意识形态;三是指"王权支配社会"。请批评者稍加留意。

3.陈先生说我"反对提倡国学"。的确,如果不加分析地说"提倡""弘扬""继承",我是反对的。很简单,国学、儒学中有许多糟粕,能无条件地"提倡""弘扬"吗?至于精华与糟粕如何区分,那是另一个问题。

4.陈先生又说我"进而指称传统文化是对进步的阻力"。试问,我在哪里说过?请完整地引我一句话如何?

5.关于我对钱穆先生的批评,我认为是正常的学术争鸣。近有黄敏兰先生著长文,其中有一节专门对钱先生进行了批评,请陈先生过目。其实在陈先生的文中,对钱先生的说法与陈先生自己之说就矛盾难容,陈先生一方面说"钱师一向都是反对'中国君主专制论'的",可同时自己又说"大一统专制的中国政治在宋代才真正成形"(钱先生也说过)。试问这两句断语能相容吗?

6.陈先生说我"将'王体道'理解为'王就是道'。"也有其他先生从此入手进行批评。如果没有任何限制词,指所有的"王",肯定是错的。我自信我没有这种说法,如有,请指出来。

如不拿出证据来,便是实行"有罪推定",不合乎起码的学术批评原则。

二、关于"道出于王"

在拙文《王、道相对二分与合二为一》中有一节从"王对道的占有"的角度说过"王、道一体,道出于王""王成为道的化身"。该节开头有这样一段论述:

道就其本始意义而言,在一定意义上是与王的权威并立的一种社会性的精神权威,然而中国由来已久的君主专制制度是不能容许这种精神权威无限发展和扩充的,不容许"道"在王之外超然独立。王能支配社会,无疑也要设法支配"道";另一方面,当时思想家们创立的这个道在很大程度上是为了重新塑造政治和改造政治。然而政治的主角是君主,于是思想家们又纷纷把实现"道"的使命交给了君主。上述两种趋势的结合,"道"即使没有完全被王吃掉,也大体被王占有。

下边我要罗列一些例证,从若干侧面来说明"道出于王"这个子命题。

1."先王之道"从理论上说无疑出自先王。先王可以是抽象的,也可以是具体的,如唐尧虞舜,等等。先王都具有神性,甚至上帝都是先王创立的。《国语·周语上》说:"古者,先王既有天下,又崇立上帝,明神而敬之。"《郑语》说:

"先王以土与金木水火杂,以成百物。"先王与造物主同列。

在先秦诸子多数看来,中华文明始发的制度几乎都是先王创立的,诸如礼乐制度、祭祀制度、宫室制度、等级制度、行政制度、田制、度量衡等,这些"文明"中有"道"吗?我认为是肯定的,无可怀疑。

2.“王道”比先王之道更为抽象,更具有普遍意义。在这个概念中,道是依附于王的,是王之道。

3.圣人、圣王为道之源。圣人与圣王不尽一致,但主体基本重合,所以常说“圣人之治”。圣人是道的人格化,当无异议,又是道之源。《易·说卦》曰:“昔者圣人之作《易》也,将以顺性命之理。是以立天之道,曰阴与阳;立地之道,曰柔与刚;立人之道,曰仁与义。”《中庸》说:“大哉,圣人之道!洋洋乎发育万物,峻极于天。”如果细加分析,并不是所有的人都说圣人立天道、地道,但对圣人立人道这一点几乎没有大的分歧。圣王比圣人更高一层,是贯通客体、主体、认识、实践的枢纽,是一个超级的主体,是真、善、美的化身。圣王之道成为绝对的真理,只能遵循、崇拜,不可怀疑。

4.“礼乐”是道吗?人所共知,不仅是人道,有时还说成是天地法则。礼乐出自何人?当然有不同的说法。《荀子·生恶》说:“礼义法度者,圣人之所出也”。这应该是儒家的共识。还有一个通行的说法,非天子不制礼,不作乐。孔子说:“礼乐征伐自天子出”,自天子出,是否意味着道(礼乐之道)出自王?

5.关于王道一体,在理论上作了更深入论述的要属董仲舒。《春秋繁露·王道通三》中有一段极著名的话:“古之造文者,三画而连其中,谓之王。三画者,天地与人也,而连其中者,通其道也。取天地与人之中以为贯而参通之,非王者孰能当是?是故王者唯天之施,施其时而成之,法其命而循之诸人,法其数而以起事,治其道而以出法,治其志而归之于仁。仁之美者在于天。天,仁也。”董仲舒把王、王道、天道、地道、人道混通为一体,试问,这样的王能不立道吗?

6. 董仲舒还说:“人主立于生杀之位, 与天共持变化之势, 物莫不应大化”,又说“天地人主一也”。把天地、人主一体化,天与王合二为一,“与天共持变化之势”的王能不立道?

7.还是这位董仲舒,在《春秋繁露·王道》中又说:“道,王道也。王者,人之始也。”

8.歌颂王的流行思维,是颂扬王与道一体。韩愈和柳宗元写过不少表奏,其中有说不尽的歌功颂德的妙文,为了简明,我把颂扬帝王的功能的词组摘录一些,如:"神化""神功""大化""与天合德""法天合德""感通天地""参天两地""功参造化""整齐造化""政体乾坤""移造化""革阴阳""仁化""德化""统和天人""顺时御极",等等。总之,神化、自然化、皇化是三位一体的,在这些文字中难道没有让王占有道?

9.祖宗之法具有权威性,常常是继业之君与臣的教条,在一个朝代内,难道不具有"道"的意义? 祖宗之法是出自祖宗王吗?

10.有些人在注释《春秋》"王正月"时,就从道出于王入手:

程颐《河南程氏经说》卷四:"人君当上奉天时,下承王正,明此义则知王与天同大,人道立矣。"明,马明衡《尚书疑义》卷五:"古人终日只是事天,故无时不言天,天道即王道也。"宋,高闶《春秋集注》卷一:"诸侯当上奉天时,下承王正,知王正月之为春,则知王道即天道矣。"

如果"王"是圣王的简称,或者是孟子说的"五百年必有王者兴"的"王",把这种"王"说成"王就是道",我看大体也能成立,尽管这不是我说的。

王权的合法性与道有极为密切的关系,君主能坐视让他人把持道、不设法把自己说成是"道的化身"?

三、王权主义与"政治野兽"与"非文化"论问题

我对王权主义的论述,一再申明我的方法论是在矛盾中陈述。我提出阴阳组合论就是在矛盾中陈述的试验。比如君本与民本是一种组合关系,互相制约,君本处于"阳"位,民本处于"阴"位。陈先生引邹衍说"道"不应"相乱""相迷",并批评我说的阴阳组合论就是"相乱""相迷"。

我认为,邹衍批评"相乱""相迷",从另一面恰恰证明这是一种历史事实,作为历史研究首先应面对与承认这种事实。说古人思想概念"混沌"的不是我,早有学者进行了论述。我有一小点发现,我从政治思想的"混沌"中理出个"阴阳组合结构"。古人的确分论过"君道""臣道""妇道"等不同层次,但这些又交织在一起,王权至上观念处于控制地位,而不可能决然分开。

陈先生从对"道可道,非常道"解释中提炼出独立的"道本身"。陈先生说:"'道'是不可能'不道'或被毁灭的。君王实际体认的道('可道'的道)不是道的本身('非常道')。"(陈先生的句式、标点,使我有点"迷",这点另论。)陈先生把

"非"解释为"不是",无疑是流行的一说;我则更倾向解释为"不等于",也是流行一说。把"非"解释为"不是"和"不等于"就会引起对《老子》一书体系解释的重大差异,这是不是一种"相乱""相迷"现象?

说回来,陈先生把"道可道,非常道"中的"非"说成"不是",以此来证明有一种超越具体道之上的"道本身",这无疑是哲学的抽象。但我指出的,且不说老子只是一说,把"非"解释成"不是"也仅是一说。而历史比这种哲学抽象要复杂得多,前边提到圣王立天道、立地道、立人道,能与"道本身"无关吗?从历史角度说,离开这些,"道本身"在哪里?要用对老子一句话的哲学解释,把历史中王(理论上和现实的)与道彻底分开,我以为是无法面对那么多史料的。

在我看来,作为君主合理性源泉并为之赋予神圣性的,既有陈先生说的"道本身",又有具体的道,从君主的角度说,都想占有。

陈先生还有一段如下的话:"如果中国历史上的君王对一切的人、事、物、道、理的思想言行和情感都只是为了维护'王权',除了维护'王权'以外,没有任何意义和价值,这种君王的确不是人,而是非常可怕的'政治野兽'如果中国文化中一切的人、事、物和道、理,只要被君王们所认可和推重,便一定是维护'王权主义'和'专制君主'的犬马或附庸,这的确是一种很可怕的'非文化'论。"

陈先生的这段论述,我不想去搭界。但有一点,如果我理解的不错的话,陈先生似乎把"王权主义"和"专制君主"视同"政治野兽"和"非文化"。对此我要说几句。据我所知,张分田先生对中国古代的专制君主制度有很高的评价,不仅讲了它"政治野兽"性的一面,还充分肯定了另一面——理性面,他还说,在某种意义上,中国古代的这种制度比粗糙的民主制要更文明,中国帝王观念中含有浓重的理性成分等。张先生写了一部《中国帝王观念——论"尊君-罪君"政治文化范式》,就充分论述了帝王观念中的政治理性,书中有长篇幅、大量的史料论述了君本与民木的组合结构关系。有兴趣者还可以翻一翻他的《民本思想与中国古代统治思想》一书。两书材料之丰富、超越前贤;观点之鲜明,足以让人咀嚼。我在运用"阴阳组合结构"来揭示和解释传统政治观念时,也充分论证了这种结构是很高明的、有容量、富有调节性。陈先生这段话究竟何所指?希望具体揭示出来。

我再明确一句:"王权主义"就是一种文化,"政治野兽"也有相应的文化,是不能回避的历史事实。

末了还说一点,陈先生文中提到"刘老师们",但愿是无意识的笔误,如果不是,则实在难让人理解。每个人都是独立的存在,即使有些学者与我的某些观点接近,他们也都有自己的学术个性,怎么能这样说呢?!

　　这里我还要说几句自己。我在《关于国学若干理论的质疑》一文中,针对有人主张用"国学学科"来"重新认识和估价依据西方学科范式和话语体系建立的学科制度所带来的利弊得失",用了"唐·吉诃德"一词进行调侃,事后感到失当,在去年两次学术会上我都做了反思,希望与会者以我为戒,在学术文章中尽量不要调侃。

原载《中华读书报》,2010 年 6 月 9 日,第 15 版

中西古代政治学说之比较

"政治"是政治学中最基本的概念。它是一个历史范畴,与国家相伴而生,又随着社会的发展而不断改变其内容及活动的形式和范围。以这一概念为线索,结合中西比较,可以更好地理解中国古代政治思想和学说。

"政治"一词的本义,在中国和西方有所不同。在西方,"政治"源于古希腊语的"城邦"(城市国家)一词,政治学即"国家学"。在中国古代,"政治"通常称为"政"或"治",主要指布政治事,"治者理也""劳心者治人"。这就是说,政治的活动方式是"治","治"的对象是"人","治人"的目的是使之安定、有秩序、服从管理。"在君为政,在民为事""政者事也"。"为政""从政""执政"即行使权力、治理国家。"政"又称为"刑政",主要指一种统治手段。中国古代的"政体"一词虽也涉及制度,但主要是指统治方略。由此可见,中国古代所说的"政治",主要指治国之道。

然而,如果据此推定中西方古代政治学说在对象、内容和范围方面有重大差异,或认定中国古代政治学说仅关注治国之道,就会失之偏颇。其实,中国古代的"政"与"治"是包括国家制度问题的,如人们议论政治时常讲"政者,正也""政者,制也"。既然政治的目的之一是率民遵循正道,就必然需要定制、立法、制礼,这就涉及确立政体、制度、法律及行为规范等一系列问题。国家与法的问题一直是中国古代政治学说所关注的重大课题。以现代意义上"政治"一词为标准去考察,不难发现,中西方古代政治学说虽各具特点、各有侧重,但所涉及的对象、内容和范围并无大的差异。

比较而言,中国古代政治学说的确更偏重治国之道的研究。这个特点可能与中国很早就确立了君主专制制度有关。古希腊的亚里士多德面对的是众多城邦组织该如何选择理想的国家制度问题,他的学说必然以国家理论为中心。西欧中世纪的政治学说以教权与王权哪一个应居于最高地位为中心课题。资本主义生产方式产生以后,人们力图以人权代替神权、以国家代替教会,因此致力于重新解决关于国家体制和建立原则的认识问题,从理论上证明各种经济关系和社会关系不是由教会和教条创造的,而是以权利为依据、由国家创造的。西方政治学说之所以更重视国家与法律问题,固然与学术传统有一定关系,而现实的政治需要才是根本原因。资本主义制度确立之后,现代西方政治学开始把目光移向如何维护这种制度,其学术重点也因此而转向政府决策、政治参与、政治行为、政治文化等。这个变化很像中国古代的情况:大一统制度确立以后,大多数思想家更关注治国之道。

总体而言,中国古代政治学说以国家政权为中心,兼及各种政治现象,提出系统政治主张。应特别指出,中国古代国家政权的核心是君主与君主制度。以儒家政论为例,儒家是以"礼"来概括自己的政治学说的。礼的核心问题是社会政治结构、国家政体及相应的政治规范。儒家以天道、人性、道德论证君主制度、等级制度的绝对性,然后以此为前提,讨论王道仁政及礼乐刑政等具体的治国之道。儒家的政治学说几乎包纳了中国古代的一切政治现象,其他学术流派的政治学说大多与之类似。法家的政治学说则显然是典型的以君主为核心的"国家论""法制论"。

中国古代政治学说包罗万象,有时还与其他领域的学说理论交织在一起。因而在研究中国古代政治思想时,研究的内容和范围宁失之于宽,勿失之于狭。除了关于国家、政体、法制的理论,还应根据中国古代政治学说的特点,关注政治哲学、社会模式理论、治国方略与政策理论、政治实施理论、政治权术与政治艺术理论、政治道德理论等,关注其他门类学术理论中所包含的政治理论内容。

原载《人民日报》,2015 年 6 月 23 日

君主"无为"的驭臣之术:君逸臣劳和治要抓纲

　　无为政治是中国古代政治学说的一个独特命题。从现存文献看,最早系统阐述无为政治的是《老子》,而有关思想可追溯到更为久远的年代。在先秦,无为是一种影响广泛的思潮。道、儒、墨、法、阴阳、杂等主要思想流派对无为的理解有很大差别,却又有共同的话题和相近的认识。主要表现在以下几个方面:在人与自然的关系上,人事(包括各种政治事务)应效法自然、顺应自然;在君臣关系上,君无为而臣有为;在君民关系上,君主应尽量减少对民的干预,但又要愚民;作为君主要注意节俭,不宜太铺张。无为是处理各种关系的重要法则之一。本文只说君臣关系,其要点是君逸臣劳与治要抓纲。

　　先秦诸子反复论说君逸臣劳的原则。君逸臣劳既源于君尊臣卑,又因君主个人能力、精力有限,不能不依靠臣下。

　　先秦道家认为,君无为而臣有为是君主驭臣的总纲。《老子》对君主无为有提纲挈领的论述,其政治哲学和策略思想一直是人们论证君主无为之术的理论依据。《庄子·在宥》认为:天道无为,人道有为;无为者尊,有为者劳;君为天道,臣为人道。君逸臣劳,君尊臣卑,这是自然法则决定的。《管子·心术下》以心无为而制九窍为例,阐述君主的驭臣之术,主张君主把精力放在督导臣下方面,而不是代替臣下做事。君主无为犹如"毋代马走,使尽其力;毋代鸟飞,使弊其羽翼;毋先物动,以观其责"。道家还为此设计了系统的治术。

　　法家深受道家的影响,也大讲君主无为。《慎子·民杂》提倡"臣事事而君无事,君逸乐而臣任劳"。《申子·大体》主张君主"示天下无为"。《管子·乘马》说:"无为者帝,为而无以为者王,为而不贵者霸。不自以为所贵,则君道也。"法家认为,君主无为既是权力高度集中的具体体现,又是君主驾驭群臣的工作方式和特殊手段。所谓无为,就是操持最高权力的君主要把主要精力投放在设官分职、尽臣之力方面,指挥一切人,却又不要事必躬亲。《申子·大体》有一个生动形象的比喻:君驭臣如身使手,"君设其本,臣操其末;君治其要,臣行其详;君操其柄,臣事其常"。法家以法、势、术理论为基础,提出了系统的君主无为之术。法家的有关思想对后世的政治理论和政治观念有深刻的影响。

先秦儒家也大讲君主无为。《论语·卫灵公》记载了孔子的一种思想:"无为而治者,其舜也与?夫何为哉,恭己正南面而已。"主张君主"垂衣裳而治天下",即应善于任用臣属,不必亲自操办事务性工作。《荀子·王霸》讲得更为具体明确:"人主者以官人为能者也。"君主应设官分职,任贤使能,以实现"农分田而耕,贾分货而贩,百工分事而劝,士大夫分职而听,建国诸侯之君分土而守,三公总方而议,则天子共(恭)己而已矣"。这种治术"守至约而详,事至逸而功",君主能行此术,"则身逸而国治,功大而名美"。

先秦其他学派也有类似的思想。墨家的文献中虽然没有明确提出"无为"这个概念,然而其尚贤论的基本思路与无为论相通。《吕氏春秋》在综合各家之论方面大做文章。《君守》篇将君主无为概括为"大圣无事而千官尽能"。《当染》篇说:"古之善为君者,劳于论人,而佚于官事,得其经也。"君主劳于用人而逸于治事,才能实现无为而治。

"无为"几乎成为论说君臣关系时必然涉及的话题,许多人把"君无为而臣有为"作为君主臣辅政治运作的总则。君主无为论为统治思想和各流派文化所认可。如魏晋玄学诸子兼综《老子》《庄子》和《周易》,他们不仅力主君主无为以统众,而且把无为原则普遍化。郭象在《庄子注·天道》中提出:天子、冢宰、百官、庶人乃至昆虫都应无为。"无为"和"有为"是统一的,"无为"要借助于"有为","有为"要归结为"无为"。"主上无为于亲事,而有为于用臣",这就像"工人无为于刻木,而有为于用斧","臣能亲事,主能用臣;斧能刻木,而工能用斧。各当其能,则天理自然,非有为也"。所谓"无为"就是各司其任,各尽其能。道教学者也大讲君主无为。唐代著名道士成玄英在《庄子·在宥疏》中提出:"君位尊高,委之宰牧;臣道卑下,竭诚奉上。""尊卑有隔,劳逸不同,各守其分,则君臣咸无为也。"孔子后学都把"垂衣裳而天下治"作为论说君主驭臣之道的主要命题之一。《中庸》把"无为"推广为一切权力者的为政治术,即"官盛任使,所以劝大臣也"。郑玄注:"官盛任使,大臣皆有属官所任使,不亲小事也。"无为又是公认的圣王之道。《新序·杂事三》说:"王者劳于求人,佚于得贤。舜举众贤在位,垂衣裳恭己无为而天下治。"历代儒者注疏《周易》,必然论及君无为而臣有为。如《周易正义·系辞下疏》说:"君以无为统众。无为者,为

72

每事因循,委任臣下,不司其事。""臣则有事代终,各司其职。"王夫之还依据君无为、臣有为原则,设计了更合理的政治体制。

许多帝王对无为政治也有精辟的论述。如武则天在《臣轨·同体》中说:"冕旒垂拱,无为于上者,人君之任也。忧国恤人,竭力于下者,人臣之职也。"而"天下至广,庶事至繁,非一人之身所能周也"。因此,君主应把主要精力用于"分官列职",切忌君代臣劳。

君主的精力是有限的,如果事必躬亲,眉毛胡子一把抓,陷入事务主义,抓一而漏万,不懂得抓纲领,结果适得其反。《尚书·虞书·益稷》载:"元首丛脞哉,股肱惰哉,万事堕哉。"传说这是皋陶应答帝舜唱的歌,对此注解很多,司马光、吕祖谦解读得最为明快。司马光《稽古录》说:"丛脞,细碎无大略。明主好要,暗主好详。主好要则百事详,主好详则百事荒。君既不知治要,躬亲细务,则大臣无所事事,皆解体不为用。万事非一人可治,故皆堕坏。"宋人时澜编《增修东莱书说》卷四归纳吕祖谦的话说:"君道在于无为。侵臣之职,则丛脞哉。丛脞者,不知纲领之谓也。"君主"细碎无大略",不知"纲领"、不知"治要","躬亲细务",结果只能是"堕坏"。

那么"大略""纲领""要"是什么呢?各家各派有不同的说词,但从大的方面讲,如下几点大致是相同的:

其一曰静因之术。道家、法家、杂家及部分儒家学者对此多有论及。其主旨是:君主要无欲、藏拙、静观,使臣下不可揣度,从而实现以静制动,以虚制实。具体方术有深藏不露、装聋作哑、倒言反事、防臣如虎等。以深藏不露为例,《管子·心术上》说:"不出于口,不见于色,言无形也。四海之人,孰知其则,言深囿也。"《申子·大体》说:"善为主者,倚于愚,立于不盈,设于不敢,藏于无事。"否则"示人有余者,人夺之"。《吕氏春秋·分职》说:"无智、无能、无为,此君之所执也。"示人"无智"而"能使众智",示人"无能"而"能使众能",示人"无为"而"能使众为",这就叫"静因之术"。

其二曰定法分职。这一条是百家共有的。其主旨是:以法制、律令的形式明确职分,使群臣各有其职位、权限及相应的规范,即《慎子·威德》所说的"士不兼官""工不兼事"。

其三曰循名责实。这一条也是百家共识。其主旨是:立法定分以后,君主要审核形名,依职课功,要求群臣恪守职责,按规定办事,不得玩忽职守,不得越权行事。《申子·大体》说:"为人君者,操契以责其名。名者,天地之纲,圣人之符。张天地之纲，用圣人之符，则万物之情无所逃之矣。"君主循名责实，群臣按规定办事，政权体系就会正常运转。历代王朝都有与此相关的考课、监察制度。

其四曰任能使智。《慎子·民杂》认为：君主应"不设一方以求于人"。君主必须借重群臣的智慧和能力，千方百计地网罗人才，这也是百家共识。思想家们还普遍指出：君主必须知人善任，量才而用。《韩非子·扬权》说："夫物者有所宜，材者有所施，各处其宜，故上下无为。使鸡司夜，令狸执鼠，皆用其能，上乃无事。"唐太宗在《帝范·审官》指出，君主用人应大材大用，小材小用，使才当其任，人尽其才，所谓"智者取其谋，勇者取其威，怯者取其慎，无智、勇、怯皆用之。故良匠无弃材，明君无弃士"，这类言论很多。思想家们还普遍主张君主要礼贤下士，甚至以臣为师为友，以此换取贤能之士的效忠。

其五曰尽臣之能。尽臣之能的关键是君主不可恃才自任，事必躬亲。《慎子·民杂》说："人君自任，而务为善以先下，则是代下负任蒙劳也，臣反逸矣。""是君臣易位也，谓之倒逆，倒逆则乱矣。"在历代文献中，批评君主逞才自傲，与臣下争功、争能的言论很多。思想家们都认为这不利于充分发挥臣下的才干。为了尽臣之能，他们还普遍主张君主纳谏。

其六曰赏罚严明。思想家们普遍认为，唯有君主赏罚严明，才能使恶者惧、善者劝，群臣尽职尽责，不敢违抗君命。

上述思想对中国古代的政治制度、政治规范和君臣的政治意识、政治行为有深刻的影响。

如果从抽象的意义说，无为是很高明的领导方式，善于治要抓纲，知人善用，控制住宏观，摆脱事务主义，这些很值得借鉴。

原载《中华读书报》，2016 年 1 月 27 日，第 15 版

传统士人的二重品性与思想文化特点

中国传统的士人,也可以称士大夫,是知识分子和官僚的混合体。他们的品性很复杂,就其主要性格而言,可以用以下两点概括:就社会地位而言,他们可能是达官贵人,但没有独立人格,而是君王的臣仆;就精神而言,他们是思想文化(就精英部分而言)生产的主体。社会地位的臣仆性与精神的主体性从逻辑上说是极不相宜的,然而在历史上确实浑然成一体,形成一种混合型的结构。这种品性上的混合结构是由中国特定的社会历史背景造成的。士大夫的臣仆性可以从两个方面做出说明。

从帝王这一方面看,所有的人都必须是臣仆,只有他们为王所用才有存在的价值。《诗经》中说"率土之滨,莫非王臣",秦始皇说"人迹所至,无不臣者"。依照君主高于一切、占有一切的理论,不臣,不为君主效力,就没有生存的价值,就应杀掉。汉武帝讲,什么是人才?人才就是为我所用,"有才而不肯尽用,不杀何施?"朱元璋也说:"寰中大夫不为君用,自外其教者,诛其家而灭其身。"作为"竹林七贤"之一的嵇康,所以被司马昭所杀,主要原因是他在理论上讲"非汤武而薄周孔","越名教而任自然",诋毁君主的绝对权威;在政治上不与司马氏合作,不为所用。历代帝王,特别是清代几位皇帝对士人结党深恶痛绝,声称朋党会造成国破家亡。朋党的要害在于,它在君臣这种政治关系中插入了新的政治关系,有可能导致异于君权的政治权威的出现。这是专制帝王所不能容许的。有些开明的帝王声称尊重知识分子,甚至对士人以"师友"相称,但这不过是一种假象,真正的用心是使这些士人认同于帝王。即使在学术最为"自由"的稷下学宫,学人可以自由论政,但君主也要千方百计地把学士纳入官僚体系中,给予俸禄,依照官本位处理。汉代的征辟制度,从表面上看是抬高士人,把知名学者请到政权中来,其中虽不无尊重人才之意,但真正的目的是把士人纳入帝王制度的轨道,为己所用。清初设立了"博学鸿词

75

科"专门召纳士人名流,对极有影响的士人,不想来也要软硬兼施拉来给带上顶戴,变成体制中的人。这就是中国传统专制政治的逻辑。

从士人的角度看,他们往往自觉或不自觉地把自己视为臣仆。中国传统知识分子历来都认为只有圣王才能治天下,没有圣王,社会将会一团黑暗。他们时刻都期待着明君圣王出世。战国诸子的思想极其活跃,但他们并没有否定专制王权,反而从理论上丰富和完善了君主专制主义。儒家学者所谓"君者,舟也;庶人者,水也。水则载舟,水则覆舟"及"民为贵",等等,虽然有巨大的意义,但并非什么民主思想,而是在处心积虑地为专制君主着想,告诉君主应该明白自己的安危条件。当然,中国的士人也并非没有理性和批判精神,但在强大的专制权力下,大多向专制王权妥协和屈服了。焚书坑儒、党锢、文字狱,造成了中国历史上一次又一次非理性的政治真空。在这种轮回不已、万劫不复的政治迭兴中,士人只能做忠臣、谏臣、股肱,更有甚者是做犬马。所谓"效犬马之劳""臣罪该万死"云云,几乎成了人类政治史上的文化奇观。黄宗羲是明清之际的最杰出的思想家,他提出"为天下之大害者,君而已矣",认为"天子之所是未必是,天子之所非未必非"。然而,他终究还是未能跳出传统政治的魔圈,不得不寄希望于明主。

伴随着士人的臣仆化,还出现了学术的御用化。儒术独尊之后,由百家之一跃居百家之上,儒术变成了帝王政治的一部分,成了御用工具。从表面上看,似乎专制帝王很重视学术和知识,然而仔细考察不难发现,学术不过是任凭权力牵着鼻子走的羔羊。汉武帝的"策问",引出的是汉代大儒董仲舒的"天人三策";石渠阁会议和白虎观会议,更加强化了"三纲六纪"。在专制政治下,虽然某些帝王没有多少知识,不懂学术,但他们同样握有对经学——"真理"的最高解释权和裁定权。士人以经学为业,而经学只是教人作忠臣,作臣仆。

但是,士人又是创造古代中国思想文化的主体之一。思想文化的生产过程是需要创造性和个性的。任何一个人,只要他认真思考,就有可能导致独立和自主意识的产生。而独立自主意识高低决定着自我人格独立可能达到的程度。

这样一来,在士人身上承担了两种角色:在社会生活中,他们是君主的臣仆,很少有例外;在思想文化领域,他们是思想者,当然作为思想者可以是奴性化的,也可能是自主性的。奴性化的姑且不论,对自主性的思想者而言,他们陷入了是臣仆还是主人的悖论;在实践中,他们处在进退维谷的窘境。这种二律背反导致了士人的"双重人格":行为与思想的背离,口头说得是一套,实际做的是另一套;在朝说的是一套,在野又说另一套;飞黄腾达时多阿谀,失意之时多牢骚。摆脱这种困境的出路有两条:一条出路是彻底官僚化和世俗化,抛弃道义和理性;另一条出路是出世,遁入山林。然而这又背离了圣人的教导。所以,士人是在矛盾中生活,内心深处很痛苦。

中国传统知识分子的特殊品格,造成了中国传统文化的两个鲜明特点。

第一个特点,政治思想和政治文化是中国传统思想文化的主脉。

中国传统的知识分子,只要选择了读书-仕进的道路,他就逃不掉帝王设置的天网,他就要面对现实,皈依王权,为帝王服务。他们既要学习帝王规定的"政治学"(即"经学"),又要为这种"政治学"作自己的诠释。翻开任何一位士大夫的文集,几乎都少不了这方面的内容。

从文献学角度看,中国的典籍分为经、史、子、集四大类。经书,讲得是伦理纲常和"君君、臣臣、父父、子子"。经书中没有一句话与这一主旨相悖,史书,讲得是"究天人之际,通古今之变",其落脚点是让统治者"以史为鉴"。梁启超说二十四史是帝王家谱,虽不无过,但大体如是。子部、集部中的典籍,大部分也充满了议论政治的内容。

就各种思想的最终归宿而言,几乎都要归落到政治上。现代科学分类很细,如哲学、政治学、伦理学、历史学、文学等等。但只要涉入中国传统思想文化,便很难用上述学科作精细的划分。中国哲学史,抽去其政治思想的内容,不知道将会成为什么样子?在政治思想中占主导地位的则是王权主义。现在许多人说儒学是"人学","成人之学",我不赞成泛泛讲"人学"。中国古代历史中的"人"与儒家所讲的"人",无论是在理论上还是在实际上,都是"等级人";如果说儒学的精神归结为"人学",那么应该称之为"等级人学"!在这个意义上说,儒学是维护帝王制度之学,与人的"自由""平等""自主"搭不上界。强为之说,难矣!

第二个特点,中国古代思想缺乏"学理"的一贯性和逻辑性。

众所周知,中国的传统知识分子具有强烈的使命感和忧患意识,他们有理想有抱负。但他们的理想境界和归宿同现实政治分不开。中国的士人不超俗,多数人不皈依到宗庙寺院,也不寄希望于来世,而是寄希望于现世。中国士人的最高理想是圣与王的统一,即知识道德与王权的统一。他们苦苦企盼着"有道之君"和"有道之世"。他们忧患的焦点,是上忧君、下忧民。正是在这种心境之下,范仲淹抒发出来的情怀是:"居庙堂之上则忧其民,处江湖之远则忧其君;先天下之忧而忧,后天下之乐而乐"。

这同杜甫说的"致君尧舜上,再使风俗淳"是一样的。这种忧患意识,不乏对民众的同情,但主导面是为王权主义服务的。我们不应该泛泛谈忧患意识,也不应该毫无保留地把它延伸到现代。儒家讲"内圣外王",主张"修身齐家治国平天下",把自己的命运与天下安危拴在一起。从纯抽象意义上说是极其豪迈的,但如果还原为历史,那么究竟修成什么样的身,平什么样的天下?翻开中华的历史,真正的理想盛世安在哉?在这样的社会历史背景之下,多数士人的忧患意识变形了:当他们没有当官的时候,慷慨激昂,宣称要救民于水火;一旦戴上了乌纱帽,摇身一变,便与从前判若二人,"三年清知府,十万雪花银"。说无官不贪有些绝对,但真正的清官确实是寥若晨星!由于士人多半不是以学理为业,常常把学理与为官搅在一起,而在实践上又多半行为不端或透迤无轨,所以在他们的著作中到处可以看到学理和逻辑的混乱,特别是在政治思想上表现尤其突出。这不仅是个人问题,而是中国传统思想的一个重要现象,或者说形成了一种文化环境,在这种环境里,人们出尔反尔几乎成了自然之事,彼此彼此,还常常自我解脱,"彼一时也,此一时也","识时务者为俊杰"!这可以说是一种"精神病",当然这种"精神病"是历史的产物。我们现在需要分析它,尤其需要从中走出来!

我认为传统思想文化对我们影响最大的要属政治思想和政治文化,希望有更多的人来关注这个问题!

原载《炎黄文化研究》,1998 年第 6 期

简说"不慕古，不留今，与时变，与俗化"

《管子·正世》中的这句话表达了先秦法家的历史观和改革精神的宏大气魄，如果说到"实践理性"，应该说这句话最为贴切和最贴近实践。

慕古是由来已久的历史观，表现为对先王、祖宗和先王之道的崇拜、敬仰和尊崇，是最普遍并具有主导性的观念。商代卜辞充满了这类记载，到西周出现了"先王之道"这一神圣的观念，与"先王之道"相近的还有先王之制、先王之教、先王之礼、先王之命，等等。到了春秋，随着社会的变迁和动荡，出现了三种先王观，一种是守旧的先王观，认为先王之道不能稍有变更；二是批判性的先王观，即以先王为旗号对现实违逆行为进行批判；三是提出"先王何常只有？"即先王没有固定之法。叔向批评子产改革违反了先王之道，子产回答说，我顾不上那么多，我要的是"救世"。到了诸子百家之时，先王观依然是一个重大的课题。

人们探讨现实问题时，总爱回味一下历史，企图从古今关系或古今对比中，找到一把解剖现实的刀子。于是，古今问题便成了诸子们讨论的一个热门题目。孔子认为历史的过程是个损益过程，到周代达到了文明的高峰，于是发出"郁郁乎文哉，吾从周"，一切遵从周制。他对"今"投以鄙视的目光，似乎只有损而无益，像从高峰掉进了深谷，希望重新爬回到周代的高峰。老子承认在技术和知识上今比古都有了无可比拟的进步，不过在他的屈光镜下，这又是人类的变态和堕落，违反人的自然本性。墨子认为生产技术今胜于古，而道德今比三代要坏得多。孟了言必称三代，主张一切率由旧章。

我不认为凡属称颂三代或上古者都是复古之辈，他们各有特定的理论内涵，不过他们有一个共同点：在理论形式上，都认为今不如昔。由于诸子各有自己的思想体系，先王观的地位各不相同，但更多是把三代乌托邦化，而对现实多有批评和批判性。

彻底抛却崇尚先王的是法家，"不慕古"就是一种集中的表达。法家的多数人认为，社会历史是个进化过程。最初的人类是不开化的，经济也极为原始和落后，没有政长，社会没有秩序，人们在混乱中生活。后来出现了圣人，引导人类走向文明，并逐步向高级发展。

《商君书》的作者最为重要的贡献之一，就是在中国思想史上第一次用分期的方法分析了历史的过程，并得出了今胜于昔的结论。分期与朝代不同，分期表达的是社会形态之类的问题。

关于人类的起源问题，当时有各式各样的说法，《商君书》的作者把问题看得比较简单。《商君书·开塞》(以下只写《商君书》篇名)说："天地设而民生之。"自从生人之后，作者认为人类的发展经历了三个阶段，如果把当时也算进去，便是四个阶段。

生民之始及其以后一个时期叫作"上世"。"上世"的特点是"民知其母，而不知其父"。这种说法类似今天所说的母系社会。这个时期人们的相互关系是"亲亲而爱私"。继"上世"而来的叫"中世"。"中世"是对"上世"的否定，"亲亲废，上贤立矣"。"中世"的特点是"上贤而说仁"。继"中世"的是"下世"。"下世"有了私有、君主、国家、刑法，用今天的说法，人类进入了阶级社会。"下世"的特点是"贵贵而尊官"。接着"下世"的就是当今。

《画策》篇对历史的进展还有另一种分析方法，以人物为代表把历史分为三世。最早时期称之为"昊英之世"，其特征是"伐木杀兽，人民少而木兽多"。类似今天所说的渔猎时代，人类靠索取自然物生存。继昊英之后，进入了"神农之世"。神农之世，类似今天所说的农耕时代，"男耕而食，妇织而衣，刑政不用而治，甲兵不起而王"。这个时期人类已不是单纯依赖自然，而是走向了生产创造之路。继神农之后的是"黄帝之世"。作者说，神农死后，人们开始互相争夺，"以强胜弱，以众胜寡"，黄帝适应时代的需要而起。为了治乱，制定了"君臣上下之义，父子兄弟之礼，夫妇妃匹之合；内行刀锯，外用甲兵"，历史进入了阶级社会。《画策》作者最为可贵的一点，是用经济特点与国家权力的产生作为划分时代的标志。《更法》篇还记述了商鞅的看法："伏羲、神农教而不诛。黄帝、尧、舜诛而不怒。及至文武，各当时而立法，因事而制礼。"韩非则把历史划分为"上古""中古""近古""当今"四世。

法家的历史进化观像一把锐利的宝剑，斩断了一切迂腐守旧和把远古乌托邦化的陈词滥调，为政治上的变法改制提供了最有力的论据。由这种历史观直接引出了"更法""变法"的结论。

"不留今"就是对现实的事物也无须一概留恋。"不留今"就要敢于进行"更法""变法",敢于对现实中阻碍发展的问题开刀。《更法》说:"三代不同礼而王,五霸不同法而霸。"当今面临的任务就是"更法""更礼"。"反古者未必可非,循礼者未足多(肯定)也"。如果说,这句话多少显些委婉,那么《开塞》则喊出了时代的最强音:"不法古,不修(循)今。"

"不法古"比"不慕古"更加明快,"不修(循)今"和"不留今"是一个意思,需针对当下的问题进行 "更法""变礼",这必然引起利益既得集团的激烈反抗。如商鞅变法一开始,以杜挚等为代表的守旧派极力反对,提出"利不百,不变法;功不十,不易器","法古无过,循礼无邪。"商鞅批驳了他们复古守旧的谬论,依据进化的历史观,指出:"前世不同教,何古之法?帝王不相复,何礼之循?"治国必须从现实情况出发采取对策,不能让古老的传统拖住历史的车轮。商鞅明确提出:"治世不一道,便国不必法古。"秦孝公支持了商鞅的主张,在秦国开展了一场变法运动。

这场变法不仅受到宗亲权贵的反对,"宗室贵戚多怨望者", 连一般的百姓也感到不习惯。但实践证明,效果是好的,新法"行之十年,秦民大悦","乡邑大治"。商鞅变法使秦国迅速走向了强盛,改变了过去与诸侯交往中的被动局面,成为"兵革强大,诸侯畏惧"的强国。

所谓"与时变"就是时代在变,要抓住时代性的问题。根据历史的不同时代的不同特点,变法要切合时代精神。韩非认为"当今争于气力"。在战国社会变动中,法家对社会变动反映得最灵敏,观察得最细致,所谓"气力"最为突出就是诸侯国之间的争战与经济力量的对比,这种角斗关系到每一个国家的生死存亡。人们对争战、兼并的看法极不相同,在种种不同见解中,法家最为实际。他们认为战争能否胜利是生死存亡的关键。战争不仅是军事的较量,同时又是经济力和智力的较量。在新的矛盾面前,许多传统的东西不仅不能适应需要,而且有许多东西越来越成为阻力和障碍。他们认为旧的贵族垄断政权的局面过时了,旧族不劳而获、无能而在位、无功而受禄的情况与生存竞争的需要发生了尖锐的冲突;旧的经济体系,即贵族分割土地和支配劳动者的状况阻碍了经济实力的增长;分封制度妨碍了政治和军事力量的集中,等等。针对这些过了时的东西,法家提出要按功劳重新分配权力、地位和俸禄。无功者靠边站,有功者升上来;打破旧贵族对土地和人口的分割与占有,通过"授田"

使劳动者的家庭成为"私作"单位,并变成君主直接控制的编户民。法家主张把土地当作鼓励人们积极耕、战的奖品。以奖励耕战为杠杆推动了当时政治、经济的改革,适应了当时社会发展的需要。

总之,时变事异,变法就是应当随时而变。"先王当时而立法,度务而制事,法宜其时则治,事适其务故有功","备时而立法,因事而制礼"。不能把历史当成包袱背起来,也反对安于现状。他们清楚地认识到,统治者不应该向时代发号施令,而应通过变法顺从时代之变,引导时代前进。这种认识可以说居于当时认识之巅,是极为可贵的。

"与俗化"与"因俗而动"是一个意思。"俗"的含义有多种,风俗、礼俗等,在法家那里俗有时也指过时之礼俗、恶俗等,他们每每提出移风易俗。这里说的"与俗化""俗"指得是什么?从整篇上看,说得是人心所欲问题,即《史记·管晏列传》所说的"俗之所欲,因而予之"。慎到指出:"法非从天下,非从地出,发于人间,合乎人心而已。"所谓"合乎人心",就像《荀子·非十二子》中所说的:"上则取听于上,下则取从于俗。"合人心、从俗,也就是因人情。慎到认为人情的具体表现是"自为":"人莫不自为也。""自为"就是为了自己。这个问题关涉人性的认识。早在春秋时代人们就进行过反复论述。最早提出人性这个概念的是单襄公,他说:"夫人性,陵上者也,不可盖也。求盖人,其抑下滋甚,故圣人贵让。且谚曰:'兽恶其网,民恶其上。'《书》曰:'民可近也,而不可上也。'是以圣人知民之不可加也。"单襄公把反对欺压看作是人的本性,其意思就是自我维护。又有人把求富看作是人的本性,如齐子尾说:"富,人之所欲也。"王孙雒说:"民之恶死而欲贵富以长没也,与我同。"类似的看法还有齐晏婴说的:"凡有血气,皆有争心。故利不可强,思义为愈。"晏婴虽然认为"争"是人的本性,但如果任其发展,就会生祸,所以应该用义来抑制它。总之,相当多的哲人认为追求"利""富""乐""贵",等等,是出自人的本性,而不是什么邪恶。持这种观点的政治家与政治思想家认为,统治者的实际政策应当照顾和满足人的这种要求。由此他们提出了"利民""惠民""抚民""安民"等等主张。他们认为不这样做就是违反人性。如师旷批评晋君时就说:"今宫室崇侈,民力凋尽,怨雠并作,莫保其性。"

战国时期的法家特别注重对人性问题的研究,不过他们很少用"性"这个概念,而多用"情"和"欲"。法家人性论的核心用一个字来概括就是"利"。《管子·形势解》说:"民之从利也,如水之走下。"《商君书·算地》说:"民之生(读若性),度而取长,称而取重,权而索利。"又说:"民生则计利,死则虑名。"《赏刑》篇说:"民之欲富贵也,共阖棺而后止。"《韩非子·内储说上》说:"利之所在,则忘其所恶,皆在孟贲。"许多研究家都认为韩非的人性论是宗其师荀子的性恶论,这种看法是不正确的。包括韩非在内的所有法家,从来没有鄙视、厌恶过"利";相反,在他们看来,人好利的木性改造不了,也无须改造,所以法家不是"性恶"论。作为当权者关键是如何做到利诱、利导和利用。利诱、利导和"利用"的目标就是把人们引到耕战上来,对此法家有一整套的政治设计。在他们看来超脱利欲之情者不能为统治者所用,是无用之辈,是蠹虫,应加以扫除。对法家是否是性恶论、如何把人们引向耕战等,有机会另行论述。

"不慕古,不留今,与时变,与俗化"是法家思想体系的核心部分,是更法、变法、变礼的理论概括,是实践理性的依据。单就这十二个字说,对我们今天的改革仍有直接的重要的启示性。

原载《中华读书报》,2016 年 2 月 24 日,第 15 版

简说传统礼仪与贵贱等级制

大致说来,辛亥革命和五四新文化的兴起,其中有一项重要内容,就是打破传统的礼教。现在又有不少人提出要"传承弘扬中华礼仪文化",而且认为其意义巨大,"能够增强民众的文化认同感和向心力;也有助于提升我国文化软实力,增强我国在国际上的话语权,为中华民族伟大复兴提供强大的文化支撑","让人们在仪式中体味崇高、庄重、肃穆、威武、豪迈、仁爱、和乐等多种情感"。或曰:"是人与人之间的平等交往和互相尊重","是以人际交往与沟通为其宗旨,亦坚持人与人之间的平等与交互性"。或曰:"礼主交往间的平等。"等等。对上述诸种论说,在主旨上我的看法与之大相径庭。

首先须审视一下中华传统礼仪文化的历史内涵是什么?

从先秦的历史看,礼可以说是无所不包的社会生活的总规范,融习俗、道德、政治经济制度、婚姻制度、思想准则为一体。礼最初表现为不成文的习惯,到了后来形成条文规定。《中庸》说周礼"礼仪三百,威仪三千",大约就是荀子所说的《礼经》。

礼渗透到整个社会机体的各个方面,各个角落,渗入到每个人的血液中,礼对汉族文化的形成有过巨大的影响。由于礼被视为人的标志,华夏族的灵魂和行为准则,因此众多的人把它看作治国的大纲与根本。《左传》《国语》中有许多这类论述,"礼,王之大经也","礼,国之纪也"。礼之所以是治国之"经""纪",就在于礼能"经国家、定社稷、序人民,利后嗣者也"。礼又可称之为礼仪,这个概念出现得很早,《诗经·小雅·楚茨》:"献酬交错,礼仪卒度。"《周礼·春官·肆师》亦说:"凡国之大事,治其礼仪,以佐宗伯。"

儒者多以相礼和教师为业,礼是他们教学的一门主课,由孔子开创的儒家,也可称之为礼家,他们在政治上的共同主张是以礼治国。孔子反复讲"为国以礼","道之以政,齐之以刑,民免而无耻。道之以德,齐之以礼,有耻且格"。又说:"上好礼,则民莫敢不敬。""上好礼则民易使也。"孟子重在讲仁政,但对于礼也十分重视。荀子的政治思想全部内容都是围绕礼展开的,是礼治主义的典型。《大略》说:"礼之于正国家也,如权衡之于轻重也,如绳墨之于曲直也。故人无礼不生,事无礼不成,国家无礼不宁。"有关论述比比皆是,无须征引。

礼最初表现为以习俗为基础的行动规范,浑然一体,不分形式和内容。到了春秋人们开始把礼分为礼之仪和礼之质。所谓仪,指的是外在的行动规范,又可称之为形式;质则指内容和精神。鲁昭公到晋国,彬彬有礼,晋侯对女叔齐说,我听人讲鲁君不知礼,我看不是这样。女叔齐对曰:"是仪也,不可谓礼。礼所以守其国,行其政令,无失其民者也。今政令在家,不能取也。"礼之本在于政权,鲁昭公把权都丧失了,只注意琐琐碎碎的形式,怎么能谈得上知礼?女叔齐认为权柄是礼之本,揖让之类是礼之末。一次赵简子问郑子大叔"揖让周旋之礼"。郑子大叔对曰:"是仪也,非礼也。"孔子把礼分为"文"与"质"。《礼记》把礼的形式称之为礼之"数"或礼之"文",把礼的精神称之为礼之"义"或礼之"本"。精神重于形式,"礼之所尊,尊其义也"。礼的外在的形式与本质虽有所差别,但又互相依存,礼可包含仪,仪则不一定体现礼的本质,如孔子所言:"礼云礼云,玉帛云乎哉?乐云乐云,钟鼓云乎哉?"但可通称为礼仪。

礼仪的精神内核是尊君抑臣和等级秩序。这点早就有人论述过。如春秋时期晋随武子说:"其君之举也,内姓选于亲,外姓选于旧,举不失德,赏不失劳,老有加惠,旅有施舍,君子小人,物有服章,贵有常尊,贱有等威,礼之不逆也。"北宫父子说,礼仪之本在于区分"君臣、上下、父子、兄弟、内外、大小"。时代虽然在变,君臣、上下、贵贱有沉有浮,但君臣、上下、贵贱秩序依旧存在。儒家基于贵贱等级的事实,认定礼的精神实质就是"分""别""辨"等。荀子提出,人与动物差别之一在于人能"群",人之所以能群,又在于有"分"。《荀子·王制》说:"人何以能群?曰分。分何以能行?曰义。"又说:"先王恶其乱,故制礼义以分之。"《礼记》把问题说得更加明确,《坊记》说:"夫礼,坊民所淫,章民之别……"《乐记》说:"礼义立,则贵贱等矣。"《史记·书一》对礼仪的历史有个简练的概括:"至秦有天下,悉内六国礼仪,采择其善,虽不合圣制,其尊君抑臣,朝廷济济,依古以来。至于高祖,光有四海,叔孙通颇有所增益减损,大抵皆袭秦故。"尊君抑臣,上下有等一直是礼仪的核心,直到清代,康熙说:"礼乐何始乎?始于天地,而通于阴阳。何者?天位乎上,地位乎下,万物中处,尊卑灿列,而礼以行。"雍正上谕:"《周礼》一书,上下有等,财用有度,所以防僭越、禁骄奢也。"

礼仪主"分",通过"分"使每个人各就各位,各奉其事,各尽其职。君主则握"分"之枢要,掌"分"之权柄,即"礼乐征伐自天子出"。

每一个专制王朝,都通过礼仪规范把社会上所有的人分纳入等级序列,对每一个家族、每一个成员的基本社会生活内容都有大致相应的规定,从政治特权到产业规模,从婚丧嫁娶到衣食住行,从本人到子孙后世,人们在礼仪规范下过着等级化的生活。

等级划分是非常细密的,等级制度的价值,就在于以律法形式肯定特权。隋唐以后,与高度中央集权的官僚政治体制相应的,是一套严格的官僚等级制度。官僚有表示实际行政职务级别的品和阶,有表示身份地位和功勋等级的爵和勋,还有没有实际职务而徒属荣誉性质的各种散官称号。此外,在服装、住宅、乘舆、称呼、礼节,全有繁密的等级规定。就以官服来说吧,各个不同级别的官员所穿的官服,无论质地、颜色、样式,还是刺绣的图案和佩饰,都必须与他的官阶一一相符。所以"见其服而知贵贱,望其章而知其势",让人一看就能鲜明地知道他们各自权势地位的高下。例如颜色上,紫、红、绿、青,只能是不同等级的贵族官僚才能使用,庶民只能用白、黑等色。所以俗语说的"不分青红皂白",就是说连尊卑上下的规矩都分不清。各级官员住宅的称谓,房舍的间架、式样和装饰,都有着严格的分别。帝王所居称宫殿,王公所居称府邸,官僚所居称宅第,百姓所居称家。明代,一二品官员厅堂五间九架,正门三间五架;三至五品官员厅堂五间七架,正门三间三架;六至九品官员厅堂三间七架,正门一间二架;庶民百姓堂屋不得超过三间。庶民百姓即使很富有,可以修建几十所房子,但每所不得超过三间,违反规定的一般都有高大的围墙遮掩。出行的车马乘舆都有明确、具体的规定。

《明大诰》续编云:"一切臣民所用居处、器皿、服色、首饰之类,勿得僭分。敢有违者:用银而用金,本用布、绢而用绫、锦、丝、纱、罗,房舍栋梁不应彩色而彩色、不应金饰而金饰,民之寝床、船只不应彩色而彩色、不应金饰而金饰,民床毋敢有暖阁而雕镂者,违诰而违之,事发到官,工技之人与物主,各个坐以重罪。"一切生活用品,有一样违背了规定,不仅本人坐罪,而且为他们制造用品的工匠技艺之人也要连同坐罪。

在礼仪制度中,官和官不同,民和官更不同,民和民也不同。尽管民众既无待遇,也谈不上享受,但他们仍然被分成了若干个等级。在历代的律令中,民众一般被分为两大类,一类称为良民,一类称为贱民。良民或称齐民,包括一切正式编入国家户籍的平民,所以又称编户齐民。清代的平民按照社会职业分入四种户籍:民籍、军籍、商籍、灶籍。"四民皆良",这是清代的法律规定。贱民主要包括官私奴婢、倡优皂隶,另外还有某一时代某一地域的某种特殊人口,如清初山西、陕西的乐户,徽州的佃仆,江南的丐户,浙江的惰民等等。这样,良民与良民之间,良民与贱民之间,又都造成了差别。例如民、军、商、灶四民本是社会职业的不同,但社会身份地位也就因此呈现出了显著的差异。至于良人中有因各种情况丧失了独立谋生手段的,则社会地位更为悬殊。

"天有十日,人有十等",是我国延续了几千年的等级社会的写照,这一切都体现在礼制中。

中国自有文字记载以来就是一个等级的社会。虽然说等级制度曾经是人类历史进程中普遍存在过的现象,但是这一制度在我国所得到的高度发展和完善,它对人生道路、社会面貌影响的深刻和广泛,以及它持续时间的久远,却显得特别的突出和鲜明。

"分"是礼仪的主导,但是光讲分,势必对立昭然,反而不利于分。在实际的经验中又总结出用德、仁、和来调和,形成一种阴阳组合结构。应该说德、仁、和等观念同"分"一样古老。殷周时期德的观念就是后来仁、和思想的先导。仁、和是随着春秋战国社会的大变动,上下、贵贱的交流,下层群众的作用日益显得强大而提出来的。春秋时期已广泛使用仁、和等以调和上下贵贱之间关系的思想。

仁这个观念在春秋已广泛使用,仁与礼是一件事的两个方面,礼是社会秩序的规定,仁是对礼的顺从与调和。孔子在评价楚灵王闻《祈招》诗而不能自我克制,最后被人杀死时,引用了一句成语:"古也有《志》:'克己复礼,仁也。'"把礼作为仁的客观标志是当时较为流行的观点。

礼的主旨之一是"亲亲",因此亲亲为仁:"为仁者,爱亲之谓仁。"

利国、利众、保民亦为仁。《国语·晋语一》说:"为国者,利国之谓仁。"《国语·周语中》又说:"夫义,所以生利也;祥,所以事神也;仁,所以保民也。……不仁则民不至。"仁是利民政策的指导原则。这一思想可谓具有划时代的意义。

让贤也属仁。"宋公疾,太子兹父固请曰:'目夷(子鱼)长且仁,君其立之!'公命子鱼。子鱼辞,曰:'能以国让,仁孰大焉?臣不及也。'"目夷为兹父的庶兄，双方都把仁置于君位之上，尚贤重于传嫡。

杀无道之君，立有道也属仁。有一种观点认为，如果君主的政治不利于"国"，不利于统治的稳定即属不仁。晋惠公被秦俘，秦大夫合议是杀了他、驱逐他还是让他回去，这三条究竟哪条有利？子縶主张杀，公孙枝认为杀了影响不好，子縶辩驳道："吾岂将徒杀之？吾将以公子重耳代之。晋君之无道莫不闻，公子重耳之仁莫不知。战胜大国，武也。杀无道而立有道，仁也。"公孙枝从亲亲观点出发，认为这样不妥："杀其弟而立其兄，兄德我而忘其亲，不可谓仁。"子縶与公孙枝对仁各有不同的理解。公孙枝强调亲亲，子縶强调有道。很明显，子縶把道和仁置于君主个人之上是政治思想的一大进步。

仁还表现在爱人。周单襄公："爱人能仁，利制能义。"从时代看，"爱人"的提出是对亲亲的否定，是统治者争取民众在道德观念上的表现。《国语·晋语四》提出："欲人之爱己，必先爱人。欲之从己也，必先从人。无德于人而求用于人，罪也。"这里虽然没有说爱与仁的关系，有意思的是，爱是一种交换，而不是单向付出。

上述关于仁的种种观念，经孔子继承、整合而成为他的理论体系的中心范畴，仁与礼形成表里关系，正如他所说："人而不仁如礼何，人而不仁如乐何？"历史的经验证明，强调分贵贱，固然分明，可是结果却是对立。贵者少而贱者多，光讲贵贱之分反而不利于维护贵贱上下之别，需要在"分"之间增加一种黏合剂。西周的统治者提出"亲民""惠民""利民""恤民"等等，其目的都在求得缓和贵贱之间的矛盾。孔子的仁学便是这股思潮发展的结果和升华。

"仁"强调的是一种精神，"和"则是设法在分之间求得协调和互相补充，主要讲一种状态。"和"作为一个政治和哲学概念最早是由周太史伯提出来的。"和五味以调口，和六律以聪耳"，用于政治，是说君臣上下之间则要互相配合补充。事隔一百年以后，齐国的晏婴也提倡君臣之间要以"和"相待。"君所谓可而有否焉，臣献其否以成其可；君所谓否而有可焉，臣献其可以去其否"。孔子的弟子有子明确地提出"礼之用，和为贵"。"和"对于"分"是一种制约和补充，但又要以礼"节之"。

为了求得"和"，要善于把握"中"。《中庸》说："执其两端，用其中于民。"能做到"允执其中"，就进入了理想之境。《中庸》说："中也者，天下之大本也。""中"并不是一个介于双方的第三者，而是指对立双方的联结点或关节点。

"中"要求双方都要向对方靠拢，以求对立双方的平衡。比如儒家提出的富民足君就是很典型的事例。"中"同样是一种状态，要使两头却要过得去。根据分的原则，高贵者要有威严，可是威严又容易引起对立，于是儒家一再强调要威而不猛，礼之分也要求适"中"。正如《礼记·仲尼燕居》所说："礼乎礼，夫礼所以制中也。"中与和相近，所以又称为"中和"。

为了处理好分，还有让，早在孔子之前就有人说："让，礼之主也。"恕与让相近，又有人说"恕而行之，德之则也，礼之经也"。孔子继之，并加以发展，他说："能以礼让为国乎？何有？不能以礼让为国，如礼何？"让才能和，和而后安。礼让之意由此而来。

综上所述，"分"是礼的主体和主旨，仁、和，以及中、让则是"分"的补充和胶合剂，两方面是一种阴阳组合结构，在传统的礼仪中是不能分开的。如果把"分"与"仁""和"统一起来，那将是一种非常美妙的境况，"君君、臣臣、父父、子子、兄兄、弟弟、农农、工工、商商"，安然有序。"或禄天下不自以为多，或监门乡旅，抱关击柝而不以为寡"，每人的地位高下虽然悬殊，却都以悬殊为安，不怨天不尤人，心满意足。"富贵而知好礼则不骄不淫，贫贱而知好礼则志不慑（畏怯）"，各处其位，各安其位。

前引无限高扬礼仪者之论，把礼的主体"抽空"，抽象地说礼是倡导人人平等，或把礼简化为人与人平等的礼貌，这不仅是片面问题，而是颠倒了历史事实。其实不同等级之间的礼貌是决然不同的，且看孔老夫子在各种场合的礼相："朝，与下大夫言，侃侃如也；与上大夫言，誾誾如也。君在，踧踖如也。与与如也。""入公门，鞠躬如也，如不容。立不中门，行不履阈。过位，色勃如也，足躩如也，其言似不足者。摄齐升堂，鞠躬如也，屏气似不息者。"这能是人人平等吗？汉代大儒叔孙通为刘邦制定了"朝仪"，所有臣子都跪拜在刘邦的脚下，山呼"万岁"，这是平等的礼貌吗？"高祖朝，太公（刘邦之父）拥彗，迎门却行。高祖大惊，下扶太公。太公曰：'帝，人主也，奈何以我乱天下法！'于是高祖乃尊太公为太上皇。""天下法"是什么？是平等吗？总之，主仆之间能是平等的礼尚往来吗？

传统的礼仪是贵贱等级不平等的体现，是主奴关系的外化。一些人提倡当今应该建立一套礼仪，这是很好的想法，现在要创建的礼仪必须是以公民人格平等为前提。对传统礼仪用"抽象继承法"，固然有可借鉴之处，但不能把传统礼仪说的那么美，这反而不利于创建新的礼仪。

现在有不少地方由行政介入，举办各种祭祀，由政府官员主办、主祭，恢复陈腐的礼仪，"为民做则"，实在有悖时代精神；如果是民间爱好者自筹、自办，当然可以自理、自由！

原载《中华读书报》，2016 年 3 月 16 日，第 13 版

先秦法家人性好利说与社会转型（上）

　　先秦诸子对社会问题认识的切入点多半以他们的人性说作为理论的起点。人性学说的兴起，冲破了殷周神学的统治，"人"成了思想家们讨论的核心议题。各派通过对人性的研究，深入地解剖了人的本质以及这种本质的各种表现形式和互相关系等。

　　"人"是一个类概念，不分阶级、等级、身份、职业、族别，凡具有人之形貌者，均称之为"人"。那种认为"人"指统治者或者孔子的"仁"才发现了"人"的说法，是与历史事实相悖谬的。

人性好利说是普遍社会关系的一种直白

　　在中国历史上，人的自我类本质的认识发端于春秋时代，当时使用的主要概念是人"性""情""欲"，间或用"人道"。在此之前，"性"（亦作生。先秦典籍中生、性常通用或互训）字虽散见于《尚书》《诗经》之中，但未提出"人性"这一概念。最早提出这个概念并加以解释的是单襄公。他说："夫人性，陵上者也，不可盖也。求盖人，其抑下滋甚，故圣人贵让。且谚曰：'兽恶其网，民恶其上。'《书》曰：'民可近也，而不可上也。'……是以圣人知民之不可加也。"这里，单襄公把反对欺压看作是人的本性。类似的看法还有齐晏婴说的："凡有血气，皆有争心。故利不可强，思义为愈。"晏婴认为，争是人的本性，如果任其发展，就会生祸，所以应该用义来抑制。春秋时代，人们已经从各个方面来探讨人性问题。有人把求富看作是人的本性，如齐子尾说："富，人之所欲也。"王孙雒说："民之恶死而欲贵富以长没也，与我同。"还有人认为人所共有的感情就是人性，如晋尹铎说："思乐而喜，思难而惧，人之道也。"也有人认为人性就是各种自然现象通过人的感官而产生的欲望，如《左传》昭公二十年所记述的郑子产的"六志"生于"六气"说。

　　以上事实说明，春秋时期，人们已经在探索人的普遍的共同的本质。

过去学术界对《左传》《国语》中有关人性的论述不予重视，或因《左传》《国语》成书年代较晚而怀疑其真实性。事实上，《左传》《国语》中记述的历史事件、人物与典章制度等，史家多是以信史来看待的。况且越来越多的考古材料证实了《左传》《国语》基本上是可信的。所以我认为，《左传》《国语》中关于春秋时期人性的记载，是无可怀疑的。

那么为什么人性问题会在春秋时期提出来呢？春秋时期是一个大变动的时期，社会变动几乎把各层次的人都卷进去了。如同市场上能显示商品的价值一样，历史的变动把人的本来被掩盖着的价值也暴露出来了，特别是在阶级斗争中表现尤为明显。这里说的"阶级"是一个多层次的概念，既包括统治者与被统治者、剥削者与被剥削者之间的矛盾冲突，也包括不同利益集团之间的矛盾冲突。在当时的矛盾冲突中，天子、诸侯、卿大夫、士，为了争夺权力、土地和人口，展开了激烈的搏斗。在斗争中胜者为侯败者贼，真是升降沉浮，残酷无情。为了争夺这些东西，许多人置君臣、父子之义于不顾，杀君杀父者层出不穷。人们逐渐从西周传统的等级观念中挣脱出来，僭越行为，特别是大夫专权、陪臣执国命等，许多人已不再看作是大逆不道的事，而且往往成为一些人冲破等级束缚所效法的榜样。过去衡量人们价值的标准是血缘关系和等级地位，现在人们普遍呼吁要把"贤能"作为衡量人们的价值的尺度，财产与权力应作为对贤能的补偿。早在鲁庄公十年，曹刿就说过"肉食者鄙"的话。这话固然是揭露权贵们的无能，但更重要的是应把它看作是人的价值观的革命。

在这场运动中，被压迫与被剥削者的伟大力量显示得更加充分。春秋时代，已是"君子称其功以加（训陵、诬）小人，小人伐其技以冯（亦陵也）君子，是以上下无礼，乱虐并生"。民"不服""不敬"其上，以及"民散""民叛""民溃""民不尽力于公田""民为盗贼"等举动震荡了整个社会，使统治者惊惶不已。许多统治者因得不到"民"的支持或因"民"的反抗而垮台，而另一些聪明的统治者则因善于争取民众而崛起。就实而论，对于"民"之个体，当时的统治者未必放在眼里，但对"民"的集团性行动和趋向就不得不刮目相看。这集中表现在人们对"民"的总体价值观念的新认识中。这种新认识的主要特点就是统治者在社会动乱面前由诅咒民众变为反省自咎和乞求民援。这方面的典型言论颇多，如臧文仲闻楚灭六、蓼后说："德之不建，民之无援，哀哉！"梁国因民溃被秦灭亡，楚沈尹戍在总结历史经验时说："民弃其上，不亡何待？"陈国的逢滑对陈怀公说："臣闻国之兴也，视民如伤，是其福也。其亡也，以民为土芥，是其祸也。"宋国的乐祁在评论鲁国的政局时也说："无民而能逞其志者,未之有也。"

这个时期,那些面对现实的人对"民"的历史作用得出了大致相同的看法,即民的向背决定着为政者的盛衰兴亡和统治者的命运。历史的事实就是这样:人们特别是下层人们的反叛越突出、越多样化和越纷乱,统治者的统治就越困难,也就迫使他们不得不急切地去探索人的共同的本性,因为只有把握了共性,才可能指导个性,让个性为我所用。春秋时期的政治家与思想家之所以去积极地探讨人性,其目的就在于此。

春秋时期有关人性的论述,多把人性归之于感官欲与实际的物质利益欲,这虽然是朴素的,但却有着相当的深刻性和现实性。这种认识归结为一个字就是"利",包括"富""乐""贵"等。持这种观点的政治家与政治思想家认为,统治者的实际政策应当照顾和满足人的这种要求。由此他们提出了"利民""惠民""抚民""安民"等主张。他们认为不这样做就是违反人性。如师旷批评晋君时就说:"今宫室崇侈,民力凋尽,怨讟并作,莫保其性。"

照顾民性的思想虽然在殷周时代有过萌芽,但当时是作为天意的指示器来论述的,而不是从人的自身中引申出来的。春秋时期"利民"思想的主要依据则是从人的自身利益得出来的。这两者在思想体系上迥然不同,后者在人类认识史上具有革命的意义。在人性提出之前,人的一切都要从天那里寻求原因和根据,而人性的提出则改变了这种认识路线,认为人事问题应从人自身中去寻找。所以人性与神性是对立的,人性又是在批判神性中发展起来的。

进入诸子争鸣时期,哲人们对人性问题展开热烈的争论,有性相近、性善、性恶、善恶兼具、性自然说等,而法家则主张人性好利。

慎到说:"人莫不自为也。"从《慎子》及其《佚文》看,"自为"就是为自己,为利。《商君书》的作者认定现实人的本性就是好利。《算地》说:"民之性,饥而求食,劳而求佚,苦则索乐,辱则求荣,此民之情也。"作者从人的生理和生存需求探求人的本性。文中又说:"民之生(性),度而取长,称而取重,权而索利。""民生则计利,死则虑名。"人们的一切社会活动都是为了追逐名利,"名利之所凑,则民道之"。哪里有名利,人们就向哪里奔跑。《赏刑》篇说得更干脆、简明:"民之欲富贵也,共阖(借为盖)棺而后止。"只有到进棺材之时,才会停止对名利的追求。《管子》中的法家有关人性的论述也可归结为两个字,即"好利"。"利"表现为生死、衣食、荣辱等方面。《形势解》说:"民之情莫不欲生而恶死,莫不欲利而恶害。"《禁藏》说:"凡人之情,见利莫能勿就,见害莫能勿避。"《七臣七主》说："死与不食者，天下之所共恶也。"好利之性，人皆有之，不论贵贱、贫富皆同，《禁藏》说："凡人之情得所欲则乐，逢所恶则忧。此贵贱之所同有也。"人情好利，一方面是指人的生理需要，如衣食；另一方面又包括人的社会性，如尊贵荣辱。韩非认为人性好利首先基于人的本能需要，《解老》说："以肠胃为根本，不食则不能活，是以不免于欲利之心。"

"利"是普遍的社会关系

上下关系的核心是利，《管子·形势解》说："贵富尊显，民归乐之，人主莫不欲也。""民利之则来，害之则去。民之从利也，如水之走下。"《商君书》的作者详细分析了人们追求名利的具体内容。泛而言之是爵禄，具体而论便是土地与住宅。《探民》说："意民之情，其所欲者田宅也。"

血缘亲属关系固然是爱，《韩非子·八说》云："子母之性，爱也。"《五蠹》说："今先王之爱民，不过父母之爱子。"但法家又认为"利"又常常超越"爱"，"家富则疏族聚，家贫则兄弟离，非不相爱，利不足相容也"。人们都说父母与子女之间最亲近，恩恩爱爱，血肉之情，不可言以利。然而在韩非看来，父子之间也是计利而行的。你看，"父母之于子也，产男则相贺，产女则杀之"。同出父母之怀，为什么一贺一杀呢？原因就在于"虑其后便，计之长利也"。"人为婴儿也，父母养之简，子长而怨。子盛壮成人，其供养薄，父母怒而诮之。子、父，至亲也，而或谯、或怨者，皆挟相为而不周于为己也。"儿子长大成人，计较利害之心愈盛，"千金之家，其子不仁，人之急利甚也"。父母子女之间"皆挟自为之心"，"犹用计算之心以相待也，而况无父了之泽乎！"韩非的这种说法太刻薄，刺伤了人们的情感，常被斥之为伤害了人的伦理尊严的谬论。其实，从那个时代看，韩非的论述是相当客观的，被温情包裹的父子之间的利害关系，由韩非彻底揭示出来了。没有极大的理论勇气是做不到这一点的。

职业的本质是利，慎到说："匠人成棺，不憎人死；利之所在，忘其丑也。"不要用某种道德观念衡量人，应该用利去解释人们的行为。"医善吮人之伤，含人之血"，绝不是医生心地善良，那是为了求利。制造车的希望人富贵，制造棺材的希望有人死，绝不是前者心善，后者心恶，同样是由利益决定的。人不富无人买车，人不死棺则不售。

儒家说，君臣之间以礼义忠信相待；法家则相对，既然在最亲密的关系中都是以利为纽结,切莫相信儒家之言,君臣关系也是一个利字,韩非在中国史上第一次提出君臣之间是买卖关系。像《难一》所说:"臣尽死力以与君市,君垂爵禄以与臣市。君臣之际,非父子之亲也,计数之所出也。"有时说得更深切,那就是虎狼关系。

利可以使人变成懦夫,但更能驱使人变成猛士。"鳝似蛇,蚕似蠋,人见蛇则惊骇,见蠋则毛起。然而妇人拾蚕,渔者握鳝,利之所在,则忘其所恶,皆为孟贲。"

韩非还认为,同样,也不要相信有什么超脱利益的君子,"夫陈轻货于幽隐,虽曾、史可疑也;悬百金于市,虽大盗不取也"。不要用道德论人,而应以利害察人。

把人的本性归之于"好利",在当时是对人的本质的深刻认识,也最切近实际。这比把人性归之于仁义道德要深刻得多,因为它接触到了人们与社会的物质关系。

(未完待续)

原载《中国社会科学报》,2016 年 4 月 26 日,第 8 版

先秦法家人性好利说与社会转型(下)

当政者面对人性好利与社会的转型

由人性好利而得出的政治原则,就是一切政令政策要建立在物质利益的基础之上。只有物质利益才能调动臣民,并为君所用。《管子·形势解》说:"人主之所以令则行,禁则止者,必令于民之所好,而禁于民之所恶也。""法立而民乐之,令出而民衔之。法令之合于民心,如符节之相得也,则主尊显。故曰:衔令者,君之尊也。人主出言,顺于理,合于民情,则民受其辞。"《管子·明法解》说:"明主之道,立民所欲,以求其功……立民所恶,以禁其邪。"《管子·君臣上》说:"明君顺人心,安情性,而发于众心之所聚。"《管子·禁藏》说:"居民于其所乐,事之于其所利,赏之于其所善,罚之于其所恶,信之于其所余财,功之于其所无诛。"细细考察,法家并不是简单地排斥道德,只是好利与道德不在一个层面。道德必须建立在物质利益基础上,"衣食足知荣辱"。有时法家也承认人有不同的品性,《韩非子·显学》说:"夫智,性也。"《韩非子·饰邪》:"乱弱者亡,人之性也。"《商君书·画策》说:"圣人有必信之性。"《商君书·错法》说:"夫圣人之存体性,不可以易人。"

总的来说,法家认为当权者的责任不是要改造人的本性,而是应该适应人的好利本性,高明君主的妙术之一是搞好利的排列组合,用权力开通所需要的利途,堵住不需要的利途,从而使人们追逐利益的活动汇成一股合力,以利于君主或为君主所用。法家用利的观点考察人们的一切活动,所说的"以人为本"就是以利治民,也正是这个利字推动了整个社会的运转。反之,如果有人不好利,或不以利为生活之目的,法家认为这些人就无法被利用。

法家抓住人性好利这一普遍事实,也就抓住了时代的牛鼻子。法家以此为据策划变法、创建新法和制定政策,他们的目的是强化君权、赢得战争,但在客观上却促进了社会的转型,这主要表现在如下几点:

为了把农民推向耕战的轨道,抓住农民渴望田宅的大势,通过国家授田制,从而使小农经济普遍化,并成为国家的编户齐民,以便征收赋税、兵役。小农的普遍化,再加上铁器的推广,大大促进了社会生产力的提高;由于普遍实行军功爵制和推广郡县制,打破了原来的世卿世禄制,官僚制逐渐成为行政主体,并形成军功官僚地主制;由于奖励军功和谋略,争战与社会改革互相促进,最后出现了秦的大统一的政治格局;由于利途是由君主策划和制定的,君主无疑得到的利最大,王权主义变得更加强势。

这几点是荦荦大者,社会转型还表现在社会生活的许多方面,这里不能一一叙述。

迷恋儒家原汁原味的道德只能是抱残守缺

法家人性好利的观念对今天也有重要的启示(他们那一套利导、利诱、利用则另当别论)。我们应该勇于面对现实的利益是人们最为关注的这一客观事实。我们总是说"有利于"什么什么,难道不是首先讲物质利益吗?凡事衡量利弊,不是凸显利吗?大的利益问题是整个民族如何实现"小康",小康之后还有"大同"。这是一个极其复杂的历史过程,慢不得,也急不得。如何实现"小康"?首要的是发展,没有发展就无法实现利民、改善民生;如何实现发展,历史的经验告诉我们,只能靠市场化的经济来推动。市场化的内在动力主要来自人们对自身利益的追求,我们不应回避这个基本的事实。

但人们的利益是很不相同的,利益的不同引起了各式各样的问题和诸多矛盾。如何解决矛盾和问题,以我之见,主要是通过博弈和契约来取得利益的协调和相对平衡。博弈的本意是下棋,其基本含义就是在一定条件下,一个人或一个团体,都要遵守一定的规则,与对方进行攻防,从中各自取得相应结果或收益,当然也包括承担失利。简单说就是有规则的竞争、协商、"讨价还价",有时也会有激烈的争斗。契约的起源很早,各种盟誓就是,西周许多金文就是契约,《周礼》中所说的"书契""质剂""盟诅""约剂""剂信""两剂""丹图",以及"约""质""剂"等,都属于契约。诚如慎到说的"书契所以立公信也"。契约是一个很广泛的概念,现代社会,大而言之,国家行政的法规本质上应是与人民的契约。商业和人际交往的契约不胜其数,小到个人的遗嘱等。契约的重心是明确利益界限。

有些道德家鄙视利益、博弈、契约，认为是等而下之的玩意儿。这类的认识看似很高尚，其实是很狭隘的。以人民为基础的博弈和契约的普遍化是道德提升的强大动力。道德属于历史范畴，随历史的变化不断更新，有些词汇可能是传统的，但其内涵是不断更新的，没有固定不变的道德。古代儒家倡导的道德与当时社会体制是配套的，如果把古代儒家任何一项道德"原汁原味"摆出来，我敢断言，都不能适用于现代社会。一些人迷恋于儒家的"原汁原味"的道德，只能是抱残守缺而已。

　　这里说一个具体事例，许多人把假冒伪劣归咎于人们的好利，是道德的堕落引起的，其实在儒家道德官方化时代，假冒伪劣少吗？独尊儒术之后官僚的主体是儒者，翻开历史，有几个是清官？《红楼梦》中荣国府是诗书之家，可焦大却说除大门外两个石狮之外没有一个是干净的。的确，为追逐利益固然会产生假冒伪劣等等，但利益的博弈和契约的发展也可以增加诚信度。市场发展中出现的许多问题，行政处罚、提高道德自觉固然很重要，但主要是由发展市场来纠正。商业发展需要的诚信远比玄说道德更有力。市场绝对不排斥诚信，有规则的竞争反而能有效提高诚信，品牌效应就是明证；契约的普遍化和相应的法律保护更能促进诚信的实现。

　　总之，我不大认同玄言儒家的道德，传统的道德固然有许多可以借鉴的因素，"问题"意义值得珍重，但时代决定了应该让道德与时代相适应，要依据社会的新发展来创立新道德。不同于儒家道德的核心是亲亲和尊尊，现代应以人民为基础、围绕博弈和契约为主线来创建一系列的新道德。

原载《中国社会科学报》，2016 年 5 月 3 日，第 8 版

简说法家的以人为本

　　"以人为本"四个字家喻户晓,这与"民惟邦本""民为贵""民者,君之本也""闻之于政也,民无不为本也。国以为本,君以为木,吏以为本"等儒家之论是一个意思。论述儒家这种思想的文章比比皆是,囿于所见,论述法家"以人为本"的似乎很少。在此我做点简说。法家可分为两大支——秦晋法家和齐法家。这个问题另行讨论。齐法家的一个重要特征是法儒融合,齐法家明确提出"以人为本",秦晋法家也有类似观念。

　　以人为本出自《管子·霸言》篇,其文曰:"夫霸王之所始也,以人为本,本理则国固,本乱则国危;故上明则下敬,政平则人安;士教和,则兵胜敌。使能则百事理,亲仁则上不危,任贤则诸侯服。""王""霸""霸王"概念在春秋时期已提出来了,"霸王"这个词把霸与王结为一体,在《国语》《左传》均有载,战国时期"霸王"作为正面词使用的很普遍。孔、墨对"霸"基本是肯定的。孔子说:"管仲相桓公,霸诸侯,一匡天下,民到于今受其赐。微管仲,吾其被发左衽矣。岂若匹夫匹妇之为谅也,自经于沟渎,而莫之知也。"[①]在孔子眼里王与霸并没有明显的对立,霸指诸侯扮演了王的角色,稍逊一等。"霸道"起初也不是贬义词,宋襄公就力图行"霸道",魏文侯也求"霸道"。其后王与霸分化为不同的政治路线,商鞅游说秦孝公就明确分出帝道、王道与霸道,秦孝公选择了切近现实的霸道。《商君书》也论及王、霸有区分,《更法》中说:"三代不同礼而王,五霸不同法而霸。"王道行礼,霸是行法,但《慎法》篇又称"霸王之道"。到了孟子把王与霸视为对立的政治路线。孟子认为霸是对王的破坏与否定。"五霸者,三王之罪人也。"[②]所谓王道,也就是他的仁政理论与政策;所谓霸道,就是"以

---

　　① 《论语·宪问》。
　　② 《孟子·告子下》。

力服人"①。"以力假仁者霸。"②霸道讲仁义是为了做招牌和旗帜以骗人。孟子所说的"霸"应该说就是他斥责的辟草莱、尚耕战、主张"气力"的法家。孟子倡王道,反霸道。到了董仲舒就走到极端,他说:"仲尼之门,五尺童子言羞称五伯。"③其后王霸对立遂成为儒家观念的主流,到了理学家更是全面反对霸道。

法家一直认定王与霸相通,以人为本则是霸王之道,其目的是"争人"。如何争人,《管子·正世》说:"夫争天下者,必先争人,明大数者得人,审小计者失人。得天下之众者王,得其半者霸,是故圣王卑礼以下天下之贤而王之,均分以钓天下之众而臣之。故贵为天子,富有天下,而伐不谓贪者,其大计存也。以天下之财,利天下之人,以明威之振。"《正世》的作者虽分王、霸,但两者不是对立的,而是等次关系。"争人"的要点是礼贤下士与"均分",这里说的"均分"就"以天下之财,利天下之人",这一提法可谓创见。

如何以"以天下之财,利天下之人"?这需以利为纽带,要让人民感受到获得切实的利益。所以《正世》又说:"圣人者,明于治乱之道,习于人事之终始者也。其治人民也,期于利民而止。"《形势解》说:"人主之所以令则行,禁则止者,必令于民之所好,而禁于民之所恶也。""法立而民乐之,令出而民衔之。法令之合于民心,如符节之相得也,则主尊显。故曰:衔令者,君之尊也。人主出言,顺于理,合于民情,则民受其辞。"《明法解》说:"明法之道,立民所欲,以求其功……立民所恶,以禁其邪。"《君臣上》说:"明君顺人心,安情性,而发于众心之所聚。"《禁藏》说:"居民于其所乐,事之于其所利,赏之于其所善,罚之于其所恶,信之于其所余财,功之于其所无诛。"又说:"故善者执(原为"势")利之在,而民自美安。不推而往,不引而来,不烦不扰,而民自富。"又说:"夫法之制民也……审利害之所在,民之去就。"反之,如果不考虑民利,一味刻剥,只能引起民的反逆,《权修》说:"赋敛厚,则下怨上矣。民力竭,则令不行矣。"《版法》说:"民不足,令乃辱;民苦殃,令不行。"《商君书·算地》说:"故曰名利之所凑,则民道之。""民之性,度而取长,称而取重,权而索利。明君慎观三者,则国治可立,而民能可得。"上述这些论述把道理讲得十分透彻,把握住了时代的脉搏,指出经济关系是法律政令能否实行的基础和前提,可谓最切近实

---

①②《孟子·公孙丑上》。

③《春秋繁露·身之养重于义》。

100

际的理性认识。

说到利,其中最重要的是赋役问题。赋役轻重是政治中的关节点,此前的史籍已经反复论述过。但法家十分明确地提出"度量"概念,并且用"度量"关系去分析和说明政治的治乱,这在中国政治思想史上要首推《管子》中的诸位法家作者。作者认为度量线取决于两个因素:一个是统治者的欲望,一个是民力的实际。作者们特别指出,向民索取赋税徭役的数量在很大程度上取决于上之欲望,《法法》说:"君有三欲于民……三欲者何也?一曰求,二曰禁,三曰令。""求必欲得,禁必欲止,令必欲行。"而人君之欲从本质上看是无底洞的,"人君之欲无穷"①。君主之求无限,然而民力是有限的,"地之生财有时,民之用力有倦"②。于是,君主无限之欲与民有限之力便发生了矛盾。根据实际的经验,多欲未必能满足,而且未必能多得,竭泽而渔则无鱼。《韩非子·难一》说:"焚林而田,偷取多兽,后必无兽。"所以《管子·法法》说:"未有能多求而多得者也,未有能多禁而多止者也,未有能多令而多行者也。"君主的欲望应该是建立在民力实际可能的基础上,《形势解》说得很透彻,"造父,善驭马者也,善视其马,节其饮食,度量马力,审其足走。故能取远道而马不罢。明主犹造父也,善治其民,度量其力,审其技能,故立功而民不困伤。"又说:"明主度量人力之所能为而后使焉。故令于人之所能为,则令行。"韩非也说:"臣明先生之言矣。夫治天下之柄,齐民萌之度,甚未易处也。然所以废先王之教,而行贱臣之所取者,窃以为立法术,设度数,所以利民萌便众庶之道也。"③韩非在中国历史上第一次提出了"论其税赋以均贫富"④。《正世》篇和韩非都把"度""度量"称之为"齐","齐"指既不能"急",也不能"缓",要适中。这与孔子所说的:"因民之所利而利之,斯不亦惠而不费乎?择可劳而劳之,又谁怨?欲仁而得仁,又焉贪?"⑤其意思基本相同。

法家的以人为本也倡言爱民,《管子·权修》篇提出对民要"厚爱利"。《版法解》从"兼爱"出发,提出对民要"便其势""利其备""爱其力""勿夺其时以利之"。又说:"度恕而行也。度恕者,度之于己也。己之所不安,勿施于人。"

---

① ②《管子·权修》。

③《韩非子·问田》。

④《韩非子·六反》。

⑤《论语·尧曰》。

"能以所不利利人。"《小问》中也提了类似的见解。从语言上看,显然是受了儒墨的影响,有法、儒、墨合流趋势。但也有不同的看法,《立政九败解》对"兼爱"进行了猛烈的抨击,认为是九败之一。

与上述看法有差别的是,一些法家提出,爱民要通过法制,《商君书·更法》说:"法者,所以爱民也;礼者,所以便事也。是以圣人苟可以强国,不法其故;苟可以利民,不循其礼。"《说民》具体得说,要以爵位来爱民:"爵尊,上爱民"。儒家把官吏视为民之父母,《管子·法法》却说:"法者,民之父母也。"强调法高于官吏。

在法家中有些人认为严刑峻法也是为了爱民,《韩非子·心度》说:"圣人之治民,度于本,不从其欲,期于利民而已。故其与之刑,非所以恶民,爱之本也。刑胜而民静,赏繁而奸生,故治民者,刑胜,治之首也;赏繁,乱之本也。夫民之性,喜其乱而不亲其法。故明主之治国也,明赏则民劝功,严刑则民亲法。"

爱民、利民、惠民、富民是一种普遍的价值认定,儒家、法家应该说都主张爱民、利民、富民。法家认为要以法爱民,儒家认为要以德爱民,其他诸子各有不同的爱民途路。不管是以德爱民或以法爱民或其他方式的爱民,在我看来都在人治范围之内。不过在当时两者是有争论的。儒家以德治国不用说是人治,法家则予以反对,例如慎到明确反对"身治"即人治。慎到指出"身治"有两大弊端:第一,"身治"无一定标准,随心而定。"君人者,舍法而以身治,则诛赏予夺,从君心出矣"。君主以自己的主观好恶进行赏罚予夺,臣属也必将从自己的主观喜恶相对待。君心与臣心相抵牾,结果"受赏者虽当,望多无穷;受罚者虽当,望轻无已"。而且心机易变,只要一转念,对事情的处理便会差之千里。"君舍法而以心裁轻重,则同功殊赏,同罪殊罚矣"。赏罚不公,"怨之所由生也"[1]。第二,人治使"国家之政要在一人之心矣"[2]。事情千头万绪,一个人无论多么高明,他的认识能力也是有限的。"一人之识识天下,谁子之识能足焉?"[3]慎到从个人知识的有限性论证了把国家政要系于一人之心是危险的,实在是超群卓识。慎到认为人治不足以治国。治国之道在于实行法治(也称

---

① 《慎子·君人》。

② 《慎子·威德》。

③ 《慎子·佚文》。

102

"法制"),"唯法所在"①,"事断于法,是国之大道也"②。慎到对立法的原则、法的目的、法的职能、执法原则以及如何处理守法、变法等问题,都做了简要而明确的论述。所有的法家从言辞上多数反对人治,主张凡事都要依法行事,一断于法,君主也不例外。《管子·七臣七主》说:"上亦法,臣亦法,法断名决,无诽誉。故君法则主安位,臣法则货赂止,而民无奸。"又说:"法令者,君臣之所共守也"。《任法》中说:"君臣上下,贵贱皆从法,此谓大治。"君主的命令是行使权力的表现,应以法为准。命令与法律的关系,法应高于命令。《君臣上》说:"君据法而出令,有司奉命而行事。百姓顺上而成俗。""为人君者,不多听,据法倚数以观得失。无法之言,不听于耳;无法之劳,不图于功;无劳之亲,不任于官;官不私亲,法不遗爱。上下无事,唯法所在。"③把法作为察言、观行、考功、任事的准绳。法家从不同方面说明了法是固定化的程序、仪表,是从个别事物中抽象出来的有关事物的一般和普遍的规定,因此法又称之为事之"常"。④强调事物的一般性,首先是因为事物的个性复杂化与多样化引起的。面对复杂化、多样化的个性,如果不从中抽出一般性,就找不到个性之间的联系,如果抓住了一般性就能牵动每个具体事物。事物的个性与一般性虽然都是客观的存在,但对人的认识而言,个性是可以通过人的感觉体察到的,而一般性则只有通过抽象思维才能发现。法家把法视为事物的一般性,反映了对社会现象的理性认识发展到一个新阶段。

于是有人说法家具有法律面前人人平等的意义。其实,这些人只看到这一方面的论述。法家还有很多君主高于法的论述,《管子·君臣上》说:"主画之,相守之;相画之,官守之;官画之,民役之。""上之人明其道,下之人守其职,上下之分不同任而复合为一体。""岁一言者,君也;时省者,相也;月稽者,官也;务四支之力、修耕农之业以待令者,庶人也。"君主是"生法者",所以从根本上说,法家说的法治归根仍然是人治,正如杜周所说:"三尺安出哉?前主所是著为律,后主所是疏为令,当时为是,何古之法乎!"⑤法家所认定的是等级法,因此没有在法律面前人人平等的意义。

至于以德治国与依法治国哪种方式更有效,从理论推导,以法爱民优于以

①《慎子·君臣》。
②《慎子·佚文》。
③《慎子·君臣》。
④参见《管子·法法》。
⑤《史记·酷吏列传》。

德爱民。但实际上很难分优劣，只能依据实践的具体情况进行判断。商鞅变法遭到上上下下反对，但实行十年，"秦民大悦"。荀子到秦国进行考察后也多有赞美之词。韩非说："国无常强，无常弱。奉法者强则国强，奉法者弱则国弱。"①又说："夫慕仁义而弱乱者，三晋也；不慕而治强者，秦也；然而未帝者，治未毕也。"②慕仁义无疑指儒家。韩非说的是否准确，有待进一步考证，就韩非的眼力看，他说的可能接近实际。一个国家想长时期维持强盛，如果老百姓处于水深火热之中，似乎也难。由此推论，秦国长期奉行法治，老百姓的生活不会比东方六国更坏。秦国实现了一统，但恰恰又遭到速亡，这应该是人治的问题，如章太炎说的，秦不是亡于制而是亡于政。所以汉取得天下后在制度上大体承秦制，法家主张严格执法，甚至主张严刑峻法，但也并不简单否定调和。

《韩非子·八经》中提出："是故上下贵贱相畏以法，相诲以和。民之性，有生之实，有生之名。为君者有贤知之名，有赏罚之实。名实俱至，故福善必闻矣。"

《管子·乘马》说："地者，政之本也。朝者，义之理也。市者，货之准也.黄金者，用之量也。诸侯之地，千乘之国者，器之制也。五者其理可知也，为之有道。地者政之本也，是故地可以正政也，地不平均和调，则政不可正也；政不正，则事不可理也。""相诲以和""平均和调"应该说与孔子说的"均无贫"、中庸大体相近。

但无论从哪个角度说，法家的以人为本的根本目的是为了"用民"，《管子·法法》说："计上之所以爱民者，为用之爱也。"《商君书·算地》说得更直白："夫治国者能尽地力而致民死者，名与利交至。"上之所以讲爱民、利民等等不过是手段，目的在于用民。法家是"力"的讴歌者，当时是拼"力"的时代。《商君书·慎法》篇说，一个国家有成千上万辆的兵车，这样的国家即使像夏桀那样的君主，也不会向敌人屈服，不会说半句软话。反之，一个国家进不能攻，退不能守，即使有尧那样的贤圣君主，也不能不屈服于强国，"自此观之，国之所以重，主之所以尊者，力也"。力量不是从天上掉下来的，而是藏于民。《靳令》说："圣君之治人也，必得其心，故能用力。"《靳令》篇还提出了这样一个问题：力量和仁义是一种什么关系？按照儒家的说法，力量来源于道德仁义，特别是孟子讲得最多。《靳令》的作者作了完全相反的回答："力生强，强生威，威

① 《韩非子·有度》。
② 《韩非子·外储说左上》。

104

生德,德生于力。"一反孟子之论,强、威、德都是力量的产物。圣君只有明白了这一点,才"能述仁义于天下"。《错法》也讲到,君主用赏罚的目的就在于换取民力。而力量来自于耕战,《农战》说:"国待农战而安,主待农战而尊。"他们批评当时的一些君主,整日冥冥幻想壮大自己的力量,却找不到力量在哪里,太糊涂了。他们劝告君主,要采取一切办法,把民引到农、战轨道上来。办法的中枢是一个"利"字。正如《慎法》所说:"民之欲利者,非战不得;避害者,非战不免。"《商君书》的作者认为,力量决定着政治关系。其实孔子倡言道德也是为了使民,正如他所说:"惠则足以使人。"①在使人这点上儒法没有根本的差别,但如何使人,儒法在理论上还是有相当的不同,特别是法家有一套胜民、弱民之策,这个问题另论。

原载《中华读书报》,2016 年 5 月 4 日,第 15 版

①《论语·阳货》。

简说法家一断于法

学术界有不少人把先秦"礼"与"法"看作是两个对立的东西,"法"是对"礼"的否定。其实礼、法并不是简单对立关系。从春秋时期的材料看,两者有区别,也有统一,礼与法是相辅而行的。如周有"文王之法",楚先君文王有过"仆区之法"。晋国有"唐叔之所受法度"。晋赵盾执国政后作"夷蒐之法",其内容有"制事典,正法罪,辟狱刑,董逋逃"等,被尊为晋的"常法"。晋文公作"执秩之官,为被庐之法",孔子认为这都合乎礼。范武子(士会)出使周,周王给他讲了一套礼,他回晋之后"以修晋国之法"。晋悼公即位,再次肯定并推行"范武子之法",又"修士芳之法"。在许多情况下,法与礼是一个意思,法即礼。在《左传》《国语》中,经常可以看到先王之礼、先王之制又称之为先王之法或法度、法制等。

那么礼与法有否区分呢?有。礼主要表现为习惯与传统,而法则是有针对性的政治规定。这种规定,可以与礼一致,于是礼、法并存,并行不悖。但有时法的规定不合传统习惯,例如子产作丘赋,一些人骂他。浑罕说:"国氏其先亡乎?君子作法于凉,其敝犹贪。作法于贪,敝将若之何?"浑罕讲得很清楚,他不是反对一切"法",他只是认为"丘赋"过于贪。

礼作为习惯与传统,有着深厚的社会基础,而法则多因事而作,具有较强的时代性。因此,变法是重要的,而变礼在某种意义上更加重要,变礼比变法更难得多。到了战国时期大规模的变法与礼的因循性的矛盾更加突显,守旧者提出"利不百,不变法;功不十,不易器。""法古无过,循礼无邪。"主张变法者予以反驳:"前世不同教,何古之法?帝王不相复,何礼之循?"治国必须从现实情况出发采取对策,"治世不一道,便国不必法古"。上述争论表现了政治上的分野。其实变法并不简单排斥礼,而是提出同时要变礼。

法是社会的公器

谈起法家,一些学人常常追溯到管仲、子产,这不无道理。但战国并没有法家的称谓,先秦法家虽然没有一个明确的共同的派别概念,但表明党派的概念还是有的,他们常把自己的一派称为"法术之士""法士"以及"耕战之士"等。"法家"一词由司马谈《论六家要旨》中第一次提出。关于法家的起源问题,学界有多种说法。《汉书·艺文志》最先提出法家出于理官,即司法官。刘劭在其《人物志·流业篇》说:"建法立制,强国富人(兵),是谓法家,管仲、商鞅是也。"刘劭这一说为很多人接受。章太炎的《检论·原法》认为,"著书定律为法家"。而李悝是著书定律的第一人。我认为章太炎说的更为切合历史实际,通常说的法家是与战国的变法紧密相连的。法家发起的变法引起了社会的转型,可谓是一场革命。这个问题另述。

法家主张以法治国,法是治国的不二法门,一切一断于法,即慎子说的"事断于法,是国之大道也"。《管子·七法》说:"夫法者,上之所以一民使下也。"

法家认定法是社会公器,由此对法的定义、本质、职能等进行了深入的论述。法犹如"权衡""尺寸"一样,是衡量的标准,慎到说:"著龟所以立公识也,权衡所以立公正也,书契所以立公信也,度量所以立公审也。"权衡、度量是从具体的重量和长度中抽出来的公共标准。法制如同权衡、度量一样,是从人事中概括出来的共同准则和社会的公器。《管子》中的《心术上》属道家之作,《心术上》曾对法下过定义。其文曰:"法者,所以同出不得不然者也。""出",郭沫若解释为参差不齐。"同出",就把参差不齐的事情等齐划一。"不得不然者",指都必须按等齐划一的标准去作,强调了法的强制性。《心术上》给法下的定义加深了对法的认识。《管子》中法家给法下的定义与《心术上》基本相同。这里选几个典型的说法:

"夫法者,所以兴功惧暴也;律者,所以定分止争也;令者,所以令人知事也。法律政令者,吏民规矩绳墨也。"

"法者,天下之程序也,万事之仪表也。"

"法者,天下之仪也,所以决疑而明是非也,百姓所悬命也。"

"法者,天下之至道也。"

"规矩""绳墨""仪表"最贴切表达了法是社会的公器,是"至道",因此法必须统一而明确,这就是法家经常谈论的法要"一"、要有"恒"、要"有常"。《管子·明法解》说:"明主一度量。"《管子·任法》说:"法者不可不恒也(原无第二个'不',依郭沫若《管子集校》补)。"《管子·君臣上》说:"法制有常,则民不散而上合。"法又称为"常经",《管子·法法》说:"国无常经,民力必竭。"

法要君臣共守

法是由君主制定出来的,是"生法者",但法一旦制定出来之后,君主也必须"固守之"。《管子·法法》篇对这种二重关系作了形象的说明:"巧者能生规矩,不能废规矩而正方圆。虽圣人能生法,不能废法而立国。故虽有明智高行,倍法而治,是废规矩而正方圆也。"这段话讲得十分深刻,圣人君主可以发现治国的一般规律或一般道理,但他本人并不等于事物的一般和事物的规律;工具虽是由人造的,工具一旦被制造出来,它的作用又超过了人的能力。正是根据上述道理,治国不能靠个人,而必须靠法,靠工具,不以个人的好恶行事。

《管子·七臣七主》说:"上亦法,臣亦法,法断名决,无诽誉。故君法则主安位,臣法则货赂止,而民无奸。"又说:"法令者,君臣之所共守也。"《管子·任法》中说:"君臣上下,贵贱皆从法,此谓大治。"君主的命令与法的关系,法应高于君令。《管子·君臣上》说:"君据法而出令,有司奉命而行事。百姓顺上而成俗。"许多思想家,特别是儒家把官吏视为民之父母,《法法》却说:"法者,民之父母也。"强调法高于官吏。

为了使法得以实行,法家特别提出君主要从自身做起,以法为准,克制自己的好恶。《法法》说:"禁胜于身则令行于民矣。""明君知民之必以上为心也。故置法以自治,立仪以自正也。故上不行,则民不从彼。民不服法死制,则国必乱矣。是以有道之君,行法修制先民服也。"《任法》说:"君臣上下,贵贱皆从法。""明君置法以自治,立仪以自正。"

君主怎样才能身体力行呢?法家除了以国家危亡盛兴晓以大利外,还开了另一服药方,那就是节制喜怒,劝说君主不要以喜怒好恶用法行令,这就是所谓的"喜无以赏,怒无以杀。"法家想出了许多办法迫使臣民遵法,就此而论,可以说他们是一批发明家;但是如何使君主必须奉法,他们没有想出什么有效办法,他们又是一批低能儿。从历史时代看,是不能责难他们的。因为那个时代是君主至高无上的时代,君主有至上的权威。但是从理论上分析,不能说不是法家的缺陷。

一断于法

法家提出凡事都要以法为准,一断于法,《管子·明法》篇说:"先王之治国也,不淫意于法之外,不为惠于法之内也。动无非法者,所以禁过而外私也。"从理论上把法的权威摆到了最高地位,高于每个人,从理论上也高于君主,也高于君权,君主也不能法外行权。

法家还提出,法不同于势和术,势和术由君主独据,而法山君臣"共操"。为此,法要"明",要公之于众,使"天下之吏民无不知法者"。韩非提出"法莫如显"。"法者,编著之图籍,设之于官府,而布之于百姓者也"。由于人人知法,"吏不敢以非法遇民,民不敢犯法以干法官也"。不管是谁,虽有聪明口辩,"不能开一言以枉法,虽有千金,不能以用一铢"。官吏的首要条件是熟悉法律,如果不通法令或忘掉了,便被视为渎职。《商君书·定分》提出,官吏忘了那一条,就用那一条治他的罪。百姓问法,官吏必须如实相告,如果官吏不告诉或说错了,百姓因此而犯法,那么官吏也必须同罪。《赏刑》特别提出,执法犯法,应加重惩办,"守法守职之吏有不行王法者,罪死不赦,刑及三族"。

由于人人都知道法,遇事应该做到"里断""日断""家断"和"心断"。所谓"里断",即是说案子不出乡里便可断案。所谓"日断",指的是断案不过日。"家断",指不必告官,在家里就可以把问题弄清。"心断",指每个人都知道何谓犯法,自觉约束自己。《商君书·去强》说:"十里断者国弱,五里断者国强。"《说民》说:"日治者王。"又说:"治则家断,乱则君断,治国者贵下断。"《画策》说,每个人"不能独为非,而莫与人为非"。总之,有法之普及而后有法治。

在用刑上要遵守"刑无等级"的原则,《赏刑》说:"壹刑者,刑无等级。自卿相将军以至大夫庶人,有不从王令、犯国禁、乱上制者,罪死不赦。""壹刑"还表现在不能以功折罪,"有功于前,有败于后,不为损刑。有善于前,有过于后,不为亏法。忠臣孝子有过则以其数断"。这种说法是很有道理的。功与罪是两种不同性质的东西,难于对折。以功抵罪,法将不成其为法。

法家认为,君主的"德行""知""勇力"不一定比一般人强,照样可以治国:臣民之中,有些人虽有"圣知""勇力",却不敢与君争强,其原因就在于有法。法是治国之本,是君主的凭借。

法家劝君主奉法,从行动和制度上规定臣下必须从法。为使臣民从法,明主要"见必然之政,立必胜之罚"。对于"亏令者""益令者""不行令者""留令者""不从令者",格杀勿赦。

在法的推行过程中,要抓住"必"字,《管子·禁藏》说:"先易者后难,先难而后易,万物尽然。明王知其然,故必诛而不赦,必赏而不迁者,非喜予而乐其杀也,所以为人致利除害也。""必"从"难"始,这不仅是经验之谈,也合乎事理。《禁藏》的作者还认为,"于下无诛者,必诛者也;有诛者,不必诛者也。"这就把"诛"绝对化了,"必诛"与"无诛"虽有某种联系,但绝不是因果关系。"必诛",指行法的坚决性,"无诛"指所有的人都不再犯法,自然就消灭了诛杀之刑。然而后者不是前者的必然结果。犯法不犯法有多方面的复杂的社会原因,特别在阶级社会,存在着剥削与被剥削,压迫与被压迫的对立,在这种情况下,希冀用必诛来消灭犯法现象,根本不可能。从"必诛"推导出"无诛",只能从中引出高压的酷刑。

行法从"难"起,"难"在何处?"难"在亲近,即"亲贵""便嬖"。《管子·重令》说:"凡令之行也,必待近者之胜也,而令乃行。"这种说法很有道理,但能否实行,则另是一回事了。

为了使法获得普遍实行,还要以"公"执法,断事以"理"。《管子·版法解》说:"凡法事者,操持不可以不正,操持不正,则听治不公。听治不公,则治不尽理。""审治刑赏,必明经纪;陈义设法,断事以理;虚气平心,乃去怒喜。"《禁藏》说:"夫公之所加,罪虽重,下无怨气;私之所加,赏虽多,士不为欢。行法不道,众民不能顺,举错不当,众民不能成。""公""理"虽然被提出来了,但靠什么保证"公""理"的实现,作者们除了强调节制情感之外,没有提出任何有效的措施。"公""理"也就很难不落空或变异。

法家的法是等级法,它与遵法的一律性在理论上虽可以统一起来,但实际是矛盾的。只要是等级法,就不可能有实际的一律性,《管子·明法解》中的一段话把问题全盘指出来了。文中说:"制群臣,擅生杀,主之分也;悬令仰制,臣之分也。威势尊显,主之分也;卑贱畏敬,臣之分也。令行禁止,主之分也;奉法听从,臣之分也。"

一断于法,君主的权力也必须以法行事,任何人不得有法外之权,从抽象意义上说,这是历史上最光辉的思想,远胜于贤人政治。但实际上远不是如此,《韩非子·扬权》说得很清楚:"道不同于万物,……君不同于群臣。""道无

110

双,故曰一。是故明君贵独道之容。君臣不同道,下以名祷,君操其名,臣效其形,形名参同,上下和调也。"在法家那里不存在法律面前人人平等,而是在君主面前,人人要绝对服从君主。在法家的语境里,法绝对化与把君主绝对化构成一种组合结构(这种观念另论)。且不说其他,君主实际上就是一个自由的棋子。一盘棋,不要说有多个自由的棋子,只要有一个横冲直撞的自由棋子,这盘棋就无所谓有规矩。我们的历史有种种问题,而最为要命的就是有一个无法无天的自由的棋子,正像韩非在《定法》篇中说韩国的君主那样:"晋之故法未息,而韩之新法又生:先君之令未收,而后君之令又下。"这不是韩国的一国的情况,而是君主这个自由棋子的通例,也正如汉代杜周所说:"三尺安出哉? 前主所是著为律,后主所是疏为令,当时为是,何古之法乎!"我们传统的哲人们多数在这个自由的棋子面前停止了思考或望而却步。当然有为数不多的无君论者,也有农家的君主兼职论,还有黄宗羲的民为主君为客论,可谓思想先锋,但仔细考察,他们又没有跳出寄希望于"圣王明君"的穴窝。

原载《中华读书报》,2016 年 6 月 22 日,第 13 版

法家眼中的以人为本

"以人为本"四个字家喻户晓。在一般人的印象中,儒家论述这种思想的文章比较多,而法家的相关论述似乎很少。其实,法家思想中也有以人为本的内容。

《管子·霸言》篇曰:"夫霸王之所始也,以人为本,本治则国固,本乱则国危"。这表明,"王""霸""霸王"等概念,在春秋时期就提出来了。战国时期,"霸王"作为褒义词使用得很普遍。孔、墨对"霸"基本上是肯定的。孔子说:"管仲相桓公,霸诸侯,一匡天下,民到于今受其赐。"在孔子眼里,"王"与"霸"没有明显的对立,但"霸"指诸侯扮演了"王"的角色,比"王"稍逊一等。其后,"王"与"霸"分化为不同的政治路线。商鞅游说秦孝公,就明确分出帝道、王道与霸道,王道行礼,霸道行法。孟子把"王"与"霸"视为对立的政治路线,认为"霸"是对"王"的破坏与否定;"以力假仁者霸",即行霸道者将讲仁义作为招牌和旗帜,实质上是用武力说话。在董仲舒以后,"王"与"霸"对立成为儒家的上流观念。

法家则在很大程度上认为"王"与"霸"相通,霸王之道的目的是"争人"。《管子·正世》中说:"夫争天下者,必先争人。明大数者得人,审小计者失人。得天下之众者王,得其半者霸。"这里虽区分了"王"与"霸",但两者不是对立的,而是等次关系。"争人"需要以利为纽带,让百姓获得切实利益;反之,不考虑民利,一味盘剥,只会引起百姓的逆反。说到利,最重要的是赋役问题。法家明确提出"度量"概念,并用"度量"关系去分析和说明政治的治乱。韩非子提出"论其税赋以均贫富"。《正世》篇和韩非子都把"度""度量"称为"齐"。所谓"齐",就是既不能急,也不能缓,要适中。这与孔子所说的"因民之所利而利之,斯不亦惠而不费乎? 择可劳而劳之,又谁怨? "意思基本相同。

爱民、利民、惠民、富民,这是儒家和法家都认可的主张。法家主张凡事要依法行事、一断于法，把法作为察言、观行、考功、任事的准绳；并从不同方面说明法是固定化的程序，是从个别事物中抽象出来的关于事物的一般、普遍的规定，因此又将法称为事之"常"。同时，法家有很多关于君主高于法的论述。《管子·君臣上》说："主画之，相守之；相画之，官守之；官画之，民役之。"所以从根本上说，法家所谓法治其实是人治；法家所认定的是等级法，没有在法律面前人人平等的意义。

法家论述以人为本，根本目的是"用民"。《管子·法法》中说："计上之所以爱民者，为用之爱之也。"《商君书·算地》说得更直白："夫治国者，能尽地力而致民死者，名与利交至。"也就是说，治国者讲爱民、利民等不过是手段，目的在于用民。法家是"力"的讴歌者，当时是拼"力"的时代。一个国家进不能攻、退不能守，即使有贤明君主，也不能不屈服于强国。力量不是从天上掉下来的，而是藏于民间。君主用赏罚的目的就在于利用民力。其实孔子倡言道德，也是为了使民，正如他所说的："惠则足以使人。"在使人这点上，儒法有相通之处。我们今天讲以人为本，可以批判吸收法家爱民、利民的思想，但一定要摒弃其中包含的使民、用民的功利思想。

原载《人民日报》，2016 年 6 月 28 日，第 7 版

读史三札

  战国时士人奔走四方，朝秦暮楚，合则留，不合则去。看上去游刃有余。实际情况并非如此，李斯著名的"鼠"论颇能说明问题。李斯对比厕所与粮仓的老鼠，前者又脏又瘦，后者大而肥。他从中悟出一个道理：能受到君主的重用，就如粮仓的老鼠，否则只能如坠入厕所的老鼠。

  无独有偶，汉代东方朔也有一句名言，士人"用之则为虎，不用则为鼠"。汉代君主对士人的态度前后有一个明显的变化，这种变化用一句话来概括就是：士人由贤士、"功人"降为犬马和器具。

  汉高祖刘邦出身社会下层，在参与农民起义过程中，士人的谋划、献计定策对他的成功起了决定作用。他总结说，他之所以能夺取天下，是因为得到了张良、萧何、韩信三个士人出身的政治家的帮助，而项羽最后失败是因为有一范增而不能用。因此他在分封功臣时对参与决策谋划的士人与攻城略地的武将予以区别对待，称武将为"功狗"，称萧何等为"功人"。当然他有一条前提，即"贤士大夫有肯从我游者，吾能尊显之"。

  随着政权的巩固，大一统局面形成，君主权威迅速趋向绝对化。士人的地位开始发生变化，贾山上书文帝时说："雷霆之所击，无不摧折者；万钧之所压，无不糜灭者。"君主之威，胜过雷霆万钧，说明士人对君主已有强烈的畏惧感。至汉武帝时期，士已成为君主的掌中物，地位进一步下降。汉武帝把士人比作器具，他说："何世无才，患人主不能识之耳。苟能识之，何患无人？夫所谓才者，犹有用之器也，有才而不肯尽用，与无才同，不杀何施？"平时则把士人官僚作为狗马与倡优畜之。司马迁为太史令，在《报任安书》中也说："文史星历近乎卜祝之间，固主上所戏弄，倡优畜之，流俗之所轻也。"

  在汉代大一统专制政权的控制下，士人的出路十分狭窄，几乎都拥在入仕这一条道路上，向专制君主讨饭吃，这是士人群体地位下降的基本原因。正如东方朔所说："夫天地之大，士民之众，竭精驰说，并进辐凑者不可胜数，悉力慕之，困于衣食，或失门户。"士人别无安身立命之计，只能像被豢养的鸡鸭狗马一样拥向统治者求赏赐残羹冷炙。士人培养得多，政权使用得少，供大于求，对专制君主来说，取之不尽，用之不竭，有充分挑选的余地。西汉后期的扬雄就曾感叹："当今县令不请士，郡守不迎师，群卿不揖客，将相不俯眉；言奇者见疑，行殊者得辟，是以欲谈者宛舌而固声，欲行者拟足而投迹。"说明了士人拥挤于仕途的艰难和危险。

封建社会的历史证明，大一统政权愈巩固，士人的活动范围愈小。相反在诸侯纷争、军阀混战时，士人容易得到统治者尊重。这个道理东方朔说得很清楚，他说："彼一时也，此一时也，岂可同哉？夫苏秦、张仪之时，周室大坏，诸侯不朝，力政争权，相禽以兵……得士者强，失士者亡，故说得行焉……今则不然，圣帝流德，天下震慑，诸侯宾服。"进而说："故绥之则安，动之则苦；尊之则为将，卑之则为虏；抗之则在青云之上，抑之则在深泉之下；用之则为虎，不用则为鼠。虽欲尽节效情，安知前后？"这里尊之、卑之、抗之、抑之、用之、不用的权力全在于皇帝。

在权力掌控整个社会资源的情况下，士人的地位只能是"鼠"，因为皮之不存，毛将焉附？受到权力的重用虽能变为"虎"，但也只能是最高权力者的仆从。士人要想获得独立、自主，只有社会环境发生了基本的变化才能实现，即社会市场化成为主流，思想、文化能成为一种产品，飞黄腾达无需由权力左右和支配。

敢于突破祖宗之法

战国有两次大改革：一是商鞅变法，一是赵武灵王的"胡服骑射"。两次改革都涉及如何对待祖宗之法，并引起两场著名的辩论。商鞅变法的意义，人人皆知，无须赘述。商鞅变法之始与甘龙、杜挚等有一场辩论，文字记录见诸《商君书·更法》。

秦孝公对变法先发出疑问："今吾欲变法以治，更礼以教百姓，恐天下之议我也。"令臣下回答。

甘龙持反对意见，说："臣闻之，圣人不易民而教，知者不变法而治。因民而教者，不劳而功成；据法而治者，吏习而民安。今若变法，不循秦国之故，更礼以教民，臣恐天下之议君，愿孰察之。"

公孙鞅(商鞅)反驳道:"前世不同教,何古之法?帝王不相复,何礼之循?伏羲神农教而不诛,黄帝尧舜诛而不怒,及至文武,各当时而立法,因事而制礼。礼法以时而定,制令各顺其宜,兵甲器备各便其用。臣故曰:'治世不一道,便国不必法古。'汤武之王也,不循古而兴;殷夏之灭也,不易礼而亡。"

杜挚也反对变法,说:"臣闻之,利不百,不变法;功不十,不易器。臣闻法古无过,循礼无邪。君其图之。"

公孙鞅曰:"子之所言,世俗之言也。夫常人安于故习,学者溺于所闻。此两者所以居官守法,非所与论于法之外也。三代不同礼而王,五霸不同法而霸,故知者作法,而愚者制焉;贤者更礼,而不肖者拘焉。拘礼之人,不足与言事;制法之人,不足与论变。君无疑矣。"

公元前 307 年,赵国赵武灵王开始推行"胡服骑射",遭到一批显赫贵族(赵文、赵造、周袑、赵俊以及公子成)的反对。于是展开了一场激烈的辩论。

赵武灵王发起的"胡服骑射"同样是从如何对待祖宗之法开展辩论的。一开始,赵武灵王也有疑虑:"今寡人作教易服而叔不服,吾恐天下议之也。"

赵武灵王的叔父公子成说:"臣闻中国者,盖聪明徇智之所居也,万物财用之所聚也,贤圣之所教也,仁义之所施也,《诗》《书》礼乐之所用也,异敏技能之所试也,远方之所观赴也,蛮夷之所义行也。今王舍此而袭远方之服,变古之教,易古之道,逆人之心,而怫学者,离中国,故臣愿王图之也。"

赵武灵王说:"夫服者,所以便用也;礼者,所以便事也。圣人观乡而顺宜,因事而制礼,所以利其民而厚其国也。"

赵武灵王还认为:"先王不同俗,何古之法?帝王不相袭,何礼之循?虑戏、神农教而不诛,黄帝、尧、舜诛而不怒。及至三王,随时制法,因事制礼。法度制令各顺其宜,衣服器械各便其用。故礼也不必一道,而便国不必古。圣人之兴也,不相袭而王;夏、殷之衰也,不易礼而灭。然则反古未可非,而循礼未足多也。"遂进行了一场大规模的军事改革。(更多细节,请看后面的"以古制今者不达事之变")

《商君书》是商鞅及其后学的著作集合,学界多数认定《商君书》中《更法》篇是商鞅提出变法之初的实录。商鞅变法在公元前 356 年。赵武灵王与公子成的辩论在商鞅变法之后近五十年,由《史记》记载。两者的辩词几乎如出一辙,是司马迁仿效《商君书·更法》编造的,还是另有根据?这个文字案另说。

胡服的推广，开创了我国古代骑兵史上的新纪元，赵国赢得了赫赫武功，广开疆域，在长城之外设置了多个郡所，又大大削弱了心腹之患中山国。

1903年，梁启超发表《黄帝以后的第一伟人——赵武灵王传》，评价说："七雄中实行军国主义者，惟秦与赵……商鞅者，秦之俾斯麦；而武灵王者，赵之大彼得也。"

辩论都涉及如何对待祖宗之法，是固守祖宗之法、因循守旧，还是敢于突破祖宗旧制？这是一个古老而又常新的命题。改革如不敢突破祖宗之法，是不会取得成效的。这个道理对今天依然有启示意义。

以古制今者不达事之变

战国时期赵国赵武灵王发起的"胡服骑射"军制改革大事，引起了朝堂激烈的辩论。它虽不及秦国的商鞅变法涉及整个社会关系的大变动，但影响也很大。

战国时期，东胡、林胡、楼烦，史称"三胡"，居住在燕国和赵国北部长城一线，这个时期东胡最为强盛，号称"控弦之士二十万"。"三胡"都是游牧民族，生活在马上，都很善于骑射。飘忽而来，飘忽而往，对以农业为主的中原（主要是燕赵）经常发起袭击，甚至长驱直入，造成很大的破坏和国家政局危机。

中原各国在战国以前的武备主要是兵车和徒兵，秦国与西戎游牧民族混杂，出现骑兵较早，名曰"畴骑"，但仍不是主力。历史进入战国以后，战争已经从早期的兵车正面冲击战术转向更为机动灵活的作战方式。骑兵作为一种独立的兵种出现了，当时各大国均建立了骑兵部队，如秦、赵等国均号称"车千乘，骑万匹"，作战由车步为主渐渐转变为车骑并重。在发展骑兵上，赵武灵王做了前所未有的大胆改革，这就是著名的"胡服骑射"。

赵武灵王策划"胡服骑射"之初即估计到会招致非议，他自己说："吾不疑胡服也，吾恐天下笑我也"，"恐天下议之也"。但他认定"制国有常，利民为本"，下决心改革。他提出之后，"群臣皆不欲"。特别是他的叔父公子成，疑惑最大。使者以报。王曰："吾固闻叔之疾也，我将自往请之。"大臣"赵文、赵造、周袑、赵俊皆谏止王毋胡服，如故法便"。

赵武灵王开导这些守旧的大臣说："夫进退之节，衣服之制者，所以齐常民也，非所以论贤者也。故齐民与俗流，贤者与变俱。"还引了一句谚语："以书御者不尽马之情，以古制今者不达事之变。"又说："循法之功，不足以高世；法古之学,不足以制今。子不及也。"遂推行"胡服骑射",国力大盛,破林胡、楼烦。筑长城,驱地千里,置云中、雁门、代郡。

眼下伴随着国学热、儒学热兴起一股复古之风,要孩子们读充斥封建礼教的《弟子规》《女儿经》,要穿所谓的"古装",孩子们对家长行磕头礼、洗脚等,各地纷纷举行各种祭祀大典,穿戴所谓的古代服装,举行大典祭祀历代帝王等等,恢复所谓的"古礼",他们不看时代和道德观念的转变,提出以儒家的道德救时下之弊。在这股风中,一些人走上前台,倡言什么恢复和建立儒教,而且提出要确立为"国教",要搞什么"儒家宪政"。还要废除通行的公历纪年,改成孔子纪年,以孔子生年为元年,令人眼花缭乱。据说这就是发扬优秀传统。面对诸如此类复古之行,应该想想两千年的谚语"以古制今者不达事之变"的意义。现在种种复古之举是否是在祸害老百姓,值得深思啊!特别是一些行政部门参与其中,乱花纳税人的钱,真是让人匪夷所思。

原载《今晚报》,2017 年 6 月 30 日,第 12 版

统而不死

政治,通过强力或其他手段,对思想文化的干预作用是很大的。但有一点是做不到的,即完全把思想文化统起来或完全纳入政治。不管是秦朝的焚书坑儒,或两汉的独尊儒术,都有一批士人不图官,不怕死,宁肯隐居、自耕自食、卖卜、行医乃至乞食,也要保持和追求自己的思想独立和价值理想。这表明,思想文化多元化与多样化的规律总是顽强地表现出来。

相形之下,汉代的统治者比秦始皇要聪明得多,秦始皇过分迷信权力,一味高压,效果并不好;汉代统治者主要是利诱、利导、利用,这样,既找到了与士人(主要是儒生)的结合点,建立了"皇帝-官僚-士人-地主"的统治体制,同时又有一定的宽容,为思想文化多元与多样性的存在与发展留有余地,统治者对异端也采取了有限度的宽容政策。

所谓独尊儒术,其实儒家的构成很庞杂,它的边缘在哪里并不清晰。汉武帝立五经博士,着眼点并不是经书本身,而是当时著名传人所传授的经和传人的"说"——对经文的解释、阐述。当时的传人不止一家,可能有多人。如以《尚书》名义设博士,但传授《尚书》的有几位,而立的博士是欧阳传授的,称之为欧阳《尚书》,所立的《春秋》是公羊传授下来的,称之为《春秋》公羊传。在被立于官学之外,还有在野之儒,其"义虽相反",但后来也被立为博士,原因是在统治者看来"与其过而废之也,宁过而存之",即是说,对某些学派,与其因有过失而废除,不如"宁过而存之"。应该说,"与其过而废之也,宁过而存之",是对待思想文化较为开明的政策。从历史上看,秦始皇搞的是"以吏为师",从行政角度看,省去了文化人吵吵嚷嚷给行政带来的干扰。但"以吏为师"堵塞言路和禁止不同思维,其结果是缺乏应变能力和调整能力。"宁过而存之"固然对行政运行也会增加麻烦和干扰,但总的来说,比"以吏为师"无疑要合理些。像郑子产不毁乡校一样,在一定意义上为思想文化的发展留出了余地。这无论是对儒家的发展与调整,还是对统治者,都是利大于弊。

西汉的统治者,大抵坚持这一政策,正如班固所说,"自武帝立五经博士,开弟子员,设科射策,劝以官禄"。在这个潮流中,有些儒生并不固守成说,而是极力提出自己的创见,统治者并没有禁绝,而是网开一面,扶持其发展,例如,最初立为博士学位的,"《书》唯有欧阳,《礼》后,《易》杨,《春秋》公羊而已"。文中说的"欧阳""后""杨""公羊"等都是人名简称或专用词,到汉宣帝时,复立《大小夏侯尚书》《大小戴礼》《施》《孟》《梁丘易》《谷梁春秋》。至元帝时,复立《京氏易》。平帝时,又立《左氏春秋》、《毛诗》、逸《礼》、古文《尚书》。光武帝大致奉行宣帝的做法,即所谓"扶进微学,尊广道艺"。其后章帝又重申"扶微学、广异义"的政策,还专门派人学习没有立于官学的儒学,主要是古文学。汉代统治者承认儒学内部的分化和流派的存在,并采取较宽容的政策,对统治者与儒学发展的本身都是有利的。

对儒学之外的其他学说,采取了较为宽容的态度。罢黜百家并没有像董仲舒说的那样搞儒家一尊,有些文人不慕仕途,可以追求他所喜欢的思想和学说。

总之,两汉统治者对思想文化统而不死,对"微学""异端""异义""异家""刑名""法理",等等,非但没有过分地干预,反而在一定程度上加以保护和采用。汉武、昭、宣杂王霸而用之,东汉的光武、明帝、章帝同样也是杂王霸而兼用。这些都为思想文化多元与多样的发展保留了一席之地。这对现代的思想文化政策,应该有重要的启示意义。

原载《今晚报》,2017 年 8 月 11 日,第 13 版

具有变革精神的儒生

在政治思想上，儒家的主张各式各样。为了取悦汉皇帝，儒家中一部分人制造了孔子学说为汉家制度理论，即汉家的各种制度都是孔子预定好的，从思想上论述汉家制度的合理性，认同汉代的一切制度和政策。另一部分儒生则时隐时现地坚持和宣传"革命"论。最著名的是汉初景帝时黄生与辕固生在帝廷发生的破帽子是否永远戴在头上的争论。黄生主张帽子虽破，必须戴之于头；鞋子虽新，只能着之于脚。儒生辕固则主张"革命"，帽子破了，就应去掉，否则，"高帝代秦即天子之位"岂不成了非法的吗？辕固的看法无疑是有根有据、有道理的，但这种理论是已经坐了天下的汉家天子所不能赞成的。景帝于是下令："食肉不食马肝，不为不知味（按：当时人们认为马肝有毒）；言学者无言汤、武受命，不为愚。"景帝的结论是专断之论，取消了问题，不让人思考。

历史问题和理论问题是难以用行政方式取消的。命令可管一时，不能管永久。其实，比辕固稍晚一点的董仲舒变换一个侧面更深入地论述了"革命"问题。董仲舒说："且天之生民，非为王也，而天立王以为民也。故其德足以安乐民者，天予之；其恶足以贼害民者，天夺之。"如果说，董仲舒还只限于抽象的理论，从昭帝开始兴起的"更受命"思潮则直接同汉家命运联系在一起。

深谙《春秋》的眭弘借异变对汉家命运问题发出了石破天惊之论："先师董仲舒有言，虽有继体守文之君，不害圣人之受命。汉家尧后，有传国之运。汉帝宜谁差天下，求索贤人，禅以帝位，而退自封百里，如殷周二王后，以承顺天命。"眭弘所言是一种谶语（预言），现在看是一种胡诌，但提的问题太尖锐了，也太直接了，难免头落。然而，杀了眭弘，并不能解决社会危机、矛盾与这一理论问题。

宣帝时正直清廉的儒臣盖宽饶对宣帝的用刑法、信任宦官不满，在上书中提出了尖锐的批评："方今圣道寖废，儒术不行，以刑余为周召（按：指周成王时共同辅政的周公旦和召公），以法律为《诗书》。"又言"五帝官天下，三王家天下，家以传子，官以传贤。若四时之运，功成者去，不得其人则不居其位"。在宣帝意识中，这是无法容忍的挑战和诽谤，文吏们又深文周纳，说盖宽饶是"指意欲求禅，大逆不道"。坚信儒术的盖宽饶只好以自杀证明自己的忠贞。然而他提出的"不得其人则不居其位"，无论如何都是令人惊骇的，比他的死更有影响。

成帝时的大儒刘向，在劝谏成帝戒奢时又提出"王者必通三统，明天命所授者博，非独一姓也"，"自古及今，未有不亡之国也"。刘向提的问题更具有普遍性，一姓不可能永久独占天下。与刘向同时的大儒谷永把"革命"论更明快地摆在了成帝的御案上："天垂三统、列三正，去无道，开有德，不私一姓，明天下乃天下之天下，非一人之天下也。"如陛下怙恶不悛，只能"更命有德"。哀帝时的另一位名儒鲍宣也以"革命"论为依据，痛斥汉家的腐败与恶政。

就实而论，这几位儒生的"革命"论、"更受命"论，绝不是鼓动人们造反，推翻汉家，而是爱深而恨切，希望汉家改革以保永命。当然，从逻辑上看，的确对汉家存在的合理性与合法性提出了质疑和挑战。应该说，正是这种理论，为王莽代汉提供了理论依据。"革命"论与汉家"永命"论都可打着儒家的旗号，但其思维方式显然是不同的，前者具有进取和变革精神，后者只是一味地守成和容忍腐败，最后只能导向衰败和灭亡。

原载《今晚报》，2017 年 8 月 25 日，第 13 版

"拍"掉了自主性

拍马屁自古有之,韩愈、柳宗元是历史上少有的文豪,他们的很多美文著作流芳千古,难有人企及,恰恰这两位又是拍马屁的高手。

本文录的一些词汇都出自两位大师之手,当然有很多不是他们的独创,但他们集中起来把最美的纲纽性的概念几乎统统用在了帝王头上。诸如:表达超人的或本体性概念的,如神、上帝、天地、乾坤、日月、阴阳、五行、四时等;表达理智的,如聪、明、睿、智、英、谟、文、武等;表达道德的,如仁、义、德、惠、慈、爱、宽、恭、让、谦、休等;还有一些包容上述诸种含义,如天、圣、道、理等。这些概念基本是围绕君主神圣、万能、仁慈而展开的。神圣涉及君主与传统思想最深奥的本体、本性、本根等问题。万能是说君主的功能与作用是无限的。仁慈讲君主普度众生,是道德的化身,洒向人间皆是爱。其实这三者之间并没有界限。说到具体君主,自有高下、善恶之分。但面对的现实的帝王,几乎都是无限完美。

把最美的纲纽性概念赋予帝王,是中国传统文化的一个重要特点。用这些最美概念装饰帝王,帝王也就占据了思想文化的命脉和制高点,反过来又可以控制社会和人们的灵魂。把这些真善美的纲纽性概念献给帝王,也就把自己的灵魂奉献给帝王。君主神圣是尊君论之纲。神和圣虽然还是有某些细微的区别,但一进入形而上,两者就难分难解了,神和圣混同,也就是神性和理性混同。从中国的历史进程看,殷、西周时期神与王是混合的。春秋、战国时期在神与现实的王之外创造出了一个观念性的、体现理性的圣王,可谓神、圣、王三者鼎立。实际上,在分析三者的同时,也就开始了混同。从秦、汉开始,现实的帝王与神、圣逐渐形成一种特别的混合体。所谓"特别",指三者是又即又离、不即不离式的怪物。这个怪物随着人们不断的打扮、涂抹,越来越五色缤纷,越来越模糊不清,真可谓一个巨大的混沌。它像《庄子》中的混沌一样，是不可分析的，一分必死，更准确地说，一旦君主与神、圣分开，它就失去了合理性和绝对性。帝王与天几乎是同体的，"天"成了帝王的代词，诸如"天位""天序""天心""天意""天志""天听""天声""天眷""天慈""天泽""天府""天阙"，等等，一拥而上，满篇皆是。帝王与圣也同体，于是有"圣王""圣朝""列圣""圣德""圣理""圣言""圣恩""圣泽""圣运""圣慈"，等等。

帝王的功能有："神化""神功""大化""与天合德""法天合德""感通天地""参天两地""功参造化""整齐造化""政体乾坤""体乾刚""协坤元""移造化""革阴阳""仁化""德化""统和天人""顺时御极""幽明感通""广运""熏风""帝力""皇化""皇灵""皇风""皇泽""皇慈"，等等。

面对帝王的功业不仅是超越本朝祖先的，而且超越理想化尧舜，是千古所没有的，马屁拍得无缘无边。

这些阿谀奉承、歌功颂德、拍马屁的文字是王权至上的派生物和王权主义观念的组成部分。对帝王而言，由此进一步获得了自身权威的合理性的论证。

颂扬者、拍马屁者或许从中得到某种利益，但在颂扬的同时也把自己丢失了。作为一种文化，丢失的就不仅仅是个人，而是把所有人的主体性给湮灭了。所以拍马屁不仅仅是个人问题，而是社会观念整体性的大问题。

中国传统思想文化的精粹，都是靠这些纲纽性概念来集中、来表达的，并凌驾于所有社会理论与观念之上，形成居高临下的控制之势。因此，它是思想文化史中一个全局性的问题，不可不察。

原载《今晚报》，2017 年 9 月 7 日

李斯与董仲舒

　　李斯建议禁绝私学,首当其冲的是儒家;董仲舒与李斯相反,建议罢黜百家、独尊儒术。两人决然对立,都得到各自君王——秦始皇和汉武帝的支持,也都产生了深远的历史影响。说来也怪,虽然他们的打击对象相反,但奏折中论述问题的层次、旨意和一些用语却颇为雷同,比如:

　　李斯说:"古者天下散乱,莫之能一,是以诸侯并作。"董仲舒说:"《春秋》大一统者,天地之常经,古今之通谊也。"

　　李斯说:"私学而相与非法教,人闻令下,则各以其学议之,入则心非,出则巷议,夸主以为名,异取以为高,率群下以造谤。"董仲舒说:"今师异道,人异论,百家殊方,指意不同。"

　　李斯说:"今皇帝并有天下,别黑白而定一尊。"董仲舒说:"指意不同,是以上亡以持一统。"

　　李斯说:"非博士官所职,天下敢有藏《诗》、《书》、百家语者,悉诣守、尉杂烧之。"董仲舒说:"臣愚以为诸不在六艺之科孔子之术者,皆绝其道,勿使并进。邪辟之说灭息,然后统纪可一而法度可明,民知所从矣。"

　　从时间上说,李斯论说在前,董仲舒在后,是否是后者模仿前者?这个问题可另行考证。

　　两者反对的对象相反,但旨意却相同,也就是说,两者虽都主张实行思想文化专制主义,但在用人上都没有简单地一刀切。秦始皇焚书没有排除儒生参与政治,秦朝中枢一直有儒士的身影,秦二世时著名的儒生叔孙通在朝堂上很活跃;汉武帝独尊儒术也没有简单排除法家与信奉其他学说的人参政,而且起用了不少属于法家派的人物,如张汤等,后来被归入酷吏之辈。汉宣帝说,汉代自来实行的是"杂霸政治",其实何止汉家,应该说所有帝王都是实行的杂霸政治。

有一种说法,秦始皇采纳李斯建议搞焚书,招致秦朝快速灭亡;汉武帝采纳董仲舒的建议,促成了汉代的发展。其实历史并不是这样简单,秦从商鞅变法之后一直奉行法家,打击儒家,荀子到秦国考察后说秦国无儒,而秦国不但没有衰败,反而越来越强,最后统一六国。

后来的儒家总是张扬因为秦始皇焚书才招致速亡,这是往自己脸上贴金之术。秦朝速亡原因要复杂得多,贾谊的《过秦论》比简单的贴金术站得更高些。

反过来说,汉武帝实行独尊儒术后,也没有促使政治走向清明,反而走向政治危机,几乎导致大乱。汉武帝总算老而不糊涂,不得不下"罪己诏"以更改政策。

国家的强弱不简单在于尊儒或尊法,问题远比这些说法复杂得多。这才是需要我们深入思索的问题。面对复杂的政治,把某种学说说成是万能的,同样是把问题简单化,应该以更广阔的视角去解决问题。

原载《今晚报》,2017 年 10 月 4 日

权与理

权力和认识之间的关系问题，是人类历史中一个十分麻烦的问题。权力的中心问题是处理社会的利害关系，认识则重在讨论是非价值问题。然而利害与是非价值经常交织在一起，常常会出现权力干预认识或认识评论权力得失等现象。这样，权力与认识之间就会发生矛盾、冲突。权力膨胀和强化，必定要设法对认识加以控制和干预，甚至把认识禁锢在一定范围之内，不得越雷池一步；如果认识一旦触犯权力的规定，掌权者就会施以淫威。这一点从周厉王利用特务督察谤议可以得到很好的说明。

春秋以降，随着周天子的衰落，诸侯林立，互相竞争和争夺，逐渐形成舆论开放的局面。

儒家力求道与王的统一，在道与王发生矛盾时，主张从道不从君，道高于君。道家崇尚自然之"道"，帝王则是等而下之者。《老子》虽然把王看为宇宙四大（道、天、地、王）之一，同时又提出，"王法地，地法天，天法道，道法自然"。王是被道、自然制约的。《老子》以道为根本，王只有从道才可安位。这样，在认识上就把君主与道分为二元，并且道高于君。法家在倡导君主专制上可谓诸子之冠。即使如此，他们也依照法家的理论原则对君主进行了品分。《管子·形势解》说："明主之务，务在行道，不顾小物。"所谓道，即治国方略。墨子的重要主张之一是"尚同"，即"天子之所是，必亦是之；天子之所非，必亦非之"。即便如此，天子与理论仍为二元结构。在墨子看来，君主、天子都必须实行墨家的主张，否则便为暴主。

权力与道理二元化的观点并不是所有君主都愿意接受的，他们更不愿意在实践上付诸实现。但是在当时的智能竞争中，为了招揽人才，有些君主或主动或被动地在一定程度上接受了这种事实。他们把权力与道理分别为二。战国初年，魏文侯是力图大业、求改革和善招纳人才的君主。当时有位名士叫段

127

干木,魏文侯再三延聘,委以高位,均遭段干木拒绝。魏文侯每次从段干木门前过,均"轼之"。轼,扶轼,装在车前面的横木。"轼之"是一种礼节,扶住车轼,目视马尾,表示敬意。魏文侯的仆人(驾车者)问:"君胡为轼?"魏文侯答道:"段干木不趋势利,怀君子之道……段干木光于德,寡人光于势;段干木富于义,寡人富于财。势不若德尊,财不若义高。"魏文侯把权势、财富与道义、认识分为二元。前者掌握在君主之手,后者则可能为士人之长,是君主所不及之处。掌握权势的君主如果没有这种认识,就不可能启用贤人,也不会虚心听取臣下之见。

孔子之孙子思是当时的著名知识分子之一。鲁缪公有一次问子思:"古千乘之国以友士,何如?"大意是,古代具有千乘兵车的国君若同士人交朋友,是怎样的呢?子思听后很不高兴地说:"古之人有言曰,事之云乎,岂曰友之云乎?"大意是,古代人的话,是说国君以士为师吧,怎么能说与士人交朋友呢?孟子借此事发挥道:"以位,则子,君也,我,臣也;何敢与君友也?以德,则子事我者也,奚可以与我友?"大意是,论地位,你是君主,我是臣下,我哪敢同你交朋友?论道德,你应该向我学习,以我为师,怎么可以同我交朋友?子思、孟子在这里都强调了权势与道义的二元关系。

《战国策·齐策》记载齐宣王与颜斶的一次辩论,可作为权势与道义二元化的又一例证。齐宣王与颜斶相见,齐宣王说:"斶前!(你过来!)"颜斶说:"王前!"齐宣王很不高兴。左右大臣说:"王,人君也;斶,人臣也。"颜斶与王对呼是无礼的。颜斶答道:"夫斶前为慕势,王前为趋士。与斶使为慕势,不如使王为趋士。"齐宣王愤然作色曰:"王者贵乎?士贵乎?"于是围绕王贵、士贵,齐宣王与颜斶展开了一场面对面的争论。颜斶纵论古今,阐述了王固然拥有权势,但如果没有士人的辅佐和谋略的指导,多半要归于失败。齐宣王最后折服,表示愿拜颜斶为师。

关于王与士谁尊贵的争论,实质上是关于权势与道义、认识何者为贵的争论。从战国历史上看,许多君主并不接受权力与认识二元论或把认识置于权势之上的见解,但也有一部分君主接受了这种看法,在行动上则表现为尊士、尊师、尊理。

权力与认识的二元化,对君主的权威和政治的运行可能带来麻烦甚至困难。如果当权者对两者的关系处理得好,对实际政治是绝对有益无害的。战国时期那些有作为、图改革的君主,大抵都敞开言路,尊重知识分子。

权力与认识二元化对认识向深广方面发展是绝对不可缺少的。由于战国时期存在着权力与认识二元化的条件与社会气氛,对百家争鸣的发展与深入提供了比较好的环境,也可以说,这是百家争鸣得以开展的前提条件。

原载《今晚报》,2017 年 11 月 7 日,第 13 版

人格独立与"横议"

　　思想自由，百家争鸣，认识深化，三者之间既是互为条件、互为因果、互相促进的关系，又是递进的关系。有思想自由而有百家争鸣，有百家争鸣而有认识深化。认识深化程度是人类智慧和文明发展的重要标志。

　　在中国的历史上，三者形成良性循环的时代是不多见的，战国时代诸子百家自由争鸣，"横议"天下事，可谓最值得称道。

　　认识主体人格的独立与自主，是进行独立思考的前提，能进行独立自由的思考才可能有百家争鸣。因此可以说，认识主体人格独立自主的程度决定着思维自由的程度，也决定了百家争鸣的范围与深度。反过来则可以说，思想自由的程度又是认识主体人格独立自主的重要标志。

　　战国时期不是所有的人都普遍获得了人格相对独立和思考自由的机会，获得这种机会与条件的只有士人。他们虽然数量不多，却震动了整个社会。

　　战国时期，当权者与士的关系一般不是主仆关系，相当多的是主客关系。主仆与主客关系是一个很重要的区别。主仆关系具有隶属性，主客关系则不然，客对于主有其相对的自主性和独立性，两者的关系有某种平等性。所谓"分庭抗礼"，原意就是指君主和士发生关系时，取消君臣之礼，而行主客之礼，表现为君与士之间的相对平等关系。当时社会上有个特点，就是尊士之风甚盛。"礼贤下士"便是当时尊士风气的一个侧面。

　　《史记·孟尝君列传》曰："孟尝君曾待客夜食，有一人蔽火光。客怒，以饭不等，辍食辞去。孟尝君起，自持其饭比之。客惭，自刭。士以此多归孟尝君。"作为一个群体在社会上有如此的地位，这在中国历史上是绝无仅有的。

　　造成认识主体相对独立性的一个外在因素，是当时多种政权并存的局面。这种局面造成了士的流动性，东家不要到西家。当时的一些著名人物，如吴起、孟轲、苏秦等，都在几个国家做过事。"朝秦暮楚"是当时社会的一个写照。对于战国社会而言，朝秦暮楚是人格自由的表现，士人有选择的自由。

主体独立是认识自由的前提。一个人如果连自身的自主性都没有，何谈认识的自主性？认识没有自主性，就谈不上争鸣。战国时代百家争鸣的形成，恰恰就在于战国时代出现这么一个环境，形成了一批相对自主的士人。这可以说是战国时代百家争鸣的历史前提和逻辑前提。

一切可以作为认识对象，对思想解放意义十分重大，但也有一个历史过程。在当时一般人的观念中，不要说上帝、君主一般人无权认识，就是国家政务也只有权贵才能发表意见。曹刿出身可能较贫贱，当他想向鲁公言兵事时，有人劝阻说："肉食者谋之，又何间焉？"只有贵族才能参与国事，下层人是无资格发表意见的。孔子也反对在认识对象面前认识主体平等，他说的"非礼勿视，非礼勿言，非礼勿听，非礼勿动"，就是用礼限制人们的认识自由，而他讲的"民可使由之，不可使知之"，则更明确地宣布取消民的认识权。从人的本性上，孔子曾把人分为"上圣""中人"与"下愚"。"中人以上，可以语上；中人以下，不可以语上也。"这里虽主要是讲教育，实际上把"中人"以下的人都排斥在认识主体之外，在认识对象面前自然也谈不上什么认识平等。先秦诸子把人分为圣人、贤人、智者与凡人、愚者、贱者两大层次。墨子认为一切道理只能从贵者、贤者、慧者出，贫者、贱者只能扮演听从者的角色。孟子把人分为劳心者与劳力者，自然劳力者是谈不上什么认识的。荀子同样夸大了圣人、君子在认识中的地位与作用。

不过在论到士时，不少思想家都提出，士应该无所顾忌地去认识一切，事实上许多士人也放开胆量去谈天、说地、论人。孟子形容当时情况是："圣王不作，诸侯放恣，处士横议，杨朱墨翟之言盈天下。""横议"说明士人讨论的问题是无所顾忌的。《庄子·天下》说宋钘、尹文之辈"不忘天下，日夜不休"。也就是说，这帮人不在其位，而要谋其政，关心天下事。《吕氏春秋·博志》载："孔、墨、宁越，皆布衣之士也，虑于天下，以为无若先王之术者，故日夜学之。"这也是说，不在其位，而谋其道。《淮南子·俶真论》说："周室衰而王道废，儒、墨乃始列道而议，分徒而讼。于是博学以疑圣，华诬以胁众，弦歌鼓舞，缘饰诗书，以买名誉于天下。"儒、墨之徒，以道自持，藐视成说，博学广益，招收生徒。圣人在哪里？圣人就在我的笔下。横议，只有横议，才能开拓认识的新领域，把认识推向新高峰。

从战国百家争鸣的实际情况看，争鸣者在认识对象面前可以自由认识和自由选择，从而促进了认识的深化。

原载《今晚报》，2017 年 11 月 21 日，第 13 版

尊君与人格尊严何者为重？①

　　有些论者十分强调儒学旨在追求人格独立、人格尊严。的确，就某些论述而言是不排除这种含义的。诸如"士可杀，不可辱""三军可夺帅也，匹夫不可夺志也""人皆可以为尧舜""从道不从君"，等等。不过在我看来，这些构不成儒学的主旨，与他们的尊君论并比，这些论述不仅缺乏理论性，而且是属于尊君论的。

　　从孔子开始，尊君是儒学最重要的一个基本特征。儒家对君主的批评、限制，从理论与道德上进行制约，甚至主张"革命"，这无疑远胜于法家、墨家，表现了儒家的通达和富有远见。但这些不仅没有导向对君主制度的否定，相反，而是追求完善君主制。从儒家高层次的理论方面考察，我们很难找到他们对人格平等、人格尊严的论证，但我们可以到处看到对君主独尊的论证。

　　儒家十分强调天人合一，但正是在这一个几乎是最高层次的问题上论证了君主的合法、合理与必然。孔子讲"唯天为大，唯尧则之"。老夫子的话也许并没有太玄深的哲理，但这成为后来儒家的一种思维方式。他们在论述天人合一的关系中，君主扮演了承天启民的角色。荀子说："君子者，天地之参也，万物之总也，民之父母也。无君子则天地不理，礼义无统。"②《中庸》讲，只有圣人"能赞天地之化育"。君子、圣人不一定指王，但帝王多半是君子、圣人的转化。董仲舒干脆把圣、王合二为一，"古之造文者三而连其中谓之王。三画者，天、地与人也，而连其中者通其道也。取天地与人以为贯而参通之，非王孰能当是"③。董仲舒讲的似乎太庸俗了些，但他把谜底和盘端出了。

　　儒家最注重讲道德修养、讲做人，在人之中，最伟大的要属圣人了。圣人与王是联袂兄弟，这就是内圣外王之学。在逻辑上本来是由圣而王，但后来衍

① 本文作于 1990 年 2 月 13 日。

② 《荀子·王制》。

③ 《春秋繁露·王道通三》。

化为成王即圣,以至把帝王径直称为"圣上"。这点只要翻阅一下史书几乎连篇皆是。儒家对此负有不可推卸的责任。

《易传》是大讲阴阳的,阴阳也成为论证君主独尊的理论武器,其结论是"主阳臣阴"[①]。

儒家对事物之理是很关注的,然而他们径直宣布,君臣的主仆关系就是理。荀子说:"君臣、父子、兄弟、夫妇,始则终,终则始,与天地同理。"[②]

儒家关于君主至上和独尊的理论既成系统,又十分完备,但关于人格平等与人格尊严只不过一些只言片语,绝少理论上的论证。

那么,儒家爱讲的"道高于君""从道不从君",是不是意味着理性高于权力,高于君主呢?的确,在历史上确有一批仁人志士高举道义之旗对君主进行过程度不同的品评,甚至激烈的批评。但他们不能无限推行下去,因为道高于君有它的特定的历史内容,关于这一点,可以从两方面考察:

其一,儒家所说的"道义"与君主专制制度究竟是矛盾的,还是统一的?从主流上看,儒家的道义不是君主专制制度的对立物,相反,而是从理想的、普遍的角度肯定了君主专制制度。从历史上看,那些铁肩担道义的君子,几乎无一例外的都是封建制度的忠贞卫士。儒家的道义观对具体的君主虽然有巨大的精神制约性,但它不改变君主专制的体制,因为道义本身就是封建专制主义的性质,是在更高层面上维护君主专制体制的。

其二,以道义为旗号对暴君、昏主的批评,一般地说,仅仅是对圣主、明主企求的寄托。暴君与圣主无疑有重大的区分,也有重要意义,会对国计民生带来不同后果。但这种差别只属个性,在制度上并无原则区分,圣主再英明也没有走到民主制。从理论上考察,儒家的圣主理论中压根就没有民主化性质的东西。就实而论,儒家关于圣君的企求并没有削弱君主专制,倒是增加了君主专制的应变能力。

在我看来,儒家有关个人人格独立、人格尊严的某些论述是完全局限在伦理道德范围内讲的, 而这种伦理道德本身的核心是三纲五常之类的规定。因此,越是强调这种伦理价值,越就失去人格的尊严;表面上独立傲然,实际上是纲常的殉道者;对道德追求看来是平等的,但由于道德本身就是不平等

---

① 《易传·彖传》。

② 《荀子·王制》。

的,追求这种道德反而造成精神上的萎缩和不平等。封建伦理的人格化与今天我们讲的人格独立、人格尊严是不同的范畴中的两回事,不宜混淆。

在一些论者中,我认为有一种太爱作抽象和无限逻辑推衍的倾向。这种研究方法不是一无可取,但用过了头,就离开了历史的真实,也就难于顾及整个思想体系了。儒家本来是产生它的那个时代的产物,那个时代与我们这个时代是大不相同的。我们虽然可以从中吸取一些有益的养料,但无须刻意夸大其中超时代的一般性,有一位先生在一次讨论会上说,孔子讲君君、臣臣、父父、子子,现在也有领导与被领导的关系!用这种方法弘扬孔学,我期期以为不可也。

没有抽象也就没有哲学,但忽略了历史,大概也就容易变成玩玄!

原载《中华学林名家文萃》,文汇出版社,2003 年

以独尊儒术为界

先秦以来诸子之学,从一开始就是以"干世主"为己任,至少是诸子之学的归结点。诸子之学以及士人与当政者的关系,以汉武帝独尊儒术为界,发生了重大变化:

在汉武帝以前,士人、诸子之学与当政者的关系是互相选择的关系。从士人看,他们多半带着自己的学说和主张游说君主,进劝君主采纳,合则相谋,不合则离。孔子奔波一生,大致坚持"以道事君"的原则。当时的君主们多不理解孔子之情或不采纳他的主张,而孔子也不曲己阿主,所以孔子终生不得志。墨子也是一样,越国国王久慕墨子,派公尚过以"束车五十乘"到鲁国迎墨子赴越任职,墨子道:"抑越不听吾言,不用吾道,而我往焉,则是我以义粜也,钧之粜,亦于中国耳,何必于越哉!"《吕氏春秋·高义》篇也记述了此事,语句大体相同。孟子与荀子大致与孔、墨相同,他们总是把"道"看得比"权"更重,孟子说:"天下有道,以道殉身;天下无道,以身殉道。"荀子讲:"诸侯之骄我者,吾不为臣;大夫之骄我者,吾不复见。"就是那些纵横家,也多以见解为重,直到汉初这种自由选择风气犹存,邹阳、枚乘、严忌初事吴王濞,因政见等不同原因,均离开吴王濞投奔梁孝王门下为客。

从君主看,他们尊崇某种学说或接纳某些建议,一般来说,只作为一时的政策或措施,并没有扩展到社会意识形态领域。就以汉初几位君主和重臣好黄老为例,他们并没有在整个意识形态领域规定以黄老为宗,也没有用黄老之论去改造社会。尚黄老大体只限于实行"无为而治""与民休息"之政。曹参为齐相和相国时虽重在选择"木讷于文辞,重厚长者"为吏,但这并不是以意识形态为标准,更多的属于品格而已。窦太后是崇尚黄老的主要代表人物之一,她要皇室子弟们读《老子》,也没有把黄老作为政治指导思想。而且恰恰在她主政之时,儒家十分活跃。儒生辕固当她的面,奚落《老子》之书只不过是

"家人言耳",她的反应仅仅是反唇相讥称儒家为"城旦书"。她要辕固与野猪斗,无疑是一种侮辱,但也仅此而已,并没有因此下令对儒家大挞大伐。

再往前推,秦国从孝公以后一直尚法,秦始皇对法家,特别是对《韩非子》极为推崇。秦始皇排斥儒家,登峰造极是焚书坑儒,然而如果细致分辨,秦国与秦始皇并没有把法家作为全社会的指导思想和官方意识形态。秦始皇搞的"以吏为师"并不是要全社会学习法家之作,仅仅是要人们听从官长和学习法令而已。

总之,在汉武帝以前,诸子之学与统治者的关系是互相选择的关系,尽管在战国时已出现焚书事件,到秦始皇更有焚书坑儒的暴虐,但思想文化与政治大体上是平行发展的形势。政治与思想文化之间互有弃取,政治未曾把哪一种思想定为一尊。

汉武帝实行独尊儒术,罢黜百家,改变了政治与思想文化各自相对独立的平行发展之势。

第一,把思想文化置于政治控制之下。从历史上看,思想文化不管受到政治多么严厉的干预,总有一部分思想文化游离于政治之外,这个问题,另行论述。汉武帝的独尊儒术与罢黜百家,意在把思想文化置于政治控制之下,使思想文化降格,成为政治的从属物,这不能说不具有历史转折的意义。且不说被罢黜者,就独尊的儒术而言,恰恰因被尊而降低了原来的独立性。因为它的独尊是由皇权决定的,因此,它被皇权宣布独尊的同时,也就被置于皇权之下。

第二,儒术变成了封建政治的组成部分。儒家经典要由皇帝钦定,最高解释权也归皇帝。儒术成为政治原则,同时也成为政治的工具。

第三,儒学既是官学,又是官方的意识形态。这种官方意识形态借助于政治力量推向整个社会,从而使整个社会儒家化。政治控制与思想控制相互推进,大大强化了封建统治能力。

儒术变为帝王政治的组成部分,表面上看获得了显赫的地位,令人尊崇,但它丧失了思想文化的相对独立性。此后儒家教条主义化,固然有其内在的原因,但主要是由政治规范造成的。清人方苞说,独尊儒术之后,"儒之途通,而其道亡矣"。此论不无偏颇,却为切中要害之论。

原载《今晚报》,2017年12月5日,第13版

战国时期的争鸣

在历史进程中,认识主体与认识对象之间,并不是自由地反映与被反映的关系。更多时候,认识主体是被限制的,不准去自由地进行认识;认识客体因种种原因被分割,某些领域和对象不准去认识。而战国时期的认识却几乎是全方位开放,一切都可以置于认识对象之中。

从道理上讲,言论自由不能以统治者允许的范围为界限,而应以认识对象自由认识为标志。战国时期,人们可以用理性判断各种问题,上天是怎么回事,是神吗?天子、君主是怎样产生的?什么样的君主才是合理的?总之,似乎没有什么不可以去认识的问题。

在各种认识对象中,最难认识的便是君主了,但历史毕竟提供了对君主重新认识的机会。庄子从他的理论逻辑推导出,君主是大盗。孟子批评当时的君主们是率兽食人之辈,点名批评梁惠王"不仁"。荀子从他的理论出发,认为当时的君主都不合格,等等。这些批评虽然不讨君主喜欢,但君主们也没有动刀问罪。

一切认识对象都可以认识,才可能使认识趋向完整和深入,否则会使认识变成残缺不全的畸形物。

认识发展的动力之一,是不同观点与见解之间的相激,即挑战和应战。认识领域不存在人不犯我、我不犯人的局面。认识的天性之一就是"犯他性"。"犯他"而后才能有新见。"犯他"不可避免地要有"破"。"破"与"立"是一个相反而相成的过程。先秦诸子之间既有公开的对阵、指斥、无限上纲,又有娓娓细语的辨析。有的针对整个学派,有的则仅针对个别论点。在争鸣中并不都是壁垒分明,常常是你中有我,我中有你。因人废言者有之,弃取并行者亦有之,有的学派意识很强,有的则全然把学派抛到一边。总之,在争鸣中没有裁判员,自己就是认识的上帝。

战国诸子相激到什么程度,可以从如下两方面考察:

第一,没有任何一个论题是神圣不可批判的。不管哪种论题都没有获得人人共尊的地位。任何理论都是可以讨论的,信仰者有之,但都不是必须的和规定的,而是自己的选择。儒家对仁和礼尽管有不同解释,但又都把仁、礼作为自己的旗帜。可是在道家看来,仁与礼是造成人世祸害的根源。仁、礼与"道"是对立的,是破坏"道"的恶果。《庄子》认为,仁、礼这类东西不属于人的自然本性,是那些好事的世俗的"圣人"(非道家所称的圣人)制造出来的。仁、礼之兴造成了一系列的恶果,它既是人的桎梏,又引起人互相猜忌。带着桎梏而又互相猜忌,既可怜,又可悲,更可恶。以至于作者发出这样的谴责:"虎狼,仁也。"法家中的某些人是有限地主张仁、礼的,但也有人把仁、礼比作虱子、蠹虫,而主张加以灭绝。总之,在战国,找不到哪一种理论或论点是不可以再认识、不可以讨论、不可以批判的。

第二,没有不受到批判的权威。在争鸣中形成了流派,也出现了权威。孔子之于儒家,老子之于道家,墨子之于墨家,李悝之于法家,几乎均处于权威和圣人的地位,孔子和老子甚至还有点神味。这些权威是人们选择的结果,而不是行政或宗教性的规定。这些人完全变成可以讨论和批判的对象。《庄子·盗跖》的作者把孔子视为"伪巧人",对孔子进行了全盘否定和批判。孟子除对墨子、杨朱的学说进行批判外,还斥之为"禽兽"理论家。

诸子激烈的相互争论中,把认识推向一个又一个高峰。从战国百家争鸣中可以看到,在理论上互相批驳,指名道姓,甚至人身攻击都是常见的现象。争鸣只要深入,这类现象是不可避免的。从总体看,只要不借助理论以外的武器,这种形式对认识的深化也还是有益的。

没有绝对权威是百家争鸣的条件和自由度的标志,同时也是对我们今天百家争鸣最富有启示的地方。

在开展百家争鸣问题上,我们的教训很多,很值得总结。我认为只从政治上"防左""反右"着眼总结经验教训是不够的。百家争鸣是一种认识运动,我们应从认识规律上来探讨它内在的机制和正常运行的条件。

原载《今晚报》,2017 年 12 月 19 日

法治底线与道德高调

道德是无限的,法治则有具体的规定。法治应该考虑吸收道德的精神,但法治主要是规定当下人的行为规范,它可以把道德置于一边。

直到春秋,法与刑基本是同义的,随着春秋成文法的制定与战国初期变法运动的开展,法与刑逐渐区分开来。刑仅是法中的一部分,表示法的强制性方面,具体表现为惩罚规定与惩罚手段。法除了包括刑之外,还有赏。在实践过程中,随着认识的深化,人们提出了法的定义问题。

慎到把法比作尺寸、权衡,这种形象比喻可以说是探索法的定义的萌芽。《管子》中的《心术上》属道家之作,《心术上》曾对法下过定义。其文曰:"法者,所以同出不得不然者也。""出",郭沫若解释为参差不齐。"同出",就把参差不齐的事情等齐划一。"不得不然者",指都必须按等齐划一的标准去作,强调了法的强制性。《心术上》给法下的定义加深了对法的认识。下边再选几个典型的说法:

"夫法者,所以兴功惧暴也;律者,所以定分止争也;令者,所以令人知事也。法律政令者,吏民规矩绳墨也。"

"法者,天下之程式也,万事之仪表也。"

"法者,天下之仪也,所以决疑而明是非,百姓所县命也。"

"法者,天下之至道也。"

在这里,"法""律""令""程序""仪表""决疑而明是非""至道"表明了不同的含义,但其根本职能是"百姓所县命也"。

以上的定义,从不同方面说明法是固定化的程序、仪表,是从个别事物中抽象出来的有关事物的一般的和普遍的规定。

强调事物的一般性,首先是因为事物的个性复杂化与多样化引起的。面对复杂化、多样化的个性,如果不从中抽出一般性,就找不到个性之间的联系,就会陷入事务主义,如果抓住了一般性就能牵动每个具体事物。事物的个性与一般性虽然都是客观的存在,但对人的认识而言,个性是可以通过人的感觉体察到的,而一般性则只有通过抽象思维才能发现。法被视为事物的一般性,反映了人们对社会现象的理性认识发展到一个新阶段。

同时,因为把法看作"决疑而明是非"的标准,那么法高于每个人,从理论上也高于君主。这样一来,在法的面前,人人都应以法为准约束自己,违反了法就应受到制裁。从理论上把法的权威摆到了最高地位,君权也应服从法权。

法律的具体条文规定是否合理,这个问题另论,但法律规定了人们行为的底线。

道德问题就模糊得多,且不说"仁者杀人"的一面,就说仁者爱人,宽恕之道,从字面上说是很高尚的,中国传统政治的贤能在根本上依赖于天生圣王,贤能都是一个伦理化的至善存在。而这些高尚的道德是没有终点的,是毕生的追求。然而人本身的复杂性并不是按照道德规范行动,而是道德和反道德纠缠在一起的动物,这样就出现了道德与反道德纠缠的悖论。多数的帝王不管其作为如何,生前大都被臣子们高歌颂扬,冠以神圣仁慈的高帽,死后的谥号几乎都是仁慈的楷模。秦始皇的残暴是人所共知的,但在留下的石刻文字中确实是一位前所未有的神圣仁慈的君主形象。其实普通人也很难摸到他们的道德高度在哪里,所谓的好人,其背后还有更好的,是没有止境的。

一位近代学者说过这样一段话,很值得咀嚼:"一个肮脏的国家,如果人人讲规则,而不是空谈道德,最终变成一个有人味的正常国家,道德自然会逐渐回归。反之,一个干净的国家,如果人人都不讲规则却大谈道德、讲高尚,天天没事就谈道德规范,人人大公无私,最终这个国家会堕落成一个伪君子遍布的肮脏国家。"回头来看,儒家尽管不都是空谈道德,但他们倡导的道德高调大抵近似。正像司马迁在《史记·儒林列传》中所说:"是以仲尼干七十余君无所遇,曰'苟有用我者,期月而已矣'。"即是其父司马谈在《论六家要旨》中所说"劳而少功,是以其事难尽从"的解说。司马迁又云"以词微而指博,后世学者多缪焉",是其父"博而寡要"的发挥。苏轼说:"儒者之病,多空言而少实用。"

以法治国与以德治国不在一个层面,法强调社会秩序的一般性,德更多地说人的个性,如果都用高调道德治国,多半会落入乌托邦。

原载《今晚报》,2018 年 1 月 2 日,第 9 版

主奴综合意识

　　庶民百姓、部曲奴婢是否有主子意识?皇帝老子是否有奴才意识?这些问题的答案是:一般说来,在中国古代社会,主奴综合意识寄寓在每一个成年社会个体的灵魂深处,上至帝王,下至奴婢,概莫能外。

　　在中国古代社会,几乎一切社会个体都会历时性或共时性兼备主奴双重角色。主要原因有以下几点:

　　其一,金字塔式的社会政治等级结构,注定除位于塔尖的帝王和塔底的奴婢、贱民以外,绝大多数人处于中间阶层,他们往往身兼上与下、尊与贵、主与奴双重角色。这一事实显而易见,故不赘述。

　　其二,角色转换使得大多数社会个体,包括帝王与奴婢在内,都可能历时性地兼备主奴两种角色。"多年大道熬成河,多年媳妇熬成婆。"生命历程和社会经历总会使许多人发生角色转换,或化主为奴,或化奴为主。中国古代等级制度的多元性和成员的流动性更使角色转换,特别是政治角色的转换成为一种很常见的现象。在家庭中,子孙变成父祖,媳妇熬成婆婆,卑幼跻身尊长,偏妾扶为正室等;在社会中,徒弟熬成师傅,佃户变成东家等;在政治上,庶民变成官僚,僚属升迁官长,大官贬为小官,权贵沦为刑徒等。这些都属正常的转化或常见的现象。俗语说,"朝为田舍郎,暮登天子堂","皇帝轮流做,何时到我家?"总之,"一朝权在手,便把令来行",除夭折者外,一生不发生角色转变的几乎找不到。

　　其三,"角色丛"使社会中的很多人同时兼备主奴两种角色。在日常生活中,他们一会儿遵行主子规范,一会儿恪守奴才规范,两种角色与意识共时性兼备于一身。角色丛,是指一个个体同时所承担的角色的总和。在实际生活中,大多数个体都是各种社会身份复合于一体,兼具主奴。如既是父,又是子,既是上,又是下。

还有这样一种情况：某些个体身为奴才，却得以行主子之威。如许多权势者的"豪奴"倚仗主子的权势欺压良善，甚至在某些官员面前也趾高气扬，专横跋扈。这种现象表明：亦主亦奴人格的形成，是整个社会环境培育的结果。学习做奴才，也就习得了如何像主子一样行事。反之亦然。因此，在相当频繁的角色转换中，大部分人相当顺畅自然，亦不需要修习新角色的规范，其原因就在于此。当然，两种角色兼备，则具有强化主奴综合意识的作用。因为这会使人们对两种角色与"规范"都有切身的体验。

　　上述几种情况综合在一起，必然使亦主亦奴具有普遍性。

原载《今晚报》，2017 年 1 月 30 日

王权支配社会的几个基本理论

　　我提出的"王权支配社会"是围绕专制权力对中国古代社会控制和运行机制展开论述的。因而,较之于先前流行的认识,这种认识对历史的叙述是很不一样的,特别是在诸多具体历史过程的陈述上,因果关系很可能是截然相反的。

　　我提出这一看法不是出于灵机一动,而是多年来学术积累的概括。这种学术积累,王亚南先生的见解可谓前导,他在《中国官僚政治研究》一书中,对权力支配经济有过深刻的论述:"中国专制官僚政治上的帝王绝对支配权归根结底是建立在全社会基本生产手段——土地的全面控制上,是建立在由那种基本生产手段的控制所勒取的农业剩余劳动或其劳动生产物的占有上。他以那种控制和占有表现其经济权力,以如何去成就那种控制和占有的实现表现其政治权力。"[①]他的切入点是从经济入手,而且是从地主制(相对领主制)作为出发点。

　　我说的"王权支配社会",与王先生的论说还是有相当的差别:第一,我不是从经济(地主制)入手,而是直接从政治权力入手来解析历史。君主专制体制主要不是地主制为主导的经济关系的集中,而恰恰相反,社会主要是权力由上而下的支配和控制;第二,我不用"官僚政治"这一术语,君主要实现其统治固然要使用和依靠大批官僚,但官僚不是政治的主体而只是君主的臣子、奴仆,因此不可能有独立的"官僚政治"以及其他学者提出的"学人政治""士人政治"等。君主可以有各式各样的变态、如母后、权臣、宦官,等等,但其体制基本是一样的。

　　所谓"王权",本质上就是专制主义。之所以用"王权"一词,仅仅因为先秦不能说"皇权",而"王权"则可以一直贯穿下来。与"王权"意义相同、相近的还有"君权""皇权""封建君主专制",等等。当然,王权有历史阶段性特点,如封

---

　　① 王亚南:《中国官僚政治研究》,中国社会科学出版社,1981 年。

144

建制、郡县制以及二者的混合,等等。

我还常说的"王权主义"有宽窄两种含义。宽的是指社会的一种控制和运行机制,窄的是在思想观念上使用它。所以,王权主义既不是指社会形态,也不限于通常所说的权力系统,而是指社会的一种控制和运行机制。大致说来可以分为三个层次:一是以王权为中心的权力系统。二是以这种权力系统为骨架形成的社会结构。三是王权至上的思想文化观念。

王权之所以能控制天下,在理论和制度上占据了如下几个制高点:

一、天王合一论

"天"在汉语中有着说不尽的含义,要之,有自然性的天和神格化的天,东汉郑玄说:"上帝乃天之别名",这是"天"的神格化的本质。"皇天上帝"一直作为万能的主宰而受到人们的尊奉,而帝王就是皇天上帝的人格化的体现,故帝王又称天子。中国古代祭政合一,是古代王权与生俱来的一块胎记。中国古代政治的基本特征是:家国合一,帝祖交混,政教一元,宗教化的宗法制度支配着整个社会的生活方式。

"天子"之称本来已经神化了帝王,但君王们还嫌不够,干脆径直称"天"。看到"天王""天元""天公""天父""天皇""天皇大帝"等类似概念,需要细细分辨,它既可以指天神,也可以指帝王。

君王为天之子,受命于天,代天施治,君是天选定的"民主"。王者参通天地人,"天祚之,为神明主"①。"天子至尊也,神精与天地通,血气含五帝精。"②帝王通神或即是神。天是人的曾祖父,天和天子是父子关系,"天子号天之子也","天子父母事天,而子孙畜万民"③。这就在观念上把宇宙世界也神秘化和宗法化了。君主代天行事,君命即天命,"人主立于生杀之位,与天共持变化之势"④。"唯天子受命于天,天下受命于天子,一国则受命于君。君命顺,则民有顺命;君命逆,则民有逆命。故曰一人有庆,万民赖之,此之谓也。"⑤天是泛宗

---

① 《法言·重黎》。
② 《春秋纬·保乾图》。
③ 《春秋繁露·郊祭》。
④ 《春秋繁露·王道通三》
⑤ 《春秋繁露·为人者天》。

教性的崇拜对象,而天子则是这个泛宗教的教主,其他宗教基本都处于王权之下,或受王权支配,其中包括孔教。

在传统思想中"奉天承运"是个大命题。先哲虽有"天听自我民听"的哲言,但只有天子才能奉天承运,在悠悠的岁月里与"奉天"含义完全相同的词很多,唐以后帝王的尊号、谥号一开头,大多是什么"统天""法天""仪天""应天""感天""体天"之类的词,表示帝王同天有着特殊的关系,是天命的体现。这里仅举几位雄才大略的帝王有关之论。隋文帝说:"帝王岂可力求!孔子以大圣之才犹不得天下。"[1]唐高祖说:"帝王自有天命,非小子所能取。"[2]唐太宗说:"帝王之业,非可以力争者矣。"[3]朱元璋说自己"本无意据有天下",做皇帝是"天特命之"的结果。清太宗说:"天运循环,无往不复,有天子而废为匹夫者,亦有匹夫而起为天子者,此皆天意,非人力之所能为也。"[4]司马光的以下说法大体代表了思想界的主流认识,"王者受天命,临四海,上承天之序,下正人之统"[5]。

我们应特别注意"奉天承运"这类套语的政治文化意义及其潜移默化功能。就政治意义而言,"奉天承运"和"听天由命"凝结了中国传统思想文化中有关"决定论"的最深邃的、最普遍的认识成果,将宗教意识、宗法意识与政治意识交织在一起,将神性与理性交织在一起,是传统政治文化中历久不衰的支配性的范式。同时也是人们的政治认同的最后、最高价值准则。就潜移默化而言,只要在习惯和无意中接受了这些观念,帝王就是无可争议的绝对权威,同时也成为臣民社会定位的前提。

总之,天子称谓将宗教意识、宗法意识与政治意识交织在一起,全面地论证了最高权力的一元性、神圣性和绝对性。除帝王外,任何人不得有僭越行为和举动,否则面临的是杀头和诛九族,乃至灭群(参与的人群)。

二、王"体道"——王握有真理

古人一再提倡 "以道事君""从道不从君""得道者的天下""以有道伐无

---

[1]《资治通鉴》卷一七八。

[2]《资治通鉴》卷一八六。

[3]《帝范序》。

[4]《清太宗实录》卷五。

[5]《策问王道·第五道》。

道"，等等。"道"作为政治理性似乎与现实的"王"是平起平坐关系，人们可以高举道的大旗对王进行制约和规范。我们的确不能忽视这方面的积极意义。但是还有更重要的一面，就是王对道的占有，并以"体道"自居，"道"就在王手里！我们的先哲在理论上纷纷把道的发明权也献给王，董仲舒《春秋繁露·王道通三》中有一段极著名的话："古之造文者，三画而连其中，谓之王。三画者，天地与人也，而连其中者，通其道也。取天地与人之中以为贯而参通之，非王者孰能当是？"董仲舒把王、王道、天道、地道、人道混通为一体，王居于枢纽的地位："道，王道也。王者，人之始也。"

王权的合法性与道有极为密切的关系，秦始皇把自己的胜利就归结为自己有道，因此战胜了六国的"无道"，自己就是最伟大的"体道"者。历代帝王不管如何作为，都要把自己说成是体道者。且看皇帝谥号，首先是说与天的关系、接着就是说与道的关系，有诸如"应道""法道""继道""合道""同道""循道""备道""建道""行道""章道""弘道""体道""崇道""立道""凝道""明道""达道""履道""隆道""契道""阐道""守道"，等等，汉语词汇实在太丰富了，在这里，都说明一个问题：帝王是道的体现者。

王总是以道自居，又有那么多理论支持。所以在传统社会，理多半是帝王权力的附庸。帝王的圣旨高于一切！

三、圣王合一

中国传统思想文化观念，以春秋战国为界，此前以崇拜上帝、上天为主；其后，以崇圣为主。由崇神向崇圣的转变是中国历史上思想文化转型时期的一大创造，也是政治向政治理性发展的标志之一。

圣人作为理性的化身，主要表现在通晓一切事物的道理和规律，是先验性的真理化身。孔安国注《尚书》曰："于事无不通谓之圣。"《说文》："圣，通也。"周敦颐说："无思而无不通，为圣人。"

圣最初是张扬聪明、才智、道德，这本来是一个张扬人的认识与实践能力的概念，但在中国王权至上的社会环境里，凡是好的东西，王都要设法占有，我们哲人们也主动把圣的桂冠戴到帝王的头上。两大思想巨擘老子和孔子给王披上了圣的桂冠，哲人们创造了"圣王"一词，那些被理想化的先王也都升为"圣王"，先王之道、王道，也就是圣王之道。

"圣人""圣王"观念的演进过程大致是:从以先王为圣,到圣应为王,再到君主即圣。圣化,作为一种政治文化绵延至近现代。

春秋战国的思想家们不停地制造古圣王的神话和理想境界,同时又呼唤新的圣王出世,秦始皇的伟大功业把人们想象的圣王从遥远的古代移到现实中来。人们不禁大呼,圣王就在阿房宫!于是,他被称为"大圣""秦圣",他是圣的化身——"躬圣""圣智仁义",他立的法是"圣法",他的旨意是"圣意",他做的事是"圣治",他撒向人间的是"圣恩"。总之,圣与现实的帝王合为一体。

秦朝短祚,秦始皇成为一个反面教材,不停地遭到来自各方面的批评和谴责,可是秦始皇制定的一套皇帝制度却被继承下来,秦始皇整合和规范的一套皇帝观念同样被继承下来,其中便包括帝王与圣同体观念。其后两千年,帝王的一切无不与圣结缘。帝王的尊称为"圣上""圣皇""圣王""圣明""圣仪""圣驾""圣主""圣帝",帝王的命令称为"圣旨""圣令""圣谕""圣策""圣诏""圣训""圣敕""圣诲",等等。

虽然有一些古代思想家,一直在努力把圣人与王分开,力图让圣人代表理性和道德,让王代表权力。然而由于王权太强大,不仅把圣变成王的附属物和王的一种品格,使圣为王服务,为王张目,还成为王的合理性的依据;另一方面,我们的思想家们,由于大多数依赖于王权,认同王权,又把对圣的理想寄希望于王,所以在理论上也不可能把圣与王分开,更多的是把圣交给了王,特别是当朝的王,不管其政绩如何,大多被称之为圣。

尽管帝王们给孔子加上"至圣先师""文宣王"等尊号,但还有一个更大的观念在旁边,这就是帝王冠上的"天王圣明""圣王"等。圣王是高于一般的圣和王的,正如荀子所说:"圣也者,尽伦者也;王也者,尽制者也。两尽者,足以为天下极矣。故学者以圣王为师,案以圣王之制为法。"①"天王圣明"四个字,应该说把最高权力与思想权威统一在一起。

有意思的是,儒家认为孔子已经占据了"圣",可是并没有到此止步,进一步追求的却是"王"。孔子本人就有点以"王"自居之味,他说:"文王既没,文不在兹乎?"②很明显,他以文王的继承人自居。他的弟子们把他置于尧舜之上,宰我认为孔子"贤于尧舜远矣。"③《墨子·公孟》篇记述儒家信徒公孟认为孔子

---

① 《荀子·解蔽》。

② 《论语·子罕》。

③ 《孟子·公孙丑上》。

应为天子。孟子也是雄心勃勃的，豪迈地称："夫未欲平治天下，如欲平治天下，当今之世，舍我其谁也！"①虽然我们不能说孟老夫子要称王称帝，但他同孔子一样，把自己同文王视为一系。儒家主张内圣外王，修齐治平，其中也包含了强烈的政治雄心。荀子在《非十二子》中把君子、圣人、圣王视为一系，君子只要继续努力，是可以成为圣王的。荀子在《儒效》中就论述了大儒转化为帝王的可能性，文中曰：大儒"势在人上，则王公之材也。"又说："通则一天下，穷则独立贵名。"大儒与帝王之路是相通的。《礼记·学记》中有一段论述也同样耐人寻味："君子……能为师然后能为长；能为长然后能为君。故师也者，所以学为君也。"总之，更上一层的目标是当王。孔子没有当上王，无论如何是儒家的一大遗憾。后来的儒生们，为了填补心灵的不平衡，把孔圣人列入王之列。荀子率先发此议："孔子仁且知不蔽，故学乱（作"治"解）术足以为先王者也。"②其后的儒生尊孔子为"素王"，像吸鸦片一样，在精神上过过瘾，圆了圣人当王的梦。后来有些儒生一直在这个梦中盘桓，清代的曾静说："皇帝合该是我学中儒者做，不该把世路上英雄做。"③在他看来，孔子、孟子、二程、朱熹、吕留良等都应该做皇帝。内圣外王、修齐治平显然是由圣而追求"王"。总之，在儒家的观念中"王"比"圣"更高一层。

帝王对圣的占有，是对理性占有的一种表现，也是权力支配理性的证明。在中国古代，理性虽然比神性有更突出的地位和展开的空间，然而，在君主面前，多半不得不低下高贵的头，进而沦为王权的辩护词。

这里我再把传统思想文化特点概括一下：理性夹杂神性而高于神性，权力挟裹理性又支配理性，神性与理性总体上都是帝王的婢女，受王的支配。

帝王对圣的占有，是对理性占有的一种表现，是权力支配理性的证明。在中国古代，理性虽然比神性有更突出的地位和发展，然而，理性终于没有摆脱权力婢女的可怜地位。这是中国古代思想史中一个极其重要的特点。

四、民之父母

中国古代君主制度滥觞于宗法制度，宗法制度是君主制度的母体和原

---

① 《孟子·公孙丑下》。

② 《荀子·解蔽》。

③ 《知新录》。

型。因此,在文献中,标明君权的宗法属性的称谓出现得最早。这类君主称谓主要有"后""君父""宗""宗主"等。"君父"是使用频率很高的。在传统社会,宗法观念是被社会成员普遍接受的社会政治观念。祖宗崇拜、血缘亲情、宗法道德及由此衍生的心理上的从属感,成为专制王权操纵社会的工具,也是臣民文化的起点。

宗法价值观的核心是父家长崇拜,依样画葫芦的君权观念,必然把君权至上奉为最重要的价值尺度。这就在观念上确立了几条基本政治原则。这种法则转换为政治准则就是尺土、子民莫非王有,王权支配一切。君王们皆称其国为"我邦""我家""王家",所谓"溥天之下,莫非王土;率土之滨,莫非王臣"。君为民之父母,所以君与臣同父与子一样,是隶属关系。于是,家庭伦理与政治伦理合一,忠与孝成为道德准则的一般概括。"事君以敬"与"事父以孝","君命不贰"与"违命不孝"相辅相成,是为社会所公认的行为准则。

"君父""子民"是传统政治认识的一个重要的固定观念模式。"君父""子民"观念成为政治理论的基础之一,并通过各种社会化方式使之成为普遍认同的社会政治意识。"君父"所内含的帝王观念,即"家天下"和"王道三纲"。

家天下,即"王者无外","王者以天下为家"。"国君一体""忠孝一体",帝王是百官臣民之父母,君位严格依照宗祧继承原则世袭。皇帝制度使"贵为天子,富有四海"成为政治现实,"公天下"与"私天下"以皇帝为中介合二而一。"国家""官家""大家""县官""社稷"等帝王称谓,正是"国君一体""天下一家"政治观念的产物。蔡邕的《独断》说:"天子无外,以天下为家,故称天家。"皇帝制度及"天下一家"观念,使权利与权力高度统一,王权是名副其实的绝对权力。

"王道三纲",即"君为臣纲,父为子纲,夫为妻纲"。一般说来,"三纲"之中君纲至大。人类社会由无数主从关系构成社会网络,君是网络之中的纲中之纲,他不仅作为全社会的大家长掌握着宗法权威,而且拥有父所不具备的政治权威。

基于宗法伦理的君父与臣子规范,亦即"君臣大义",是中国古代分量最重的一具精神枷锁。君主专制是宗法向政治延伸的必然结果。

五、王是秩序化身

社会不能没有秩序,我们祖先从文明开始的政治实践创立的是金字塔式的社会秩序,王则居于顶端。后来的思想家们大致都是沿着这个模式论证社会秩序。甲骨文"王"字形象是斧钺。在古代文献和考古材料中,玉钺、青铜钺是军事统率权和刑赏大权的物质标识,类同权杖。从文化内涵上看,"王"标志着君主尊贵的等级地位和生杀予夺的权力。帝王取天下、治天下,刑兵而已矣。正是在军事征战和权力角逐过程中,确立了专制主义中央集权政体,把王权推向极致。"成则为王"是政治斗争的铁则。在传统政治思维中,社会秩序的建立,首要的无不依恃强权。君高踞于社会人群之上,占有土地,支配人口,所以董仲舒说:"君者元也,君者原也,君者权也,君者温也,君者群也。"

君主处于社会政治等级的巅峰,故又称为"上""至尊""元首"。在等级金字塔的顶端只能容下一个人,所以在尊卑有别的社会中,君为"至尊"。"天无二日,国无二主。"唯我独尊的君主是整个等级系统的主宰,即"人君者,所以管分之枢要也。"在这个意义上,君又是"元首""元良"。与古罗马自称"第一公民"的元首有所不同,中国古代君主称谓从不具有"第一公民"的内涵。在传统政治思维中,君好比头脑和心脏,臣民好比肢体和九窍,君是中枢和主宰,臣是附庸和工具,君与臣是绝对的支配与被支配关系。君可以对天下一切人随意"生之、杀之、富之、贫之、贵之、贱之。"故又称"主""主上""人主""至尊""元首""民主"等。所谓"民主",即"民之主",与近代民主观念在逻辑上完全相悖。"君要臣死,臣不敢不死",君是主人,臣是奴仆,臣民只有绝对服从的义务。

主宰一切的人必然被视为秩序的化身。古代的政令法律是转化为国家意志的君主意志,君主言出法随,赏戮由心,因此君主又称为"辟""辟君""辟王""王辟"。辟,本义法律、法度。在君主专制政体下,君是法的主人,法是君的专利,所谓"法者,王之本也"。法又称为王法,故辟可引申为君。"惟辟作福,惟辟作威。"君主失位而复得,就可以重新作威作福,故称之为"复辟"。

君主政治有几个基本原则,即社会等级上的独尊原则,权力配置上的独头原则,政治资源上的独占原则和权力运作上的独断原则,即"乾纲独断"。皇帝是最高权力主体,没有任何制衡王权的机构设置。

传统政治思想文化的主流认同"胜者为王败者寇",也认同以强力为基础的金字塔式的秩序。

六、天下王有,皇恩浩荡

宋儒程颐的如下一句话可作为"王有天下"的典型言辞:"天子居天下之

尊,率土之滨,莫非王臣……凡土地之富,人民之众,皆王者之有也。""王有天下"是一个无所不包的综合性的最高权力观念,而且这种权力有不受任何限制的绝对性。不管任何社会成员地位如何,也不管他们拥有什么,只要与"王有"发生矛盾,必须无条件地服从"王有",所谓"君于臣有取无假"是也。王有天下好像一个其大无外的穹庐,死死地扣在社会之上。君主们"无法无天"的种种作为的理论依据就是王有天下。

翻开历史,君王们"率兽食人"的恶举尽管数不胜数,但理论上却是"皇恩浩荡",洒向天下的是阳光和雨露,是天下人的衣食父母。何谓君,何谓臣?有一个经典定义:"主者,人之所仰而生也。""为人臣者,仰生于上者也。""故明王之所操者六:生之杀之,富之贫之,贵之贱之;此六柄者,主之所操也。"面对着君主的生杀予夺之权,臣民如果不是对抗,大抵只能是感恩和畏惧。韩愈、柳宗元是文学大家,也是颂扬皇恩的高手,把自己的"身体发肤,尽归于圣育;衣服饮食、悉自于皇恩"。"读六艺之文,修先王之道,粗有知识,皆由上恩"。既然一切都是皇上给的,结论自然是"皇恩浩荡"。与这种称颂相应的是说不尽的自责和自罪之词,愚昧呀、鄙陋呀、负恩呀、惶恐呀、有罪呀、该死呀,等等,这不单是韩愈与柳宗元个人品德问题,而是普遍的文化定的规范。

上述的几个基本理论把帝王稳固地置于独一、绝对和独断的地位。这些理论与整个的帝王制度体系交融在一起,互相支持、互相转化,即是说,这些理论转化为政治操作的制度,而这些制度又翻转过来强化这些理论。理论与制度配套使帝王体系越来越完备。因此不可能从帝王体系中转化出来现代化的政治观念和制度,只有经过革命性的变革才能突破原有的模式。当然这不是一蹴而就的,要有历史的磨难为代价。

原载《历史教学》,2018 年第 3 期

"天子"的概念

"天子"一词人人皆知,谁能坐上天子的宝座,谁就占据最高权力、拥有天下,因此是最神圣的、独一的称呼。这里不说天子制度,只说"天子"这个概念的意义。

《说文》:"天,颠也。"指人头,"大""上"是其本意,甲骨文中的天没有神秘含义,但在《尚书·盘庚篇》则是神秘和至上神之意。

周代商后,"天"有说不尽的含义,要之,有自然性的天和神格化的天,"皇天上帝"一直作为万能的主宰者而受到人们的尊奉,东汉郑玄说:"上帝乃天之别名。"帝王就是皇天上帝的人格化的体现,故帝王又称天子。从文献记载看,西周成王开始自称"天子",具有神人合一的含义。政治的基本特征是:家国合一,帝祖交混,政教一元,宗教化的宗法制度支配着整个社会的生活方式。中国古代祭政合一,是古代王权与生俱来的一块胎记,只有天子才能祭天。

"天子"之称本来已经神化了帝王,但君王们还嫌不够,干脆径直称"天"。看到"天王""天元""天公""天父""天皇""天皇大帝"等类似概念,需要细细分辨,它既可以指天神,也可以指帝王。

君王为天之子,受命于天,代天施治,君是天选定的"民主"。

"天子至尊也,神精与天地通,血气含五帝精。"帝王通神或即是神。天是人的曾祖父,天和天子是父子关系,这就在观念上把宇宙世界也神秘化和宗法化了。君主代天行事,君命即天命,"人主立于生杀之位,与天共持变化之势"。"唯天子受命于天,天下受命于天子,一国则受命于君。"天是泛宗教性的崇拜对象,而天子则是教主,其他宗教基本都处于王权之下,或受王权支配,其中包括孔教。

在传统思想中"奉天承运"是个大命题。先哲虽有"天听自我民听"的哲言,但只有天子才能奉天承运,在悠悠的岁月里与"奉天"含义完全相同的词很多,唐以后帝王的尊号、谥号一开头,大多是什么"统天""法天""仪天""应天""感天""体天"之类的词,表示帝王同天有着特殊的关系,是天命的体现。这里仅举几位雄才大略的帝王有关之论。隋文帝说:"帝王岂可力求!孔子以大圣之才犹不得天下。"唐高祖说:"帝王自有天命,非小子所能取。"唐太宗说:"帝王之业,非可以力争者矣。"朱元璋说自己"本无意据有天下",做皇帝是"天特命之"的结果。清太宗说:"天运循环,无往不复,有天子而废为匹夫者,亦有匹夫而起为天子者,此皆天意,非人力之所能为也。"司马光的以下说法大体代表了思想界的主流认识:"王者受天命,临四海,上承天之序,下正人之统。"

我们应特别注意"奉天承运"这类套语的政治文化意义及其潜移默化的功能。就政治意义而言,"奉天承运"和"听天由命"凝结了中国传统思想文化中有关"决定论"的最基本内容,将宗教意识、宗法意识与政治意识交织在一起,将神性与理性交织在一起,是传统政治文化中历久不衰的支配性的范式。同时也是人们的政治认同的最高价值准则。就潜移默化而言,只要在习惯和无意中接受了这些观念,天子就是无可争议的绝对权威,同时也就成为臣民社会定位的前提。

总之,天子称谓全面地论证了最高权力的一元性、神圣性和绝对性。清朝之后没有天子之称了,但"天子"一元化的观念和类似观念还以各种变体的方式存在和流行,汉语极为丰富,表达的方式层出不穷,很值得关注和清理。

原载《今晚报》,2018 年 2 月 13 日

帝王的谥号

作为文化的一部分,中国古代的名号是很突出的,它不仅有悠久的历史,且有很深刻的文化意蕴,其中最有规律性的是帝王的谥号和尊号。帝王谥号在政治生活中占有重要的位置,具有广泛的政治影响,是中国传统政治文化的重要组成部分。

谥号是后人根据死者的生平事迹而给予的一种价值评定,"谥者行之迹也,累积平生所行事善恶而定其名也"。谥法是其评定谥号包括谥和号,严格地说,即所谓"谥者,行之迹,号者,功之表",但它的主体是谥。谥即是用含有特定含义的字表示对死者一生的总结性评价。谥号主要适用于帝王、后妃和重要大臣。

关于谥法的起源,自古至今尚无定论,有黄帝制谥和周公制谥之说,春秋战国时期,诸侯争霸,周室衰微,谥法有了新的发展,谥的范围扩大到一般诸侯、卿大夫、贵夫人。评谥一般是一两个字,内容多是论及品行和政绩的,即主要是对统治者的政治行为做出某种评价。秦统一六国后,建立了中央集权制和极端的君主专制制度,为了维护皇帝的神圣不可侵犯性,防止"子议父,臣议君"的非圣无尊行为,秦始皇废除谥法,皇帝成了认识的禁区,只能服从而不能进行评论。

汉代虽恢复谥法,但帝王的至尊形象不可损害,嗣位皇帝对于祖先极为推崇,谥成了"尊名"的工具。臣子也慑于皇权的威力,同时本着君臣荣辱共体的观念,"人臣之义,莫不欲褒称其君、掩恶扬善者也"。唐代以后,随着经济文化的发展、君主专制主义的加强,对帝王的崇拜也加强了,帝王的谥号也越来越长,字数在不同的朝代有不同的规律性,唐帝谥号最终基本上是五字或七字,宋代十六字,明帝谥以十七字为准,清代则加至二十四字。"孝"字成为汉帝的共同谥称。唐朝帝王谥号(终谥)定型为七字谥,即"××大圣大×孝"皇帝,在其中分别填以不同的形容词。明代则以"×天×道×××××文×武×××孝×"皇帝为格式。这些模式的主体大致不变,且都是统治思想的高度概括。从其内容上可以看出各代统治思想的继续和完善过程,孝、文、武、圣、天、道等主题是陆续提出并为各代所认同的。帝王承载了这些最高原则,"经纬天地曰文""道德博闻曰文""慈惠爱民曰文"等,后来又增加了"勤学好问曰文"等内容。"武"则是武功显赫、扩展疆土的标志,"威强敌德曰武""克定祸乱曰武""刑民克服曰武"。唐以前,文与武对一个君主来说是相对的,"言文则不称武,言武则不称文"。自唐高宗追尊太宗为"文武圣"皇帝以后,"文""武"才在帝王谥号中连为一体。作为文化符码,文、武比圣、孝等抽象名词具有更实际的意义。从历史的经验看,文、武是统治网中的经纬线,武创业、文守成,被视为"百世不易之道"。

帝王谥号整齐划一,并在内容上对比排列,越到封建社会后期越呈现僵化的趋势。同时恶谥遭到非议,基本上以美谥为主。"惟美恶之谥一定,则荣辱之名不朽矣",唐以后,即使亡国之君和遭到废就的帝王,对他们也只是用表示哀悯的中性谥,而不是恶谥。纵观历史,有恶谥的君主只是极少数,王,就为权杖的光辉所笼罩,作为与他本身相异化的形象而存在,即使平庸、暴戾,也冠以诸多美名,以此掩盖其真实面目。秦汉以后谥号起到了美化帝王的作用,观谥而知其行的意义不复存在。

谥号、尊号是政治观念中继体嗣统的体现,并由此而形成一个连绵不断的君主系统,这个系统没有朝代之分、敌我之别,新的朝代总是给前代的亡国之君以谥,并且越到封建社会后期,越失去了谥法初期的原则和是非观念,亡国、昏暴的君主也多冠以美谥。

作为谥法的称谓条例,是儒家大力提倡的结果。同时随着君主专制的加强,在理论上出现了对恶谥的非议,以图建立新的谥法精神。元代以后帝王没有恶谥,这对评价昏庸的帝王来说,显然是行不通的。

谥与尊号虽然只是语言符号的不同组合,却正是几千年来传统政治思维的凝聚。这些语言的巫术功能超过了表意功能。

原载《今晚报》,2018 年 2 月 27 日

非圣无法

汉中期以后,朝廷为控制舆论,曾明文规定:"令下腹非者论死,诽谤圣制者当族。"东汉光武帝又提出"非圣无法"。无法,即无视法纪。

所谓圣制,就是皇帝认定的制度以及认定的祖制。汉武帝正月在甘泉宫祭司"太一"神和祖宗,按礼制有固定的程序和节目。适逢屯田敦煌的官吏获得一匹"神马",献给武帝。武帝兴高采烈,给神马作歌,加入祭祀节目之中。中尉汲黯进言:"凡王者作乐,上以承祖宗,下以化兆民。今陛下得马,诗以为歌,协于宗庙,先帝百姓岂能知其音邪?"武帝默然不悦。丞相公孙弘乘机进言:"黯诽谤圣制,当族。"汲黯是当时的名臣,不专心儒家,是有名的杂家。公孙弘是历史上的第一位以倡导儒术而升为丞相的人,由于他的高升,引导大批儒生追随其后专心于儒术。汲黯的话本来是很中肯的,公孙弘却乘机进行攻击,给汲黯扣上大帽子,是"诽谤圣制",建议汉武帝杀掉汲黯。可见大儒是何等的心狠!幸亏汉武帝实行的是杂霸政治,所以网开一面,得以幸免。但"诽谤圣制"的帽子是可怕的,谁被扣上,多半要受到严厉的惩罚。

说到圣制,有两层意义:一是礼义,是泛称的圣制,是由圣人制造出来的,圣人制礼作乐是儒家的一个基本认识,论述多多,其他诸子也有近似的说法;二是帝王们制定的种种规矩是圣制的现实体现,秦始皇是首位被尊为圣人的现实的帝王。于是,他被称为"大圣""秦圣",他是圣的化身——"躬圣""圣智仁义",他立的法是"圣法",他的旨意是"圣意",他做的事是"圣治",他洒向人间的是"圣恩""惠及牛马"……圣与现实的帝王合为一体,违反圣制是大逆不道。公孙弘给汲黯扣上"诽谤圣制"这顶大帽子,必欲置之死地,可见大儒并不宽容。

汉代独尊儒术,对"五经"形成神圣的崇拜。但对"经"的理解和解释又有很多分歧和支派。其中有"传""说",等等,而汉代大兴的谶纬之学越来越火。"谶者诡为隐语,预决吉凶","谶"是一种隐秘的语言,假托神仙圣人,预决吉凶,告人政事。"纬"是相对"经"而言的,"纬者经之支流,衍及旁义"。谶与纬作为神学预言,在实质上没有多大区别,但就产生的先后说,则谶先于纬。汉以前的方士们就造有各种"谶语"。比如秦始皇时,方士卢生张扬"亡秦者胡也"的谶语,其意义是什么,或曰秦要被胡人(北方的游牧族的通称)灭亡,于是秦始皇派人大修长城、派重兵守卫;后来又有秦亡于胡亥(秦二世)之说。汉武帝以后,独尊儒术,经学地位提高,产生了依傍、比附经义的纬书,称"经纬";而谶也与经书攀亲,进行附会,称为"经谶"。谶纬是两汉时期一种把经学神学化的儒家学说。自哀帝、平帝至东汉,在帝王的提倡和支持下,加之儒家的附和,盛行于世,王莽为取代汉帝,大造谶语。东汉光武帝迷信谶纬,称谶纬为"内学",经书反而成为"外学"。谶纬成为官方的统治思想。但一些有见识的学者,如桓谭、尹敏、郑兴、张衡和王充等坚决反对,揭露和批判谶纬的荒谬无稽。张衡还提出了禁绝的主张。而桓谭仅因指出"谶之非经",就差点送了性命。据载:"有诏会议灵台(核算历法的专门建筑,很神圣)所处,帝谓谭曰:'吾欲以谶决之,如何?'谭默然良久,曰:'臣不读谶。'帝问其故,谭复极言谶之非经,帝大怒曰:'桓谭非圣无法,将下斩之。'谭叩头流血,良久乃得解。"

对"圣制"和帝王认定的观念提出异议,就是"非圣无法""非圣诬法",必遭惩治。在人们曾经的生活经历中有很多"非圣无法"的问题,这类的事情实在应该进入历史博物馆,作为历史的陈迹,让人去反思。

原载《今晚报》,2018 年 5 月 10 日,第 9 版

腹诽罪

汉文帝时期废除了妖言、诽谤罪,司马迁在《史记·孝文本纪》末评论说:"孔子言:'必世然后仁。善人之治国百年,亦可以胜残去杀。'诚哉是言:汉兴,至孝文四十余载,德至盛也。"到汉武帝时,不仅恢复了妖言、诽谤罪,而且创设了腹诽罪。颜异为大司农,负责粮谷事,大致相当以后的农业部和粮食部部长,为九卿之一。当时汉武帝与张汤制作"白鹿皮币",征询颜异的意见。颜异说:王侯以苍璧(用于祭天)朝贺,其价值不过数千,而"白鹿皮币"规定其价值高达四十万,硬性规定要王侯缴纳四十万,实在是"本末不相称"。汉武帝听后很不高兴。颜异与客人谈话,客谈到此事认为不适宜,颜异没有回答,只是"微反唇"。张汤奏颜异居于九卿之位,"见令不便,不入言而腹诽,论死。自是之后,有腹诽之法,以此而公卿大夫多谄谀取容矣"。

就因为嘴唇微微动了一下,被张汤抓住,颜异被杀。司马迁在《史记·酷吏列传》的"论赞"中,评论汉武帝惩治言论罪所造成的后果说:"自张汤死后,网密,多诋严,官事浸以耗废。九卿碌碌奉其官,救过不瞻(意思是弥补、改正自己的罪过唯恐来不及),何暇论绳墨之外乎?"司马迁不惜笔墨叙述了汉武帝拒谏、限制言路,导致闭目塞听、奸不上闻的弊端。

司马迁在许多人物的传记中都强调纳谏与拒谏对政治的不同影响。在《史记·秦始皇本纪》中,大段抄录了贾谊的《过秦论》,其中贾谊总结秦灭亡的原因之一便是君主拒谏:"当此时也,世非无深虑知化之士也,然所以不敢尽忠拂过者,秦俗多忌讳之禁,忠言未卒于口而身为戮没矣。故使天下之士,倾耳而听,重足而立,拑口而不言。是以三主失道,忠臣不敢谏,智士不敢谋,天下已乱,奸不上闻,岂不哀哉!"司马迁引用贾谊的言论,不仅是剖析秦灭亡的原因,也是借贾谊之论警诫汉武帝及以后的王权统治者。

司马迁生活的时代是汉王朝由盛到衰的转折时期,社会的各种矛盾和弊端开始显露,他在《史记·平准书》中叙述了汉武帝时社会富庶情况后,笔锋一转,明确指出了当时存在的社会问题:"当此之时,网疏而民富,役财骄溢,或至兼并豪党之徒,以武断于乡曲。宗室有士公卿大夫以下,争于奢侈,室庐舆服僭于上,无限度。物盛而衰,固其变也。"

他在《自序》中说:"王迹所兴,原始察终,见盛观衰,论考之行事……""原始察终,见盛观衰"是考察历史问题的重要方法,也是司马迁写史记的真正动机,以《史记》总结历代治乱盛衰之理、成败兴亡之因,作为帝王治国理政的参考,同时寄托自己对社会的关心与忧虑。

治腹诽罪要达到绝对的"一统""一尊",不允许人们心中存有异议,私议当然更不允许。我们这些七老八十的人,曾经历过那段特殊时期,诱导人们"交心""掏心""汇报思想",而后进行"秋后算账";无端地查抄可疑人的日记,隐私的日记都可能变为罪证,进行严厉的惩治。这些就是现代版的腹诽罪。这种历史教训,无论如何都不应该忘记。

原载《今晚报》,2018 年 5 月 11 日,第 13 版

圣人从众与从善

"明者因时而变,知者随事而制。"原意为聪明的人会根据时期的不同而改变行事策略,智慧的人会随着事情的不同而改变处理问题的方法。这句话出自汉代桓宽的著作《盐铁论》,体现了我国传统文化中源远流长的权变、经权、常变的哲学思想,即处理事情应该遵循一定的原则,但是也要因时制宜、因地制宜,根据情境、形势的不同而灵活变通。在被称为诸经之首的《易经》中,就有表达类似思想的"凡益之道,与时偕行""时止则止,时行则行,动静不失其时"等观点。

儒家传统哲学的经权思想始自孔子,后经孟子发展,最后到董仲舒时代上升到比较高的政治地位。《论语》中说"尔爱其羊,我爱其礼",孔子用"礼"字指代经权思想中的"经",即为人处世应遵守的原则。同时,《论语·子罕》中说:"可与共学,未可与适道;可与适道,未可与立;可与立,未可与权。"这里的"权"即指通权达变,由此可见孔子对经权思想的推崇。他已经深刻认识到,为人处世坚守原则非常重要,但是根据形势的不同而灵活变通才是最难做到的。

孔子之后,孟子完善并明确了类似的经权思想。《孟子·离娄上》记载了孟子与淳于髡的一段著名对话:"淳于髡曰:'男女授受不亲,礼与?'孟子曰:'礼也。'曰:'嫂溺,则援之以手乎?'曰:'嫂溺不援,是豺狼也。男女授受不亲,礼也。嫂溺援之以手者,权也。'"这段对话很好地诠释了坚守行事原则和事急从权的重要性。到了汉代,董仲舒开始把儒家经权思想与维护国家统治联系到一起,从而把经权思想推到了一个史无前例的政治地位。

春秋战国的社会变动,给人们的历史创造性提供了更广阔的舞台。在复杂的社会角斗中,人们进一步悟出了如下的道理:"国将兴,听于民;将亡,听于神。""民,神之主也。是以圣王先成民而后致力于神。"重民,主要是从政治力量上讲的,如何把这种力量组织起来,这就需要智慧了。于是在用人问题上，突出了用贤和用能；于是有"使能，国之利也"之论，有以贤能为"国宝"之喻。在用贤和使能的浪潮中，"圣"被凸现出来。

关于"圣"的本意，先哲时贤们有过种种考证和解释，使人开智增慧。从文献看，"圣"的主要含意就是聪明，圣人，也就是聪明人，即人中之杰。从认识运动规律看，春秋时期突出圣人，反映了认识的深化，即理性进一步发展。这就是《尚书·洪范》讲的："于事无不通谓之圣。"

在把"圣人"推向文化本体地位的造圣运动中，老子与孔子有着特殊的贡献。老子对"道"进行了前所未有的理性阐发，道既是万物的本原、本体，又是万物运动规律。圣人把"道"传播给众人。儒家从社会历史角度高扬了圣人，圣人最伟大的功能是"博施于民而能济众"。这不是一个小问题，而是关乎理想国的头等大事。"博施于民"表达了圣人道德的高尚和当权的目的性，"能济众"则表示圣人的历史作用和功能。

老子、孔子是春秋战国新兴文化的两位巨擘，他们虽都不否定神鬼，但由于崇尚理性而把神鬼置于侧位，而理性是由圣人体现的。沿着老子、孔子的思路，后来者更加高扬圣人。终战国之世，基本上完成了思想文化由崇神向崇圣的转变。

如何才能成为圣人，这又是一个深层次的问题，古人也有精辟的阐发。圣人"从众"思想与上述认识有密切的关系，是一个问题的两方面。《左传》记载，成公六年，楚、晋交战，晋中军帅栾武子下令退军，众将军多数不赞成。有人问栾武子："圣人与众同欲，是以济事。子盍从众？子为大政，将酌于民者也。子之佐十一人，其不欲战者，三人而已。欲战者可谓众矣。"圣人与众同欲是个光辉的哲理，将了栾武子一军。但栾武子也是一个聪明人物，他又讲了另一个道理。他说："善钧，从众。夫善，众之主也。三卿为主，可谓众矣。从之，不亦可乎？"乍一看，栾武子近似于狡辩，其实栾武子提出了一个更深刻的见解。事情不能简单地以多数少数为准，"善"，即正确，比多数更为重要，善在少数人手中，从"善"亦即从众。究竟如何把"从众"与"从善"统一起来，是一个困扰人类的问题。但问题的提出足以给人启发。

得到民众的支持就可犯上，就拥有充分的理由，这可以说是春秋期间最激进的言论和见解。鲁三桓长期专政，季氏掌权期间，赶跑了鲁昭公。昭公不得返国。公元前515年，诸侯会盟，讨论鲁昭公回鲁问题。晋范献子不赞成，他说："季氏甚得其民，淮夷与之，有十年之备，有齐、楚之援，有天之赞，有民之助，

162

有坚守之心……"与会者听了范献子的议论,只好作罢。公元前510年鲁昭公死于晋,赵简子对史墨说,季氏逐君,不准复国,死于异乡,这样做是否有点过分?史墨回答道:"鲁君世从其失,季氏世修其勤,民忘君矣。虽死于外,其谁矜之?"得民便取得放逐君主的理由,在政治思想上是一大飞跃,君主的神圣性被破除了。

原载《今晚报》,2018 年 5 月 12 日,第 9 版

说"天地君亲师"崇拜

　　"天地君亲师"崇拜西周已具备雏形,而形成于《荀子》,在西汉思想界和学术界颇为流行,明朝后期以来,崇奉"天地君亲师"更在民间广为流行。祭天地源于自然崇拜,中国古代以天为至高神,主宰一切,以地配天,化育万物,祭天地有顺服天意、感谢造化之意。祭祀君王源于君权神授观念。敬奉亲祖源于祖先崇拜。"天地君亲师"是传统社会中伦理道德的合法依据,由于深入人心,对民众的物质生活和精神生活各方面都产生巨大影响。

　　"天地君亲师"崇拜核心是一种泛化的君崇拜。三纲、五伦、六纪中还有许多类似的"君"。如三纲中的夫与妇、五伦中的兄与弟、六纪之中的长与幼,都被认为具有君臣、父子属性。对此,《白虎通》等有详细的论述,其基本思路为历代大儒所继承,并获得全社会的广泛认同。天是百神之大君,在宗教中,"道"亦可称"帝"。一切居尊居长者都是"君",一切居卑居幼者都是"臣"。因此,在政治上,天子为君宗、大君,诸侯为邦君、国君,卿大夫为封君,某些长官为使君、郡君、府君。在家庭中,子女称父母为严君,妻妾称丈夫为君子、夫君。"天地君亲师"及其他形形色色的绝对权威,各有其分野、领域,又互相比附,连为一体。这就织就了一张遍布天人体系、政治体系、宗法体系、学术体系的绝对权威支配之网。无论人们处在哪一个体系中,都将面临一个似曾相识的无上权威。这个权威大网又有梯级配置。

　　天至高无上,毕竟是虚拟的,因此,这张绝对权威大网的核心和真正支配者是政治之君。人们称君主为"天子""帝王""君父""君师",将各种权威属性献给他。君主居于社会政治体系之巅,其他各种权威崇拜的最终导向是君权崇拜。因此,君主才是名副其实的至上权威。

　　泛化的君崇拜为一切等级的上下关系都注入了支配与被支配的属性,使人与人之间的关系大多类似于主子与奴仆的关系。

在中国古代文化观念中,君臣、父子、夫妇、师徒等都有"义交"的成分,即所谓"道义之交""朋友之道"。于是又有相对性的要求,如君礼臣忠、父慈子孝等。这又为在下者提供了人际互动中的某些变通,如诤谏君父。这类观念不是对绝对权威的否定,而是为维护绝对权威而设。它包含着能动的调整成分,具有现实性、合理性,却从不具有彻底否定君、父、夫、师的支配权的意义。古代人又分别将君臣等两大类角色概括为阳与阴。阳又称乾,属天道;阴又称坤,属地道。阳尊阴卑、阳主阴从、阳刚阴柔、阳完善阴缺损……总之,居阳者永远支配居阴者,居阴者永远是被动者。阴居阳上,则属反常,属悖戾。

尽人皆奴和泛君崇拜铸就了遍布社会的主奴混合的人格。一般说来,在中国古代社会,主奴综合意识寄寓在每一个成年社会个体的灵魂深处,几乎一切社会个体都会历时性或共时性兼备主奴双重角色。之前曾在另一篇《主奴综合意识》中详细谈过,此不赘述。

亦主亦奴人格的形成是整个社会环境培育的结果。在古代,"天地君亲师"崇拜不能说一无是处,但主要培育的是泛君崇拜,此点不可不查。单方面颂扬其优越性,实在是违背历史和缺乏历史的分析。

原载《今晚报》,2018 年 5 月 13 日

简说精华与糟粕①

　　中国精神是什么？一百个人会有一百种不尽相同的回答。依此类推，至于无穷。这似乎有点"玄"，有相对论和不可知论的味道。其实细想一想，这也是无可奈何的事实。中国精神，无疑是由中国人创造的。可是中国人实在是一个庞大的人群，在世的就有十二亿之多。如果把历史上的中国人累计一下，究竟有多少？似乎至今尚未有人做过精细的研究和统计。笼统地说，大概不会少于数百亿。中国的精神就是由这数百亿人共同创造、累积而成的。现代的心理学、哲学、医学，等等，对一个人的精神都很难说清楚，要何况偌大的中国精神！面对着中国精神这个庞然大物，认识者又各有视角，说东道西是很自然的事。人们对中国精神已经有了各式各样的概括，诸如天人合一，日日新又日新，自强不息，生生不已，宽容，中庸，和平，尚文好礼，人文精神，等等。这些无不言之成理，持之有故。但是如果从另一方面看，难道阿Q精神，"酱缸"精神，"窝里斗"，"乡愿"气，逆来顺受，保守好古，墨守成规，等等，就不是中国精神吗？我想，只要冷静一点对待，似乎也不能排斥在外。

　　于是，我们有了二分法：取其精华，弃其糟粕。精华、糟粕之分具有极其明显的价值判断和取舍的内容。我们称之为价值性的二分法。价值问题是人区别于动物的一个重要标志，只要有人就有价值问题，谁想抛开它，就像想握着自己的头发离开地球一样，是不可能的。价值性的二分法是人类精神生活过程中最富有创造性的动力之一，是人类精神不断完善、不断向更文明迈进的必由之路。这种二分法并不是我们现在的发明，可以说古来有之。物生有两和老子的一生二等从哲学上做了概括。孔子的君子与小人之分，择善而从，从道德上给人指出了光明之路。

　　价值性的二分法如果只限于认识论和个人的判断与选择，它可以促进认

---

　　①原题为"《中国精神》系列书序"，未找到所序书名，故放入本卷。

识的深入和个性化。如果把这种价值性的二分认识由个人之见推广到社会，也就是说使之社会化，特别是和权力结合起来推行社会化，事情立刻变得复杂起来。

从历史的过程看，价值性的二分法在社会化的过程中，在许多情况下有必要运用权力。权力系统如果对精华与糟粕的判断是准确的，利用权力的功能发扬精华，弃其糟粕，无疑对一个民族、一个国家，乃至人类更快地走向文明都是十分重要的，是一种不可或缺的巨大动力。如果对精华与糟粕判断错了，不仅会有相当的危险性，甚至会造成灾难。这在中外历史上也是屡见不鲜的。在中国的历史上最为突出的例子有：秦始皇的焚书坑儒，汉武帝的独尊儒术，理学官学化，"文化大革命"，等等。中国历史上数不清的文字狱在理论上都与这种价值性的二分法有直接的关系。

价值性的二分法内在的要求是求"一"。只要留意中国思想史，就会看得十分清楚，凡是对精神现象进行价值性二分法的，其结论几乎无一例外地是要扬其一和弃其一，这组成了一个问题的两方面。我们只要读一读墨子的《非儒》、荀子的《非十二子》、韩非的《显学》、《吕氏春秋》中的《不二》，就会一目了然。李斯建议焚书坑儒和董仲舒建议独尊儒术，取舍迥异，但在方法论上却是一样的，都是价值性的二分法，都主张"定于一"。理学家最注重二分法，与之相随的便是"一刀切"。理学家的"一刀切"同"定于一"并无二致。这种二分法作为个人的认识和选择有其合理性，也是难于避免的事实。但是只要与权力相结合，就会出现尊一而排它的现象。所尊的"一"可能是对的，也可能是错的，也可能是对、错相兼，等等，有多种可能性。事情就会变得极为复杂。面对着庞大的、复杂的、多元的精神遗产，加之每个人的价值取向又不相同，人人各有自己的二分法，分的结果不仅有异，更有互相抵牾之处，乃至水火不容。面对着这种情况，又如何决定取舍呢？杰出的政治家也许比一般人站得高、看得远，但他们终究也是人，他们价值性二分法的结论未必一定是正确的。如果只是作为自己的见解，与他人平等相待，或者仅仅利用自己的地位扩大影响，这都是可以理解的；如果利用自己手中的权力强使他人乃至社会接受，事情就比较复杂。在这方面我们有数不清的正反两方面的经验和教训。比如对孔学的评价，我们就有闹剧式的、啼笑皆非的经历。"文革"期间，"孔学名高实秕糠"的论断一出，"批林批孔"一声令下，一下子便席卷全国。且不说亿万人的大轰大嗡，素有研究的专家们面对着最高指示一时间也纷纷重新站队，有的自我批判,有的反戈一击,有的放弃成见,有的落荒而逃,顷刻间便出现了批孔文章满天飞的壮观景象;在浩大的批孔声势面前,敢于沉默者已属难能,斗胆包天直言相争者不过一二人而已。这真是中国文化史上的一大奇观!星转斗移,政治形势一变,孔学名高实精华又成为时尚。二十年间,对孔学的价值二分法相去何远!我们的许多学人不管是主动或被动,大都是参与者。遗憾的是,至今我们的学者们还没有对这一段往事给予认真的反思,大多拍拍屁股一走了之,似乎与自己无关,这是另话。不管如何看待孔学的这种大起大落,它揭示了一种重要的历史现象,前人的二分法,在后人看来,常常有倒置和错位现象。这就是常说的昨是而今非。今人看往者如是,安知来人不如是看今人?于是我们又得出一个结论,价值性的二分法有着明显的历史性,这固然可以说是历史的辩证法,但有许多情况又何尝不是由价值性的二分法行政化所造成的历史谬误?

二分法无疑是一种极其高明的思维方式,有快刀斩乱麻之效。但也有一刀切之弊。从纯逻辑上看,二分法固无不可,但对实际问题实行二分法则是十分困难的,甚至是不可能的,强分必乱。判断少有偏差,而又要强行社会化,便不可避免的要导出文化专制主义。

从认识史看,对待精神文化现象不可避免地要用价值性的二分法加以分析和判断;从历史上看,这种二分法与权力的结合同样也是不可避免的。怎样避免权力系统对二分法的误用,这是迄今为止人类还没有完全解决的问题之一。这个问题也就是通常所说的如何对待思想自由问题。从历史发展看,强加于人,显然与现代的民主、自由精神是相悖的。扯得太远了,不是这篇短文所能理清的,以后他文另论。现在要回到中国精神上来。

中国精神是什么?我看眼下是找不到统一答案的。我们写的这十本小书,既没有规定统一的调子,也没有画几条杠杠。但我们还是提倡发扬精华,弃其糟粕的。不过这个任务交给了各位作者,由他们自己去判断和选择。

齐法家与秦晋法家之比较^①

法家在历史上,特别在战国秦汉时期有过巨大的历史作用。近些年来学界有儒家热、道家热,相对说来,对法家的研究则比较淡。值得称道的是,山东学人对法家还是关注的,也取得了不少成果。但总的说来,对法家研究还不够深入。今天我就齐法家与秦晋法家做一点比较,就教与诸位。

齐法家与秦晋法家作为一个大的流派在基本思路上是一致的,如果细致分析也还有不少差别。秦晋的法家比较侧重实践性,齐法家似乎更侧重法理的探讨。这可能与稷下学宫议而不治有关。就其差异而言,我想提出如下四点。

一、齐法家的法理(或法哲学)比秦晋法家要深刻和系统

法理当时称"法之义"。法理旨在寻求法与立法的合理性。在论述合理性问题上,齐法家比秦晋法家要高出一筹。《管子》中多篇提出"道法"这个概念很值得注意。在我看来这个"道"不限于道家的道,而是当时整个思想界所崇尚的理性之"道"。《管子》一书尽管没有专门展开论述,但把道与法组合为一个概念就是一个理论的巨大创造。它表明法是依据理性之道而来的。当时的理性内容多多,要之可概括为天道、地道、人道。秦晋法家大抵注重人道的分析,而齐法家则把天道、地道、人道总和起来,作为法理。

二、齐法家以道德为补,秦晋法家是非道德主义

秦晋法家以法为人的最高目标和极限,人只是法的工具和载体,所以是非道德主义。

---

① 此文为未完成稿。

齐法家在法之外还补以道德,这就涉及与儒家的关系。在我的视线里没有发现对儒家的批判。这与秦晋法家是完全不同的。

三、齐法家主张用法要平和,秦晋法家主张酷烈

秦晋法家主张以刑去刑,轻罪重罚,使民也非常酷烈。齐法家中也有类似的主张,但有一派主张用法要平和。

四、齐法家有的主张重工商,秦晋法家禁工商

君命无二与以道义事君①

中国有文字记载以来历史是君权至上，"君"是主人的通称。名义上"率土之滨，莫非王臣"，不过在分封制下君主是等级性的，君主之命也是一层一层地下达，不能隔层命令，大体是：我的主人的主人不是我的主人，臣下只听自己顶头主人之命。这是从层次上说，但社会的总体观念以君命无二为主导。

君命无二

春秋时代的统治者在权力分配上突出君权的绝对优势，反映在君臣关系上，就必然强调君对臣的绝对主宰，臣要绝对服从君，概括言之即"君命无二"②。晋悼公说："抑人之求君，使出命也。"意思是说，君主的职责就是发布命令，臣属的义务则是无条件服从。但是，君命的效力往往受到多种因素的影响，使"君命无二"难以实现。怎样才能加强"君命"的权威呢？有人求助于习惯法的约束，例如晋寺人披说："君命无二，古之制也。"③为了论证君命的绝对性，一些人给"君命"罩上神秘的外衣，借助于神威来强化君命的不可抗拒性。这个神秘的高级权威就是"天"。君即"天"，"君命"即"天命"。春秋时代的人们对于"天"的理解五花八门，或以"天"为至高的神，或以"天"为自然规律，或以"天"为不可捉摸的命运，甚至将诸种不可理解的事物及其原因一并归之于天。虽然看法各异。但它们有一个共同之处，就是"天"具有超乎人力的强大威力。统治者正是利用人们对"天"的敬畏心理，把"君主""君命"与"天"连在一起，从而加强"君命"的权威。楚箴尹克黄说："君，天也。"④晋赵宣子说："大者天地，

---

① 此文为未刊稿。
②《左传》成公八年。
③《左传》僖公二十四年。
④《左传》宣公四年。

其次君臣。"①将君臣统属关系与"天地"并论。君主既然与"天"无别,那么,君主的意志就是"天"的意志,"君命"就是"天命"。故而楚郧公辛曰:"君命,天也。"②面对"君命",臣下应该抱什么样的态度呢?按照鼓大夫夙沙釐的说法是:"委质为臣,无有二心。"③臣对君应当专一不二。而且,"无有二心",也合于天性,如郑原繁所说:"臣无二心,天之制也。"④神秘主义与"君命"相结合,从而给予君主专制以强有力的理论支持。

把"君命"绝对化的另一个说辞是利用血缘宗法传统,将君臣关系与父子关系连在一起,借助于宗法的专制家长制思想强调臣对君的服从。晋大夫栾共子说:"成闻之:'民生于三,事之如一。'父生之,师教之,君食之。非父不生,非食不长,非教不知生之族也,故壹事之。"他认为,臣对君要"报生以死,报赐以力",是"人之道也"⑤。以死忠君与人道不二在当时是具有代表性的。例如晋献公要杀公子重耳,重耳说:"君父之命不校。"⑥从君命如同从父命。在君臣父子双重关系压制下,臣只能俯首帖耳,唯君父之命是从。在这种观念下,臣下甚至也不能独立思考,晋丕郑说:"我无心。是故事君者,君为我心。"⑦无心之臣最合乎君主专制统治的需要。总之,把宗法的专制家长制引入政治关系是中国古代政治的一大特点,而"君臣""父子"关系并论亦成为中国古代政治思想之特色。

再者,当时的传统道德观念也倡导臣下无条件服从君命。比如强调要"事君以忠贞"。春秋时代,人们对于"忠"的认识是各种各样的,其中最主要的一种观念是忠于"君主"。"忠"是"臣道"的基本规定,即所谓"事君不贰是谓臣"⑧。"忠"又与"孝""敬"相提并论,所谓"事君以敬,事父以孝。"⑨"失忠与敬,何以事君?"⑩由于春秋时代的政治集团多是家庭或家族的扩大,国家的政治中枢以某一家庭或家族为核心,故而"孝"与"忠"成为一对孪生道德规范。晋大

---

①《国语·晋语五》。

②《左传》定公四年。

③《国语·晋语九》。

④《左传》庄公十四年。

⑤⑨《国语·晋语一》。

⑥《左传》僖公五年。

⑦《国语·晋语二》。

⑧《国语·晋语四》。

⑩《左传》僖公五年。

夫狐突说:"子之能仕,父教之忠,古之制也。"①

为臣的要"无违君命",晋大夫荀息说:"吾闻事君者,竭力以役事,不闻违命。"②据《左传》载,鲁襄公二十三年,齐师伐莒,莒子重贿齐大夫杞植、华周以请盟。华周说:"贪货弃命,亦君所恶也。昏而受命,日未中而弃之,何以事君?""不弃君命"也就是"无违君命"。晋羊舌肸说:"违命不孝,弃事不忠。"③违君命就是不忠不孝之人,对这种人"亦不可不杀也"④。"无违君命"要求臣盲目服从君主,这是在君主专制统治下臣的行为的起码准则。在"君命"与生命发生矛盾的情况下,则要求臣"死君命"。《左传》载,鲁文公十八年,文公薨。鲁大夫公子遂"杀适立庶",并"以君命召惠伯(叔彭生)。其宰公冉务人止之,曰:'入必死。'叔仲曰:'死君命可也。'"臣对君命要绝对服从,直至死而不渝。晋大夫解扬也说:"受命以出,有死无霣,又可赂乎?臣之许君,以成命也,死而成命,臣之禄也。"⑤"死君命"较之"无违君命"是更高的献身精神。

与"死君命"相近的另一种说法是"君辱臣死"。越大夫范蠡说:"臣闻之,为人臣者,君忧臣劳,君辱臣死。"⑥鲁成公十六年,晋楚鄢陵之战,郑国作为楚的与国而参战。楚、郑战败,郑大夫唐苟谓石首曰:"子在君侧,败者壹大。我不如子,子以君免,我请止,乃死。"⑦"君辱臣死"强调一种积极的事君态度,这是君主专制主义对臣的行为更高一级的要求和规定。

综上所述,"君命无二""臣无二心""事君以忠贞""无违君命""君辱臣死"等突出是君权的独占性和独裁性。虽然这些思想尚未能形成系统化的理论体系,但君主专制理论已经成为一股社会政治思潮而广泛传播,并反作用于现实政治生活,在一定程度上也促进了君主专制主义的加强。上述观念不仅对当时社会政治生活有巨大影响,而且为战国、秦、汉时代更为完整的君主专制理论体系奠定了基础。

---

① 《左传》僖公二十三年。

②③ 《国语·晋语一》。

④ 《国语·鲁语上》。

⑤ 《左传》宣公十五年。

⑥ 《国语·越语下》。

⑦ 《左传》成公十六年。

以道义事君

尧置敢谏之鼓,舜立诽谤之木,汤有司直之人,武有戒慎之铭。[①]

尧有欲谏之鼓,舜有诽谤之木,汤有司过之士,武王有戒慎之鞀,犹恐不能自知,今贤非尧、舜、汤、武也,而有掩蔽之道,奚繇自知哉?[②]

君命无二是典型的奴隶主义,但君主的胡作非为常常破坏正常的统治秩序,为了维护统治秩序,很早就有谏言传统,传说三王时代就有谏谤制度,"尧置敢谏之鼓,舜立诽谤之木","百工谏;庶人传言",还专门设置谏官等。但专制的君王采纳与否则属于君王的个人的品性,殷纣王刨比干之心,周厉王实行"监谤"是被人常说的拒谏饰非的典型,这类事不胜枚举。但要封住人们的嘴也是很难的,正像邵公说的,人长嘴是干什么的呢?是为了说话,"口之宣言也"。"夫民虑之于心而宣之于口,成而行之,胡可壅也?若壅其口,其与能几何?"[③]谏言是不会终绝的。

谏言就是要敢于提出不同意见,从理论上说,就出现了道义与君主的二分,一些人提出了道义高于君。春秋时期晋国丕郑与荀息争论中作了鲜明的表述。晋献公得骊姬,生奚齐,得宠,欲废太子申生。荀息认为:"吾闻事君者,竭力以役事,不闻违命。君立臣从,何贰之有?"丕郑则认为:"吾闻事君者,从其义,不阿其惑。惑则误民,民误失德,是弃民也。民之有君,以治义也。义以生利,利以丰民,若之何其民之与处而弃之也?必立太子。"[④]丕郑在这里提出了几个重要论点,其一,君与义的关系。丕郑认为"君"与"义"是两回事。君不等于义,义高于君,君与义发生矛盾,从义不从君;其二,义和利的关系,义在于生利;其三,利与民的关系,利在于丰民;其四,民与君的关系,民之所以需要有君,是为了治义。总之,义高于君。具体而论,丕郑说的是不能更换太子,但就这件事引出的理论,把君的地位降到义之下了。君也要在义的前面接受衡量。这一理论的提出与发展,在统治者内部,增加了一个自我批评的武器。从义高于君出发,臣子有义务改正君主的过失。正如史黯所说:"夫事君者,谏过而赏善,荐可而替否,献能而进贤,择材而荐之,朝夕诵善败而纳之。道之以

---

① 《邓析子·转辞篇》。

② 《吕氏春秋·自知》。

③ 《国语·周语上》。

④ 《国语·晋语一》。

文,行之以顺,勤之以力,致之以死。听则进,否则退。"①其思想理论上的意义在于:他把君臣之间的绝对隶属关系和当时盛行的主死臣从观念冲破了。在君臣关系中,政见是第一位的,君主听则进,不听则退。在当时人们看来,贤臣首先是指敢于进谏之臣。君主要想求治,最基本的条件也是重用谏臣。晋范文子说:"兴王赏谏臣,逸王罚之。"②

先王论的出现也是道义高于具体君主的一种理论,以先王为法的观念在商代早就出现了,到西周后期已出现理论化和抽象化的先王观念,春秋时期更加发展了。人们重新认识先王,并加以理论化与抽象化,同认识当世之王和当时之君紧密相关的。议论先王,与其说是讲历史,不如说是当作理论与标准使用,以认识现实的君主。由于人们的立场、观点不同,各自的先王观也不一样。简而言之,有复古保守的先王观,有现实批判性的先王观,用先王作武器开展了对现实君主的批判。鲁庄公大兴土木,雕梁画栋,奢靡无度,匠师庆就以先王尚"俭"为由对庄公进行批评,指出:"君奢,令德替矣。"③秦穆公死时以人殉葬,受到许多人的谴责,认为他违背了先王之道:"先王违世,犹诒之法,而况夺人之善乎!"④楚国的子期(声子)说到楚国不用贤人,多淫刑,贤大夫逃于四方为他国所用时,称引先王治民:"劝赏而畏刑,恤民不倦。"⑤晋平公有疾,派人到秦国请医和前来医治。医和说晋侯的疾病是因贪女色而丧志引起的。晋侯反问:"女不可近乎?"医和回答道,应该"节之",随后以先王为旗号,讲了"先王之乐,所以节百事也"的道理,指出晋侯与先王相背,"不节不时,能无及此乎?"⑥类似的先王论,都是以先王作刀子用来解剖现实、批评君主。

在君主专制时代,臣下很难对君主进行直接批评,于是把先王请出来作护身符。这种现实批评性的先王观含有相当的理论意义。先王论在崇尚传统和经验的社会中,是一个很有力量的武器,但它的随意性也是很明显的,是拉大旗作虎皮。这种理论虽有批判性,但人们仍是先王的仆从,难以从中生长出政治主体意识。

随着在用贤和张扬先王思潮,出现了崇"圣"思潮,并创造出"圣王"这一

---

①《国语·晋语九》。
②《国语·晋语六》。
③《国语·鲁语上》。
④《左传》文公六年。
⑤《左传》襄公二十六年。
⑥《左传》昭公元年。

恢宏概念,对人们的思维方式起到了大的调整作用,成为批判具体君主的有力的理论武器。

"圣"字是"耳""口"的结合,最早见于甲骨文,有人认为是巫师,但证据似不足,有待进一步求证。就字形而言,顾颉刚先生认为,"圣"字是"声入心通,入于耳,出于口"的意思。①庞朴先生也认为,最初的"听"即为"圣",所谓"闻而知之,圣也"。②

就《尚书》《诗经》及金文中"圣"字而言,主要是表示人品的一个概念,指的是聪慧和道德高尚的人。到了春秋,其含义不断扩充。

圣作为一种人指,既有先王,也有在位的王与诸侯,还有臣下(包括先臣),另外与神也有关联。相应的组合词有"圣王""圣人""圣贤""神圣"等。

圣人的基本品质是有德,《左传》昭公七年载"圣人有明德者"云云。《国语·吴语》载"昔吾先王体德明圣"云云。《国语·周语下》:"国无经,何以出令?令之不从,上之患也,故圣人树德于民"云云。

圣王遵从礼乐,《左传》昭公五年载:"是以圣王务行礼。"《左传》僖公二年载:"先大后小,顺也。跻圣贤,明也。明顺。礼也。"

《左传》成公十五年载:"前《志》有之曰:圣达节"云云,节即礼节。《国语·周语中》载"圣人贵让"云云,礼与让紧密相连。

圣人崇尚理性。《左传》桓公五年:"夫民,神之主也。是以圣王先成民,而后致力于神。"《左传》哀公十八年:"《志》曰:圣人不烦卜筮。"《国语·越语下》:"夫圣人随时以行,是谓守时。死生因天地之刑,天因人,圣人因天;人自生之,天地形之,圣人因而成之。"范蠡进谏曰:"臣闻之,圣人之功,时为之庸(用)。"《左传》成公六年载:"或谓栾武子曰:圣人与众同欲。"这些都是强调遵从客观规律且从众。

圣人的主要功能是治理国家,《左传》成公十四年载:"惩恶而劝善,非圣人谁能脩之。"《左传》成公十六年:"唯圣人能外内无患。"《左传》襄公二十一年:"《书》曰:圣有暮勋,明徵定保,夫谋而鲜过。"《国语·晋语六》载:"唯圣人能无外患,又无内忧。"圣人威、德并举,《左传》襄公二十七年:"兵之设久矣。所以威不轨而昭文德也。圣人以兴。乱人以废。"圣人之治:"无饥、寒、乏、匮之患,故上下能相固,以待不虞,古之圣王唯此之慎。"③《国语·鲁语下》载:"昔圣王之处民也,择

---

① 《"圣"、"贤"观念和字义的演变》,《中国哲学》(第一辑),生活·读书·新知三联书店,1979 年。

② 《儒家辩证法论纲》,《中华学术论文集》,中华书局,1981 年。

③ 《国语·周语下》。

瘠土而处之,劳其民而用之,故长王天下。"总之,圣人以能治民为标准。

从认识运动看,春秋时期突出圣人、圣王是理想的人格化,是树立在现实君主身旁的标尺。它反映了认识的深化,即理性的进一步发展;从历史的运动看,突出圣人、圣王,反映了神的功能的下降,人的能动性的上升和对自身力量的信心的增长。张扬圣人、圣王为以道事君提供了样板。

随着"王道""先王之道""圣王之道"的深化和发展,"道"被突出出来,而成为一个更加神圣、高尚的概念。概括言之,"道"上升为有关宇宙(天、地、人)理论体系的一字性凝结和概括,同时又是真善美和智慧的最高体现。老子和孔子在阐发和发展"道"的意义上,有着突出的贡献。道的理论体系一旦形成,它就成为超越任何具体事物和个人的一种观念存在,即使具有无限权力的君主,也难于垄断。老子、孔子之后兴起的诸子各有各的"道",并且都主张用自己的主张的"道"改造君主或侍奉君主。于是以道事君、道高于君、从道不从君、以有道伐无道之君等等相继而生,成为调节君主政治的重要的理论依据。

但让人惊异的是,传统观念中的"道"只高于具体的君主,而君主体系又恰恰是"道"中的核心因素,即使发生了以有道之君取代无道之君,"道"仍然维护的是帝王体制,这个问题另述。

"民贵君轻"的思想渊源①

孟子的"民为贵、社稷次之、君为轻"十字箴言,是极其高明的概括,除了朱元璋等一度反对外,几乎受到社会各个层次的人的称赞,包括为数不少的帝王。赵岐《孟子章句》注对十字箴言的解释是:"君轻于社稷,社稷轻于民。"

如果我们稍加留意,同一章稍后还有一句也很重要:"诸侯之宝三:土地,人民,政事。"原来,民呀、社稷(土地)呀,都不过是诸侯的宝物,而"土地"排在"人民"之前。相比之下,还不如春秋时期晋国的夷吾说的"入而能民,土于何有?"②《大学》中说的"故君子先慎乎德。有德此有人。有人此有土。有土此有财"。显得更重视人民!一些人把十字箴言的意义捧得那么高,对照一下他前后的说辞,应该打点折扣。

如果翻阅一下《左传》,十字箴言的三层含义早就很明确地呈现在历史上了。

春秋时期诸侯国之间的战争此起彼伏,无停息之日,一些国灭亡了,一些国经历了盛衰的变化。各国内部争夺君位的斗争层出不穷,卿大夫同君主相互之间也打个不停。在生死存亡面前,人们观察、分析、研究胜败的原因,希望从中找到避免失败和争取胜利的秘诀。一些人囿于传统的束缚,从天命神祇那里寻求根由。但也涌现出一批面向现实的人,力求从事情内部寻找原因。他们从不同的角度出发,得出了一个大致相同的结论:民之向背是成败之本。楚灭了六、蓼之后,鲁臧文仲评论道:六、蓼"德之不建,民之无援,哀哉!"③各国互相争战时,经常要考虑对方对民的状况,作为是否采用军事行动的重要根据之一。一次赤狄侵晋,晋中行恒子说:"使疾其民,以盈其贯。将可殪也。"④

---

① 此文为未刊稿。
② 《左传》僖公九年。
③ 《左传》文公五年。
④ 《左传》宣公六年。

晋要伐虢,士艻说:"不可。虢公骄,若骤得胜于我,必弃其民,无众而后伐之,欲御我谁与?"①吴申胥(子胥)以吴王夫差、楚灵王、越王勾践各自对民的政策为例,指出亲民者必胜,骄民者必败。②楚国子西在对比了吴王阖闾与夫差对民政策之后指出,夫差"视民如仇,而用之日新",必将招致败亡。③在国内公子们争夺君位时,也常常首先争取民倒向自己。卫州吁争君位前所采取的政策是"求宠于诸侯,以和其民"④。宋公子鲍也因施贷于民,争得民的支持而立为君。⑤这类例子很多。争得君位之后,要巩固君位仍必须设法争取民的支持,晋文公便是典型的一例。他即位后,采取了"教其民""利民""信民""礼民"等措施,从而巩固了君位。⑥

许多政治家把对民的政策看作治乱的指示器。周单穆公在总结了历史的经验教训之后说:"以言德于民,民歆而德之,则归心焉。上得民心,以殖义方,是以作无不济,求无不获,然则能乐。"反之,"上失其民,作则不济,求则不获,其何以能乐?"⑦楚斗且批评楚王搜刮过甚,民心离散时说:"夫民心之愠也,若防大川焉,溃而所犯必大矣。"⑧晋里克批评骊姬惹得内外上下交怨时说:"使百姓莫不有藏恶于其心中,恐其如壅大川,溃而不可救御也。"⑨陈逢滑对陈君说:"臣闻,国之兴也,视民如伤,是其福也;其亡也,以民为土芥,是其祸也。"⑩史嚚说:"吾闻之:国将兴,听于民;将亡,听于神。"⑪"吾闻之"三个字说明这一观念相当流行。梁伯因"沟其公宫而民溃",被秦灭亡。这类事给政治家以深刻的影响,多年之后,当楚尹成在总结历史经验时还引以为戒,指出:"昔梁伯沟其公宫而民溃。民弃其上,不亡何待。"⑫

---

① 《左传》庄公二十七年。
② 参见《国语·吴语》。
③ 参见《左传》哀公元年。
④ 《左传》隐公四年。
⑤ 参见《左传》文公十六年。
⑥ 《左传》僖公二十七年。
⑦ 《国语·周语下》。
⑧ 《国语·楚语下》。
⑨ 《国语·晋语二》。
⑩ 《左传》哀公元年。
⑪ 《左传》庄公三十二年。
⑫ 《左传》昭公二十三年。

在理论上更为有意义的是,一些人认识到个人的愿望和要求只有得到民众的支持才能实现,否则必将失败。宋国的乐祁谈到鲁季氏逐出鲁昭公时说:"政在季氏三世矣,鲁君丧政四公矣。无民而能逞其志者,未之有也。国君是以镇抚其民。《诗》曰:'人之云亡,心之忧矣!'鲁君失民矣,焉得逞其志?靖以待命犹可,动必忧!"①乐祁在这里已不是谈论个别事件,而是概括了一个普遍真理,即"无民而能逞其志者,未之有也"。在君主专制时代,个人违反民意而逞志的现象是很多的。乐祁之论的高明处在于出乎常人的见识,在云雾迷蒙的情况下,揭示出了事物的本质。楚、晋鄢之战,晋获胜。晋郤至自夸有功,能具备仁、礼、勇三德。单襄公评论道:"晋之克也,天有恶于楚也,故儆之以晋。而郤至佻(偷)天之功以为己力,不亦难乎?⋯⋯且郤至何三伐之有?夫仁、礼、勇,皆民之为也。"②这段论述还有很浓的神秘主义,但他讲战争中起决定作用的是"民",而不是个人,是有见地的。孔子也从一般意义上说过:"鸟则择木。木岂能择鸟。"③

由于对民重视,许多人提出了"抚民""亲民""恤民""安民""利民""惠民""以德和民"等政治主张。这些都是"民为贵"的先导。

社稷重于君主论也发生于春秋时期。它主要有两层认识:一是只要国家、社稷的根本不受损害,谁当君主并非至关重要。据《左传》昭公二十七年记载,吴国的公子光刺杀王僚,弑君自立。季札对这件事情的态度是:只要先君能享受祭祀,人民有君主治理,"社稷有奉,国家无倾",新君就是我的君主。二是国家利益应置于君主之上。据《左传》襄公二十五年记载,齐庄公与权臣崔杼之妻私通,被崔杼杀死,当崔杼家臣要杀庄公时,庄公求饶、求盟、求自杀,崔杼的家臣置之不理。他们说,我们只知道执行崔杼的命令,别无可言,杀死了庄公。忠于庄公的嬖幸有的战死,有的自殉,如祝佗父奉庄公命到高唐祭祖回来,听说崔杼杀死庄公,命服未脱便到崔氏家门自杀殉主。晏子在这场斗争中作了特殊的表演,他立在崔氏门外,既不与崔氏战,也不殉主,又不回家。家臣不解其意,提出疑问。此时,他发表了一番议论:"君民者,岂以陵民?社稷是主。臣君者,岂为其口实(俸禄)?社稷是养。故君为社稷死则死之,为社稷亡

①《左传》昭公二十五年。

②《国语·周语中》。

③《左传》哀公十一年。

则亡之;若为己死而为己亡,非其私暱,谁敢任之？"①这段议论有两点突破性的新思想:其一,他把君主和社稷分开,君主不应只是凌驾于人上的权威和至高无上的统治者,而应是社稷之主。社稷即国家,是整个统治阶级的代表机关。这种区分非常重要,指出社稷高于君主个人;其二,臣要为社稷尽忠,而不是君主个人的仆人。如果君主为社稷而死,臣应尽忠,殉主与殉国是统一的;如君主为个人私事而死,臣子没有殉死的义务,只有嬖幸奴才才应这样做。庄公因淫乱被杀,故晏子不殉死,只是抱尸痛哭一场了事。

　　与社稷重于君相类的是道义高于君。"王道"这一观念最早出现在《洪范》篇,但《洪范》作于何时,学界看法并不一致。在《左传》中"先王之道"等相近的概念已频频出现,并形成一种观念。这些观念已经显示出道高于具体的君主。晋丕郑与荀息争论立太子时有一段具体的表述。晋献公得骊姬,生奚齐,得宠,欲废太子申生。荀息认为:"吾闻事君者,竭力以役事,不闻违命。君立臣从,何贰之有？"丕郑则认为:"吾闻事君者,从其义,不阿其惑。惑则误民,民误失德,是弃民也。民之有君,以治义也。义以生利,利以丰民,若之何其民之与处而弃之也？必立太子。"②丕郑在这里提出了几个重要论点,其一,君与义的关系。丕郑认为"君"与"义"是两回事。君不等于义,义高于君,君与义发生矛盾,从义不从君。其二,义和利的关系,义在于生利。其三,利与民的关系,利在于丰民。其四,民与君的关系,民之所以需要有君,是为了治义。总之,义高于君。就具体而论,丕郑说的是不能更换太子,事情的本身不是一个更新命题。但就这件事引出的理论,把君的地位降到义之下,君也要在道义的前面接受衡量。从道义高于君出发,臣子有义务改正君主的过失。正如史黯所说:"夫事君者,谏过而赏善,荐可而替否,献能而进贤,择材而荐之,朝夕诵善败而纳之。道之以文,行之以顺,勤之以力,致之以死。听则进,否则退。"③史黯在这里讲的是为臣的责任。其思想理论上的意义在于:他把君臣之间的绝对隶属关系和当时盛行的主死臣从观念冲破了。在君臣关系中,政见是第一位的,君主听则进,不听则退。突破了"君命无二"是社会观念。道义高于具体君主,也是"君为轻"的思想前提。

　　　　　　　　　　　　　　　

　　①《左传》襄公二十五年。

　　②《国语·晋语一》。

　　③《国语·晋语九》。

181

社稷重于君主论并没有完全否定君国一体论。其基本思路是:君主是国家政治的核心,为社稷、人民之主,但社稷、人民是国之本。相较而言,人民与社稷重于每一位具体的君主。君主若不能奉社稷、安百姓,可以罢黜之、更换之。君国一体与社稷重于君主两者之间是一种组合结构,在思想体系上不能分开的。这是中国传统政治思想的一个重要特征,另文论述。

汉唐以后,社稷重于君主论被正式纳入统治思想,在朝堂议事时,常常被用于规范、谏诤和抨击具体君主。

孟子说的"君危社稷,则变置"同样也有先例。春秋时期有些开明之士认为反对和置换暴虐之主是合理的。晋知武子对献子说:"我之不德,民将弃我。"①庆郑曰:"背施幸灾,民所弃也。"②。更有分量的话是晋师旷讲的。卫国之民赶跑卫君,晋侯说:"卫人出其君,不亦甚乎?"师旷回答说:良君"养民如子","民奉其君,爱之如父母"。如果君主是"困民之主",民众赶他下台是应该的。"天之爱民甚矣!岂其使一人肆于民上,以从其淫,而弃天地之性?必不然矣!"③师旷绝不是鼓动民众造反,但认为赶跑暴君是合乎天理的,君主肆意横行必将受到惩罚。

更深刻的认识是"革命论",改朝换代都有其合理性,比孟子早一百多年的周太子晋就发出振聋发聩的言论:"天之所崇子孙,或在畎亩,由欲乱民也。畎亩之人,或在社稷,由欲靖民也。无有异焉!"④这里提出了一个极为重要的论点,即种田的也可以主社稷,这实在是对君主条件认识的一大突破。

晋史墨从事物对立转化的角度,论述了君无常位,他认为,"物生有两。""两"即相对面的统一。君、臣是"两"的具体表现之一。"两"互相佐助,但在一定条件下也可以转化。由此他认为"社稷无常奉,君臣无常位,自古以然。故《诗》曰:'高岸为谷,深谷为陵。'三后之姓,于今为庶,主(指赵简子)所知也。"⑤在史墨看来,君臣易位,社稷易主是自古以来的规律。尽管史墨在谈到这种变化仍然保留了"天"的圣衣,但把君的神秘性戳穿了。《荀子·王制》载:"传曰:'君者、舟也,庶人者、水也;水则载舟,水则覆舟。'"《哀公》篇说是孔子讲的。

①《左传》襄公九年。

②《左传》僖公十四年。

③《左传》襄公十四年。

④《国语·周语下》。

⑤《左传》昭公三十二年。

总之,某个君主在理论上早在孟子之前已有精辟论说。

我不是贬低孟子的十字箴言的高明,但"民为贵"其本意表达的不是单项的尊重或敬意,而只是说民在君主政治成败中具有很重要地位。其意义不是恩赐与恩惠,也不是怜悯,而是统治者对政治关系的一种清醒的认识。其基本含义有两点:其一,民之向背关系国家兴亡。"暴其民,甚则身弑国亡,不甚则身则国削。""桀纣之失天下也,失其民也;失其民者,失其心也。得天下有道:得其民,斯得天下矣。"①"天时不如地利,地利不如人和。"②其二,民是统治者的财用之渊。无民就断了统治者的财渊。正如他说的:"或劳心,或劳力。劳心者治人,劳力者治于人;治于人者食人,治人者食于人。"③

有些人把"民为贵"说成是以民为政治主体,这同孟子的阶级论显然是矛盾的。孟子为了论证阶级、等级的合理性,他一反自己的人性相同的观点,说什么"人之所以异于禽兽者几希,庶民去之,君子存之"④。庶民一下子都成了与禽兽为伍的异类!他还一反天生同"才"(材)的观点,宣扬人有天生的先觉先知与后觉后知之分:"天之生此民也,使先知觉后知,使先觉觉后觉也。"⑤这类言论与他说的人是"同类"以及"民为贵"相去何远!

民为贵是民的抗争、反叛的巨大历史作用在统治者认识中的一种清醒的反应,是对抗双方之间矛盾斗争带来的认识成果。忽视民众反抗作用是这一认识形成的基础,全部历史证明,弱势者能引起统治者的重视、看重,或被称之为"贵",其根由主要来自弱势者的斗争。孟子对民的同情心令人敬重,但一味地夸张他如何如何,显然是片面的。如果翻开另一页,民贵君轻只是孟子一隅之说,而从思想体系上说,他没有把君主看成是"轻"的,正如朱熹所言:"以理言之,则民贵;以分言之,则君贵。此固兼行而不悖也。各于其时视其轻重之所在而已。""分"是实际的社会定位,"君贵"是实际的制度,说到底他维护的是君主专制体制,只是希望君主成为理想圣主。朱熹思想体系中占主流地位的观念是民卑贱君主神圣。只从"民贵君轻"几个字推导出什么"民主主义"是不符合孟子思想实际的。

---

① 《孟子·离娄上》。

② 《孟子·公孙丑下》。

③ 《孟子·滕文公上》。

④ 《孟子·离娄下》。

⑤ 《孟子·万章上》。

小　序

我有一个记录本，从时间看是 20 世纪 80 年代的，记录本最后记录的是 1989 年下半年的事。

这个记录本没有头，没有尾，没有标题和分类，也没有时间标志，而是信手写来的随感和断思。多半是语录性的，少者一两句话，多者也不过几十个字。本意不是为写作积累思路，也不是系统思考什么问题的记录。而是读书或遇事突然冒出来一点灵感，便随手写下来的只言片语。

近日翻阅往日的日记本，其中有这么一本杂记。在誊录时随手做了一个分类。分类没有考虑内容的逻辑，只是简单地誊录而已。有些内容有重复，这些都不计了，录下为止。

自认为这些无序的文字从一个方面记录了我当时的一些思考和想法，有些是对我文章和对人、对事的观念背景。

文字都是原始性的，有些不通顺，语意也不太清晰，但也不宜再修饰，只修正了若干错别字。

2016 年 4 月于西雅图誊录

（一）为人　人生

1.自以为自己最伟大的人，他不了解世界有多大；自以为自己渺小的人，他不了解个人有什么价值。

2.越是爱管别人，就愈忘记自己、吹大自己。

3.在人与人的关系中，不要过多求人同情和支持，而首先应求自主。

4.精神与行为是不成比例的。在知识分子中精神常常超越行动，在缺乏文化修养者中，常常是行为先于精神。

5.一味追求突出自己总是以压抑别人为代价，但压抑人太众，自己反而被众人唾弃。

6.暗斗使人诡诈、卑鄙，明斗使人增加理智。

7.广告可以是欺骗，但也可以是诚信。

8.清醒可以使人从困境中走向胜利，囿于胜利会使智者变昏聩。

9.自以为自己正确就容易压制反对自己的人，坚信自己正确而又容别人反对是学者应具有的品质。

10.人们的悲剧许多不是物质引诱造成的，而是追求某种精神造成的。

11.把自己说成是最完美的，必然会闭目塞听。

12.对于强迫人说好的人，沉默未尝不是保持自己尊严的一种方式。

13.宁为鬼雄，不为顺犬。

14.站在高峰上的侏儒大喊比处于低谷的巨人高多少倍，他把自己的立足点也看成属于自己的了。

15.自己怎样被人整过，反过来便以此术去整人，他的水平比他的前任还低。

16.做人有时比当一头猪更难！

17.用揭露隐私压制对方是最卑鄙的表现。

18.用漂亮的话一味要求别人的人,其本人的行为多半是低级的。

19.不经过艰苦劳动得来的收获只不过是捡了一个便宜。

20.回避困难和矛盾的明智是狡猾。

21.诅咒人或中伤人是无能的表现。

22.没有能力或缺乏自信的人最害怕变革。

23.在一切无能中最无能的莫过于嫉妒,在一切聪明中,最聪明莫过于自信和勤思。

24.没有知识人的自信是盲目的,把握了知识而不自信是懦夫。保护自己可以是怯懦,也可能是抗争。

25.豪言壮语会鼓舞人,但有时会使人丧失理智。

26.每个人都不应成为别人前进的障碍,每个人前进时都不可避免要踏在前人或他人的肩上登高,千万不能忘却前人或他人为自己提供的基础。

27.朝霞与落日之晖很相似,但前者是生机,后者不过是黑暗到来的征兆。每人要记住自己的地位。

28.双方争吵时,要想想是否可以站得更高一点来解决问题。

29.在每次灾难中都能平安的人,除了运气之外,首先应怀疑他是否是观世者和缺少正义感的人。

30.一个只知道服从的人很难再同他讲道理。

31.顺境难知人,逆境见朋友。

32.诚实的最好测量器不是对成就的谦虚,而是对过错的态度。

33.在一个死人身上寻求自己的生路,灵魂应该会受到鞭打。

34.为了自己的生存而诬陷别人,这才是真正的自私,也是最卑鄙的。

35.一个口是心非的人硬要别人尊他为神仙,可能吗?

36.每人都有弱点和缺点(在自己范围内),以此为突破点干涉人的自由和人格尊严,这是卑鄙小人。

37.有时一个人不得已不得不听从恶者的指挥,但无论如何不应为恶者制造辩护的理论。

38.人,以自之能可置人于不能,但不能以自之不能制人所能。

39.一个人软到随波逐流或成为墙头草,那离行尸走肉就不远了。

40.自身的事自己不能评说而要局外人来评说,那么这种"本身"一定是被人霸占了。

（二）为学　思维方式　教师

1.为师之道,除授业、解惑之外(对高年级的人来说,"道"应由个人选择),还应置疑。

2.幼稚的探索胜于僵化的老成。

3.不以是非曲直论人"骄傲",等等,是对人的价值的扼杀。

4.教学方法问题不是技术问题,它涉及民族的思维方式问题。

5.讲课,听众感到有启发就是上乘。如果学生认为都对,那就糟了,要么是教师太专断,强迫学生为是;要么学生太无知或太懒,盲目遵从教师。

6.学术权威是认识发展的标志,而不是认识的法官;如果权威充当法官,那就一定会变成学阀和恶棍。

7.在研究上必须敢于自以为是,不敢自以为是就不能提高研究水平。

8.狂妄与敢于打破成规常常连在一起。敢于打破成说者,起初多半被人诬为狂妄,因为人们太爱用传统与经验做判断。

9.中国传统思想总是要人自以为非,其实有成就的科学家都是从自以为是开始的。

10."是"应在追求中把我,而不应把它作为前提。

11."克己"是以自以为非的妙方。

12.总想让学生像自己,而这样的教师绝不是一个好教师。

13.幽默是智慧之花。

14.提倡与裁判是两回事。提倡可能带来繁荣,但用提倡的东西做裁判可能形成扼杀。

15.现代化的思维方式比现代化的知识在造就现代化的人上或许更为重要。

16.多样化的知识与思考是认识深化的基础和强大的推动力。

17.钻研一两个问题,看起来很深,但认识放在总体中则又常常显得格外浅薄。

18.作分科、分工的主人,不作分科、分工的奴隶。

19.博不是什么都同等相待,登山何必背着船?

20.真知灼见只能在刻求中获得,涉猎只能给人以皮毛。

21.从事精神生产的人总是处于自我折磨之中,抛开这种追求去干别的,生活上可能很优裕。

22.习惯的东西在道理上可能是浅薄的,但要捅破它却常常需要付出生命和毕生的精力。

23.谨小慎微是无勇、无能的表现。

24.有思想者同鹦鹉学舌式的人很难对话。

25.读书有满足感固然是乐事,但同时也说明没有动脑子;只有再提出一些疑问和有待深入的问题,才可谓投入了心思。

26.解决一个问题比提出十个问题更有效,但能提出十个问题对人的启迪可能比解决一个问题的人作用更大。留给大家一个争论不休的问题,就是一个重要的贡献。

27.年轻人的直感常常比老人的细密思考更能准确抓住事物的本质。

28.在学问上只相信自己、唯我独尊,这即使是事实也会形成自我禁锢。

29.在思想理论界有权力的人靠不真实的东西作判断或断章取义,比强盗还糟糕。

30.以利禄引导儒学则儒学失道,以利禄倡导马列则马列失真。

31.科学家的功绩是永垂不朽的。但是后生对待伟大科学家的态度,不应在他的冢前一味跪拜,而是为他的墓冢培土,使之更加高大;敬献的花圈不应在他的冢下,而应敬献在冢上,使之成为后人登高的阶梯。这不是对科学家的不恭,而是真正的恭敬。

32.写作如吐丝,在蚕腹中没有丝,只有原浆。学问在腹中也如丝之原浆,只有写作才能把它理出线来,才能构成文章。

33.文字的价值常常是由血、火、刑具、灾难以及各式各样的打击、争论来衬托的。没有这些作为条件,多半要在历史中或早或晚走向消失。

34.对于一些极为明显的谬说,无须争辩。但对它的处置,与其把它打入狱牢,不如把它镶在明镜中,每天照镜子时看看是否与自己有牵连,或是否重蹈覆辙。

（三）道德　人格问题

1.“自私”可能带来的是文明，“为公”却可能造成灭绝人寰的野蛮。

2.道德是做人的导师，但绝不是成事的导师。

3.以自己的面貌要求一切人，它可以是真挚的热情，也可能变成不可思议的苛求。

4.道德要求离现实越远，那么在其下掩盖的肮脏行为就越多。

5.每个人都应有道德的规范和约束，但把道德作为人生的主体，那么他充其量不过是位谦谦君子，作为人生的价值应该说是很小的。

6.利用别人道德上的某种可商榷的东西(不是指犯罪或什么过失之类的事)和认识人的不足(或许是分歧)，作为向上爬的阶梯，这种人应该说是卑鄙的；如果成了风，那将是社会的灾难。

7.离婚不是道德的炸弹，在某种情况下或许是建设道德的必要手段。

8.幸福是没有固定模式的，如果定要规定一种模式，带来的却可能是痛苦。

9.道德的伟大不等于事业的伟大，用道德代替事业，未必能有什么补益。

10.一个人能做到的，并不一定所有的人都能做到；用一个人作尺子，其他的人不是被斩首，就是被砍足。道德英雄固然值得提倡，但更应该尊重事业英雄。

11.人们都喜欢美，如果用行政方式统一规定美，美就临近它的末日了，因为美是历史运动的产物。

12.人们都厌恶丑，可是常常有这种现象：经人给予它以特殊的改造，反而成为一种奇美。

13.用美包装起来的丑事，还不如把事情的本来面目亮出来更诚实。

14.仆人有两种，一种可以叫作义仆，另一种叫作(本)“性”仆。义仆只做一个主人的仆从，"性"仆可以充当一切主人的仆从。义仆虽然没有灵魂，但他还可以以主人的灵魂为灵魂，多少还有点个性；"性"仆连义仆那点灵魂的影子都没有，他以仆为"性"。主人需要义仆，更需要利用"性"仆。

15.把生活简单地区分为"私""公"，就像小孩看电影一样，把人分为"好人"和"坏人"，从认识的起点上说或许是必要的，但对于问题的深入似乎并没有什么帮助。

16.人不可能像猴子在树上与地面跳来跳去那样，只在"公""私"上跳来跳去。果真如此，人同猴子也就没有什么区分了。

17.只为私的人是可卑的，损人利己的是无赖，假公济私的人是罪魁。

18.在生活中常说的"谦虚"多半以违背事实为代价，这种"谦虚"并不可取，它常常充当了虚假的保护者。

19.说真话的人总以为别人也都不说假话，结果总不免要受骗。

20.在一个到处充满说假话的世界，说真话多半是"愚蠢"和"迂腐"的表现。

21.人们都提倡说真话，可是不知为什么说假话的人总比说真话者捞到的便宜多得多。

22.在道德与历史观上应该敬老，但在认识上则应崇尚真理。

23.《荀子·不苟》云："盗名不如盗货"，但实际，盗名者多数为官，而盗货者又为盗名者所制。

24.自由如果能用钱买来，那么这种自由只是一种商品，这种自由毫无价值。

25.有时野蛮行为比文明更能促人觉醒。

26.柔弱的善有时会培育出令人痛绝的恶。

27.如果内在的修养服从背离社会发展的落后的规定，这种修养越高就越愚昧。

28.净化的文明几乎是没有的，文明与野蛮几乎是一个事物的两方面。

29.不平等的爱是一种变相的剥夺，因为被爱者是被恩赐者。

30.把道德代替知识和个性是愚民的最高明的方式之一，儒家专于此道。

31.父母对儿女的心爱是无邪的，但是父母都为儿女做主，这种无邪的心会变成压抑力量，与儿女处于对立之中。

32.在道德上看是完美的，但在理论上却可能是很浅薄的。

33.仰服权力的鼻息而发议论的知识分子,是既可怜,又可悲,还应加上一句:可卑!

34.依靠尚方宝剑决是非,即使赢了也不光彩,因为他不是自身的胜利,故仍不免是奴才。

35.爱是自身的体现,如果不妨碍第二者,它是神圣的;如果因实现而妨碍第二者,它可能就成为强迫与压抑,甚至成为暴行。

36.有由己及人的爱,有交相利的爱,有严酷峻法以刑去刑的爱,还有爱犬的爱——似乎交相利的爱更有理性,也更有实际性。

37.不是出自内心爱,而是强迫人去爱就是教人说谎、做违心的事。

38.说谎的原因很多,缺乏主体和人格的自主性无疑是重要的社会环境。

39.当人只知感恩时,他实际上就把自己降到了奴才的地位。把自己的一切都视为上边的恩赐,这种人也是最容易被使唤的。

40.专制体制的官吏对上是仆隶,对下是主人;对上是绝对服从,对下又绝对的"自由"。这样就造就了人格的分裂。

41.社会的准则是历史的产物,而不是权威的规定。硬性的规定只能导向专制。因此要遵循社会的准则,也要认识一下这个准则是如何形成的,由谁决定的。

42.爱是平等的情感交流,既不能占有,也不能单项给予。

43.作品是人格的表现。

44.道德的无限提升有时是对个人的无限限制,如把一个普通人的行为说成"国格"即是如此。

45.把道德绝对化,道德也就成为一种特殊的桎梏。把荣誉、光荣变为桎梏是中国的一大发明。

46.无限的提倡"互助","助"是否就会变成干涉。

47.慈母对儿女的爱是真诚的,是人类最伟大的最纯真的情感,但是随着儿女的成长,这种爱常常会变成专制与限制。

（四）人生、生活的态度

1.认真、信仰、纯正可能是导向自杀的路,而一切都无所谓则可能在各种缝隙中找到自己苟活的空间。

2.人是聪明的,可人又总是为聪明所愚弄。从愚弄中走出来,又向前迈进了一步。

3.感情的东西越多,理性的东西就越少。

4.每个人都应该有自我肯定,也有权自我肯定(当然要分析);如果一个人对自己什么都不敢肯定,事事让人支配,他实际就失去了做人的价值。

5.愤怒有时是正义的爆发,但常常惹恼世俗,反过来给自己以"惩罚"。

6.发火有时是对压制真理或正义的反抗,但又常常是无能的表现。

7.以沉默应嚣嚣。

8.以告密整人为业而升官者是社会的蠹虫,只有建设者才是真正的创造者。

9.沉默是一种美德,但更是一种罪孽。

10.明智和圆滑有时是难分难解的伴侣。

11.自我认识才能促进自我的成熟。

12.有时真实的东西让人感到枯燥,相反,虚幻的才给人以精神的满足。

13.习惯可以是人生的导师,但不加分析,它可能把人引向死胡同,引向深渊。

14.进步是从不满足现状作为起点的。

15.自卑是自我造成的,当自己肯定自我时,自卑就会转化为奋斗。

16.自卑也可能是对外来压力的屈从,人一旦陷入自卑,内在的能量就会变成废物。

17.固守传统可以使人糊涂、迷迷蒙蒙,但有些理论会使人在迷蒙的道路上走得更远,甚至至死不悟。

18.在经验(农业)社会人们一般尊重长者,在理性的社会,人们更尊重知识创造。

19.孤独如果无以自恃,肯定是没有出路的,只能是荒唐。

（五）真理与认识问题种种

1.人们喜欢把成功作为真理之路,其实,从失败中得到的真理更多。

2.不论是谁,哪怕他发现过无数的真理,但只要他认为自己变成真理的化身,就意味着真理的死亡;谁要认为自己是真理的裁判员,不管曾发现过真理,他只能变成扼杀真理的大棒;打着真理的旗号不让人们再探索,他便是真理的刽子手。我们尊重历史已发现的真理,但更尊重真理的发展和新的真理!

3.在真理面前人人平等,但首先在探索真理上要人人平等。真理不能出自一口,人们也不能在钦定的真理面前平等。

4.从神化了的人的身上得到的东西,同失去的一样多。

5.死守着教条等于封闭耳目,教条是排斥新事物的"理性"。

6.青年人喜欢追求理性,这既容易受骗,却又是通向真理之路。

7.僵化了的真理比谬误更具危害性。

8.只有一个或几个人的话才是真理,那真理就会走向死亡;真理应该打开人们的思路,如封闭人们的思路,那它不能再称之为真理。

9.即使是真理,如果不让讨论,不作为认识的阶梯,而只是让人接受,那比中世纪的神学更坏。

10.一个民族只允许一两个或少数几个人充当真理的发言人,那么这个民族是没有希望的。

11.与权力结合在一起的认识,不能是认识真理性的标志,如果用权力维护某种认识,这种认识多半要被僵化。

12.一个人可以在一个领域或相近的几个领域成为出类拔萃之辈,可以被人尊为导师;但如果让他在一切领域或很多领域都充当导师,那么他便兼具导师与刽子手的两重性格。

13.不允许别人批评的人很难说他热爱真理,他身上的真理也不会多。

14.在一个不成熟的事物面前,应该对它的前途做出各种预测。只准一种看法存在,很可能毁掉或损伤这个事物。

15.让一个人充当聪明的主宰,千万人的聪明将受到遏制。

16.绝对统一中隐藏的谬误不一定比真理少。

17.权插入真理性问题的争论,争论就毫无意义了。

18.只沿着指定的方向认识,这种认识常常会停滞不前。

19.真理具有直线性,生活是曲折的,真理应是生活的中轴线。

20.在生活中善于走曲线的人,多半能飞黄腾达,坚持真理者多半落得个孤独的下场。

21.把真理说成是阶级的,又把阶级归结为由少数人集中,其结果会如何?只能说真理掌握在少数人(即掌权者)手中。到此,真理已走入死胡同。

22.同样的道理出自下层常常被视为狂,出于大人物则被誉之为圣贤。这是人格不平等的结果。

23."狂"是一切思想家的共同特点。因为不狂的特点是固守成见,人云亦云。冲破成见,必然被视之为"狂"。

24.思想认识的伟大作用除指导现实实践之外,还表现为对未来的预测。对未来没有预测,人就仍常有原始性。

25.一人清楚,万人糊涂,反而显得"清楚",不过这种"清楚"以浑浑噩噩为基础;万人察察有时反而显得不清楚,令人莫衷一是,然而这种不"清楚"恰恰是认识进步的基础,带来的是整个民族的进步。

26.如果只准许人们跟着少数人说"是"或说"非",那么就不可避免出现如下的可怜场面:千万人只能跟着极少数人仰合!

27.当一种事物还在实验阶段,就不要对实验的初步认识当作确定不移的科学;如果宣布为科学,但仅限于认识也无妨。假如进一步用权力要所有的人都服从,那就是武断和蛮横了。

28.科学与谬误多半是共生的,因此用权力肯定,宣布为神圣,其中除肯定科学外,也肯定了谬误。因此认识与权力应该适当分开。

29.人类的认识发展总是以个人的认识作为发展的标志。没有个人认识的突破,整个民族的认识是不会提高的。

30.强迫所有的人接受一个人的思想和主张,即使这种主张是理智的,在这种情况下,理智也会变成愚昧的工具。道理很简单:个人的认识不可能穷尽一切,更不会是不可逾越的顶点。

31.在礼节上可以,也应该有辈分,但在认识上是绝对不能排辈论资的。

32.独立思考以思考的主体是主人为前提的。没有离开个人的思考。

33.政治是靠行政解决利害问题。认识则要解决是非问题,把政治引入认识常常扼杀认识的发展。

34.怀疑是科学的起点,至少是打破成见的起点。

明人陈献章云:"学贵置疑,小疑则小进,大疑则大进。疑者,觉悟之机也。一番觉得,一番长进。"

凡事不疑,愚昧顽冥不可化者也。

35.哲学是认识的精华,但常常又是认识的桎梏。在哲学上不敢打破陈说,科学很少能向前发展。

36.不读、不听、不见而疑谓之妄,读天下书、了解天下事而再疑谓之圣,但无法实现,又可谓之愚;疑读过的书和见过的事谓之求。疑是一种思维方式而不是结果。

37.哲学是思维之花,但在一定条件下它又变成思维发展的桎梏,不打破它,认识就不能发展。

38.对一个问题的认识只靠"正路"是不够的,必须有极端形式的认识,才能把问题彻底揭示出来。

39.社科著作,有一半人说不错,一半人反对,这种著作就是上乘了。如果百分之九十的人不赞成,百分之十的赞成,它可能包含的错误较多,但也未必。如果齐声说好,这就有点反常了。

40.每个时代对追求真理者多半是刻薄的,有的要献出生命,更多的人要潦倒一生;反之,对知识商人却格外照顾。

41.思想的深度取决于社会矛盾激化的深度和自由的程度。

42.一个深思的不可知论者,总比不假思索什么都知道的可知论者知道得多、认识深刻得多。

43.本质在比较中把握和确定。

44.认识不仅需要才智,更需要胆识。才智加上无所畏惧的胆识,可以打破被人们信为"真理"的谬误,把人们带到一个新领域。

45.在认识上左顾右盼,看风下笔,在某种情况下,其认识未必全然错。然而在认识上只能充当第二等公民。

46.匍匐在别人的脚下申述自己的见解,但终究是从脚底下发出来的声音。

47.不要停留在常识,而要追求新知;不要满足于知识,而要寻求智能。

48.以权力肯定某种知识和认识,它必定同时肯定了谬误,因为任何认识中都有程度不同的谬误。所以最好把权力肯定认识和认识自由探索作为两件事,可以各得其是。

49.没有充分的个性解放和个体认识的充分发展,就不可能接近真理。

50.自然经济下的农民所需要的自由民主比商人要少得多,而商人比探求道理的知识分子更少得多。

51.上层的堕落、败坏总是以下层的愚昧无知为掩护。

52.理智的光辉不是由苦难磨的发光,就是鲜血染红,很少在幸福中成长。烧高香者不费任何力气,常常是应有尽有。

53.如果权力具有某种实惠或荣誉性质,那么就要问问权力的来源了。如果来自于某个人的赏赐,那么受惠者总是要对赏赐者感恩戴德。

54.光明必有阴影相伴,不承认有阴影也不是正视光明。

55.争论会把问题推向深入,并且为互相吸取创造了条件。

56.个体认识中即使含有更多的真理,在总体中仍然是有限的,夸大了就会造成遭难。

57.许多真理是具体的,属于发现该真理的人;但在社会的认识上,真理多半属于群体共同所形成的认识合力。

58.从权力那里获得荣光和正确的证明,这种荣光以做奴仆为代价;正确的证明如以权力为基础,可悲!

59.接受真理像生孩子一样,痛苦和喜悦交融在一起。从过程上讲,似乎以痛苦(犹豫等)为先导。

60.没有人格的平等就不可能有理论发展的环境。在没有人格平等的情况下,提出某种与当权者有别的理论,要准备随时有杀头危险。

61.追求真理的人不畏惧任何权威,哪怕权威有至高无上的权力、置人于死地而不负任何法律责任。

62.权威与真理有时会达到完美统一,这时最好交给每个人去认识和把握。如果交给各层领导去贯彻,或靠行政体系推行,事情就可能变样,不及者或过头者都会把真理变成谬误,从经验看,多半要走样。

63.法令、命令与理论不是绝对不能结合,但最好是把两者分开。前者靠法令,后者靠说理。混在一起,常常两败俱伤。

64.不管你愿意不愿意,一切人都是时代的产儿。你想超越时代给你绝对的真理,根本不可能。这不是说人人都一样,而是说每个人都应在你生活的时代留下时代的印记。印记越深就越可能成为时代的创造者或给后来者以启迪。

65.超前的理论看起来是脱离时代的,其实细分析,它可能更深入地反映了时代的矛盾和作者对时代的关切。

66.真理多半经过血的洗礼。真理可以使人变成权威,但权威不等于真理。行政领袖可以下达命令,但不一定都是真理。

67.真、善、美都可以成为假、恶、丑的掩饰物,越自称自己是真、善、美,他掩饰的假、恶、丑就越多。

68.权威的话即使百分之百的正确,如果只能作为接受、遵从、奉行的规定,而不作为可以再认识、再讨论的对象,随着时间的推移,它也会变成僵化的、无生气的、与实际相悖的东西,会成为桎梏。因为历史在前进。

69.行为规范与真理不是一回事。政治家可以制定行为规范,但不能规定真理。真理出自一孔或一人,这是民族的悲剧。

70.把某一方面的真理定位一尊,他本人就成了真理进一步发展的障碍。

71.谁举起批判的旗帜谁就获得了真理,那真理来的太便宜了。太便宜的真理多半要落入批判者批判的行列。

72.真知有超越政治权威的潜在力量。

73."我"就是真理,那么"我"死了呢?

74.把批判作为一种特权,它本身就糟蹋了真理的价值,因为真理同特权是不相容的。

（六）读书　思考

1.无目的的漫读书可以增加知识,但很难增加知识的深度。只有带上追求的目标去读书,才会使认识加深。

2.年轻人崇拜名人,却常常在名人面前胆怯,胆怯就会变成一种桎梏,使人的才智萎缩。

3.有目的的追求是达到成功的诀窍之一。

4.满足小有成功是不知天外有天的井蛙。

5.只注重实行而不重思考的人,最多是一个不偷懒的苦力,同牛马的区分不大。

6.现在不是缺少政治家,而是缺少为民族而思考的哲学家。

7.在平静的生活中,人们看重经验、遵从既成的先例和事实;只有在创新时才会考虑批判与继承。

8.思想家很少能在现实中找到自己的归宿,因为他对现实总是抱有批判的眼光,但他却为后人留下了思考的课题,启迪着后来人。

9.思想家多半是以精神的丰收弥补物质生活的贫困。

10.以俗凡为目的是世俗人的最高境界。

11.没有激情就不会有深刻理论。

12.社会的许多现象如鸟之两翼,车之两轮。离一则两伤,合之则两美。

13.知识即力量不大准确,只有知识转化为智能才能变成强大的力量。

14.动荡出智慧,反思出新见。

15.一个人说出几句格言就足以传世,如果说出一系列格言,称之伟大人物足矣!

16.苦闷是新见解的母体,无苦闷几乎不会有对新知的探求。

17.人格独立是认识的前提,无人格的独立,就不会有独立的认识。

18.自我"折磨"是追求者的通病或不可缺少的条件,如果没有自我折磨就不可能有新知。

（七）思想自由

1.一个民族的悲哀莫过于思想窒息。谁窒息了思想的自由，谁就会成为历史的罪人。

2.一个执着的理论追求者，在现实生活中多半是艰难的，除了人们不理解之外，还因他常常同现存的秩序发生矛盾。

3.两袖清风的知识分子为什么常常向人们视为神圣的权威挑战？似乎有点发疯，然而这正是他可贵、可歌、可泣的地方。

4.在理论上有个性的人，多半不可能成为一个顺从的行政官员，他容易与上司发生冲突。

5.整知识分子会堵塞民族的聪明和才智，永远不会有民族的发展。

6.一个国家要发展，必须允许人们有多元的选择余地。发展不是人为的直线规定，而是多元力量的交织形成的合力。

7.有人甘心做奴隶，这也是一种自由；如果因此而说做奴隶就是获得自由，这同滥杀无辜者是没有原则区分的。

8.思想放宽，行动上容许选择，路越走越宽。桎梏了思想，行动也就无选择的余地了。

9.思想囚犯比肉体囚犯或许更令人痛苦。

10.在争鸣中进行选择是一种享受和幸福，用行政规定让人接受（也许是正确的）总有一种压迫感。

11.把说理与行政混为一谈，思想家就没有用了。

12.政治逆反心理是对强迫的抗争，批判逆反本身又是一种强迫。

13.指定的沙龙是不会吸引人的，只有以自由意志为基础的沙龙才有生命力。

14.辩论激烈化常常会走向极端，极端的理论才能充分表现出个性。

（八）历史学问题

1.背着未来,面向历史讨生活的人是活着的古董,他的价值同无生气的古董在本质上是一样的;面朝着未来,历史就是同长江一样的大动脉,使人获得无穷的养分。

2.历史学家严肃对待历史,社会也会对历史学家持一种严肃的态度和尊重。

3.文学家教育人们从感情上懂得爱与憎,史学家则从理智上教人分清是非。

4.第一流的文学家首先是哲学家和史学家。

5.历史学的生命力首先取决于历史学家的使命感。

6.史学危机是史学家的认识落后于时代造成的。

7.如果不能从历史中看到对现实的改造和未来创造的起点,那么这种历史认识至多给人提供了一些素材,在认识上它属于初级的描述。

8."历史"如果不在现实中发生影响,这种"历史"就是死东西。

9."历史"之所以有其生命,在很大程度上是由历史家注入的。历史认识中凝结着史家的劳动和认识成果。

10.如果认为历史的余魂没有在现实中游荡,那么历史学就只有死亡了;如果历史的余魂还在活动,那么你认识现实就不能不认识历史。

11.现实不背靠历史文化是不可思议的,因此改造现实就要重新估价历史。

12.人们对历史认识、特别是对历史总体的认识,不能不受到世代环境以及作者的主体状况的影响,因此随着时代的变化,也就需要再认识和自我反省。这里不是想给自己作辩解,而是作为历史认识问题不可避免的事。

13.历史是一个伟大的宝藏,但不经过开发人的劳动,它本身不会显出智慧的光彩。

14.再现历史的过程,同时也再现了历史家的劳动、眼力和智慧。

15.历史学的危机在于只当作知识而未开发智能,史学注重开发智能,它就会在现实的认识中扮演主角。

16.历史上的智者常常又扮演让人愚蠢的祸首,如宗教都是智者创造的。

17.不需要了解现实的人也无须去了解历史,知道历史而不知现实,知道历史又有何用?

18.史学和一切科学都应为人类的进步而思考。

19.不在沉思历史中发现新的境界和新的历史,这种沉思是徒劳的。

20.一种文化是在自然中形成的,它也会自然地在历史中变形、异化。无须留恋旧的。

21.历史研究只有提高主体认识才能开发历史中的知识,并使知识变为智能。

22.历史研究提高主体意识的关键是增强价值认识和开发智能。

23.以历史作为追求的目标,不管过去的时代如何被人称赞,但这种追求只是把人引向后退,至少是停滞不前。

24.研究历史既要研究经济、政治,等等,同时必须研究文化以及文化环境。文化环境是一个意识的复合体,它是人文文化、传统习惯、社会心理、教育内容等共同造就的。

25.人们的现实认识都是在历史中形成的,因此只有分析历史才能使认识达到新境界。

26.历史认识的基础是事实,但仅事实并不是历史认识,这里必须有认识主体的意识与贡献的智慧,这种历史认识才是有意义的。

27.历史的反思看起来与现实无多大关系,实际上它是给现实注入了一针激素。

28.研究历史是为了认识现实、判断现实、批判现实、建设和改变现实。

29.知今而不知古谓之陋,知古而不知今谓之昧,不知古今而言未来谓之妄。

30.历史学家只有成为历史与现实之间不可缺少的中介,人们才会认识他的价值。

31.我们的民族有悠久的历史,但对历史常常爱患健忘症,健忘历史,历史就会重演。

（九）价值　理性问题

1.排除价值的认识是有的,但把价值都排除在外,这种认识恐怕就毫无意义了:认识不体现价值,认识就会变成超人的玄思。

2.价值判断离开了历史环境,常常会变成苛求。

3.只有站得更高才能对低的东西做出居高临下的价值判断:如果站在低处评判高级的东西,多半引人于落后。

4.理性是一个历史的范畴,在一定时期它是"正"的,到另一时期则可能变成"负"的,甚至变成桎梏。这需要更高的理性来取代。要把理性的历史价值变化同反理性区分开来。

5.某种理性在一定条件下会给人们带来非理性的灾难,但如果根本不要理性,那人类只能永远停留在蒙昧阶段。

6.现代意识是在不同观念撞击中实现的,而不是行政规定的结果。

7.没有新名词、新概念就没有新思想。

8.理性的个性是个成熟的个性,理性的个性不是把个性简单地归入理性,而是在个性的发展中把握着理性。

9.理性不是权力的规定,而是深思与自觉的升华。

10.理性是人类进步的里程碑,如果只要感性会使人回到野蛮时代。

11.理论从属于权力时多半是权力的仆从。

12.用权力裁判理论的分歧说明还未从野蛮中走出来。

13.随着权力指挥棒要什么有什么的理论家,尽管把事情说得头头是道,他也不配称为真正的理论家,至多可叫作廉价的聪明人。

14.使人们在最低生活状态中忍受,最实用的理论就是剥夺人的主体价值。

15.把人们都编入政治体系中,实际上所有的人都会变成受支配的人。

16.社会心理在历史中的作用有时比权力更为坚实、有力。

（十）关于传统

1.固守传统看起来是格外尊重传统,其实他对传统并没有增加什么;富于创造的人常常表现与传统的冲突,其实从历史角度看,他做的事使传统中合理的因素获得了新的支柱。两者相比,后者对传统更有利。

2.对传统进行理解与对传统奉行迷信,两者是截然不同的;理解建立在理性的基础上;迷信则是以愚昧、盲从为前提。

3.创新不是与传统简单地对立,如果一定视为对立,那是人的主观理解;创造本身永远离不开传统,但它又高于传统。

4.传统不是先验的,它是历史的产物,因此只能历史地去对待;离开历史条件谈传统,多半把人引向愚昧和盲从。

5.从历史发展看,我们应该做传统的主人,把传统作为自我创造的条件和起点;如果固守传统,那就与奴仆相去不远。

6.只有从事历史创造的人,才能深刻理解传统;一味墨守成规,他根本不理解传统为何物。

7.政治上的守权者与夺权者是不同的,守权者往往更注重传统;夺权者则或多或少要变革一下传统。

8.从理性上说,人们都想接受真理,在情感上则更相信习惯和传统,后者无须费脑子,无须斗争。情感是很难更改的。

9.君师合一、君道合一是权威原理的基础,也是真理的"标准"。这是中国传统文化的主旨。

10.近代西方的"个人"是单子,中国的个人一直是有机体中的一个细胞。

11.六亿神州尽舜尧,必定会变成比比皆是的骗子和傻子。

12.理解传统即是理解自身。

13.能忍能生的民族是能生存下来的,但在竞争的时代是缺乏竞争力的。我们的传统就是如此。

（十一）文化问题

1.文化是在历史中形成的,但另一方面,文化又成为历史发展的一种环境和起点,它同经济、政治一样,对历史起重大作用,甚至其作用显得更耐久和顽固。

2.文化环境是一个意识复合体,它是文人文化、传统习惯、社会心理、教育内容等共同造就的。

3.经济的变革是文化变革的基因,这一点是千真万确的。

4.文化是人类发展积累下来的沉淀物,只有从历史的反思中才能把握它的真谛。

5.观念的改变不仅需要理论的突破,更需要有行动的突破。行动的人多了,观念也就随之变化了。

6.文化无祖国,用祖国限制文化的交流,祖国就会变成文化的牢狱。

7.在现代社会获得高级的文明观念并不难,但要实现这种文明那就是另一回事了。

（十二）商品与观念

1.一方面发展商品经济,另一方面又仇视商人发财,这是陈旧的心理对新事物的抵抗。

（十三）权力、政治伦理问题

1.权力一旦成为荣誉,它就走向堕落;权力如果是一种义务,它就必须受到制约。

2.愚昧的多数和盲从的多数是靠不住的,一旦醒来就会成为反叛者。

3.强做人的代表,与其说是为人谋福利,毋宁说是剥夺人。

4.什么是智慧?智慧可以是对事物本质的揭破,也可以带来对他人俘虏和统治。

5.无限地自称对他人的爱护和保护,在一定条件下就会变成扼杀。

6.一些人把批评权视为垄断物,那么他的批评恐怕多半不会是真诚的,相反,恐怕多半是荒唐的一种暴力。

7.把权力视为自己或一伙的,不管口中说得多么漂亮,他骨子里没有同专制主义划清界限。

8.事物本身还不成熟,就不要说它完美无缺,正像果实还不成熟硬说它甜透了,那非把成长的东西扼杀不可。

9.让历史迁就、适应和怜悯个人,只能变成历史的阻力。

10.绝对的自由是没有的,如果谁处在了绝对自由(无限制)的状态,那么他即使不变成百分之百的坏蛋,他至少有一半以上会变坏。

11.如果一个人是其他人的稳固的代表,那么其他人就失去了人格独立。

12.代表不能代替,代表如果成为代替,代表就变成对被代表者的剥夺。

13.绝对一致的下面必定掩藏着众多的分歧和错误,这不仅是未来分裂的因素,也为当前的事业造成损失。

14."浓雾"使人感到灰暗,但"浓雾"之后常常是明亮的天。

15.或曰:不说没有事,一说就有事;不干没有事,一干就有事。如果把这作为"哲学",实在是民族的悲剧。

16.把个人神化与把集体神化并没有原则的区分,因为没有一个独立存在的集体,集体也是由个人组成的。

17.只让人说好,不让人说坏,他(它)的坏可能不比好少。

18.宣传恩赐就是为了占有和支配。

19.普遍的沉默常常会引起普遍的愤怒。

20.发自内心的称赞是真诚的。被迫而不得不称颂是一种屈辱。以颂扬为投机之资是商人,强迫人颂扬是无耻。

21.垄断了"爱"也就是一种特殊的专制。

22.总认为自己是为别人服务,那么别人就总是欠债者。

23.无限夸大和强调一方对另一方的爱,这种爱常常会走向对对方的专制。常说爱之极则恨,恨则专制。

24.强迫对方说好,这就是强迫对方说谎;人们鄙视说谎者,其实更应憎恶制造说谎局面的人。

25.以公为名而实现私,比公开自私的人更卑鄙;用公的名义实现对别人的剥夺,无异于强盗。

26.不能为了维护一个人而把历史和世界都抛掉。这不是自信,而是心虚。

27.当一个人连自身都不能支配时,就不要奢谈什么民主和自由;公有制应该提供比私有制更多的个人自由,否则就没有价值和意义。

28.没有合理充分的思想自由,这个民族是难于获得真正的进步。

29.百鸟朝凤是专制主义在艺术上的表现。

30.对人们细微的生活的干预(如穿什么衣服),或许并无大的影响,但它造成的思想拘谨比事情本身要恶劣得多。

31.不准对现实提出异议的人,大凡现实满足了他的一切要求,或者他认为现实的一切是最好的。

32.当一种环境普遍逼着每个人(或大多数人)把很大一部分精力用于如何保护自己,那就说明现实的制度还缺乏对人的保证,人的能力也就难于充分发挥出来。

33.两个人本来并不完全一致,可是一方要说完全一致;接下来,这一方就站出来说:我代表他!而他呢?终于落得个附庸或奴仆地位。

34.科学应该转化为实践,自然也应转化为政治;但是反过来,如果科学要由政治来确定,科学多半被扰乱,或被窒息,或是假的。科学发展很少有前途了。

35.一当官就获得教育别人的权力,特别是天天教训别人要为人民服务,这种人多半在攫取个人的利益。

36.崇拜权力和官吏是专制政治的流弊和恶果。

37.权力是一个伟大的力量,它可创造什么,同时也可以毁掉什么。问题需要是发挥它的创造力,扼制它的毁灭力。

38.恩赐与占有是一个问题的两方面。宣传恩赐就是宣传占有。

39.愚昧加怯懦是造成"一致"的基本条件,为了"一致"就要教人愚昧和用高压使人怯懦。

40.在理论"混乱"中自由选择和创造是造就智者的必要条件,在理论"统一"中只能培养低能儿。

41.事物只有通过两极的发展和比较,才能选择它的最合理的存在形式;如果把"合理的形式"视为行政的规定,那么它本身就只能是另一种偏执。

42.把一切功劳归于自己,那么他也就应承担一切罪恶。

43.政治如能支配一切,那么它也会把现代化的物质力量变成废物。

44.尊重对立面的是政治家头流,仅承认属于中等,扼杀对立面属于劣等。

45.说假话的升官,说真话的倒霉,这种时代是无生气的时代。

46.说谎的盛行是权力支配一切的产物。

47.垄断了爱,就必然走向独裁和专制;强实行爱,就会变成占有和侵犯;爱不以自愿为基础,就会变成强迫。

48."人民"和"多数"是可敬的,但多少罪行假汝而行。

49.靠专政实现内聚力,除了支持者外会有不少胁从者。胁从者是靠不住的。专政威逼下胁从的多数是靠不住的,时机一变就会成为多数的反对者。

50.清醒的领导者与其从诺诺之辈获得赞扬声和支持,不如与谔谔之士交流更为有益。

51.把权力与真理视为一体,在许多情况下,既毁坏了权力,又糟蹋了真理。

52.一个人自以为是完全健康的,那大夫对他自然是多余的;如果一个"社会"自称一切都是完美的,也就无需社会大夫了,真的大病来了,就只能束手无策。如果一个人有病,那么需听听大夫们各种治疗,不能只靠一个大夫;

如果社会有病,同样需要各种社会大夫会诊,提出各种医疗方案以资比较、选择,这就是争鸣。

53.社会科学之无用,就在于领导人不承认社会主义也会有病!

54.总称自己一切皆好而不容别人批评,他大概脏东西太多了。

55.在文化水平程度较高的人群中,越是实行强迫就越招人反感。

56.把人民造就成平庸的顺民,确乎利于稳定,但对民族的发展却是悲剧。

57.维护死人是为维护自己,把死人当作大棒,比直接棒人更坏、更可恶。

58.说假话的原因各种各样,但威胁个人安全的环境无疑是最重要的原因之一。

59.失民心的事可以得志于一时,不可能得势于永久。

论国学

不宜从儒学中刻意追求现代意识

近年来,特别是在去年举行的"孔子诞辰二千五百四十周年纪念与学术讨论会"上,一些先生对孔子与儒学的评价越来越高,认为儒学的"基本精神"是提倡天下为公、人格平等、人格尊严、民本政治,等等。评价问题本来有很大的主观性,很难判断哪一种说法是绝对正确或错误,但有一点应该遵循,即从基本的事实出发。如果说儒学的基本精神如前所述,而汉代以降帝王中的绝大多数又把儒学作为指导思想,全社会又那么尊孔、崇儒,按说,中国早应该走上了民主之路。然而事实是,直到近代之前,人们还都跪倒在皇帝的脚下,天下之大公在哪里? 人的尊严在哪里? 民本在哪里? ……这里仅就如下两个问题略作简论。

等级原则与中和精神何者为主?

一些学者十分强调儒家的"中和"精神,认为"和谐"是儒家的真谛。的确,儒家的中和理论与精神是值得深究的一个宝藏。但是从历史来考察,儒家的"中和"精神不是第一位的、不是主体,也不是独立的,它是以等级为前提的、是依附于等级体系的、是从属性的。

儒家把贵贱等级作为社会体系和社会制度的基本框架而一贯加以维护。对于儒家来说,这不只是一个历史事实问题,同时又是一个基本理论问题。事实是外在的,理论是内在的;承认外在的事实是一回事,从理论上进行论证和追求则又是一回事。儒家对于等级体系不限于承认,而是更侧重于论证和追求,从而使等级贵贱体系成为不可侵犯的圣物。

孔子对等级贵贱制度更多地表现为对事实的肯定,并且是不可更易的。他所推崇的"礼",其主体就是贵贱等级制。在他看来,任何对礼规定性的破坏与僭越都是大逆不道的。如果说在孔夫子那里主要还是对贵贱等级制的由衷肯定,那么,他的传人则从广阔的理论上对其进行了论证,从天人关系、人性矛盾、历史、社会关系诸方面证明贵贱等级是不可避免的、是合理的、是天经地义的。董仲舒说:"礼者,继天地、体阴阳、而慎至容;序尊卑、贵贱、大小之位,而差外内、远近、新故之级者也。"①这样一来,等级源于天地、阴阳,"地便从天、阴便从阳、卑便从尊、贱必奉贵、臣必忠主、民必屈君","下事上如地事天也,可谓大忠矣"②。"屈民而伸君,屈君而伸天。"③儒家最爱讨论人性,不管性善说、性恶说,抑或性品说,无不直接或曲折地从人性论证了贵贱等级的合理性。宋明理学对人性的论述最细密,既讲"天地之性",又讲"气质之性"。前者论述了人性的同一,后者论述了人情的差异,然而笔锋一转,"气质之性"便成为贵贱等级的理论支柱。贵贱等级既符合天序,又符合人性,又是历史的必然产物,从而把贵贱等级神圣化。

我们讨论儒家的"中和""和谐"之论不能离开贵贱等级这一前提。儒家是在贵贱等级的基础上讲"中和""和谐",其理论与实际目的又是为了维护贵贱等级制。这样一来他们的"中和"与"和谐"十分缺乏矛盾的发展观,也就是说,他们虽然讲矛盾,但不敢讲或很少讲对立面的转化。因此儒家讲的中和并不是真正的中和,而是以尊贵卑贱为基础的"偏和"。董仲舒对中和赞扬备至。"中者天地之所始终也,而和者天地之所生成也。夫德莫大于和而道莫正(止)于中。中者天地之美达理也,圣人之所保守也。"④然而在这中和之"中",恰是偏向一极的,"地者天之合"⑤,"阴者阳之合,妻者夫之合,子者父之合,臣者君之合"⑥。我认为,儒学讲中和、和谐,无论在实际上,还是理论上,都离不开贵贱等级体系。贵贱等级不仅以事实,而且以理论方式渗透到中和论与和谐论之中,并成为中和、和谐论的基石。撇开贵贱等级论而抽象地讲中和论、和谐论,是有违儒学实际的。

如果充分考虑了贵贱等级原则,那么,对天下为公之"公",就应作历史

---

① 《春秋繁露·奉本》。

② 《春秋繁露·五行对》。

③ 《春秋繁露·玉杯》。

④ 《春秋繁露·循天之道》。

⑤ 《春秋繁露·阳尊阴卑》。

⑥ 《春秋繁露·基义》。

的、具体的分析。就实而论,儒家中的"公"有很多层含义,但绝少平等之意。在复杂的含义中,崇奉以君主为中心的国家和道德伦理原则是"公"的最基本的内容。正基于此,黄宗羲一针见血地指出,君主"以我之大私为天下之大公"。

原载《文汇报》,1990 年 2 月 13 日

关于倡导国学几个问题的质疑

　　什么是国学,到目前为止,几乎没有共识。有的人认为古今都包括,有的认为只限于传统的东西,有的更窄些,主要是儒学、六艺等。有资源实力的人在谈到国学时说,"国学就是中国固有的传统学术及其研究的学问,是中华传统文化的精华","学懂古人,才能谈得上弘扬中华传统文化。对传统文化一派茫然,所谓创新根本是无稽之谈。如果没有汉晋唐宋以及清代学者为古代典籍做出的那些传记、集解、索引、正义、注、疏……古代的书籍及文化今天无人能解"。显然国学指的是古代的学问。当年章太炎讲国学,基本上就是这个范围。从当时的社会思潮的角度看,老先生讲国学,是针对西学而论的。当时大量西学涌入之后,他感到应该发扬一些民族的文化,于是提倡国学。后来,另外一些学者搞整理国故。但在当时也并不是没有人反对。有一些激进的人不赞成。比如傅斯年(后来有变化)作为新潮人物,就持反对态度。稍后的马克思主义学者杨贤江也持反对立场。应该说鲁迅也是不赞成的,有人问他要读哪些古书,他说中国的古书一本也不要读。他写的《关于章太炎先生二三事》对章太炎后期的道路也颇有微词。

　　1949年以后国学这个词被冷却了几十年,这几年又开始提起并不断升温,有时还炒得挺热。从学术渊源上来讲,与这三十年来的文化热和儒学热有相当密切的关系。更大背景,跟中国作为一个大国的崛起,经济发展,日益引起世界瞩目的形势也有某种关系。在这种情况下,就有一个要发扬民族文化的问题。为发扬民族文化,有人重新提出国学。

　　现在的文化观念,可以说是多元涌动。对国学的认识也不尽一样。自称文化保守主义的学者大声疾呼要发扬国学,有些自由主义学者就很不以为然。社会主义是主流,但其中也有不同的流派,对传统、对国学各有不同的看法。有不同的看法是正常的,应该展开争鸣。下边我提几个问题:

一、国学作为学问与作为学科建设有否区分

学问是个人的事,由个人自由选择。建立学科就比较复杂,首先要有比较明确的研究对象和研究领域,不说太大的,就以传统文化为限,"四部"学问都在里面,这怎么研究?谁有这么大的能力和精力?其次要有相应的学科建设。我们的行政很强,拍拍脑袋也许就能办,但课程是哪些?培养什么样的人?社会需求又如何?有消息说,有人鼓动大吏应从国学门出,真是匪夷所思。半部论语治天下的时代一去不复返,现代靠"四部"学问能管理国家?不能这样鼓动热血青年!再次,现在的学科中都有"史"的部分,国学把这些都合并、取代?不然重复怎么办?难道在国学门中再设文、史、哲等?有的学校建立了国学院或实验班,不妨先实验。切不可一哄而上。

二、如果国学以研究传统的东西为主,最好不要与现代的东西乱对应,搞拉郎配,少搞"倒贴金"

搞国学除了进行一些基本的典籍研究之外,就是要通古今之变,或者说,要进行古今对话。在这方面不同观点的人各有其说。我印象张扬儒学者说得比较多。他们把现在的许多概念都和儒家思想联系起来。比如说讲资本主义,便名之曰儒家资本主义;讲社会主义,名之曰儒家社会主义;讲民主主义,名之曰儒家民主主义;讲自由主义,名之曰儒家自由主义。将现在出现的许多观念都和儒家连在一起,比如公正、正义、公平、契约、人权、人格独立、人文精神、道德、和谐、以人为本等,都要从儒家思想中寻找历史资源,甚至于认为都来自于儒家。现在社会上高分贝惊呼道德扭曲、道德沉沦、道德沦丧,于是便倡言要从儒家道德来挽救。在这个思潮中,有的是从学术研究来论述儒家与今天的道理相通,这足资参考。但也有的则提出用儒家对现实进行制度改造,将儒教改为国教,使儒教国家化,建立什么"通儒院"代替人大,将中国纪元改为孔子纪年,小孩要从小读经,这些简直是走火入魔!

儒学是一种历史现象,如果抽空历史内容,搞抽象继承法,哲学家们或许可以,但搞历史的恐怕不宜。

"通古今之变",应该特别注意后边这个"变"字。我们首先要认识中国的古今有了巨变,如果国学说的是"四部"之学,显然属于前一个阶段的产物,

"今"则是历史的新阶段。时代不同,许多名词、概念虽然一样,但其内涵有了阶段性的改变。有人讲中国历来都是讲和谐的,而且是大和谐。但我说,古代说的和谐是等级贵贱金字塔式的和谐,现在讲的和谐,是宪法、平等、博弈和契约式的和谐。和谐这个词一样,内容大异。

　　古人的思维与我们有很大的差别,很多学者指出,中国传统思维的一个重要特征是混沌。混沌不是说不清楚,而是指缺乏概念限定和明确的逻辑关系,它的思维讲究整体性,是一种集合性的思维。从政治思想史的角度来看,我认为中国的政治思维是一种组合结构,我把它称之为"阴阳组合结构"。阴阳观念在中国思维中影响较深。所谓阴阳结构,就是有两个命题互相对应。你很难用一个观点一直说下去,讲一个必然要引发出来另一个。比如讲民本,许多学者由中国古代的民本思想,推出中国早就有了民主思想、民主主义。但是不要忘记了,中国还有一个词:君本。君本、民本两者是互相定义的。中国最早的民主,是"君为民主",也就是君王是民众的主人,这与现代的民主概念不一样的。君为民主,民为邦本。这是一个典型的组合结构。你只抓其中一点是不行的。再如天人合一,只讲一点可以把人提到很高的地步,我可以尽心、知性、知命,你看,"我"和宇宙一体了,多么伟大。但是这只是命题的一面,还有另外一个命题就是天王合一,天和王是合一的。天王合一是和天人合一纠缠在一起的。董仲舒说得好,什么是王,王就是贯通天地人者,当王是天的体现时,那么天人合一就要打折扣了,天人合一的空间就少了。你讲礼就是和谐,可以吗?有子是说过,礼之用,和为贵。礼是什么?礼可不是礼貌,见面握握手,人人平等相待。礼的核心是讲贵贱等级之"分"。在这种贵贱等级中,再求"和"。"和"不是一个独立的命题,它与"分"连接在一起。你怎么就能说中国古代的礼就是和谐呢?再比如说道,道这个东西最崇高了。孔子云:"朝闻道,夕死可矣。"这该是多么豪放呀。当道与君王发生冲突时,又有"道高于君"的说法。光从这一点说,真是理性至上,也是一种美的境界。但下面还有一个命题在等着你:王体道,王就是道。后来又讲:道从王出。所以也是一个组合问题,并不是从一个"道"的原命题可以一直推下去的。当"王生道",王"体道"时,你说这个道又是处在什么位置?我们都崇拜圣人,很多人把圣人说成是理性的人格化。但是还有一个命题:"圣王"。把圣和王结合在一起,圣王比圣人和君王都要高。战国以前君主们不敢自称圣王,自从秦始皇即位后就讲,我就是圣王,以后历代皇帝都称圣王,圣字和王字的联系最多。我曾经让一个学生用电脑统计一下"二十五史"中圣字和哪个字组合较多，统计的结果是圣字和王字的结合最多。

阴阳组合结构，阴阳比重不同，就是阳的东西不能变的。比如讲民本和君本，君本为主，民本为次、为辅助。民本不能否定君本，民本为君本所用。所以阴阳关系不能错位。我想，通过这样一个思维方式来解读中国历史的事实，可能比较接近历史。所以我最不赞成的是把历史抽空。把历史抽空，不是历史学家干的事。古人这种阴阳组合结构是很高明的，有很大的容量，有调节的空间，至今对我们的影响还很深，要想走出来也非常困难。但现代思维的重要课题之一就是要从这种阴阳组合结构中走出来。

把古今混同，用今天人们的精神改铸古人，固然是常有的事，这对古无所谓，但会影响对现今问题的探讨和认识。

三、对传统文化的价值判定要有分寸，不宜过分夸张

前些年诺贝尔奖获得者对孔子褒扬了一番，让我们看了很舒心。2004 年又有一批领衔学者发表了"甲申文化宣言"，更凸显了对中华文化的自信："我们确信，中华文化注重人格、注重伦理、注重利他、注重和谐的东方品格和释放着和平信息的人文精神，对于思考和消解当今世界个人至上、物欲至上、恶性竞争、掠夺性开发以及种种令人忧虑的现象，对于追求人类的安宁与幸福，必将提供重要的思想启示。"

最近读到另一篇文章，最后的结论是，西方文明盛极而衰，现在已经没落了，中华大道因而复兴。从上下文讲，中华大道主要指儒家。中华大道不仅救中国，还要救世界，要给世界带来和平。文化中心轮流转，现在到"河东"了。

诸多先生谈到中华文化就集中说精华，而且说得那么美，像"宣言"中所概括的，反之，把"世界"说得那么差劲，试问，"中华"在"世界"之中吗？中华就没有"世界"那些毛病？这符合历史事实吗？中华文化精神是复杂的系统，只说精华显然不能成立。历史都是在矛盾中展开的，有美的一面，也就有不太美的一面。难道阿 Q 精神、酱缸精神等，不是中华文化的一个侧面？不在矛盾中陈述，精华也显示不出来。我们的民族精神不都是在美的诗意中展现的。用美的诗意概括我们的民族精神是不符合历史事实，也未必有益。

各国各民族都有自己的发展过程和自己的文化传统，因此要历史地考

察,没有一成不变的文化精神,同时还要用"二分法"来分析,每个民族的精神都有积极面,同时也有消极面。

民族文化不宜分"优劣",但我认为,从比较的角度看,不同类型的文化有"先""后",所以才有"先进文化"的提出。

如何分"先""后",无疑是一个复杂的问题,一个民族内部有"先""后",各民族之间也有"先""后"问题。从大局来说,"先""后"首先是历史阶段问题。

我还是相信历史是有规律的,五种生产方式的表述可以讨论、更改,但不能因此不承认历史发展有其规律。我仍然认为经济是基础,文化等是上层建筑,经济发展的程度大体也决定了文化的发展程度。目前我们国家在世界大潮中处于一个什么样的发展阶段?总的来说,应该是处于后进、后发的阶段。三十年来我们的巨大进步和发展非常鼓舞人心,也令世界瞩目。但是不要忘记前面还有一个定语:"后"字。我们不甘心"后",我们要从"后"向前赶。但这个"后"仅仅是点点滴滴的问题吗?显然不是,而是一个历史问题。我们应该勇敢面对。过去总是强调我们的所谓的"先进性",又强行实现,过来的人都知道,这曾经给我们的国家带来了极大的灾难。这种超历史阶段的做法是行不通的。如果说我们有这个或那个失误,我想最大的失误是强行超历史阶段。

如果国学、儒学指的是传统之学,在中国、在世界的发展面前,从总体上说,它是上个历史时期的东西。从中国现代化进程看,其中固然有可取的养分,但从体系看,更多是阻力。无须过多责怪书生吴虞老先生"打倒孔家店",孔家店何曾不欲把现代化扼杀在摇篮里!翻看一下《翼教丛编》不难找到杀气腾腾、血淋淋的霸语。何止语言,在我们的土地上又有多少因反孔教而被诛的漂游冤魂!在历史上儒家不是那么文质彬彬的,也是浑身充满杀气的。孔子说过:"不教而诛谓之虐",但不服儒教而被杀的就是"善"!

如果平心静气地说,五四以来,国学、儒学、传统文化并没有中断,"文革"似乎抛弃了传统,其实完全不是那么回事。"文革"恰恰是以特殊形式再度展现"传统文化",试想想,"忠"字化运动、个人迷信、最高指示、一句顶一万句、句句是真理、狠斗私字一闪念、天天读天天讲,等等,都可以从传统中找到原型。不管是用儒,还是扬法,应该说都与国学有关。儒、法在鼓动封建专制主义上途殊同归,"文革"封建主义大泛滥,儒、法都有其功。把"文革"说成与"传统"断裂,实在是一种误解。"文革"无疑有其自身的东西,但就与"传统"关系来说,我认为是"传统"的主旨——封建专制主义的大复活。

就我有限的知识和经验,我对国学、儒学能加入现代化行列基本上持怀疑态度。我不否认其中有精华,但从体系说与现代意识是两回事,而且有历史阶段的差别。从主要矛盾角度看问题,我认为重要的是从历史中走出来,而不是振兴传统等。

我不赞成对传统文化提倡"认同",即使有所继承也只能是在分析、再创造中吸取某些养分。现代化的文化主要是新时代的创造和学习更先进的东西,并在历史中逐渐完善。中国特色社会主义一定有与之相应的文化,这种文化的主旨和核心价值不可能来自于国学、来自传统文化。这还有疑问吗?

为了民族的发展,我们要敢于向一切先进的学习,不管来自何方。何兆武先生提出,作为科学的最基本道理,不应分中外。我赞成何先生的看法。但各民族的历史进程有别,只能从具体情况出发求其适应性。学习也不是一蹴而成的,要试验,要找到衔接点和适用性。对于中国这样一个后发展的国家,要建设一个自己的文化形象,是非常难的事情。比如说现代的概念与思维方式,究竟有多少是传统的东西?恐怕主干部分是近代一百年来从西方引进而来的。无可奈何,我们必须接受。关键是要维护我们民族发展的利益,不管是古代的还是现代的,不管从哪里来的,只要符合我们的需要,我们拿来了,我们学到手,就是中华民族文化的一部分。其实看看日常的所穿、所用、所住、所行,有多少与引进来的无关?我认为只要对我们的民族发展有利,成为我们生活因素,这就是民族的,我们拿来了、接受了,有利于我们的发展就是中华民族的骄傲。这些年的大发展,不管它是哪来的,我强调的是,只要对国家和人民的提升发展有用,带来了利益,就是我们民族的。

我们的经济有了惊世的发展,我们的文化观念同样也有了巨大的改观,正在向现代意识转变。诸如导向现代的开放意识、改革意识、和谐意识、民主意识、多元意识、主体意识、公民意识、法制意识、竞争意识、契约意识,凡此等等,在改革以前是十分匮乏的,即使有也是处于犯禁的窘境。随着经济日益发展,现代化的中华文化也会走向强势。现代的文化主要要从现代生活中提炼,要围绕生活来提出新问题,求索新观念、新价值。不要用"传统"来当裁判。

时下有一股很强劲的风,就是批判激进主义,批判五四,我是断然不赞成的。五四当然可以分析,激进主义当然更值得反思,但我认为激进主义的失败也比固守传统有历史意义。我认为不应因批判激进主义而倒回到传统。

论者还提出要用"国学学科"来"重新认识和估价依据西方学科范式和话

语体系建立的学科制度所带来的利弊得失",真可谓以古度今,以寸量尺。如果我们目前的"学科制度"有什么"利弊得失",主要应审视其道理和是否适应中国发展的需要,怎么能用"国学学科"来衡裁?这是不是现代的唐·吉诃德?我余年无多,若还能看到用"国学学科"重塑出来的更适合现代化的新学科横空出世,届时我一定五体投地。

论者又说:"充分汲取和借鉴世界尤其是欧美近现代文化中的精华成分,给国学注入新的生机,升华新的境界。"试问,"注入新的生机,升华新的境界"还是"传统学术"的国学吗?我们是现代人,谁也难免不犯"倒贴金"的毛病,但这种从理论上公开张扬整体性的"倒贴金",无论如何是历史学的大忌。

更让人生疑的是,论者竟把"国学"提到"国家"意志的高度:"重振国学,理应成为国家的重大文化战略",夸大到这般地步,真难让人理解!

新儒家曾热衷颂扬新加坡是在儒学指导下腾飞的范例,被李光耀迎头泼了一瓢冷水。不以李光耀的是否为是非,推崇者尽可以接着说。我希望再论证一下,中国三十年来取得的巨大成果中有哪些"战略"因素是国学、儒学的?请细细道来,把这三十年说透了,对未来的"战略"意义可以增加证据。这不是"将军",而是期盼。

四、国学是否着重研究民族精神

现在各学术分科都有与国学相关内容,且都是重头,这三十年有了前所未有的大发展。国学不可能把这些包容进来。章太炎等倡国学的初衷是寻找与发扬民族精神,现在重新提出,是不是以此为主要对象,深入、系统研究一下民族精神发展过程?

在我看来,文化和民族精神是一个历史现象,没有什么一贯的、不变的、固定的民族精神。大而化之,商周时期基本上还是个神秘的世界。从诸子百家之后,文化是转型了。有人概括为人文精神,再深入追下去,比如人文的主体是谁?应该说是圣人,而圣人的最高形态是圣王。秦始皇就是第一位称圣的帝王。孔子、儒学的地位与帝王钦定有着密切的关系。离开这个大背景谈人文、孤立突出儒学是不符合历史的。到了近代,中国又发生了新的文化转型。

历史进程中有许多难题,很难评价,国学是否能给予特别的关注。下边罗列几个问题:

226

倡导国学、儒学者都说中华精神是和谐,是否应具体地把和谐呈现出来?哪些是和谐,有不和谐吗?具体到社会的人又如何定位?把和谐吹到云霄,弄成空灵,离开血与火的事实行吗?凡此等等,不一而足。

　　五四时期提出改造国民性的问题还成立吗?

　　多年前某大学一位博士论文写的是钱谦益,让我评论,我说我评论不了。肯定钱谦益,史可法等的抗清如何定位?记得范老(文澜)说过,明朝该亡,满族是带丰厚的嫁妆来的,"文革"中遭到毁灭性批判。这些问题至今似乎也没有深入研究。

　　李约瑟问题,有人进行了回答,我的印象中似乎没有一位作者给儒家文化开绿灯的,这是怎么回事?

　　倡言者把儒家文化说得那么棒,可是怎么没有把中国比较早地引导到现代化道路?反而是百般阻挠。事到如今,转身又要救世界之弊。这是怎么回事?

　　传统社会的帝王老子与官宦都高唱儒家道德,可是官场的反道德却是常态,这又怎么解释?

　　上述诸多问题,都与价值、理念、传统文化精神相关。

原载《历史教学》,2009 第 10 期

对弘扬国学、儒学若干定位性判断的质疑

什么是国学？有人认为这是不成问题的虚问。学界的真实情况应该说与此相反，可谓是:众说纷纭,莫衷一是;是非褒贬,判若云泥。

在论述国学、儒学的意义时,常常可以看到有众多"皇冠"性的"定位"语句,不容置辩的口气直可回转天地、笼罩古今。本文虽有些咬文嚼字,但涉及重要理论认识,不能不辨。

不能把国学、儒学的观念与现代观念混同起来

时下,讲国学常常与中华复兴、中华文化、文化复兴、传统文化、儒学等概念搅和在一起,互相推导、互相包含、互相置换,把国学、儒学抬高到吓人的高度。论者曰:"中华民族正处在伟大民族复兴的进程之中,民族的复兴必然与民族文化的复兴相关联";"儒学的复兴和中华民族的复兴是分不开的";"国学就是中国固有的传统学术及其研究的学问, 是中华文化的精华";"它（儒家)曾是中华民族发育、成长的根,我们没有可能把这个根子斩断。如果我们人为地把中国民族曾经赖以生存和发展的根子斩断,那么中华民族的复兴就没有希望了"。

我与上述论断有诸多分歧,其中最主要的一点是:不能把国学、儒学的观念与现代观念混同起来。作为传统文化的国学、儒学,其主要观念与现代观念分属不同的观念体系。为说明这一点,不得不从社会进程是否有阶段说起。

纵观古今,凡是论述历史演变,几乎没有不对历史进程进行分期、分阶段的,只是分法不同而已。把历史分为现代社会与前现代社会,任何人都难于否认。在不同历史阶段,社会各种因素大致是互相匹配的。如果把国学定为传统文化,那么在大体上,它必然与传统社会的其他因素相匹配,有其历史性。作

为文化,国学无疑有相对独立性、延续性,某些因素还有超越性,但其整体或体系性思想观念必定是那个历史时期的,是与那个时期的社会体系相配套的。近代以来,中国学者对近代以前的社会有多种命名,除钱穆等少数学者外,绝大多数学者都冠之以"君主专制""王权专制""专制主义""封建专制"等字眼。前现代社会的儒学是专制君主选定的官方意识形态,其主干是经学。儒学比经学更宽泛,内部分歧也很多,但大的路数是相近的。经学是国学的核心。至于史学,自班固《汉书》以下的所谓"正史",其观念基本是以经学为指导的。梁启超说二十四史是帝王的家谱,固然极端,但大体是中鸲之论。就先秦诸子而论,梁启超说:"所谓'百家言'者,盖罔不归宿于政治。"章太炎也说:"周时诸学者已好谈政治,差不多在任何书上都见他们政治主张。……中国人多以全力着眼政治。"对政治,学界有各式各样的评价与定位,就我的判断,诸子百家中除农家许行、《庄子》中的少数篇章外,基本上都是主张君主专制的。经学、正史、先秦诸子是"国学"中政治观念最集中的部分,大致说也是处于领风骚的地位,其观念主流或占主导地位的,不可能不是专制皇权至尊至上观念及与之匹配的臣民、子民观念。谭嗣同说"数千年来,三纲六纪之惨祸烈毒"云云,陈寅恪说:"吾中国文化之定义,具于《白虎通》三纲六纪之说,其意义为抽象最高之境。"作为文化主旨的"三纲六纪",难道不是与君主专制相配套的?这个问题应该是常识。是的,深邃的创见常常以突破常识为起点,但有的常识是无法颠扑的事实,如君主专制。试问,由其规定的意识形态能不是与其配套的?

现代化社会的观念基础是公民观念。它与前者在主流上无疑有着质的差别,是先后不同历史时期的两种观念体系。中国现代的公民观念是引进的,在引进时,一些人力求使之与中国传统中的观念相勾连或嫁接,也不无某些道理,但现代公民的权利与义务观念,从观念体系上说,在国学、儒学中基本是不存在的。有人会反驳,难道"匹夫不可夺志""道义重则而轻王公""从道不从君""民贵君轻""仁者,人也"等不是人格独立吗?不是公民观念的基础吗?就字面说,固无不可。但是,历史学不能离开历史环境、思想体系,抓住一句话无限演绎。这些话语与另外的话语在一个思想体系中同时存在。就说孔子吧,他还有这样一些话:"天无二日,民无二王","礼乐征伐自天子出","贵贱不愆","唯器与名不可以假人","君君、臣臣、父父、子子",他认同的是"一言可以兴邦","一言可以丧邦","非礼勿视,非礼勿听,非礼勿言,非礼勿动","唯上智与下愚不移","唯女子与小人为难养也"。老夫子在君主面前表现出的是一副战战兢兢、好像没有容身之处、憋住气好像不敢呼吸、说话细声细气这类标准的臣民神态。把这一类话语、观念与心态，同"匹夫不可夺志"放在一起，还能单说个人独立，意志自由吗？还有公民文化的基础，我提出古代的政治想想呈现为一种"阴阳组合结构"，就是要把上述两种字面单向意思结合起来，表明其是一种"组合关系"，不能单说一面，不能切开，因为它是一种机体，就像庄子说的"混沌"一样，凿开七窍就死了。所谓"阴阳"，就是说组合中的主次关系，我仍然认定阳占主导地位，基本上也决定着事物性质。专制皇权至尊至上及与之匹配的臣民、子民观念，是传统社会占统治地位的观念与思想。这是一个事实判断，而当时人们的价值取向多半也是组合性的。当然也有另一种声音，即农家许行以及无君论者等，但不占主流地位。

时下很普遍的一种看法，认为"'和谐'是儒学的中心观念"。我认为此说很片面。儒家的中心观念应该是"分""和"组合结构。儒家既讲"为国以礼"，又讲"仁政"，礼与仁也是组合关系。礼的主旨是"分"是"别"，规定着社会制度与社会关系中人的定位。司马谈《论六家要旨》曰："夫儒者以《六艺》为法……若夫列君臣父子之礼，序夫妇长幼之别，虽百家弗能易也。"君主专制体制以"分"为基础，在"分"的基础上又求"和"。"和"是在"分"的体制中进行调节、调整、调和。众多学者喜欢从有子说的"礼之用，和为贵"往下一路推演。其实有子的"礼"与"和"也是一种组合结构，他是在"用"上说"和"的，故下面接着说："有所不行，知和而和，不以礼节之，亦不可行也。"由此不妨简括为："礼为体，和为用"。从历史上看，倡导和谐的也不止儒家。墨子明确提出"上下调和""兼爱"，法家反复论述"以人为本""合于民心""立民所欲""爱民"。说起来有点怪，"均贫富"三个字也出自韩非。法家对"度"论述的也最多。道家提出"以百姓为心"，对民要"爱之、利之、益之、安之"。我不是褒谁贬谁，只是表示不赞成抓住一句话就无边地推演下去。讲和谐应该是中国古代哲人的共识。当然各自的支撑点差异很大，这个问题另论。我认为"阴阳组合结构"具有普遍性，是古代政治思想的重要特征，是一种体系性的存在。至于君主专制体制以及"阴阳组合结构"的历史意义是另一个问题，这里不论。这里只重复一句：它是"极高明的，有很大的容量，有调节的空间"。

由于这种体系与现代的公民文化体系有着原则的区别，基于此，我不同意时下风头很盛的一些提法，如对国学、儒学要"继承和弘扬""积极地弘扬"

"复兴""恢复""继续发扬光大""把孔子的思想内化为每个国民的行为，成为其素养的一部分"，以及把"企业办成以儒家伦理指导的新型企业"，等等。有人持这类看法并身体力行，应得到尊重，但在道理上我是不赞成的。

现代的公民文化与观念是在现代化进程中逐渐创造、丰富、发展起来的，这个过程很复杂，也很曲折，但是不可阻挡的潮流，是摆在我们面前需研究的重大课题。

从国学、儒学中可以吸取某些营养，但是"建设中华民族共有的精神家园"的源泉，主要应是中华各民族创建发达的有中国特色的社会主义社会，在此基础上才可能提炼出新的中华文化，建设共有的精神家园。

必须用历史的观点对待中华文化的主体性

时下有一种意见，常常把国学与中华文化形象、文化主体性连在一起。如，大兴国学、儒学才能"创造出与我们正在努力建设的民主、和谐(的)社会主义社会相适应的、满足广大人民精神生活需要的新文化"，也才能建设"中华民族的共有精神家园"，"当前，'国学热'的兴起，可以说预示着，我们正在从传统中找寻精神力量，以便创造新的中华文化"。说到中华文化的主体性时，还有人说由于"经过百余年来国人对自家历史文化传统系统而又激烈地批判和颠覆之后，中国文化特别是儒家文化已经呈建制性退场和整体性崩溃，导致中国缺少主干性的价值信仰和文化形态，进而导致中国现代文化的荒漠化和混乱化，从而为'西风劲吹'和'诸神乱舞'打开了方便之门"，并导致"中国文化的主位性缺失和主体性沉沦"。于是呼吁"国学热不能停留在读经阶段，而是要真正体现在日常生活当中。要通过国学的深入和普及，使中华民族的传统优秀文化成为一种自觉"。

倡导国学、儒学与建设新的中华文化、建设中华民族共有的精神家园是什么关系？

说到中华文化的主体性，同样必须用历史的观点来对待。走向现代化以前的我们称之为传统文化。如果再问，传统文化的具体含义是什么？人们的回答是各式各样的。当前，扬儒者都以儒家为传统文化的标志，但这种说法已经遭到很多人的反对。人们质问：传统文化包括历史上的多民族吗？多民族能用儒家来概括吗？又有人质问：儒家之外还有诸子及多种宗教，诸子、宗教是传统文化吗？还有人问：民俗能都包括在儒家之中吗？显然把儒家说成传统文化的标志，是不符合中华多民族的历史的。但如果说，汉以后儒家是统治阶级的官方意识形态占据统治地位，这个说法应该说是比较准确的。如何概括传统文化，还是要采取开放的态度，各种说法不妨多磋商，求同存异，让儒家独占是不符合历史事实的。

传统文化已难于一句概括，中华文化更加广博，包括多民族的古今。就实而论，我们还没有能力给她进行界说，大而化之，大约只能说中华文化就是中华各民族共同创造的古今文化的总和。现在有些人强把国学、儒学当成中华文化的标志或中心或形象，是绝对不可取的。原因很简单，不符合实际。

有些学者为了抬高儒家，常常把儒家说成是"中华民族发育、成长的根"，宣称"如果我们人为地把中国民族曾经赖以生存和发展的根子斩断，那么中华民族的复兴就没有希望了"。这种"根论"有极大的片面性。什么是"根"？中华民族发育、成长的"根"难道仅仅是儒家？民族发育、成长的"根"应该是以经济为基础的综合因素，儒家思想与文化不过是其中的一种因素而已；如果把儒家说成是民族发育、成长的"根"，难道儒家产生以前的先祖是无"根"的幽魂？即使把文化视为"根"，中华文化就等于儒学吗？"根论"的说法不过是"如古之无圣人，人之类灭久已""天不生仲尼，万古如长夜"的现代版。这种无边无缘的高扬之词，不能说是对历史的有据的分析和论证。

难道历史上反对儒学的派别都是"断根"行为？近代以来以及五四时期批评儒学难道都是"断根"行为？是"无希望"行为？我不这样认定。即使近百年来对儒家的批判有片面性，儒学被边缘化，但中国还是向现代化推进了，难道已经取得的现代化进展是"无根"的现代化？

至于说什么近代以来"中国文化的主位性缺失和主体性沉沦"等，完全是一派复古论。诸如"西风劲吹"和"诸神乱舞"等说法，已不是在论述理论和历史问题，表达的是前现代社会的宗教信仰情绪，而现代的宗教信仰是不独尊与排他的，更不能把不同于自己的宣布为"诸神乱舞"的妖魔！一味地尊儒只会使它变成宗教！章太炎先生很早就指出过古人的这种毛病。

中华文化在其历史进程中有过几次转型。这一百多年来，应该说是在向现代公民文化迈进。中华民族的复兴，无疑伴随着文化复兴，"建设中华民族共有的精神家园"无疑是摆在我们面前的伟大使命。近几十年来中华民族在

232

各方面都有突破性的发展,引起世界的瞩目,这是中华民族有生命力的证明。但是我们也必须面对现实,我们仍处于向现代社会的转型时期,同样中华文化也处于转型时期,如果用国学、儒学来给中华文化的主体性定位或硬要将两者挂钩,不仅不符合事实,在社会功能上也必定会是一种误导。中华现代文化应该是经济的高度发展及社会和谐基础上的公民文化的发展、健全、丰富和成熟。近代以来中华文化主体性的改变是世界潮流中的必然产物。

历史的资源在公民文化建设中无疑有其重要意义,但公民文化主要是社会生活经验的凝练、升华,是在现代的社会生活中,一般公众对于自身社会与政治存在的自觉在理念上的体现。由于中国的后发性,与这一过程相伴而行的是对域外先进文化的借鉴与融合,并且主要表现为法律体系的创建、健全与法治过程的实现。我之所以强调公民文化,没有什么深奥的道理,仅仅是因为公民是现代社会的主体。把儒学当作主体不放,是不符合潮流的。

说到现代的中华文化形象,如果求之于古,犹如缘木求鱼。中华文化,无论古今,无须找一个圣人为旗号。把整个民族的文化人格化、圣人化,让某个人来代表,既不符合事实,也让他负担过重,更主要的是有了圣人君临头顶,大家就难做公民了。当孔子的话句句是真理、"放之四海而皆准"时,所有的人就只能跪着思考。五四时期向圣人挑战、把圣人请下神坛,是留给我们的最重要的精神遗产之一。

创建公民文化不是一蹴而就的,需要一定的历史过程。公民文化只有在公民的实践中萌发、成长。1991年我写过一篇文章,题目是"从臣民意识向公民意识的转变",我认为这就是近代以来的文化发展的主线,也可以说是文化主题。晚清以来倡导的"新民""国民"等启开了由臣民观念向公民观念转变的序幕,其后成为社会大潮,新文化运动提出的改造国民性就是用公民文化改造臣民文化。改革开放以来,与经济腾飞一样值得骄傲的是公民文化的发展。如果探讨当代文化的主体性,我认为这是最基本的切入点。三十年来,伴随改革开放的进程,中国人从"臣民意识"向"公民意识"的转变明显加快,诸如导向现代化的开放意识、改革意识、参与意识、知情意识、监督意识、和谐意识、民主意识、多元意识、主体意识、法制意识、竞争意识、契约意识、博弈意识等等,许多法律都是源于公民的诉求,政府职能也从阶级专政为主逐步向维护社会秩序和为社会服务转变。公民文化与观念的逐渐成长应该说是社会的共识,当然这是与一系列政治、经济、社会的改革相伴的。总之,中国特色社会主义的公民意识与文化在不断成长。

　　由臣民转变为公民,由臣民文化转变为公民文化,是复杂、艰难的历史过程。在这种转变中,劳动者、弱势者向现代社会公民的转变是历史中最壮丽的风景,他们为争取公民地位进行了艰苦卓绝的斗争。在此特别要向马克思致敬。他的最伟大的贡献之一,就是为劳动者、弱势群体争取公正、争取公民(自由人)地位提供了合理性理论论证,而这个理论是以无可辩驳的铁证为依据的。只有社会成员都能成为真实的公民时,公民文化也才能更健全、丰满。

　　　　　　　　　　原载《中国社会科学报》,2010 年 1 月 14 日,第 3 版

对弘扬国学、儒学若干定位性判断的质疑（续）

马克思主义中国化的关键,是马克思主义要与中国实际相结合,找出其相适性。中国的实际无疑包括历史,但更主要的是现实。就历史而言,包括的内容很多,显然不能用"国学"来概括,更何况倡导"国学"者常常把"儒学"径直等同于国学。

传统的有些因素因为能适应现实会获得新生命,但有些也会在竞争中被淘汰,对此不必哀叹;另外也还要计算成本,保存的成本如无益于发展,谁愿意保存由谁投入,原则上不能用纳税人的钱来维持。如果传统的东西统统保留下来,我们这个世界早就被撑破了。

不管是什么样的传统都要让人们进行选择

论者为了张扬国学,把"国学"提到"国家"意志的高度:"重振国学,理应成为国家的重大文化战略。"我对国家的重大文化战略没有研究,在一个公民社会,每个公民都有提出自己建议的权利;同样,作为一个多少知道一点国学的公民,我对此持有异议。

首先,国学是什么?学界众说纷纭,莫衷一是。百年来学界对国学的意义与价值的认识,也有天壤之别。目前倡导国学者很少论及国学的学科特征、知识系统、观念和方法,以及与历史、哲学、文学、宗教学等人文学科的关系。应当先把这些最基本的东西说明白了,再说列入"国家的重大文化战略"。

其次,作为"国家的重大文化战略",无疑是要提倡、发扬、发展。且不说融通五十六个民族的古今之学的"大国学",即便仅定义为"传统文化",它已成为历史,我们可以研究、可以从中吸取营养,怎么能去"发展"呢? 不管是哪种看法,都承认"国学"中有"国粹",也有"国渣","国粹"可以提倡、发扬,难道"国渣"也在提倡、发扬之列吗?论者提出把"现代文化的精华成分""注入"国学,国学就会"升华新的境界",于是其作用就能如何如何,对这种"注入"论,我曾进行过反驳,不再重复。

再次,最有重量的说法是"国学"对马克思主义中国化有重要意义云云。马克思主义中国化的关键,是马克思主义要与中国实际相结合,找出其相适性。中国的实际无疑包括历史,但更主要的是现实。就历史而言,包括的内容很多,显然不能用"国学"来概括,更何况倡导"国学"者常常把"儒学"径直等同于国学。马克思主义中国化不排斥从国学、儒学中吸收营养,但绝对不能把"国学""儒学"因素不适当地过分夸大,更不能搞"儒家马克思主义"!如果把"国学"作为一个学科,在国学之外还有其他学科吗?其他学科难道不承担马克思主义中国化的使命?这么多学科,为什么单单突出"国学学科"?

最后,论者还提出要用"国学学科"来"重新认识和估价依据西方学科范式和话语体系建立的学科制度所带来的利弊得失"。这一说法在理论上与事实上是很难成立的。把"国学学科"与"西方学科范式和话语体系建立的学科制度"对立起来,说句戏言,这与相声里说的让"关公战秦琼"相类。"国学学科"是前现代社会的知识体系,"西方学科范式和话语体系建立的学科"是现代社会发展起来的知识体系,怎能用"国学学科"来"重新认识和估价依据西方学科范式和话语体系建立的学科制度所带来的利弊得失"?"学科范式和话语体系"不能由中、西来区分,它是科学认识的产物。科学是人类共同的财富,特别是在海通以来,全人类的知识正在一条相互融通的道路上前进。人类知识的积累,科学的进步,总离不开严格的学科体系和能够为人类共同理解的规范和话语体系。在这一点上,根本不存在所谓西方的和东方的,也根本不存在"国学"的或者"非国学"的学科。钱穆先生说:"学术本无国界。"何兆武先生详细论证了作为科学的道理,不能分中外。其实国学究竟算不算一门学科都很成问题,也如钱穆先生说的:"'国学'一名,前既无承,将来亦恐不立。"我们说的国学只不过是说它所包含的研究对象是中国的或者是中国传统的,但是,对象不可能成为"学科范式和话语体系"。如果用国学来权衡"西方"的学科规范和话语体系,最终结果只能是回到思想学术闭关锁国的境地,使我们自绝于现代的和人类共同的知识。假如非要这么做的话,有一个问题就必须回答:我们如何看待近百年来中华民族在摆脱锁国状态、走向世界、走向现代的努力,特别是如何评价我们改革开放以来走向开放、努力实现现代化和建设社会主义法治国家所做的道德努力。还要特别指出的是,西方的"学科范式和话语体系"是发展的和多元的,马克思主义也是其中之一。对西方"学科范式和话语体系"不加分析,一锅煮,行吗? 另外,近代以来的"学科范式和话语体系"也不全是"西方的",有很多是我们自己的创造。现行的"学科范式和话语体系"如果有什么"利弊得失",只能从更高的层次上来审视,即主要应审视其道理是否科学。各民族的历史进程有别,只能从具体情况出发求其适应性,是否有利于中国的发展怎么能用"国学学科"来衡裁? 说到"学科制度",试问传统的国学学科制度是什么样的? 我们稍稍翻阅一下教育史便不难了解,传统的国学学科制度根本不可能成为"重新认识和估价改造"的尺度! 恕我直言,这不是"重新",而是"重旧"!

在社会转型期,人们会重新审视一切,传统无疑是个大对象。不管是什么样的传统,都要让人们进行选择。传统的有些因素因为能适应现实会获得新生命,但有些也会在竞争中被淘汰,对此不必哀叹;另外也还要计算成本,保存的成本如无益于发展,谁愿意保存由谁投入,原则上不能用纳税人的钱来维持。如果传统的东西统统保留下来,我们这个世界早就被撑破了。

在深化改革面前,"不慕古、不留今,与事变、与俗化","随世而变,因俗而动。"应该说有更多的启迪!

篇幅有限,只能说些要点,由此会失去全局关照,又不免有片面性。敬希讨论和批评。

原载《中国社会科学报》,2010 年 1 月 21 日,第 4 版

关于国学"学理""意义"若干论点的请教
与质疑(上)——与六教授、四校长商榷

　　近来,六位著名教授和四位大学校长分别在《光明日报》"国学版"发表倡导国学的宏论,有一些论点我是同意的,但也有不少关键性的论点,不敢苟同,还有些我不知其然,故请教与质疑交织在一起,写就此文。所引对方论点均见《光明日报》"国学版",不一一注明,引作者不著姓名,均用"或曰"。本文是断思性的,但都涉及"学理"或"意义"。

　　或曰:"国学作为一个学科,是无可争辩的事情,是一个并不需要过多学理论证的问题。"我们的体制,建立"学科"由行政决定,但是"学理""意义"不会随行政运转,仍需讨论。

国学对象或定义问题

　　或曰:"国学作为一个学科已经没有太多必要去争议或者去阻碍。"然而,即便六教授、四校长,对"什么是国学"认识也有很大差别,这里不妨胪列一下。

　　一、或曰:"国学的边际没有弄清楚,哪些是必备的东西,哪些是专长的东西,专和博的关系怎么处理,到现在为止我们的课程还是有一定问题的,只能是有什么人开什么课。"

　　二、或曰:"山东大学对国学学科建设上有不同理解,这是正常的。学术问题由学者们讨论,如果只有一种观点,反而就不正常了。"

　　三、或曰:"有一个问题是,到底国学是什么,国学学科怎么定位,国学课程怎么设计?这些问题从国学院成立以来还是有点模模糊糊的。我跟冯其庸先生有过一次通信提到'大国学',但是大到什么程度,'新国学'新到什么程度,还是需要展开讨论的。""国学有广、中、狭三种定义。广义的国学可以理解为中华文化,但狭义的国学,常把它定义为'国故'或通常理解为四书五经。""我觉得一般我们还是取中义为好,狭义的国学是一种专门之学。我觉得,国

238

学既是一门通学,也是一门专学。"

四、或曰:"国学就是中国固有的传统学术及其研究的学问","也就是以经史子集为主体"。

五、或曰:"用儒家思想表征我们的民族传统与精神应是最佳选择。"

六、或曰:"不要让少数民族看来,你们这个国学仅仅是你们汉族的学问,与我们没有关系。如果我们今天的国学例仅局限于汉族这一块,显然会是残缺不全的,既不符合实际,也不利于民族的团结与国家的统一。我们必须特别强调,今天的国学是整个中华民族的共同之学,五十六个民族个个有份,弘扬它也是个个有责。总之,我们的大国学首先应该是超越汉族的。""现在我们提倡的'大国学''新国学'。这个'大国学''新国学'是否就是季羡林先生说的'大国学'呢?"

七、或曰:"国学就是中国学术文化的整体。"(引者注:没有明确传统与现代之分)

八、或曰:是"老祖宗"的"传统学术"。

上面所论者都主张建立国学一级学科,但即使是他们,关于"国学研究对象是什么",分歧尚且如此之大或如此不确定。

综观学界关于国学的定义不下七八种,最窄的仅限"六艺",最宽的包括五十六个民族古今之学。

与上述学者相反,还有另一种声音,他们认为国学难以成为一门特定的学问。其中不乏重量级学者。

在我看来,国学范围很广泛,研究者尽可自由驰骋,但作为一个学科,由于外延过宽,其内涵反而难于确定,也就难于操作。纪宝成先生说:"研究和学术是没有禁区的,学科设置应该和研究没有禁区相适应。"这一说法很精当,有些院校有积极性,尽可试验,建立专业的权限应该下放。但在对象都一时难于厘清的情况下,国家不宜匆忙建立一级学科,我们的体制是一统性的,建立一级学科一下子就覆盖整个高等院校,呼啦啦会冒出一片国学专业。

这里我要特别说一点,既然"国学"研究的是"传统文化",而且相当多的国学倡导者又认为国学的核心是儒学和经学,我们有必要普遍建立那么多的"国学"专业吗?学生的出路又如何?

而面对上述情况,怎么就"不需要过多学理论证"?堵塞言路,是不可取的。

国学有"废"的问题吗？

或曰："是否设立国学学科也就关系到国学的兴废。"

这话听起来怪吓人的，不设"国学学科"国学就中断了？这里有两个问题应该分开。

一是设不设国学学科与对国学的研究是两回事。什么是国学，前边说了，迄无定论，我们暂定国学指的是传统文化。作为传统文化的研究，不管是1949年以前或以后，有"废"的问题吗？大家津津乐道的清华国学研究院，办了几年就中止了，清华学人是否也就终止了传统文化的研究呢？显然不是。其他学校也作如是观。1949年以后没有组建过"国学学科"，试问传统文化研究中断了吗？"文革"时期似乎把传统都割断了，其实是误解。我在《关于倡导国学几个问题的质疑》一文中说过，"文革"是"国学"盛行的一个畸形时期，尽管畸形，那也是国学的一种存在形式。

改革开放这三十多年来，传统文化研究恢复了健康发展，应该说其发展规模和深度都是前所未有的。就我的观察，没有哪个领域被舍弃，也不存在禁区，研究"经学"的著作也很多，何谈"废"的问题；如果有"废"，请举出实证。

二是组建了"国学学科"是否就包揽传统文化研究？现在有关学科几乎都有"史"的部分，其中都有研究中国传统文化部分，难道组建国学一级学科要把这些都收在麾下？不收在麾下，势必犬牙交错，怎么理顺？

我们应面对事实说话，提议组建"国学学科"固无不可，有不同意见尽可争论，没有必要提到"兴废"的高度，更不能把前人的成果都否定了。

原载《中国社会科学报》，2010年4月8日，第4版

关于国学"学理""意义"若干论点的请教
与质疑(下)——与六教授、四校长商榷

蔡元培取消"经学"是激进主义吗?

或曰:"1912 年,当时蔡元培任民国教育总长,把八科变成了七科,把经学砍掉了。传统文化作为一个整体,在中国人的眼中消失了。我们得承认,当时的激进主义也造成了不良的后果。"蔡先生是在学制上取消了经学,其实在蔡先生之前,早在 1906 年,章太炎在日本主讲国学时就取消了"经学",他是否是激进主义之师?

徐显明先生有段精彩的论述:"狭义的国学,常把它定义为'国故'或通常理解为四书五经,对此我们不能忘记它在历史上曾经被演变为封建礼教,而礼教是吃人的,也就是说,它有封建意识形态的功能。所以现在我们复兴国学,对于其糟粕的方面要予以充分的警惕。其二是还要关照到五四和新文化运动对于今天的意义,不能因为要复兴国学而否定五四和新文化运动。五四运动使新文化运动达到了高潮,给我们带来了科学、民主、人权、法治、人道、理性,这些成果在今天仍然是我们制度与精神的文明形态,而且它们恰恰是传统国学中所缺乏的。"

徐先生的论述未必是直接回应所谓的激进主义,但我认为在事实上把问题回答了。

经学是与帝王制度相配套的观念形态,其核心是"三纲五常",其顶端矗立的是专制帝王。帝制被推翻了,难道还应尊孔读经?蔡元培取消经学是激进主义,看来袁世凯恢复尊孔读经则倒是正当的了!蔡元培取消经学"造成了不良的后果",希望提出此论的先生能细细道来,给予论证。

近若干年来,激进主义基本上是一个否定性的概念,使用这个概念应慎重,用时要有具体论证,且不可乱戴帽子。

国学的核心价值是和谐吗？

或曰："国学""儒学"的核心价值观，是"和谐""和而不同""天人合一"，等等。对此我多有疑问：

首先，对国学范围的认识有那么多分歧，从哪里入手概括它的核心价值？如果国学大体等同于儒学，上述概括是否准确另当别论，总是一家之言。但我们能用儒学的核心价值等同于国学的核心价值吗？我认为是不妥的。原因很简单，国学的范围比儒学大得多。

其次，就说"和谐"吧，试问与当时的社会结构是什么关系？社会结构是以"和谐"为主吗？这个问题涉及古代社会基本结构的大问题，在这里不能细说。简言之，古代社会是一个矛盾重重的社会形态，与其相应的观念不可能用"和谐"来概括，只能在矛盾中陈述。

最后，即使暂时把范围缩小到儒学，难道其核心价值就是"和谐"？从儒家学说上看，既讲和谐，又讲等级贵贱，如孔子说的"贵贱不愆""天无二日，民无二王"。儒家说的是金字塔式的和谐，这能与现代公民社会的和谐同日而语吗？我与倡导儒家和谐论诸位先生的分歧，就在这点上，这是一个事实判断问题。至于儒家金字塔式的和谐在历史上的作用，是另一层次的问题。

给国学注入精华问题

或曰："充分汲取和借鉴世界尤其是欧美近现代文化中的精华成分，给国学注入新的生机，升华新的境界。"如果这是一种学术理念，是不能不较真的。国学既然是"老祖宗"的"中国的传统学术"，那它已成为历史事实，历史是什么样就是什么样，任何力量也无法改变，给它"注入"什么？当然，面对历史有个诠释问题，加入了"我"的因素，但不管"我"怎样诠释，有一条前提是绝对不能动的，这就是不能改铸历史事实。把"欧美近现代文化中的精华成分""注入"到国学中去，那还是"国学"吗？

国学是中华民族的精神家园吗？

或曰："传统文化是全世界华人共同的精神家园，对于增强中华民族的凝聚力、向心力,增进世界华人的沟通、交流,是非常重要的。"或曰:"复兴国学,其实是在中华民族共同的精神家园,中华民族延绵不断的独特文明和中华民族独有的生活方式三个层面来寻找其必然性的。"

建设中华民族的精神家园,是摆在我们面前的一大任务。对此有几个基本问题要加以区分:

其一,中华民族的精神家园是历史范畴,不同时代不尽相同,甚至有质的差别。现实精神家园的主体不可能是"传统文化",我们的精神家园正如我们的社会形态一样,也同样处于探索、创造过程之中。但有一点是明确的,这就是沿着中国特色社会主义的价值观念方向进行探索和创造。我认为,中国特色社会主义的价值观念尽管可以从传统文化中汲取某些营养,但两者有着质的差别。有的先生提出我们又面临新的"轴心时代",我很赞成,新的"轴心时代"一定以新的思想创造为特征。

中华民族的凝聚力、向心力同样是历史的范畴,国学作为传统文化,在现实的凝聚力、向心力中是个辅助性的因素,不宜过分张扬其意义。

其二,"传统文化是全世界华人共同的精神家园"的提法是不符合实际的。世界华人的文化分野是不可忽视的事实,因此这种提法有很强的犯他性。我们不应提出建立"全世界华人共同的精神家园"的构想。

其三,说到"中华民族延绵不断的独特文明和中华民族独有的生活方式",从全球通史看,"独特""独有"与封闭程度成正比;交流越频繁,"独特""独有"成分就相对弱化,甚至边缘化。面对发展,无须留恋"独特""独有"。中华民族本身就是一个不断"融合"的过程,融合是主体性的,"独特""独有"是辅助性的、相对性的因素。

"道德建设的需要,也是治国理政的需要"吗?

道德无疑有其连续性,但其核心部分一定是随时代而变化的。思想观念的时段性与时代内容是首先应关注的问题。我们现在的社会形态与传统社会的形态有着明显差别,道德概念虽然很多相同,但基点是有本质区别的。国学中的道德以儒家为主,而儒家道德又以"三纲"为核心。"三纲"控制下的道德,是以依附性为基础的。这与现代社会以公民平等为基础的道德显然有质的不同。我们国家处于转型时期,同样,社会道德的主体部分也处于再创造时期。

从传统中能直接承继过来的道德观念是很有限的。以法制为基础的道德,才是建设新时期道德的基础。人们常常惊呼人欲横流,面对人欲,我们不应学鲧治水的方式,而应学大禹的疏导方式,用法律来规范人欲,使其顺流。要在博弈、契约、遵法的实践中建立新型的诚信,这与以自然经济为背景的古典诚信有时代的差别。忠、孝是传统道德的核心,现在我们也还讲,但与历史上的忠、孝能同日而语吗?在道德领域,当前的主要事情是根据新情况建立新道德,新道德基本精神不可能来自国学,而是现实社会关系的升华。

把国学提高到"治国理政"的高度,似乎也有点离谱。在大体相同的社会形态里,历史有资治通鉴的作用;社会形态发生了变化,前一时期的历史,其资治通鉴作用则就极其有限。时代不同了,是不可能用先王之法来治现实之政的。

国学是软实力中"最大的优势"吗?

或曰:"那么我们的软实力是什么?我觉得中华的传统文化是我们最大的优势,也是我们最大的特色。所以从这一点上看,我们需要重视并大力扶持国学学科。"

什么是软实力? 众人看法不尽相同,但大致说来是:"国家综合国力的重要组成部分,特指一个国家依靠政治制度的吸引力、文化价值的感召力和国民形象的亲和力等释放出来的无形影响力。"我不否认传统文化是我们的软实力中的一项,但说是"最大的优势",显然过分夸大了。

我们现在的软实力是以我们的硬实力为基础的,与硬实力相配套的,其"最大的优势"是改革、开放、民主、科学、公民精神等等,概括一句话,是中国特色社会主义制度、精神文明、和平外交等,怎么能是传统文化的国学?当然,伴随我们硬实力的提高,国学也相对彰显,但无论是对内与对外,国学无论如何也不可能处于"最大的优势"地位。道理很简单,国学是古典的东西,时下说的软实力是现代性的。我认为,不能为提倡国学而过分夸大它的意义。

国学是中华文化的"最大公约数"吗?

或曰:"要在传播自己的思想时赢得最广大的人们的认同,即找到文化的'最大公约数'"。

提出"中华文化"的"最大公约数"是一个很有意思的问题。论者给出的答案是两个字：国学。对此我要疑惑：理由是什么？从何说起？

要说"最大公约数"，不仅有时代、范围等复杂问题，还有真理、科学、规律、习俗等判断标准问题。这些问题不论述，很难径直宣布什么是"最大公约数"。

如果说"国学"是"最大公约数"，究竟指什么时代？是古代，还是现代？

前边说到时下对国学范围的认识差别那么大，在哪个范围内说"最大公约数"？

徐显明先生说的吃人的"礼教""封建意识形态"，包括在"最大公约数"中吗？

这些问题没有讨论和论证，便说中华文化的"最大公约数"是"国学"，恐怕难以成立。

与此同时，还有"儒学在世界范围内被认识和接受是一种历史必然"，以及"用儒家思想表征我们的民族传统与精神应是最佳选择"。这都是无稽之谈，向无来由。

原载《中国社会科学报》，2010 年 4 月 15 日，第 4 版

把国学列为一级学科不妥①

一、近年来,在一浪高过一浪的"国学热"的推动下,个别有一定影响的学者和官员通过媒体等不同方式和各种渠道,呼吁高校把国学设为独立的一级学科,颇有声势。但也有不少有识之士持反对意见。这种自由讨论和争鸣,难能可贵,值得提倡。为了深化认识,心平气和地进一步展开讨论,本着知无不言、言则有据的精神,特陈述我们的观点。这就是本建言的初衷。

二、国学是在 20 世纪初,受鸦片战争以来西学的猛烈冲击,中国以儒学为核心的传统文化逐步衰落和边缘化的特定历史背景下出现的一个新概念,旨在与西学有别。在辛亥革命的影响下,国学派主要是通过张扬国学来救亡图存、保种保教,更多的是表达了一种爱国主义精神。此后,随着历史变迁,国学含义也在更新, 五四以后出现了东方文化派、"整理国故运动"、现代新儒家、马克思主义新古典派等,但从来没有在高等院校列为一个独立学科。即使个别高校曾建立了"国学院",但其内部还是分科的,或分门授课,或以教师为中心自由讲授,基本没有稳定规范的教学体系,也看不出国学系统明确的学科体系与学术规范,只不过像如今的"人文学院""文学院"一样,是相近学科,如文、史、哲等系科的总称而已。胡适在北京大学研究所"国学门"成立时就明确指出:"'国学门'不是具体的科系。"民国时期出现的这几个国学院之所以大都存在时间很短,有的仅半年,学科概念含糊不清是一个重要原因。另外,那时也有很强的另一种声音,他们明确表示,反对提倡国学。历史的经验,值得反思与借鉴。

三、国学,一言以蔽之,就是中国的旧学,也称为中学、国粹、国故等。张之洞讲"旧学为体、新学为用",冯桂芬主张"主以中学、辅以西学",章太炎称"上天以国粹付余",胡适号召"整理国故",基本都是指与西学相对应的中国旧文

---

① 宁宗一、冯尔康、魏宏远、刘健清、李喜所合作。

化,也就是古典文化,或传统文化。众所周知,中国古典文化源远流长,博大精深,涉及面非常广,既有诸子百家、儒释道、三教九流,又有文学艺术、民间信仰、地域文明,乃至以中医为代表的科技文化等,可以说是包罗万象,不胜枚举。时下又有包括五十六个民族古今历史文化的"大国学"之说。任何一个学科都应有相对稳定的内涵,而"国学"的内容则有太多的不确定性。国学如果列为一个独立学科,即使是"超级学术大师",也难确定其研究对象,更难建立相应的学术范畴。连对象、范畴都难确定的国学,不知怎样建设一级学科?!

四、独立学科一般要有特色鲜明的历史积淀、知识系统、理论构架、研究方法和课程配置等。同时,还要充分考虑选择本学科的学生在毕业后能有相对稳定的出路。凡此种种,都需要认真研究和深入论证。目前倡导国学要建一级学科的朋友们,讲得较多的是弘扬民族文化,寻找民族的根,增强民族自信和向世界传播中国文化等,很少论及"国学学科"的研究对象、学科基本内涵和特征、知识系统、观念和方法,以及与历史、哲学、文学、宗教学、伦理学、文献学,还有其他各科"史"部分的关系等问题。这些最基本的问题尚未廓清,就呼吁立即把国学设为一级学科,是否有点匆忙?

五、我们对把国学列为一级独立学科持有异议,并不等于反对开展国学研究。学术之发展,植根于独立之思想,自由之精神,谁也无法去强行规定人们去研究什么,或不研究什么。国学研究更是如此。在大学和一些研究机构组建国学研究平台或试验班,组建国学学术团体和召开学术会议等,对深化国学研究,颇有裨益,值得提倡。无论是研究机构或大学应该都有这样的学术配置权,这是内部事务,"户口自主"。

六、在目前的体制下,建立国学一级学科是国家行为,把国学定为一级独立学科,必定要覆盖整个高校,会涉及学科重组、资源分配等诸多问题。试问,国学列为一级学科,其下的二级学科是哪些?三级学科又是哪些?核心的课程是哪些?在这些问题明朗之前,不妨先讨论,再决策。否则,肯定会引发不必要的矛盾和纠葛。

七、中国文化复兴绝不等于复兴国学,更不等于复兴儒学。旧学或曰国学在中国现代化进程中的无奈和边缘化,是历史的进步,是不以主观意志为转移的历史选择。鸦片战争以来,中国传统文化向现代转换的实践已经表明,国学尤其是儒学,从来都是经过改造与创新之后才具有某些现代文化的因子,才能推陈出新,发挥其价值,与时代潮流同步。国学及其所包含的儒学等,只有在跟随时代的进程中，才可能展现其新面貌，于是出现了新儒家，还有新墨家、新道家、新法家乃至新佛家，等等，这些都是多元中的一元，但都不是新潮流中的主流。新儒学等无疑都有其生存空间，这与把国学设立为一级独立学科是两码事。

八、如果有关行政部门一定要建立国学一级学科，我们建议先行公布国学理论框架和学科体系方案，供咨询与研讨。这是科学决策、民主办事不可逾越的前提。

原载《中国社会科学报》，2010 年 2 月 11 日

让孔子直通古今是不现实的
——从中国政治思想史视野看"儒家宪政"论思潮

10 月 13 日，习近平总书记在主持中共中央政治局第十八次集体学习时强调，"我们要对传统文化进行科学分析，对有益的东西、好的东西予以继承和发扬，对负面的、不好的东西加以抵御和克服，取其精华、去其糟粕，而不能采取全盘接受或者全盘抛弃的绝对主义态度。"本期"学海观潮"刊发南开大学教授刘泽华与其他几位学者的对谈，①就儒家的政治思想与"儒家宪政"问题发表见解。

刘泽华：十多年来，大陆新儒家异常活跃，而且具有鲜明的政治色彩，值得我们给予关注和重视。他们在政治上的一个根本主张就是建立政教合一的"儒教国家"，实行"儒家宪政"或"儒教宪政"。那么，如何看待和评价这股思潮？从学理和历史事实的角度来看，儒家政治思想的实质，到底是王权主义的还是宪政主义的？两者的根本区别在哪里？大陆新儒家大力鼓吹的"儒家宪政"，蒋庆所宣扬的"为民而王"的王道政治，康晓光所宣扬的政治精英垄断政治权力的"儒士共同体专政"，秋风所宣扬的历史上的"儒家宪政主义传统"，究竟意味着什么？他们所谓的"儒家宪政"究竟是"儒家宪政"还是"儒家专政"？所有这些问题，都需要从中国政治思想史的角度做一些反省、分析和讨论。

儒家政治思想的历史实质

刘泽华：我先谈谈儒家政治思想的历史实质问题。对历史上儒家政治思想的分析和评价，应该坚持一分为二的原则，坚持客观中肯和实事求是的历史的科学态度与立场。我认为，在政治上儒家的主流是维护君主专制体制的，但我从未全盘否定儒家思想的价值。

---

① 参与对话者有张分田、林存光、李宪堂。

在历史上，儒家对"道"的强调，对现实君主的批判，是否会导致对君主制度的否定呢？我认为，不会。从思维逻辑上看，这种批判是以一种理想化的君主政治为基本前提和尺度的，对君主的品分不是对君主专制制度的否定，而是从更高角度对君主专制制度进行肯定和论证；无论其批判火力如何之猛，甚至达到否定个别君主的地步，但决不会把人们引向君主制度的对立面。

进一步说，儒家政治思维有一个根本特点，即它具有一种"阴阳组合结构"的性质。也就是说，儒家一般是在一种"阴阳组合结构"中进行政治思维并阐明其政治理念的。我们大体可以从各种错综复杂的政治思想观念的关系线索和脉络中归纳概括出一些结构性的阴阳组合观念或命题，诸如：天人合一与天王合一，圣人与圣王，道高于君与君道同体，天下为公与王有天下，尊君与罪君，正统与革命，民本与君本，人为贵与贵贱有序，等级与均平，纳谏与独断，等等。这些组合性的观念并不是一种等同的或对称性的观念，而是有主有辅，有阴有阳，主辅两方虽然互为条件、互相依存、互相渗透，是一种有机的组合关系，但主与辅两方也是不能转化、颠倒和错位的。譬如，君本–民本的组合关系，君本以民本为基础，民本以君本为归宿，两者互相依存，胶结在一起，形成一种组合关系，但是，君本的主体位置是不能变动的。因此，从"阴阳组合结构"的政治思维特点的角度，我们可以更深刻地理解儒家政治思想理念的历史实质，而不至于被某些单一观念或命题的表面意义所迷惑，从而失去对其政治思想本质的历史洞察与全面理解。因此，就其历史实质来讲，我认为，儒家政治思想的主旨是王权主义，与近代以来旨在限制君主权力的宪政主义毫不相干。当然，这并不意味着全盘否定儒家思想的价值。

重建"儒教政治"没有可能

刘泽华：这些年有关国学、儒学复兴的讨论中，古今直接贯通、甚至古今一体论甚为时兴。譬如有人主张建立"儒教"，实行"儒教政治"，这些都是直接打通古今，把古代的思想浩浩荡荡一路引向现代社会。这些说法涉及学术的公共性问题，不可不辨。

谈论一种意识形态首先要关注其历史定位问题。历史进程中有否阶段或形态上的区分，这是个大前提。我认为，历史进程中有阶段或形态上的区分，至于如何区分则是一个需另行讨论的问题。不管如何，古典儒学（近代以前的儒学)是前现代社会中的一种意识形态。具体来说,古典儒学具有如下三个基本特点:第一,等级人学。很多学人说儒学是"人学"或"成人之学",我认为这种概括不确切,准确地说,应该是"等级人学"。第二,由此引出古典儒学的主旨是君尊臣卑,相应的是倡导"天王圣明"与臣民文化。第三,基于上述两点,古典儒学的主要功用是帝王之具。因此从学理上说,我认为不能把古典儒学体系全盘移植到现代社会。道理很简单,作为一种意识形态的儒学是前现代社会的,把它整体移过来是反历史的。

在我看来,前现代的种种思想只能作为一种资源,而不可能成为现代社会的"根""主体""纽带"。当然,现在新儒家有诸多"返本开新""创造性转化"等提法,对这些提法我大体上赞同,因为他们转化出来的"新",多半是现代价值,是他们的"创造"和"开新"的成果。有些人把自己开创的"新"成果说成是古典儒家固有的,这不符合历史事实。另外,在他们所说的"新"成果中,一些人把社会主义排斥在外,这点我也不赞成,因为社会主义中有相当丰富的现代价值。总之,我们不可低估一些思想家有超越现实的超前性,但思想主体不会超越他那个时代。

现在,有些学人常常把"中华复兴""中华文化复兴""传统文化""儒学复兴"等概念搅和在一起,互相推导、互相包含、互相置换,尤其是把古典儒学抬到吓人的高度,这很不适宜,也不符合逻辑。试想,中华文化复兴怎么能与儒学复兴互相置换呢?古典儒学已经成为历史的陈迹,是不可能被全盘"复兴"的,道理很简单,因为社会形态已发生大变化,而我们是现代环境中的人!即使回到孔子的时代,儒家也在程度不同地发生变形,孔子死,儒分为八。其实稍加留意,孔子在世时,其忠贞的弟子就已经分化了!由此也证明,让孔子直通古今是不现实的,那种意图在当下全面"复兴儒学""重建儒教"、实行儒教政治的观点和主张不仅不可能,而且是有害而无益的。

披着新外衣的"伪装"

张分田:我认为,就本质特征而言,大陆新儒学思潮以"儒家"为旗帜,以"儒学"为门面,的确是一种力图建立"儒教国家"的思潮。从其思想特征及学术手法来讲,其实我们可以将其判定为是一种当代形式的"伪儒学"。

"儒家宪政"论是"儒家民主"论的一种表述方式,而"儒家民主"论是一些现代学者杜撰的一种前无古人的说法。古代崇儒者力证"儒家尊君",而现代崇儒者力证"儒家民主"。前者的政论讲究"亲亲尊尊""为国以礼""复礼归仁",旨在维护君主制度、宗法制度、等级制度,因而无论"新"到何种程度,依然不失儒家本色;后者的政论为"儒学"添加了舶来的"民主""宪政"等新外衣,"新"则新矣,却尽失儒家本色,只能归入"伪儒学"一类。

大陆新儒学思潮也有一些更为贴近儒家本色的政治构想。典型例证莫过于蒋庆设计"'为民而王'的政治",并明确宣称"不是由民做主,亦不是以民为本";康晓光"反对'主权在民'原则",并主张实行"儒士共同体专政"。"专政"及"不是由民做主"确实是儒家的主张。梁启超、萧公权等著名学者很早便提出:儒家政论的最大弊端是没有"政由民出"的民治、民权理念。在儒家看来,唯有君主有资格名正言顺地"专政",故"人臣无专制之义"。"君主专制",亦即"君为政本"及"政由君出",实乃儒家的核心政治价值。只要认真翻检一下《十三经注疏》,就会发现儒学体系压根便没有"宪政"的容身之地,《论语》《孟子》极力维护的权力结构符合现代政治学的"君主专制"定义,就连"天人合一""阴阳和合"也旨在论证君主制度、宗法制度、等级制度及与之相匹配的"君臣之义"出自"自然之理",乃是"天经地义"。但这些与大陆新儒家所添加的"民主""宪政"又是扞格的,由此可见他们的进退失据之态。

概言之,如果不能为帝制提供全面系统的理论支撑,儒家经典怎么可能被奉为"帝典"? 如果"民贵君轻"不是帝制的统治思想,《孟子》怎么可能受到宋、元、明、清皇帝的热捧,乃至成为科举考试命题及试卷评判的主要依据? 儒学占据官方学说地位长达两千多年,并没有导出"虚君共和"。显而易见,"儒家宪政"乃无根之谈。

时空错位的制度构想

李宪堂:我的基本看法是,儒学与"宪政"是不可兼容的,因为它们是两套核心价值完全不同的制度安排和规则体系。

儒学号称"内圣外王之学",所谓"内圣",实质是先预设了天道秩序的绝对性,然后通过对本性的裁制使人调适、投诚于这先在的律令和法则;"外王"不是政治和军事上的征服,而是用"道德"这装饰性涂料把人间的坎坷与缝隙抹平。至于儒家礼乐相成、德刑互补的社会治理思想,不过是以类处理为前提的"同质化"操作技术。在儒家的政治思想理念中，"道""王""圣"三位一体，成为世界一切秩序和意义的根源，王权笼罩一切，"宪政"从何而求？

也许大陆新儒家会争辩：我们主张的是中国特色"儒家宪政"，与西方的"宪政"不兼容又有什么关系？对此，我的回答是：作为一种制度创新，"儒家宪政"完全有权利自成一体，拒绝接受"西方宪政"的价值尺度的评判。但遗憾的是，翻遍大陆新儒家的论著，也没能发现对"儒家宪政"学说的系统性阐释，更谈不上有一个完整的"宪政"实施方案，有的只是根据西方"宪政"的某些要素和名目所做的发挥和想象。

譬如蒋庆所构建的一套具有三重合法性基础并内含着分权制衡意味的中国式三院制的"儒教宪政制度"，几乎获得了大陆新儒家的集体认同，可以看作"儒教宪制"的立国纲领。但蒋庆的这套具有浓厚"公羊学"色彩的有关"儒教宪政"的宏大叙事，究其实却是对经典儒学的肆意篡改。在儒家传统里，权力合法性只有一个，那就是"天"或"天道"。"传统"所以有意义是因为它是由最先领悟了天道的圣王开创的，"民心"所以成为政治的依据是因为它是天意的指示器。儒家由文教载天道，由民心见天意，在逻辑上是圆通的，在操作上是可行的，把"天道"和"地道"与"人道"分离开来，便割裂了它们与生活现实的筋脉联系，不可能落实到政治操作层面发挥作用。

更能体现"儒家宪政"论者政治面目的是他们始终坚持儒士拥有对人民大众进行教化的绝对权利，而且，他们要求的不仅是教化权，还有统治权。蒋庆鼓吹"圣人有天然教化凡人的权利，曰'天赋圣权'，而凡人只有生来接受圣人教化的义务"；康晓光蔑弃"主权在民"这一宪政首要原则，要求"政治精英垄断政治权力"，建立"儒士共同体"的"专政"。从中可以看出他们政治上那种盛气凌人的傲慢、狭隘与偏执，由此而构建的所谓儒家或儒教"宪政"无疑是对弱势大众的暴政。

目的是确立"儒士共同体专政"

林存光：接着宪堂对"儒家宪政"论理论谬误的批评分析，我再补充一些自己的粗浅看法。我认为，在"儒家宪政"论者的诸多宏大历史叙事和政治宏论中，常常自觉不自觉地犯有一些低级的常识性谬误，不可不辨。所以我更愿意从常识的角度来审视"儒家宪政"论思潮的问题所在。

所谓的宪政不过就是对政府权力的限制,目的在保障人民所拥有的正当权利。然而,限制不是指一般意义上的限制,而是指客观制度上的根本限制,而根本的制度便是法律。然而,"儒家宪政"论者首先关切的不是限制政府或君主权力和保障人民的权利,而是将儒家道统确立为宪法这一国家根本大法的根本原则。这一将儒家道统置于绝对优先地位的政治诉求,与其说是为了保障儒家道统"拥有属于先人的那份主权",毋宁说是为了赋予作为儒家道统之当代代表的儒士以绝对的统治权。

在康晓光的"儒家宪政"构想中,也有所谓"权利法案",似乎也要顺应时代的发展潮流而赋予公民一定的政治权利。然而,事实上,他更关心的却是如何确保儒家道统通过由儒家来掌握文化领导权而"有效地控制现实政治过程",不是由儒家政党"作为唯一的政党垄断政府"实行"儒家政党专政",就是在儒家政党"作为竞争性政党通过竞选角逐政府控制权"而遭遇失败的情况下,仍然通过违宪审查的方式来确保"儒家道统的主导地位"。

如果说在康晓光的"儒家宪政"构想中,一会儿"不承认人民主权论",一会儿又"承认民主的价值",虽然自相矛盾,但它主要还是试图"直接诉诸民意正当性和文化正当性",建构带有所谓"理性"色彩的"现代政体",那么,蒋庆则试图建构一种更富有神圣化的非理性色彩的"儒教宪政制度"。在蒋庆的"儒教宪政制度"构想中,需要建立一种中国式的具有现代宪政功能的"议会三院制",它由"庶民院""通儒院"和"国体院"组成,分别代表着民意、超越(天道)和历史文化三重合法性。这套构想看上去很完美,具有完备的合法性与代表性,但其实,这套制度构想的主要目的是为了"复古更化",就是重新确立儒教独一至尊的意识形态霸权地位,重新恢复历史上儒士阶级的特权统治地位。表面上看,三院之间是相互分立而彼此制衡的关系,但事实上这套制度构想的根本用意是要以代表超越性的天道圣法的儒士阶级和代表历史文化之国体的身份贵族的统治权,来限制代表世俗民意的人民代表的政治权力。由于蒋庆所抱持的只是一种"为民而王"的政治理念,既"不是由民做主,亦不是以民为本",因此,在蒋庆的上述制度构想中,只会将庶民院置于权力的从属地位,真正处于领导地位而掌握国家统治权的必然是通儒院的大佬们,这与康晓光的"儒家宪政"构想旨在确立"儒士共同体专政"并无本质的区别。在他们的"儒家宪政"或"儒教宪政"构想中,儒家道统为最高之原则或依据,所谓的"民意合法性"或"权利法案"云云,不过是一种欺人之谈罢了。

为了达成上述目的,历史竟也成了被任意曲解的对象。秋风对"儒家宪政主义"传统的历史论说即为典型。秋风认为,儒家的政治义理从来都是"宪政主义"的,中国自汉武帝和董仲舒始便构建形成了一种儒家士大夫与皇权共治天下的"宪政主义"的政治实践传统,直至近百年来,"儒家宪政"仍然是"中国人构建现代国家之正道",而在今天,儒家道统更应该成为"现代宪政的价值之源","以宪法延续、守护道统之理念,乃是唯一可行的立宪之道"。秋风虽然以历史立论,但其现实归宿仍然与康晓光、蒋庆的"儒家宪政"或"儒教宪政"论构想同归一致。

显然,在中国历史上,专制君权亦会受到这样那样的限制,然而,有某种限制是否就意味着便是一种"宪政"或由此形成了一种宪政主义传统,却是大可质疑的。董仲舒在以天权限制君权的同时,也赋予了君权以天命合法性的绝对专制权威,儒家士大夫在寻求与皇权"共治"的同时不得不首先认同和接受具有君主专制性质的政治架构,正如秋风自己所承认的,也正是"由于政治架构的专制性质","儒士在政治上的努力"事实上都"最终不能不归于失败"。而历史地讲,所谓的"共治",事实上绝不可能是"政权"或"主权"的共有,而只能是"治权"的分享,主要也不是对君权的限制,而是对君权及其治理能力的扩展与提升,说到底,儒家士大夫与皇权"共治"的问题,不过是在具有君主专制性质的政治架构下儒家士大夫对政治治理的参与而已。

激进主义的文化主张

刘泽华:最后,我来总结一下大家的基本看法和观点:儒家政治思想的主旨与实质是王权主义的,而非宪政主义的;"儒家宪政"论者所谓的"宪政",并不是要限制他们试图建立的儒家政府的权力,而是要限制人民的主权和参与政治的权利,因此,"儒家宪政"论者的真正目的其实不是"宪政",而是打着宪政的旗号,目的在建立政教合一的"儒教国家",实行"儒士共同体"对人民的专政统治。正因为这样,我们也就不难理解"儒家宪政"论者何以要极力主张"复古更化""儒化中国" 以及以儒教儒学取代马克思主义的主流意识形态地位,且带有强烈而鲜明的激进冒险主义色彩。这种激进冒险主义给国家、民族和人民究竟会带来什么样的后果呢?毛泽东在《实践论》中曾提出"反对'左'翼空谈主义"的问题,我们认为,"儒家宪政"论者正是当代中国文化保守主义思潮中的"'左'翼空谈主义"者,他们无视中国历史发展的客观规律和现实需要,无视民心所向和人民的真实意愿,只是一厢情愿地把自己的幻想和偏见看作真理,把所谓儒家的理想看作是整个国家和民族的意志,"离开了当前大多数人的实践,离开了当前的现实性",因此必然"在行动上表现为冒险主义"。另外,"儒家宪政"论者表现出一种极度自负和傲慢的心态,他们的主张一旦落于实践,究竟会给我们的国家和民族、给中国特色社会主义现代化事业带来什么样的后果,值得我们深思。

原载《中国社会科学报》,2014 年 10 月 29 日

复兴儒学是文明的提升吗？

近年来，"儒学热"持续升温，尊孔读经一浪胜过一浪，与之相随的是曲下双膝、顶礼膜拜的现象。这是文明的提升，还是倒退、扭曲？值得再思考。

谈国学、讲儒学的有如彩云遮日之势（因说的天花乱坠），但国学、儒学的范围何所指，至今未见有清晰的界定。常常看到把国学、儒学与中华文明、中华文化、文化复兴、传统文化、传统优秀文化、中华复兴等概念和说法搅和在一起、互相推导、互相包含、互和置换的现象。有人又提出"新国学"，再分"大""中""小"。"大"者到"整个中华民族的共同之学，五十六个民族古今者之学"；"中"者"既是一门通学，也是一门专学"；"小"者"定义为'国故'或通常理解为四书五经"，"用儒家思想表征我们的民族传统与精神应是最佳选择"，等等。

国学、儒学与中华文化、优秀文化、中华文明、文化复兴怎么就成了同义语？不讲概念的内涵，任意互换，这违反逻辑。如果把儒学与中华文化、优秀文化、中华文明、文化复兴等同起来，且不说儒家中糟粕被遮掩，现在的国人都要儒家化，这能行吗？下面只谈谈儒学。

作为统治阶级意识形态的儒学

我与无边际颂扬儒学的诸多学人的分歧，最根本的一点是，社会历史进程中是否有不同阶段（或形态）？相应的，思想观念是否也有不同的形态？

对历史进程进行形态区分，中国两千多年前的哲人已有论说。儒家把三代乌托邦化也是一种区分。五种生产方式论尽可讨论，但认识的前提是历史进程有不同形态。1999年、2011年南开大学历史系和山东大学《文史哲》就这个问题先后两次举行过重量级学者出席的研讨会（还有其他的类似讨论会），论著也不少。尽管诸公对形态的命名、社会结构等有诸多分歧，囿于所见，我没有

257

看到一位否定"形态"说。

我们这一代人在青壮时期,多数陷入硬邦邦的阶级分析方法之中,无论什么思想都可给它贴上阶级标签,我也是信持"阶级斗争为纲"的一分子。"文革"之后,我逐渐从这种观念中解脱出来,但至今我仍认为各种思想都有阶级性。从20世纪80年代至今,我一直用力探讨王权支配社会和王权主义问题,说到社会形态,我则用"早期阶级社会"取代"奴隶社会",其后我还是常常用"封建社会"这一概念,面对诸多新的命名,我总感到难以替代它,而原来所说的"封建社会"压根就不是"分封"问题,而是表述一种生产方式及相关的种种社会关系,即社会形态。所以今天我仍坚持阶级分析方法(从20世纪70年代末开始,我更关注阶层、等级、身份的划分,马克思说过古代的阶级是等级,贾谊就写过一篇《阶级》),但又有所修正,提出了"阶级-社会共同体综合分析"。

社会有形态之别,思想意识也有形态之别。思想观念与社会存在无疑有互动作用,某些思想观念对社会存在会有某种超越成分,但它的主体必然是对现实社会存在的考察和认识,它的超越也必然是以现实的社会存在为起点,无法与现实的社会利益纠葛脱钩。孔子及其后的儒学是帝王认定的意识形态,对此不应该有异议吧?由帝王选用各种手段使其社会化,对此也不应该有异议吧?儒生大量涌入仕途,依附于王权,升官发财,成为官僚地主中的重要组成部分,对此也不应有异议吧?儒学确实有关怀、同情民众的一面,但从大局说,儒家主流所论所为,对谁更有利?有些学者试图用"文明""文化""价值"把孔子、儒家与帝王制度分割开来,可能吗?"文明""文化""价值"难道没有阶级性?面对汗牛充栋的历史资料,能只顾左右而言他?作为历史研究者,不能视而不见!

儒家思想是封建帝王的工具

高调"尊儒"真是难于理解,这里只引三句:"没有孔子,就没有今天的中华民族。""孔子是中华民族的精神导师。""儒家文明不是针对中国人而设计的,而是对所有称之为人的人而讲的。"

"中华民族"这个概念是梁启超提出的,1949年后才逐渐确认有五十六个民族,难道都是孔子哺育的?把中华民族当成挂在孔子脖子上的项链行吗?我们不必假设"没有孔子"会如何,中华民族的形成是极为复杂的历史因素和过程的综合,怎么能把历史简化到这个地步?孔子之前就没有华夏共同体?孔子之后又有多少人不信孔子之学,难道可以将他们都排除在中华民族的历史之外?

说到"导师"也是一样,中华民族在历史上的精神是多元的,至今依然如此。说孔子是尊孔人的导师当无疑问,怎么能加在中华民族的头上?

有人说,儒家文明是为"人之为人"而设计的。那么多不认同儒家文明的人是否就应开除"人"籍?孔子的独断性是很强的。我们有些人的说法比孔子更甚,真令人惊诧!

诸如此类的说辞都意在把孔子、儒学同帝王体制拉开,表示儒家是独立体系。但作为帝王确认的意识形态怎么可能呢?我不否认儒家对帝王体制具有很大规范性和制约性,而且对在位的帝王常常有很严厉的批评,历朝历代不乏忠谏之臣。像海瑞竟然敢用"家家皆净"嘲讽嘉靖帝,可也正是他在死牢里听到嘉靖帝驾崩竟然悲痛得泣血。致君尧上与维护君主体制就是我反复论述过的一种"阴阳组合结构",构筑了忠谏之儒主奴综合人格。在实际上儒者更多是从帝王那里求利禄,也算是一种交易吧,"学成文武艺,货与帝王家",帝王也告白儒者:"书中自有黄金屋",反过来,帝王能收买无用之人和反对派?离开帝王体制论儒学,是不符合历史事实的。

儒家思想无法适应现代社会

还有把儒学这种意识形态高扬为中华民族的文化之"根""本体",是中国的"核心价值",等等。如果把这些限在尊奉儒学的范围内,当然合乎其逻辑,但扩大到中华民族,我期期以为不可。作为特定历史时期的官方意识形态,随着中国历史渐渐进入现代化社会,儒家作为一种体系必然要瓦解并被新的社会观念排挤到边缘,这是无法抵御的大势。试问,这能是社会主义的"根""本体""核心价值"吗?就文化保守主义来说,也不止儒家一说,儒学能是儒家之外的保守主义的"根""本体""核心价值"吗?如果局限在尊奉儒家派内当然是自己的选择,但请不要覆盖中华民族!现在提倡的社会主义核心价值的本质含义,有多少是从儒学平移过来的?

儒家的道德论是它体系的组成部分,也不可能超越时代。作为具有"普遍思想形式"的概念,如礼义廉耻等等,无疑都可继续沿用,但都需进行创造性的转化,充实新的内容,即俗语说的"旧瓶装新酒"。

比如"礼",儒学的礼主旨是讲等级贵贱秩序,有人说是礼貌——说礼貌固无不可,但礼貌主要是等级贵贱的外在形式。现在讲礼是以人格平等为内容的互相尊重方式。我们也大力提倡"孝",孔子说"无违"是孝的最高境界,孝的规范首先是"顺",父辞世后"三年无改于父之道",等等。现在这些还适用吗?

诸如此类,不胜枚举。鲁迅把旧道德说成"吃人"是文学的修饰,但人格不平等则是事实。对历史上的等级贵贱的评价可以多样,进行肯定亦无不可,但不能抛开事实。

现在有些舆论惊呼道德失序,道德沦丧,鼓噪往日的道德如何如何美好,儒家的道德可以救世,等等。我大不以为然。进入现代化社会必然产生相应的道德转型期,转型涉及的问题多得不可胜数,起伏跌宕令人眼花缭乱,但主流是从臣民观念向公民观念的转变,由崇圣向自主意识的转变。现在尊儒者又在制造新圣人,这是他们的自由,从另一角度说也是自主意识开放的一个证明。总的形势是公民性的道德观念在成长,仅这一点就远胜于传统儒家的道德体系。

在创建新道德过程中,传统的种种只能是资源。资源是全方位的,不限于儒家。现今常说的"以人为本",其源头无疑是多元的,但这句话恰恰是被一些人嗤之以鼻的法家提出的。对历史资源分精华和糟粕是很难的,化腐朽为神奇也是常见不鲜的。如何开发资源,另行讨论,但一定要把思想体系与引述佳句、隽语分开,也不能把当代人的诠释与古人同一化,如"天人合一"不能都约化为人与自然的和谐,古人有很多冥冥的神性。

话说回来,知识在逐渐走向市场化,眼下多种儒学、国学班都是公司办的。作为一种产品有人愿意买,也属正常。不过在我看来多为低级产品。至于严肃从事国学、儒学研究,那完全是正当的,也未尝不可市场化。由于互换概念,国学与儒学搅和在一起,于是儒学研究机构的组建也颇有汹涌之势,如果不用纳税人的钱,是民间自由组合,未尝不是好事,但用纳税人的钱,也希望有关机构能慎重思考、全面权衡一下!

原载《中国社会科学报》,2015 年 7 月 16 日

时评

史学领域的复辟纲领
——批江青的"法家爱人民"说

"批林批孔"是伟大领袖毛主席发动的,有着伟大的历史意义。

孔孟之道是林彪反革命修正主义路线的一个思想来源,在现实生活中还有广泛的影响。因此,"批林"要"批孔"。法家在历史上曾批判和反对过儒家,因此"批儒"的同时还要开展"评法",研究法家同儒家斗争的经验和教训,这对深入"批孔"是有帮助的。

从历史上批儒,把基点放在什么地方呢?是把儒家放在与奴隶、农民等劳动人民对立中去批,还是放在与法家的对立上去批?我们认为,基点只能是前者,而后者不过是一个侧面。但是江青一伙却颠倒了这个关系,她说:"批林批孔要深入、持久、系统、普及,必须把批孔放在儒法斗争中批,才能批得深。单纯批儒,不能从路线高度看,看不到路线斗争规律。"在江青一伙看来,在长达两千多年的中国封建社会里,同儒家根本对立的路线不是农民的革命路线,而是法家路线。由此,他们不是把"批孔"引导到颂扬劳动人民的革命斗争,颂扬劳动人民创造历史的伟大功绩,颂扬劳动人民反封建的革命路线,而是全力去歌颂法家,对法家全盘肯定。江青戴在法家头上的最高桂冠就是"爱人民"。

法家"爱人民"说,其谬是无须多谈的。关于农民与地主之间的阶级关系,毛主席说:"封建的统治阶级——地主、贵族和皇帝,拥有最大部分的土地,而农民则很少土地,或者完全没有土地。农民用自己的工具去耕种地主、贵族和皇室的土地,并将收获的四成、五成、六成、七成甚至八成以上,奉献给地主、贵族和皇室享用。这种农民,实际上还是农奴。"请问,在这样的关系中,法家作为地主阶级的成员,如何爱人民?

"法家爱人民"是江青一伙评法的总纲。一系列违背马克思主义基本原理的奇谈怪论,其源盖出于此。"四人帮"的御用文人梁效、罗思鼎之流,以此为基调所写的历史,完全被歪曲、被颠倒,帝王将相重新占据了历史舞台,无产阶级"文化大革命"在史学领域取得的革命成果全被否定掉,唯心史观空前大泛滥。广大工农兵、革命知识分子,对此早就看在眼里,恨在心头。可是在"四人帮"文化法西斯统治下,不要说对他们进行批判,就是争鸣也不允许。"四人帮"垮台了,是清算他们在史学领域复辟封、资、修罪行的时候了!

一

"四人帮"的御用文人为了给"法家爱人民"说制造立足点,从根本上歪曲了毛主席关于中国封建社会的主要矛盾的论述。

早在三十多年前毛主席就指出:"封建社会的主要矛盾,是农民阶级和地主阶级的矛盾。"毛主席的这一科学论断,是我们研究中国封建社会全部历史的指针和基石。它犹如一道铜墙铁壁,堵住了一切用阶级调和论歪曲中国历史的去路,其中包括"法家爱人民"说。

"四人帮"的御用文人制造了许多谬论,歪曲篡改毛主席关于封建社会主要矛盾的科学论断。他们的谬论归纳起来主要有两点:在王莽之前,社会的主要矛盾是奴隶主复辟与反奴隶主复辟的斗争,这以后则是所谓大地主与中小地主、农民之间的矛盾。于是,毛主席关于农民与地主是封建社会的主要矛盾便被一笔勾销了。

在封建制代替奴隶制过程中, 的确经历了复辟与反复辟的斗争。"四人帮"的御用文人无限制地夸大这一矛盾,又任意拖长其时间,他们打着地主和农民"都反对奴隶制复辟"这一旗号,在政治上鼓吹当时封建统治者的"专政措施"主要的不是针对农民,而是"要解决防止奴隶制复辟的问题";在经济上不讲地主对农民的剥削,片面地大谈什么地主阶级"鼓励发展封建地主和自耕农经济",甚至还有的说农民"满意"封建的剥削关系;在思想上根本抹杀农民有自己的思想,把农民说成是法家的小随从,说什么在农民起义队伍中出现的路线斗争也是"儒法斗争"。对毛主席早已作过结论的陈胜吴广起义是农民反封建的革命战争,他们也置若罔闻,硬说是反奴隶制复辟。为了全盘肯定和美化法家,还公然篡改历史,硬说改"民"为"黔首"是"对当时人民的一个尊称"。更有甚者,明明是地主阶级对农民的残酷的经济剥削和政治压迫引起了秦末农民大起义,可他们对此讳莫如深,竟然编造了一个所谓地主阶级"由于缺乏统治的经验,激起了它同农民的阶级矛盾"的奇论。凡此种种,不一而足。

在反对奴隶制复辟斗争中,农民确实曾站在过地主的一边,并且作为主力军,同奴隶主复辟势力进行了斗争,客观上帮助地主阶级巩固封建统治,但这只是事情的一面。地主阶级对农民是不会感恩的。他们虽依靠奴隶和农民推翻了奴隶主的统治,同时却又踏着农民的肩膀登上了社会的最上层。马克思在论述资本主义代替封建制过程中生产者身份变化情况时说过:"生产者转化为雇佣工人的历史运动,一方面表现为生产者从隶属地位和行会束缚下解放出来;对于我们的资产阶级历史学家来说,只有这一方面是存在的。但是,另一方面,新被解放的人只有在他们被剥夺了一切生产资料和旧封建制度给予他们的一切生存保障之后,才能成为他们自身的出卖者。而对他们的这种剥夺的历史,是用血和火的文字载入人类编年史的。"马克思的分析,对于我们研究封建制代替奴隶制过程中生产者身份变化和剖析封建剥削的实质,同样具有指导意义。只讲奴隶转变为农民,和与地主阶级共同反复辟,不谈封建制套在农民身上的枷锁,那只能证明他们是封建的历史家。

社会的性质是由社会的主要矛盾和主要矛盾的主要方面决定的。如果农民与地主的矛盾还没有成为社会的主要矛盾,那么就不能说历史已进入了封建社会。如果承认从战国起中国就已进入封建社会,那么社会的主要矛盾就只能是农民与地主之间的矛盾。在这个主要矛盾中,地主阶级是居于主要方面的,其标志就是地主阶级掌握了政权。地主阶级为了巩固其专政,在初期进行了一些反对奴隶主的复辟活动,但压迫的主要对象已是农民了。新掌权的地主阶级为了反对奴隶主复辟虽常常借助农民的力量,可是它从没有同农民平分胜利果实。而是随着每一次反复辟的胜利,都进一步把封建枷锁加在农民身上。所以农民与地主之间的矛盾,是随着封建生产方式的进展,随着地主阶级取得每一次胜利而向前发展的。秦末农民起义就是这一矛盾在全国范围内的大爆发。罗思鼎避而不谈农民与地主的阶级矛盾,胡说什么由于秦统治者缺乏统治经验,才激化了两者之间的矛盾。在他们看来地主阶级有了统治经验,就能永世为主宰了。

这里还要附带指出一点,地主阶级的反复辟是极其有限的。奴隶制作为封建制的一种补充,一直继续到它的末日,从未间断过。

对东汉以后的社会,"四人帮"及其御用文人打着对地主阶级要作阶层分析的旗号,极力夸张中小地主与大地主的矛盾。说什么大地主阶级"不仅残酷剥削压迫农民,而且同中小地主的利益也产生了尖锐的冲突"。接着又说,代表中小地主利益的"革新路线与豪强反动路线之间的斗争"毕竟是"不可调和的",是"你死我活"的斗争。而中小地主及其政治代表法家同农民的矛盾,在他们看来却是可以调和的。江青就曾说,农民"不识字,可以有他们的代言人嘛,是否法家即其代言人?"这种给农民指派代表人的屁话,可谓江青的一大"发明",可是那些喂饱了的"秀才"们却奉为圣旨。于是,在这之后,各式各样公开的、隐晦的所谓中小地主与农民联合起来反对大地主的言论立即铺天盖地而来。这当中打着红旗反红旗最娴熟的老手还要属梁效。他说,农民与代表中小地主的法家"各从本阶级的立场出发,采取不同的纲领和斗争方式,以反对反动儒家(即大地主的政治代表)"。这句概括最具代表性。乍一看,梁效并不否定农民与法家是分属不同阶级的,然而阶级和阶层的关系被颠倒了。地主阶级内部不同阶层的矛盾超过农民与整个地主阶级之间的矛盾。社会主要矛盾不再是农民与地主之间的矛盾,而是中小地主、农民与大地主之间的矛盾了。

地主阶级内部有没有矛盾呢?当然有。但他们之间的矛盾不是剥削被剥削的关系,而是瓜分农民血汗你多我少的矛盾。他们对于农民都是剥削者。马克思在谈到资产阶级的金融巨头、工业资本家与工人阶级的关系时说:"诚然,金融巨头是在削减他们(指工业资本家——引者)的利润,但是这和无产阶级完全消灭利润比起来,又算得了什么呢?"马克思在这里所讲的基本精神同样适合封建社会大地主、中小地主和与农民之间的关系。当农民起来反对整个封建制度时,大地主对中小地主的筹码又算得了什么呢?把地主阶级内部瓜分地租的争斗,同地主剥削农民混为一谈,这是他们篡改封建社会主要矛盾的基本手法。

对毛主席关于封建社会的主要矛盾的论述,持什么态度,是坚持马克思主义的历史唯物主义还是搞资产阶级唯心史观的大是大非问题。因为它是确定社会性质、分析阶级关系、区分革命与反革命的出发点。"四人帮"及其御用文人在历史领域散布的一系列反动观点都是在篡改封建社会主要矛盾这个基础上展开的。

二

"四人帮"的御用文人为了给"法家爱人民"说张目,还杜撰了一个所谓儒法路线斗争决定一切的历史规律。

是谁创造了人类历史？是法家、儒家、帝王将相，还是人民群众？这是区分唯心史观与唯物史观的试金石。毛主席明确指出："人民，只有人民，才是创造世界历史的动力。"

　　"四人帮"的御用文人为了无限制地夸大法家人物和法家路线的作用，把儒法之间的路线斗争同无产阶级革命斗争中的两条路线斗争相提并论。他们把毛主席关于无产阶级在革命斗争中"思想上政治上的路线正确与否是决定一切的"英明论断，硬套在儒法路线斗争上，鼓吹儒法路线斗争决定一切。他们说："路线正确（指法家）就有一切，没有人可以有人，没有枪可以有枪，没有政权可以有政权。路线不正确（指儒家）有了也可以丢掉。这正是古往今来的历史所证实的一条普遍规律"。他们用杜撰的这样一条"普遍规律"，作为中国历史发展的脊梁。在地主阶级夺取政权的过程中，就大讲特讲法家路线的决定作用。这之后，又用这条"普遍规律"去衡裁各王朝的兴衰起伏，评价历史人物。如谈秦的二世而亡，是由于赵高推行儒家路线的结果；西汉元帝尊儒的结果使西汉灭亡；东汉末军阀逐鹿，失败的都是儒家，胜利的都是法家；北宋的积弱积贫，也是因为实行儒家路线的结果；王安石变法失败，则使"封建社会越来越趋于凝固和僵化"等等。

　　能否把毛主席讲的"思想上政治上的路线正确与否是决定一切的"教导作为"古往今来的一条普遍规律"，证明儒法斗争也是决定一切的呢？绝对不能。毛主席的教导，是有特定范围的，是对无产阶级的革命斗争而言的，是在批判林彪之流权力至上论时提出来的。毛主席的论述，包含极深刻的内容：第一，毛主席所说的"正确路线"，是以无产阶级作为其基础的，而无产阶级是我们时代的中心，并代表了广大劳动人民的根本利益。第二，人类历史的发展是有客观规律的。今天已进入社会主义革命和胜利的时代。正确路线是以社会发展规律为基础制定的，把马克思主义的普遍真理同革命的具体实践结合起来，才具有无限的生命力。第三，由于前两条，无产阶级在革命斗争中尽管有形形色色机会主义的干扰，甚至得逞于一时，但正确路线必定要战胜错误路线，把革命引向胜利。但是儒法之间的路线斗争，同无产阶级革命过程中出现的两条路线斗争，无论在阶级内容和时代背景上都是完全不同的。

　　在中国历史上，封建制代替奴隶制过程中，儒家代表垂死的奴隶主阶级，法家代表新兴地主阶级。法家路线在地主阶级进行夺权和改革的过程中，是起过重要作用的。但是，即使在这个时期，也不能说儒法斗争是决定一切的。

267

第一,给奴隶制以致命打击的是奴隶和农民的反抗斗争。他们的斗争虽在客观上为地主阶级的上台扫清了道路,但并不是在法家的旗帜下进行的。因此,绝不能把奴隶和农民的斗争纳入儒法路线斗争之中。第二,地主阶级在夺权和改革过程中,曾一度把奴隶和农民争取到自己方面来,但由于它是用一种剥削制度代替另一种剥削制度,因此,这种情况是不能长久的。第三,封建制优于奴隶制,但"为了正确地判断封建的生产,必须把它当作以对抗为基础的生产方式来考察"。农民反抗封建生产关系的斗争,是从封建生产关系产生的那一天开始的。农民的反抗斗争随同封建生产方式的发展而日益激化。基于上述理由,这时提法家路线决定一切也是不正确的。因为它抹杀了奴隶和农民独立的反奴隶制的革命斗争,掩盖了农民和地主之间的矛盾和发展。

到地主阶级取得了稳固的统治之后,在漫长的封建社会中,儒法斗争的内容和性质都起了新的变化,还讲儒法斗争决定一切,就更加荒谬了。第一,儒家经过改造,已变成地主阶级的一种思想。不管法或儒,它们的阶级性是一致的。这时的地主阶级已转化为农民革命的对象,这就制约了法家不可能超出地主阶级总的历史地位,另起别的什么作用。一个已不属于革命阶级的政治路线,怎么会起"决定一切"的作用呢?!第二,从封建社会儒法斗争的历史看,一方面,双方斗争很激烈,但并不是像"四人帮"御用文人所说的那样是"不可调和的",是"你死我活"的。由于阶级基础是一个,他们有斗争,但又有联合和相互吸收。另一方面,在儒法斗争中,法家并不是胜利的历史,地主阶级越来越趋向崇儒。请问,为什么"正确路线"反而败下阵来?照梁效的说法,只要实行法家路线,就可以有一切,就可以永远保住自己的统治,那么地主阶级为什么偏偏弃而不用,却要选择一条通向死亡的路线呢?岂不是顶大傻瓜!第三,即使实行法家政治,也不能保证地主阶级永远有人、有枪、有政权。道理很简单,法家政治不是要消除农民和地主的矛盾,而是要巩固地主阶级对农民的统治和剥削。有剥削,有压迫,就一定会有反抗,农民也是要革法家的命的。第四,法家政治的性质,就其本质而论不过是地主阶级中的一种改良主义,这种改良主义怎么能决定一切呢!?

人类进入阶级社会后,全部历史都是阶级斗争史。一个新兴的剥削阶级在取代旧剥削制度中曾起过革命作用。然而一旦他们取得统治权后就逐渐向反面转化,最后转化为反动派。而劳动人民则永远是革命的力量。在封建社会,正如毛主席所指出的:"只有这种农民的阶级斗争、农民的起义和农民的战争,才是历史发展的真正动力。"

梁效之流鼓吹的所谓路线斗争决定一切的"普遍规律",篡改了全部阶级斗争史,他们不讲经济是决定因素,只讲思想领域的斗争起决定作用,而思想领域中的斗争则又归结为儒法斗争,最后又归结为几个帝王将相。所以,他们宣扬的不是历史唯物主义,而是唯心主义的英雄史观。但在他们笔下所装扮的决定历史命运的"英雄",又有"四人帮"联合公司的明显印记:法家路线和法家决定一切;"四人帮"是现代法家,因此,"四人帮"这些"英雄"决定一切。

三

摆在"法家爱人民"说面前的一个极其严峻的问题是:法家同农民革命斗争是什么关系?

依照马克思主义观点,尽管法家和儒家在政治上不尽相同,但他们对农民的基本关系只能是革命与反革命的关系。

但是"四人帮"及其御用文人却编造了又一条"规律",说什么农民革命战争为法家上台和推行其政治"扫清了障碍,开辟了道路"。其理由:

一曰,农民起义集中打击豪强,改变了地主阶级内部力量的对比,为代表中小地主的法家上台开辟了道路。这是农民革命中带有规律性的现象吗?否!毫无疑问,农民革命首先把矛头指向了大地主。但农民革命的对象绝不是限于大地主。农民反对的是整个封建制度。农民没有,也绝不能只打击大地主,农民更不是为中小地主上台而打击大地主。在农民革命战争中和农民战争之后,新上台的地主阶级头子,也绝不会只代表中小地主。一般说来,除农民起义的首领蜕变为地主阶级的情况之外,在农民起义中和起义后发展起来的地主阶级的政治势力,总是同剿杀农民起义紧密联系在一起的。例如曹操(很多人认为他代表中小地主)的上台,绝不是农民起义为他开辟了道路,而是因为他镇压农民起义有"功",适应了地主阶级的政治需要。

二曰,"农民战争推动了儒法两家思想路线斗争的激化,促使一批地主阶级革新派人物敢于解放思想,冲破儒家思想的网罗"。这就是盛行一时的农民起义推动儒法分化论的源头。这是一条"规律"吗?同样不是。马克思主义经典作家曾多次指出过,当着无产阶级革命兴起之时,资产阶级总是把它们之间的分歧争斗放在一边,联合起来共同对付无产阶级。难道在农民革命面前,地主阶级只有分化而无联合吗？大量的历史事实证明,当地主阶级受到农民革命威胁时,地主阶级各派,其中包括儒家和法家,也是经常联合起来,共同镇压农民的。东汉末年黄巾大起义一爆发,原来闹得不可交的党人、外戚、宦官诸集团,不是立即联合起来提刀杀向农民了吗？在地主阶级反革命联合中有儒家,也有法家,如曹操等。在农民起义的打击下,地主阶级内部当然也有分化,其中包括儒法的分化,但这种分化,绝不会改变他们共同对付农民的前提。除个别分子投到农民起义队伍中外,不管是儒,还是法,他们的矛头始终是指向农民的。它们的分化,只是在如何镇压农民起义上有不同的主张和政策,而绝不是法家分化出来同农民联合共同反儒、反豪族。

三曰,法家"在利用农民伟大革命力量的基础上,建立了自己的实力,同豪族势力展开了一场你死我活的决斗"。你看,法家在同豪族势力进行"你死我活"的决斗,而同农民敌对的阶级关系却不见了。用阶级观点来分析,法家同农民革命之间的关系,在本质上不是"利用"和"被利用"的关系,而是阶级对抗的关系。当然在复杂的阶级斗争中,敌对的阶级你利用我,我利用你的情况是常有的。马克思在讲到革命者要利用敌人营垒中的矛盾时说过:"在政治上为了一定的目的,甚至可以同魔鬼结成联盟,只是必须肯定,是你领着魔鬼走,而不是魔鬼领着你走。"所以问题在于谁利用谁,利用了去干什么?达到什么样的政治目的？地主阶级(包括法家)对农民革命力量的利用,大致不外乎如下两种情况,一是收编了农民军(或是把农民镇压下去而改编,或是农民起义首领叛变投降了敌人,等等);二是设法把农民军纳入自己的战略计划。在前一种情况下,农民军已经被利用了去变成地主阶级的武装,不再是农民起义军;在后一种情况下,农民军在一个时期内充当了地主棋盘中的一个棋子,最后总是要被吃掉的。所以地主阶级利用农民力量达到自己的目的,总是以农民的失败或失去主动权为前提的。这对农民革命绝不是什么好事。用空洞的"利用"二字掩盖阶级对抗关系,这不是宣扬阶级调和论又是什么?

四曰,农民起义打击了豪族大地主,从而为"法家路线的推行创造了条件"。他们从政治、经济、军事、思想文化各方面论述了法家的政策是沿着农民革命的同一方向起作用。之后,更进一步说:"农民战争之后,往往涌现一代法家思想家。"总之一句话,法家政治是农民革命的继续。农民革命是反对封建制度,而法家政治则是要维护和巩固封建制度。说农民革命为实行法家政治创造条件,岂不等于说农民革命为维护和巩固封建制度创造条件。这样,农民战争还有什么革命意义？从阶级本质上看,农民的革命运动,同法家政治是两股道上跑的车。任何地主阶级政策的推行都是以农民革命失败为前提和条件的。在农民革命失败之后,不管地主阶级哪一派掌权,不论政策上有什么不同,难道不都是首先把被农民革命打乱了的封建秩序重新恢复和建立起来吗？历史表明,好多次大规模的农民起义之后,并没有出现"一代法家思想家"。除了农民起义首领蜕变为地主阶级头子这种情况外,农民起义失败之后,由地主阶级哪一集团上台,情况极为复杂。但有两条是基本的,一是由他们在镇压农民起义中出力大小决定,二是看谁的政策更能全面地代表地主阶级的需要,所以法家的上台与下台,也不是以农民革命为基础的。即使法家上台,他们的政策也绝不是农民革命的接力棒。就以津津乐道的打击豪家为例,农民的打豪同法家的打豪在性质上是根本不同的。农民打豪是反对封建制度的一种表现,而法家打击豪族则不过是地主阶级内部财产和权力再分配的一种表现。还应看到,法家打豪是极为有限的,既不是政策的出发点,也不是全过程,更不是归宿点。法家的打豪只是打了很少的一部分,相反,他们总是设法把更多的豪强引吸过来,作为依靠对象,他们一上台,又总是培植自己的豪族。如曹操消灭了袁绍势力之后,立刻下令宣布,对袁绍同党既往不咎,"更始"相处。所谓法家同豪强进行了"你死我活的决斗",完全是无稽之谈。当然对于法家有限的打豪我们是应给以适当肯定的,但把它说成是农民打豪的继续则是断断不可以的。"四人帮"及其御用文人把法家路线说成是农民革命的继续或成果,完全抹杀了法家政治的阶级性。

以上种种奇谈怪论,贯穿了一条黑线,就是阶级调和论。"四人帮"及其御用文人让法家在农民与地主之间的矛盾公开爆发的情况下,去充当代表农民的角色;从而在最尖锐的阶级斗争上,一笔勾销了阶级斗争。他们宣扬的这一套,比批臭了的让步政策论还要有过之而无不及！他们自称是"文化大革命"的旗手,实际上是葬送无产阶级"文化大革命"成果的黑帮。

四

"四人帮"及其御用文人从"法家爱人民"出发,根本抹杀了封建国家的阶级本质,背叛了马克思主义关于国家与法的基本原理。

关于封建国家,毛主席曾明确地指出:它是保护"封建剥削制度的权力机关"，"不但地主、贵族和皇帝依靠剥削农民的地租过活，而且地主阶级的国家又强迫农民缴纳贡税，并强迫农民从事无偿的劳役，去养活一大群的国家官吏和主要地是为了镇压农民之用的军队"。毛主席的论断，对法家当权时的封建国家同样是适用的。可是以毛泽东思想"权威"自诩的"四人帮"及其御用文人，一当他们讲到法家政治时，毛主席的上述论断便统统失灵了。

江青说：法家的政策"符合广大地主阶级利益，也符合劳动人民利益"。你看，法家政策是超阶级的。好像法家当权的国家也成了"全民国家"。

什么是政策，列宁曾极其明确地指出："政策就是阶级之间的相互关系。"在阶级社会中，不同阶级的政策集中代表了不同阶级的利益。在两大阶级对抗的社会中，从来没有一种政策既代表统治者、剥削者的利益，又代表被统治者、被剥削者的利益。正如恩格斯所指出的："政府要做任何有利于一个阶级的事，都必然触犯另一个阶级的利益。"在封建社会中，封建国家所实行的政策，总是以保护地主阶级对农民进行压迫和剥削为其宗旨的，法家政策也不例外。我们这样讲并不否认法家政策同儒家政策有差别。法家的政策虽然在某种程度上具有改革的性质，但它绝不可能超越地主阶级利益所容许的范围。儒家的政策是企图用凝固的、僵化的方式来巩固封建制度，法家则主张根据客观形势的变化相应地采取不同的措施，在变更中来维护和巩固封建制度，目的完全是一致的。当封建的生产方式还没有走到它的尽头，或者农民革命形势尚未成熟的情况下，对法家在政策上的某些变更，根据历史具体情况应该予以适当的肯定。但这种肯定决不能用超阶级的观点，而必须坚持阶级分析。江青关于政策超阶级的说教，并不是什么新鲜货色，不过是一切资产阶级和马克思主义的叛徒经常鼓吹的超阶级的国家观的拙劣翻版。正如列宁批判叛徒考茨基时所说的："谁真正同意国家无非是一个阶级镇压另一个阶级的机器这一马克思主义观点，谁多少考虑过这个真理，谁就决不会说出这种荒谬绝伦的话来"。

"四人帮"及其御用文人阉割马克思主义国家学说的另一个伎俩，就是不加分析地全盘肯定所谓的"法治"，什么"法治路线""以法用人""严格执法""铁面无私""法不阿贵"，等等，似乎有了法治路线就有了一切。他们是一帮20 世纪 70 年代"法"的拜物教徒。

列宁说："法律是统治阶级的意志的表现。"法家的"法"是哪个阶级的意志呢？它不是地主阶级意志的表现又是什么？根据历史辩证法，我们不否认地

272

主阶级的法在代替奴隶制过程中有它的历史进步性一面。但在长达两千多年的封建社会中,它绝不是永远进步的东西,也绝不是一成不变的东西。它的内容和性质是随着地主阶级历史地位的变化而变化的。当地主阶级已走向历史反动的时候,它的法也就不可能再有什么进步意义了。在整个封建社会里,不管是地主阶级中哪一政治派别制定的法,都是为了维护地主阶级的利益而设置的。这些法对农民来说,则不过是地主阶级为他们准备的鞭子。

法家是地主阶级中比较严格按照法律办事的一批人。他们在执法中确曾惩办了本阶级中一些违法的人,但这丝毫不意味着法家和他们所奉行的法的阶级性变了。马克思在描述那些大资产阶级无限贪欲时曾说过:"正是在资产阶级社会的上层,不健康的和不道德的欲望以毫无节制的、甚至每一步都和资产阶级法律抵触的形式表现出来。"封建社会的上层也是如此。法家以法惩治其中的某些人,是为了使整个地主阶级的利益得到普遍的保证。更需指出的是,惩治本阶级某些违法的人,在法家的"法治"中居于很次要的地位,"法治"的主要对象仍然是农民和其他劳动者。"四人帮"及其御用文人为了美化"法治"常常把该时期的农民生活描绘得美滋滋的,谁要说个农民生活苦,就立刻给你打上"尊儒反法"的大帽子。同时,他们为了不损害"法治"的"光辉",又常常把该时期的农民反抗斗争,统统给抹掉。这就足以证明他们的屁股是坐在了地主阶级的椅子上。他们鼓吹"法治"至上,在理论上是对马克思主义国家学说的全面背叛,在政治上则是为他们实行法西斯专政制造舆论。

在"四人帮"及其御用文人篡改马克思主义国家理论的卑鄙伎俩中,还有所谓"局限性"一招。他们炮制的文章大抵有这样一个特点:对"法治"唱完赞歌之后,总要加上一段但书:"但"由于法家"超不出历史的阶级的局限","不可能提出解决社会主要矛盾的真正的革命的主张",也有剥削、压迫农民的一面,对此不应"苛求"云云。可敬的先生们,对剥削和压迫农民这一点,法家要"超"了吗?如果把压迫剥削农民作为"局限性",不应当"苛求",那么整个地主阶级不是都"局限"在里面了吗?是否都不应"苛求"呢?把法家政治对农民的剥削与压迫作为不要"苛求"的局限性,已不再是评价法家人物的方法问题了,它关系到如何看待法家政治和封建国家实质的重大理论问题。我们通常所说的局限性并不是指事物的本质,而是指由事物本质决定的不可超越的范围。法家政治对农民的压迫剥削不是什么局限性问题,而是地主阶级本质的必然表现。法家当权,并没有引起封建国家性质的改变。随着地主阶级转向反

273

动,封建国家也就变成了社会的赘瘤。"四人帮"及其御用文人用局限性掩盖和开脱法家政治对农民的剥削和压迫,不只是拔高了几个法家人物,而是掩盖了法家掌权时期地主阶级专政的本质。

列宁曾指出：国家问题,"是关系全部政治的主要的和根本的问题","在国家问题、国家学说、国家理论上,会随时看到各个不同阶级之间的斗争,看到这个斗争在各种国家观点的争论中、在对国家的作用和意义的估计上反映或表现出来"。"四人帮"要篡党夺权,改变国家的颜色,首先必须把马克思主义国家学说弄乱。然而在马克思主义、毛泽东思想空前深入普及的情况下,公开篡改马克思主义国家理论是很容易被人们识破的,于是,他们便借评法之机,把修正主义的货色包在古装里加以兜售,妄图以此搞乱人们的思想。结果如何呢？只不过是给人民多增了一份反面教材。

"法家爱人民"是"四人帮"及其御用文人在史学领域进行复辟的总纲。在这个总纲的指引下,对中国历史进行了肆无忌惮地歪曲、篡改和伪造,对马克思主义的历史唯物主义进行了全面的修正和背叛,并且为他们篡党夺权实行最反动的法西斯专政作舆论准备。"四人帮"垮台了,但他们所散布的流毒还没有肃清,我们需要进行长期的战斗。

原载《南开学报》,1976 年第 6 期

批判"四人帮"在评法批儒中的阶级调和论

伟大领袖毛主席发动的"批林批孔"运动,是我国政治思想领域中一场尖锐的斗争。深入批判孔孟之道,有助于深挖林彪修正主义路线的思想根源,具有重大的意义。在"批林批孔"运动中总结法家同儒家斗争的经验和教训,这对深入"批孔"也是有帮助的。但是"四人帮"为了篡党夺权,大造反革命舆论,他们利用评法批儒,大肆鼓吹唯心主义,宣扬阶级调和论,妄图把人们的思想搞乱,以便他们从中取利。"四人帮"的这些罪行,必须给予彻底揭露和批判。

篡改封建社会的主要矛盾,抹杀农民与地主两个阶级的对立

伟大领袖毛主席指出:"封建社会的主要矛盾,是农民阶级和地主阶级的矛盾。"①毛主席综述了从陈胜、吴广领导的农民起义直到太平天国革命,总计大小数百次农民起义,都是由于"地主阶级对于农民的残酷的经济剥削和政治压迫"造成的。毛主席的科学论断,是我们研究中国封建社会全部历史的指针。

"四人帮"及其御用文人梁效、罗思鼎之流,为了兜售反马克思主义的阶级调和论,对抗毛主席关于封建社会主要矛盾的科学论断,制造出了许多谬论。他们胡说什么在王莽以前,社会的主要矛盾是奴隶主复辟与新兴地主阶级反复辟的斗争。他们打着地主和农民"都反对奴隶制复辟"这一旗号,在政治上鼓吹当时封建统治者的专政措施主要的不是针对农民,而是"要解决防止奴隶制复辟的问题";在经济上不讲地主对农民的剥削,片面地大谈什么地主阶级"鼓励发展封建地主和自耕农经济",甚至说农民"满意"地主对他们的剥削;在思想上根本抹杀农民有自己的思想,而胡说什么法家是农民的代言人,甚至在农民起义队伍中出现的路线斗争也是"儒法斗争"。他们还极力鼓

①《中国革命和中国共产党》。

吹陈胜、吴广领导的秦末农民起义,不是反对封建制度,而是反对奴隶主复辟势力。更有甚者,明明是地主阶级对农民的残酷的经济剥削和政治压迫引起了秦末农民大起义,可他们对此讳莫如深,竟然编造了一个所谓地主阶级"由于缺乏统治的经验,激起了它同农民的矛盾"的谬论,凡此种种,不一而足。

马克思主义怎样看待这段历史呢?在封建制代替奴隶制的过程中,确实经历了复辟与反复辟的斗争。农民也确实曾经站在地主的一边,并且作为主力军,同奴隶主复辟势力进行了斗争。但这只是事情的一面。地主阶级虽然依靠奴隶和农民推翻了奴隶主的统治,却又同时踏着农民的肩膀登上了社会的最上层。农民固然反对奴隶制复辟,但他们绝不会对自己处于受压迫、受剥削的地位表示"满意"。封建统治者的专政措施不仅针对奴隶主复辟势力,更重要的是针对敢于反抗的广大农民。因此只讲奴隶转变为农民,和与地主阶级共同反复辟,而不谈封建制套在农民身上的枷锁,那是封建历史家的论调。

"四人帮"的御用文人鼓吹的秦末农民起义矛头指向奴隶主复辟势力,那是公然篡改毛主席关于周秦以来中国已进入封建社会的论断,否认封建社会的主要矛盾是农民阶级和地主阶级的矛盾。我们知道,社会的性质是社会主要矛盾及其主要矛盾的主要方面决定的。如果农民与地主的矛盾还没有成为社会的主要矛盾,那么就不能说历史已进入了封建社会;如果承认从战国起中国就已进入封建社会,那么社会的主要矛盾就只能是农民与地主之间的矛盾。而且在这个主要矛盾中,地主阶级是居于主要方面的,其标志就是地主阶级掌握了政权。"四人帮"的御用文人鼓吹秦末农民起义是和地主阶级结成联盟,反对奴隶主复辟势力,这不是否认了农民阶级和地主阶级这个主要矛盾,从而也否认了当时的社会性质了吗?尽管新掌权的地主阶级为了反对奴隶主复辟,常常借助农民力量,可是它们并没有同农民平分胜利果实,而是随着每一次反复辟的胜利,都进一步把封建枷锁加在了农民身上。所以农民与地主之间的矛盾,是随着封建生产方式的进展,随着地主阶级取得每一次胜利而逐步加深的。秦末农民起义就是这一矛盾在全国范围内的大爆发。他们避而不谈农民与地主的阶级矛盾,胡说什么由于秦统治者缺乏统治经验,才激化了两者之间的矛盾。在他们看来地主阶级有了统治经验,就能永垂万世了。荒谬绝伦到了极点!

对东汉以后封建社会的主要矛盾问题,他们打着对地主阶级要作阶层分析的旗号,极力鼓吹和夸大中小地主与大地主的矛盾,说什么大地主阶级

"不仅残酷剥削压迫农民,而且同中小地主的利益也产生了尖锐的冲突"。并且还说,代表中小地主利益的"革新路线与豪强反动路线之间的斗争毕竟是不可调和的"。中小地主及其政治代表法家同农民的矛盾如何呢?他们认为这是可以调和的。江青曾说法家是农民的"代言人"。于是所谓中小地主与农民联合起来反对大地主的怪论纷纷出笼,梁效就大肆鼓吹农民与代表中小地主的法家"各从本阶级的立场出发,采取不同的纲领和斗争方式,以反对反动儒家(即大地主的政治代表)"。这句话最具代表性了。乍一看梁效并不否定农民与法家是分属不同阶级的,然而阶级和阶层的关系被颠倒了。地主阶级内部不同阶层的矛盾超过农民与整个地主阶级之间的矛盾。社会主要矛盾不再是农民与地主之间的矛盾,而是中小地主、农民与大地主之间的矛盾了。中小地主成了推动历史前进的动力。被批臭了的"中小地主进步论"又卷土重来了。

地主阶级内部有没有矛盾呢?当然有。但是地主阶级的内部矛盾同地主阶级和农民阶级的阶级矛盾是不能相提并论的。在对农民进行剥削和统治这一点上,大地主和中小地主是完全一致的。马克思在谈到资产阶级的金融巨头、工业资本家与工人阶级的关系时说:"诚然,金融巨头是在削减他们(指工业资本家——引者)的利润,但是这和无产阶级完全消灭利润比起来,又算得了什么呢?"[1]马克思在这里所讲的基本精神同样适合封建社会大地主、中小地主和与农民之间的关系。当农民起来反对整个封建制度时,大地主与中小地主之间的矛盾这个筹码又算得了什么呢?在整个封建社会,中小地主同大地主尽管有所不同,但它们都没有超越过封建的生产方式,另有什么新的进步因素。中小地主绝不是农民革命的同盟军,更不是革命的动力,而同样是农民革命的对象。把地主阶级内部瓜分地租的争斗,同地主剥削农民混为一谈,这是他们篡改封建社会主要矛盾的主要论点,也是明目张胆地反对马克思主义。

原载《新华日报》,1977 年 2 月 21 日

---

①《马克思恩格斯选集》。

颠覆无产阶级专政的反革命策略
——评"四人帮"的"清君侧"①

一

"清君侧",是"四人帮"反党集团篡党夺权、复辟资本主义所采取的最基本的反革命策略之一。

毛主席指出:"自从汉朝的吴王刘濞发明了请诛晁错(汉景帝的主要谋划人物)以清君侧的著名策略以来,不少的野心家奉为至宝。"②在无产阶级专政条件下,混进党里、政府里、军队里和各种文化界的资产阶级代表人物也经常采用这一反革命策略。当年的高饶联盟曾扬言要砍断毛主席的"左膀右臂",后来的林彪反党集团也叫嚣,要"打着毛主席的旗号打击毛主席的力量"。"四人帮"完全继承了他们的衣钵,集历代此种策略之大成,疯狂反对毛主席的亲密战友周恩来总理,反对毛主席亲自选定的接班人华国锋同志,反对一大批久经考验的老一辈无产阶级革命家,妄图架空毛主席,篡夺党和国家的最高权力。

历史上刘濞一类野心家搞"清君侧",只不过是地主阶级内部少数人争权夺利的斗争。封建社会的君主,是地主阶级利益的集中代表。他和他的主要谋臣即君侧,又往往是地主阶级内部一个最有势力的集团的代表,因此,围绕着争夺"君权"的斗争,是统治阶级内部各派政治势力和不同集团的斗争。因此,尽管历史上搞"清君侧"的代不乏人,但与广大劳动人民的利害冲突并无直接联系。

但是,在无产阶级专政条件下,林彪和"四人帮"一类野心家要搞"清君

---

① 本文与王连升、方克立合作。
②《〈关于胡风反革命集团材的材料〉按语》。

278

侧"，无疑也首先要集中力量搞掉无产阶级伟大领袖的最主要助手。但他们绝不只限搞掉一两个人或几个人，而是要"打倒一切"，"要解决一层人的问题"，也就是文痞姚文元讲的要打倒"一个阶级"，狗头军师张春桥叫嚷的"要改朝换代"。无产阶级专政条件下野心家"清君侧"的这个新特点，是由他们极端仇视无产阶级革命事业的反动阶级本性决定的，也是由无产阶级的领袖同党、阶级、群众密不可分的联系决定的。

无产阶级的领袖和封建时代的君主根本不同，他们代表人类历史上最先进、最革命的阶级，同广大人民群众保持着最密切的联系。无产阶级的政党是"由最有威信、最有影响、最有经验、被选出担任最重要职务而称为领袖的人们所组成的比较稳定的集团来主持的"①。无产阶级政党的领导集团中，必然产生出伟大的领袖，他和其他领导成员的关系，不是什么"君""臣"关系，而是革命的同志和战友。共同的阶级使命把他们紧密地团结在一起，他们同千百万革命干部和亿万革命群众，又像血肉一样不可分离。如果我们撇开"君侧"这个词的封建主义本质，作为一个词语加以使用的话，那么无产阶级伟大领袖的"君侧"，则是由与之长期进行共同战斗的战友和最主要的助手，以及从中央到地方的各级党政军的领导干部组成的，而亿万革命群众则是培育他们的土壤。

半个多世纪以来，在艰苦卓绝的革命斗争中，中国共产党形成了以毛主席为首的坚强的无产阶级领导核心，带领中国人民完成了新民主主义革命，并在社会主义革命和社会主义建设中取得了伟大胜利。我们敬爱的周总理，是毛主席久经考验的亲密战友和忠实助手。毛主席、周总理和老一辈革命家所开创的无产阶级革命事业，同千百万人民群众的根本利益紧紧相连。"毛主席是人民的大救星"，"人民的总理人民爱，人民的总理爱人民"，"朱总司令是革命的老英雄"，这些发自人民肺腑的语言，生动地反映了毛主席、周总理、朱委员长等老一辈无产阶级革命家同广大干部、群众的血肉联系。因此，谁要是挑拨无产阶级政党的伟大领袖和其他领导成员的关系，搞什么"清君侧"，实际上总是把矛头指向整个党的领导，旨在摧毁无产阶级和全体劳动人民解放事业的战斗司令部，反对无产阶级的整个革命事业。

当然，在长期复杂的阶级斗争环境里，无产阶级政党内也不可避免地会

---

① 《共产主义运动中的"左派"幼稚病》。

混入极少数资产阶级代表人物,甚至钻进党的领导核心。所以毛主席告诫我们:"要警惕在中央出修正主义。"在"文化大革命"中,"四人帮"混迹其间,以"君侧"自居,打着整走资派的旗号,打击一大片,包庇一小撮。他们骨子里仇恨共产党,反对毛主席,却又妄图借助伟大领袖的崇高威望,把那些过去跟随毛主席开创革命事业、今天又对巩固无产阶级专政起着极端重要作用的老一辈革命家打倒,以达到架空毛主席、篡党夺权的目的。正因为如此,他们今天宣布这个是"走资派",明天宣布那个是"老右倾",后天又说某某是"军阀""土匪"。开始,不明事情真相的人们颇有点半信半疑。调查一下吧,原来,他们所要"清"的"君侧",正是那些跟随毛主席转战南北几十年的得力助手和战友。当他们从比较隐蔽到半公开,最后公开把矛头指向我们敬爱的周总理和毛主席亲自选定的接班人华国锋同志时,他们的反革命面目就充分暴露在人民面前了。革命的人民再也不能容忍了。首都百万群众哭声恸地,送别敬爱的周总理——这是亿万人民群众的深切悼念,同时也是对"四人帮"反对周总理、大搞"清君侧"的政治示威,反周民必反——这就是历史的结论。因为人民深深懂得,他们妄图打倒周总理的下一步,就是最后架空伟大领袖毛主席,就是否定无产阶级全部革命事业和成果。"四人帮"完全站在了人民的对立面,与人民为敌,就注定了他们必然灭亡。这是不可抗拒的历史规律!

二

"四人帮"为了打倒老一辈革命家,捏造出一整套"清君侧"的谬论,给革命干部戴上了一顶又一顶帽子。概括起来,就是民主革命时期参加革命的都是"民主派",进入社会主义革命之后,这些"民主派"都变成了"走资派",经过"文化大革命",这些"走资派"非但没有改正,而且一旦工作起来,又统统变成了"还乡团""复辟派"和"反革命"。照他们说来,走资派已经在党内形成了一个阶级,必须统统打倒。

究竟什么是民主派?毛主席早就指出:"党内的右倾机会主义分子从来不是无产阶级革命家,只不过是跑到无产阶级革命队伍里来的资产阶级、小资产阶级的民主派;他们从来不是马克思列宁主义者,只不过是党的同路人。"很显然,毛主席在这里所说的民主派,就是指混入我们的陈独秀、王明一类。

他们只是一小撮。而在民主革命时期参加革命的绝大多数干部,特别是老一辈的无产阶级革命家,他们在毛主席关于中国革命分两步走的光辉思想指引下,对于由新民主主义革命向社会主义革命的转变是有思想准备的。翻开党领导的新民主主义革命史,有多少革命的共产党人,为着在中国和全世界最终实现共产主义,跟随毛主席转战南北,抛头颅,洒热血,为革命献出了自己的宝贵生命。又有多少人掩埋好同伴的尸体,揩干净身上的血迹,继续前进,直至推翻了压在中国人民头上的三座大山,完成了新民主主义革命的历史使命,为我国进入社会主义准备了前提。新中国的成立,标志着我国进入社会主义革命阶段后,在毛主席的领导下,民主革命时期参加革命的绝大部分干部,成为领导社会主义革命和社会主义建设的骨干。没有这些老革命就没有我们的今天,也就根本谈不上社会主义革命的不断胜利,"四人帮"偷换概念,把参加过民主革命的同志同民主派混为一谈,正是为他们大搞"清君侧"制造反革命舆论。

究竟什么是走资派?毛主席总结党五十多年来两条路线斗争的历史经验,反复教导我们:"要搞马克思主义,不要搞修正主义;要团结,不要分裂;要光明正大,不要搞阴谋诡计。"正如华主席在第二次全国农业学大寨会议上所指出的,这就"是我们识别党内走资派的根本标准"。可是,"走资派"这个极为严肃的政治范畴,到了"四人帮"的手里,却变成了排除异己的棍棒,只要不属于他们那一帮,或不愿意跟着他们走,就统统是"走资派"。你参加过红军长征吗,你就是"爬雪山过草地的走资派";你好好工作,就说你是"勤勤恳恳的走资派";你对革命事业有献身精神,他就说你是"挺着肚子干,有事业心的走资派";你是军队的领导干部,就叫你是"戴红五星的走资派"。实在找不到任何借口,就说你是"没有个人品质错误,清清白白的走资派"。总之,"走资派"的帽子是无奇不有。不过,在这些各种牌号的"走资派"中,最主要是"大走资派"。用"四人帮"自己的话说,就是"现在危险的是党内的上层的资产阶级"。因此,他们提出了一个耸人听闻的口号:"只要'矛头向上',大方向就正确"。"四人帮"为了打倒所谓的"大走资派",即实现他们"清君侧"的目的,单单加个别的罪名是达不到目的的,只有否定以往的全部工作,即"否定一切",才有借口。于是他们便把新中国成立到"文化大革命"这十七年的各条战线统统说成是"资产阶级专了无产阶级的政",公然提出一个"和十七年对着干"

的极右派口号。他们扬言要砸烂公检法,胡说"军队靠不住",要"揪军内一小撮",把国务院诬蔑为"旧政府"。试问,把政府、军队、警察、法庭等这些国家机器的主要组成部分都否定了,我国的社会主义性质还从何谈起呢?按照"四人帮"的这种反动逻辑,社会主义的中国岂不成了修正主义的中国,新中国成立十七年来毛主席的革命路线岂不变了虚无缥缈的空中楼阁,从中央到地方主持党政军工作的领导干部,岂不毫无例外地都成了"走资派",统统打倒岂不就"理所当然"了吗?

除此之外,他们还别有用心地在所谓"还乡团"的问题上大做文章。在无产阶级"文化大革命"中,经过锻炼和考验的许多老干部遵照毛主席的指示,重新担任了中央和地方的领导职务,这本来是"文化大革命"的一个重要成果。而"四人帮"却恶狠狠地把这叫作"还乡团",并极力煽动起人们对战争年代那种还乡团的仇恨,发泄到我们共产党的老干部身上,用心何其毒也!从民主派到走资派,从走资派到还乡团,这就是"四人帮"对我们党的老一辈无产阶级革命家所规定的一条"必然规律"。

那么,无产阶级"文化大革命"中按照毛主席五项接班人的条件成长起来的新干部,是不是就幸免于难呢?也不是。谁要是不入他们的"帮",不听他们的话,就叫作"投降派",或者是"没有民主革命经验的走资派"。

"四人帮"就是这样在谁是我们的敌人,谁是我们的朋友这个革命的首要问题上,蓄意颠倒敌我关系,把自己打扮成"左派""革命派",而把坚持马克思主义的党政军各级领导干部打成"走资派",妄图清掉周总理、华主席等一大批坚定地跟着毛主席干革命的无产阶级革命家,达到他们架空毛主席,"改朝换代"的罪恶目的。

三

"四人帮"不仅有一套"清君侧"的反革命谬论,而且还有一系列"清君侧"之术,各种手段无所不用其极。分而论之,有如下诸项。

一、挑拨关系,分裂中央。多少年来,"四人帮"一直窥测方向,想方设法地挑拨毛主席、周总理以及老一辈革命家的关系,企图分裂党中央。早在党的九大期间,他们就对抗毛主席的指示,伙同林彪捏造了十四位中央领导同志的所谓反对毛主席的"历史材料",并对这些同志进行围攻,唆使一些人不投这些同志的票;1974年四届人大前夕,"四人帮"又指派王洪文到毛主席当时所在的长沙,诬告敬爱的周总理,遭到了毛主席的严厉痛斥;1975年,他们又歪曲毛主席关于评水浒的指示,制造了一个所谓"架空晁盖"论,胡说"现在中央就是有人架空毛主席",把罪恶的矛头指向周总理和华主席,又一次遭到了毛主席的严厉批判。

二、破坏毛主席的战略部署,转移斗争大方向。早在"文化革命"初期,"四人帮"就勾结林彪大搞"怀疑一切""揪军内一小撮",鼓吹"新文革与旧政府"的矛盾,反对周总理、朱委员长,迫害贺龙、陈毅同志,并以莫须有的罪名把一些副总理和中央军委副主席打成什么"逆流"的黑干将,对许多老同志实行法西斯专政。在批林批孔运动中,他们一不批林,二不批孔,大搞"三箭齐发",煽动揪"党内大儒","造军委的反"。诬蔑总参是"维持会",扬言对总政要"放火烧荒"。在学习无产阶级专政理论中,他们不反修,却又掀起反"经验主义"的恶浪,煽动"揪一层人","层层揪"。总之,他们总是把矛头指向中央和地方一大批党政军负责同志。

三、颠倒黑白,强加罪名。"四人帮"对周总理、华主席等老一辈无产阶级革命家为贯彻毛主席的革命路线所提出的各项方针、政策和具体措施,一律"对着干"。周总理肯定大庆"两论起家"的经验,他们就攻击为"假的",是"复辟""倒退";华主席在第一次全国农业学大寨会议上的报告,是一篇闪耀着毛泽东思想光辉的重要文献和建设社会主义新农村的行动纲领,他们却胡说是"对马列主义的修正","宣扬唯生产力论";诬蔑党中央提出的整党整风是"老经验""形而上学",是"否定'文化大革命'","只反贪官,不反皇帝",如此等等,不一而足。

四、含沙射影,指桑骂槐。"四人帮"利用他们控制的舆论工具,炮制了大量毒草,借讲历史批宰相,攻击周总理、华主席。在炮制那篇讲"辫帅"张勋复辟的文章时,张春桥竟授意说:"'辫帅'不是张勋,是制度,是皇帝",公然把矛头指向社会主义制度和伟大领袖毛主席。

五、制造混乱,嫁祸于人。"稳住上海,搞乱全国,嫁祸于人,乱中夺权",这是"四人帮"的一个"既定方针"。他们以帮代党,上乱中央,下乱地方;乱政治、乱经济、乱军队,却又倒打一把,把乱的罪名强加到革命派头上,说什么"搞垮一个工厂,就是在省委书记的脖子上套上了一道绞索"。以求乱中夺权。

六、捏造历史,整理材料。在中国漫长而曲折的革命道路上,特别是在党的幼年时期,任何人都难免会犯这样或那样的错误,其中包括路线错误。但绝大多数同志始终是坚持革命的,并从错误中吸取了教训,增长了才干,更加紧密地团结在毛主席的周围。对这种错误,毛主席早就说过:"处理历史问题,不应着重于一些个别同志的责任方面,而应着重于当时环境的分析,当时错误的内容,当时错误的社会根源、历史根源和思想根源,实行惩前毖后、治病救人的方针,借以达到既要弄清思想又要团结同志这样两个目的。"[①]而"四人帮"却怀着不可告人的目的,背着毛主席,背着党中央,把一些老干部的历史翻出来,肆意歪曲、无限上纲,直至捏造历史作为炮弹,蓄意置之死地。反过来,谁要是揭了他们叛徒、特务的老底,就说你是"炮打",是"现行反革命"。

七、制造事件,追查后台。周总理、华主席等中央领导同志,遵照毛主席的指示精神,夜以继日地处理着党和国家的各种事务,才使我国朝气蓬勃,兴旺发达。可是"四人帮"却躲在阴暗的角落里,寻衅闹事,故意刁难,制造了一起又一起冤案。从扼杀革命电影《创业》《园丁之歌》《海霞》,到挑起"风庆轮""汽浮陀螺"事端,诸如"外贸事件""军报事件""大庆化肥厂事件""北京石油化工总厂三十万吨乙烯工程事件""山东问题""自然科学基础理论事件",等等,一个接着一个。他们沆瀣一气,借机发难,你一段"批示",他一段"批语",什么"外贸战线上的斗争,不在外贸部,而在中央政治局里","买办资产阶级就在政治局里",等等,挖空心思地把矛头对准周总理和华主席。

八、扣上路线错误,打击一串。"四人帮"为了把不属于他们主管或不受他们控制的部门和单位的权抢过去,经常使用的手段就是宣布这些单位和部门的"路线错了",诸如什么"国务院只有两个半部靠得住"呀,"各部老爷都不行,那里有毒蘑菇的土壤,一下雨就发霉"呀,"土围子"呀,"不是全民所有制"呀,等等。然后他们就上揪下扫、挖根子,不追到周总理、华主席那里,他们就贼心不死。

九、借一人有问题,上下左右打一片。对于处理革命队伍特别是各级领导中出现的极少数坏人及其周围的人,我们党的政策历来是严格区分两类不同性质的矛盾,根据各种情况区别对待。"四人帮"则不然,他们一贯采取一锅煮的办法,把革命同志和虽犯了错误但愿意改正已经改正的同志统统打下去,借机追"后台",打击诬陷周总理和其他中央领导同志。

---

①《学习和时局》。

十、精神摧残，人身迫害。"四人帮"迫害毛主席，尽人皆知。他们对周总理和其他老一辈革命家同样采取了阴险毒辣的手段进行人身迫害，摧残精神。他们唆使其爪牙围攻周总理达十八小时之久，致使周总理心脏病当场发作。在周总理病重期间，除直接进行迫害外，还把他们分管的工作硬是推给周总理，以达到他们摧残周总理身心的目的。"四人帮"对许多老一辈革命家所采取的法西斯残暴手段，令人发指！

中国有句俗话，叫"十恶不赦"。"四人帮"搞"清君侧"，妄图打倒一大批党政军各级领导干部，葬送无产阶级革命事业，的确是恶贯满盈，中国人民是绝不会赦免他们的。

原载《南开学报》，1977年第2期

"四人帮"在史学领域招摇的一面霸旗
——评罗思鼎《论秦汉之际的阶级斗争》①

《论秦汉之际的阶级斗争》是"四人帮"利用历史进行反党活动树起的一面霸旗。他们凭借手中窃取的舆论大权,把一套修正主义货色强行推销全国。在他们控制的一家报纸上,还特地开辟了专栏,对文中大大小小的论点,像儒门对孔教的经典注疏一样,铺张了无数的文章。这篇文章给史学界以及整个思想战线,带来了极为恶劣的影响,造成了许多混乱。肃清其流毒,是摆在我们面前的一项战斗任务。

一

如何看待一个社会的主要矛盾,如何把握一个时代阶级斗争的实在内容,这是马克思主义和形形色色修正主义斗争的重大课题之一。

秦汉之际社会的主要矛盾是什么?阶级斗争的双方是哪两个阶级?罗思鼎回答:"秦始皇统一中国到刘邦建立西汉王朝,这是我国封建制战胜奴隶制复辟,在全国范围内建立和巩固封建的中央集权的统一国家的重要时期,同时也是法家和儒家在政治、军事、文化各条战线大决战的时刻。"罗思鼎先生的可爱之处,就在于公开而坦率地同毛主席对这个时代的科学论断唱反调,用奴隶主同地主的矛盾、斗争,取代了农民同地主的矛盾、斗争。

伟大领袖毛主席早在三十多年前就指出:"如果说,秦以前的一个时代是诸侯割据称雄的封建国家,那么,自秦始皇统一中国以后,就建立了专制主义的中央集权的封建国家。"这就清楚地告诉我们,战国时代已经是封建社会,只是还处在一种封建割据的状态罢了。郭沫若同志正是根据毛主席的指示,用大量无可争辩的历史事实,正确地说明了我国奴隶社会和封建社会的分界,应该定在春秋战国之交。

封建制代替奴隶制,是以一种剥削制度代替另一种剥削制度的革命。斯大

---

① 本文与王连升合作。

林曾经说过："资产阶级革命通常是在较为现成的资本主义经济形式已经具备时开始发生的，这种形式在公开革命以前就已在封建社会内部生长并成熟了。"①依据剥削阶级革命的这个普遍规律，封建地主阶级的革命，也是封建生产方式在奴隶社会内部生长并成熟后开始的。随着社会生产力的不断发展和奴隶反抗斗争的不断高涨，春秋末年，奴隶制的生产关系逐渐瓦解，代之而起的封建生产关系一步步成长并成熟起来，为新兴地主阶级的夺权斗争创造了先决条件。由于我国幅员广大，当时各诸侯国发展又不平衡，地主阶级夺权尽管有先有后，但从公元前481年田氏代齐起，中经韩、赵、魏三家分晋，到公元前359年秦国商鞅变法止，大约经过了一百多年的斗争，政权已基本上转移到地主阶级手中。至秦汉之际，我国封建社会的车轮，已经缓慢地滚动了二百年左右。

"封建社会的主要矛盾，是农民阶级和地主阶级的矛盾。"正是由于这个主要矛盾的发展和积累，由于"地主阶级对于农民的残酷的经济剥削和政治压迫"，终于爆发了陈胜、吴广、项羽、刘邦领导的秦末农民大起义，揭开了我国历史上农民大规模反封建斗争的序幕，它有着划时代的历史意义。

罗思鼎虽然也承认从战国就进入了封建社会，但他却认为一直到西汉，社会的主要矛盾依然是奴隶主复辟与地主反复辟的矛盾。对这个时期，他给人们描绘了一幅农民与地主无矛盾的和谐图画：封建政权精心培植小农经济，法家代表农民利益，地主老爷见了农民恭敬地尊称"黔首"；农民对于封建剥削也感到美滋滋的，很"满意"。地主阶级忙于领导农民继续革命，反奴隶制复辟。地主阶级专政的主要对象不是农民，而是奴隶主复辟势力。

罗思鼎的宏论，给人们提出了一系列问题：究竟用什么观点看待封建生产方式及其矛盾运动？地主阶级在夺取政权之后能否长期坚持继续革命？怎样估计当时复辟与反复辟的斗争？地主阶级专政的主要对象是谁？这些都是重大的原则问题。

如何分析上升时期封建生产方式的矛盾运动，这是研究全部问题的基础。

无产阶级尊重历史辩证法的发展，认为封建制代替奴隶制是社会的一大进步，是社会生产力的一次大解放，但它并不是消灭私有制，而是用一种剥削制代替另一种剥削制。这样的革命，结果只能是："一个阶级的任何新的解放，必然是对另一个阶级的新的压迫。"②

---

① 斯大林：《论列宁主义的几个问题》，《斯大林全集》。
② 恩格斯：《家庭、私有制和国家的起源》，《马克思恩格斯选集》。

因此,"为了正确地判断封建的生产,必须把它当作以对抗为基础的生产方式来考察"①。这是我们考察封建生产方式运动全过程的指针。马克思在论述资本主义代替封建制度过程中生产者身份变化时指出:"使生产者转化为雇佣工人的历史运动,一方面表现为生产者从隶属地位和行会束缚下解放出来;对于我们的资产阶级历史学家来说,只有这一方面是存在的。但是另一方面,新被解放的人只有在他们被剥夺了一切生产资料和旧封建制度给予他们的一切生存保障之后,才能成为他们自身的出卖者。而对他们的这种剥夺的历史是用血和火的文字载入人类编年史的。"②这些精辟的论述,对于我们揭露封建制代替奴隶制运动的实质,同样具有指导意义。在封建制代替奴隶制的变革中,奴隶转化为农民的历史运动,一方面表现为奴隶从会说话的工具的状况中解脱出来,变成多少有些人身自主和占有少量生产资料的农民;另一方面,农民身上又被套上了沉重的封建枷锁。封建生产关系有两个最主要的特征:一是"封建的统治阶级——地主、贵族和皇帝,拥有最大部分的土地,而农民则很少土地,或者完全没有土地。农民用自己的工具去耕种地主、贵族和皇室的土地,并将收获的四成、五成、六成、七成甚至八成以上,奉献给地主、贵族和皇室享用"。二是"农民被束缚于封建制度之下,没有人身的自由。地主对农民有随意打骂甚至处死之权,农民是没有任何政治权利的"。"这种农民,实际上还是农奴。"所以,封建生产方式发生发展的历史,同样充满着血和火。如人所熟知的,李悝为一户"标准"农民所算的收支账,每年要亏四百五十钱(在这笔收支账中还不包括随意的征敛和徭役)。实际上农民的生活比李悝的账面要苦得多。所以,封建制给农民带来的不是田园诗,而是血泪史。

我们不否认,在封建制代替奴隶制的历史上,有过地主阶级革命的"黄金时代",出现过劳动者欢迎封建生产方式的场面。这种情景只有在"当一种生产方式处在自身发展的上升阶段的时候"③,当人们自己在新旧两种制度比较中有切身体会的时候才会出现。就我国历史来说,这种情况只有在春秋战国之际才能看到。《管子》一书曾记有人们对两种制度不同态度的描述。在奴隶制度下,"地利不可竭,民力不可殚,不告之以时,而民不知;不道之以事,而民不为"。但在刚刚

① 马克思:《政治经济学的形而上学》,《马克思恩格斯选集》。

② 马克思:《所谓原始积累》,《马克思恩格斯选集》。

③ 恩格斯:《反杜林论》,《马克思恩格斯选集》。

兴起的封建生产方式下,尽管有地主的剥削,农民仍然"夜寝早起,父子兄弟不忘其功,为而不倦,民不惮劳苦"①。正是由于这种情况,当齐国新兴地主阶级代表田氏方兴之时,民"归之如流水"②;鲁国的季氏也深得民心,"隐民多取食焉"③;李悝变法"尽地力之教"④,由于赢得农民的支持,从而使魏国成为战国的首强;商鞅变法十年,也使"秦民大悦"⑤。

马克思主义和地主资产阶级历史家的根本分歧在于,承认不承认剥削制度的内在对抗性,对其本质要不要揭露。马克思主义认为,奴隶和农民虽然支持过封建主义革命,但地主阶级一旦掌握政权,就把刺刀对准曾经帮助过他们的农民阶级,毫不留情地榨取农民的血汗。哪里有剥削有压迫,哪里就有反抗。马克思、恩格斯曾指出:"无产阶级经历了各个不同的发展阶段。它反对资产阶级的斗争是和它的存在同时开始的。"⑥这一论述同样适用于农民阶级。农民反封建斗争的兴起与封建社会初期生产关系基本上适合生产力的发展,并不是截然对立的两极。封建生产方式的对抗性孕育农民的反抗,封建社会生产力的发展,正是和阶级对抗同时发展的。正如马克思所指出的:"到目前为止,生产力就是由于这种阶级对抗的规律而发展起来的。如果硬说由于所有劳动者的一切需要都已满足,所以人们才能创造更高级的产品和从事更复杂的生产,那就是撇开阶级对抗,颠倒整个历史的发展进程。"⑦用马克思主义观点辩证地分析封建制代替奴隶制的过程,就应看到,封建制代替奴隶制同地主与农民之间矛盾的积累与发展,是同一历史过程的两个方面。一方面封建生产方式的前进运动把奴隶制抛到了时代的后头;另一方面农民与地主之间的矛盾,随着封建生产方式的进展和地主阶级取得每一次胜利,都向前发展一步。社会生产力就是在这种阶级对抗中前进的。当封建生产方式在社会经济中占据了支配地位和地主阶级取得政权,特别是取得稳固统治之后,农民与地主之间的矛盾就不可避免地上升为社会的主要矛盾。上述两个基本

---

① 《管子·乘马篇》。
② 《左传》昭公三年。
③ 《左传》昭公二五年。
④ 《汉书·食货志》。
⑤ 《史记·商君列传》。
⑥ 马克思、恩格斯:《共产党宣言》,《马克思恩格斯选集》。
⑦ 马克思:《哲学的贫困》,《马克思恩格斯全集》。

条件到战国中期已完全具备了。除了新的制度起来敲门,这个矛盾的地位是不会改变的。罗思鼎对封建制度,不是去揭露它压迫、剥削农民的本质,而是为它涂上一层圣洁的玫瑰色,这分明是搞阶级调和,重弹"无差别境界"的老调,是对马克思主义阶级斗争学说的可耻背叛。

从历史发展过程看,地主阶级在政治上取得稳固统治地位比在经济上稍晚些,夺取政权之后一段时间内还要进行反复辟的斗争。但这种斗争是否像罗思鼎说的那样势不两立,时间那么长呢?全然不是。把社会主义时期复辟与反复辟斗争机械地套在古代历史上进行模拟,把历史上一个剥削制度代替另一个剥削制度之后的复辟与反复辟斗争,极力延长时间、无限夸大其严重性,是非常荒唐的。

为了说明这个问题,首先需要弄清奴隶制残余同封建制的关系。在封建社会里,地主和农民由于所处的政治经济地位不同,对待奴隶制残余的态度也是不同的。

地主阶级在夺得政权之后,很快便把对付奴隶主的防线一个个拆掉。马克思在谈到资产阶级时曾说,"一般说来,资产阶级一当自己成为专制者的时候,它就不得不亲手把自己用来对付专制制度的一切防御手段尽行毁坏。"①特别是随着工人运动的兴起,"封建制度便在昨天还在反封建的资产阶级手下恢复了"②。资产阶级是这样,封建地主阶级又何尝不是如此呢!不要说在夺取政权之后,就是在革命高潮时期,地主阶级也从来没有完全废除过奴隶制。如商鞅变法就明文规定:违犯法令者要罚做奴隶,占有和使用奴隶是合法的。地主阶级把奴隶制作为加强剥削的补充形式,一直保存到它的末日。封建制同奴隶制,绝不是泾渭分明、水火不容,而是有着千丝万缕的联系。这种共同的剥削本性,决定了地主阶级不可能在夺得政权之后,还长期坚持继续革命。

农民对奴隶制则完全不同了。由于地主阶级要保留一部分奴隶制,刚刚从奴隶转化来的农民,随时有可能重新沦为奴隶。他们不仅苦于封建制度的发展,而且苦于封建制度的不发展。当奴隶制一旦成为封建制的必要补充之后,农民的反抗斗争是不会把两者分开,反一个,保一个的。当然,这个时期农民的反抗,在客观上总是首先打击奴隶制残余,并促使封建制显示出优越性

---

① 马克思:《路易·波拿巴的雾月十八日》,《马克思恩格斯选集》。
② 恩格斯:《德国的革命和反革命》,《马克思恩格斯选集》。

和典型性。

这样是不是说奴隶主残余势力不搞复辟了呢？地主阶级也统统不参加反复辟斗争了呢？当然不是。就奴隶主残余势力的复辟活动看，不仅是有限的，而且时间是短暂的。马克思、恩格斯在谈到英、法资产阶级革命胜利后，封建贵族的复辟活动时指出："在法国的1830年七月革命和英国的改革运动中，他们(指法国、英国的贵族——引者)再一次被可恨的暴发户打败了。从此就再谈不上严重的政治斗争了。他们还能进行的只是文字斗争。但是，即使在文字方面也不可能重弹复辟时期的老调了。为了激起同情，贵族们不得不装模作样，似乎他们已经不关心自身的利益，似乎只是为了被剥削的工人阶级的利益，才声讨资产阶级。""但是，每当人民跟着他们走的时候，都发现他们的臀部带有旧的封建纹章，于是就哈哈大笑，一哄而散。"[①]

从1789年到1830年，法国封建贵族仅挣扎了四十多年，就再也没有力量同资产阶级较量了。地主阶级夺取政权后，奴隶主连资产阶级夺取政权后封建贵族那种卷土重来的劲头都不如。例如，三家分晋后，晋国奴隶主仍有些力量，还"封晋君以端氏"。可是只过了十几年，赵国就夺了晋君的封地端氏，而"徙处屯留"[②]，让他到晋东南的山沟里向隅而泣去了。齐国的情况也大体相似。地主阶级夺取政权之后没有发生过被推翻的奴隶主贵族重新夺回政权的事实，就证明了奴隶主搞复辟是极其有限的。到战国中期搞复辟的孟轲，即使在文字方面也不可能重弹孔丘的老调，而是用地主和奴隶主混杂的语言，甚至打起"为民请命"的旗号，欺世骗人。而当人们发现他的臀部有奴隶制的印纹时，便嗤之以鼻，一哄而散。

在战国后期看到的保守、倒退的力量，主要不是旧的奴隶主，而是地主阶级当中的一部分人。这中间，有些人是由奴隶主转化来的地主。例如秦国规定，原来的宗亲贵族如果立了功，就可以成为新贵。这些人身上，无疑留有较浓厚的奴隶主色彩，特别是在政治思想上尤为明显。地主阶级"同化"了一部分旧贵族，但旧贵族的传统也带到地主阶级队伍中来，再加上地主阶级革命的不彻底性及其本身的需要，奴隶主阶级的某些制度和传统，稍加改造便被接受过来。如在财产和权力的再分配中承继了西周的"亲亲"原则，实行了封建性的分封制。这些受封者，其中多半是无功而受禄者，这部分人同奴隶制时

---

① 马克思、恩格斯：《共产党宣言》，《马克思恩格斯选集》。

②《史记·赵世家》。

代的传统联系得较为紧密,从而成为地主阶级中的保守阶层。这些人同因"耕战"而发迹的地主是有矛盾的。在农民斗争的威胁下,后一部分人为了巩固封建政权,防止农民的反抗,在一定程度上主张割掉一部分奴隶制尾巴,从这个角度来说,他们所进行的改革具有反复辟的意义。

由于搞保守倒退的主要力量本身属于地主阶级,因此前进与倒退的斗争,并不曾使封建生产方式受到什么破坏。正如马克思在分析法国资产阶级夺取政权后复辟与反复辟的斗争时说的那样:"1789年以来的许多次法国资产阶级革命,没有一次曾侵犯过秩序,因为所有这些革命都保持了阶级统治和对工人的奴役,保持了资产阶级秩序,尽管这种统治和这种奴役的政治形式时常有所改变。"①马克思在另一个地方更明确地指出,法国大革命之后的革命"意味着推翻一种国家形式"②。同样,在地主阶级夺取政权之后,初期所出现的复辟与反复辟的斗争,就其主要内容而论,主要也是围绕"国家形式",如分封与中央集权等展开的。在这个过程中,地主对农民进行剥削的秩序始终受到保护。围绕"国家形式"等所展开的斗争,到战国的后期已见分晓,秦始皇建立的封建中央集权制便是这一斗争的总结。秦始皇所实行的那一套制度,是战国以来各国封建政治经济的继续、发展和完善。"汉承秦制"以及封建社会"百代都行秦政法",从另一方面证明了秦制是封建政治经济制度成熟的表现。而它的成熟与定型又是以地主与农民之间的矛盾充分展开为背景的。

总之,地主阶级夺得政权之后,由地主阶级中一部分人所进行的反复辟的斗争,比之资产阶级所进行的反复辟斗争要浅薄得多。因为封建制与奴隶制的差别同资本主义与封建制的差别相比,要小得多。刚从奴隶制脱胎出来的封建制,就其对农民的压榨而言,同奴隶制是很接近的。地主阶级反复辟取得的最主要成果,就是使它的"国家形式"更加有利于对农民进行统治。

这里就提出了地主阶级政权建立后,专政的主要对象是谁的问题。乍然一看,地主阶级国家是在同奴隶主斗争中形成的,夺得政权之后又镇压过奴隶主,是否因此就可以证明封建国家专政的主要对象是奴隶主呢?不能。恩格斯指出:"国家,政治制度是从属的东西,……经济关系的领域是决定性的因

---

① 马克思:《六月革命》,《马克思恩格斯选集》。

② 马克思:《1848年至1850年的法兰西阶级斗争》,《马克思恩格斯选集》。

素。"①因此,从本质上看,封建国家只能来自封建生产关系的需要。毛主席更加明确地指出:"保护这种封建剥削制度的权力机关,是地主阶级的封建国家。"为了保证封建剥削,从来需要暴力,不要说在地主阶级取得政权之后,即使在夺取政权之前,它也总是要借助奴隶主国家来帮忙的。如果农民不是地主阶级专政的主要对象,封建国家就不会产生。地主阶级即使为了反对奴隶主一时需要暴力,但目的一经达到,这种暴力就会失去效用。历史事实雄辩证明,地主阶级国家建立之后,固然负有镇压复辟派的职能,但其主要矛头是指向农民的。魏刚建国,李悝就"集诸国刑典",制定了第一部封建法典,即《法经》。《法经》的开头两篇便是《盗法》和《贼法》。所谓"盗"是指侵犯私有制的行为,所谓"贼"是指破坏封建政治、道德、法律规定的各种行为。这种"侵犯"和"破坏",无疑主要是来自农民。可见,地主阶级从掌权的第一天起,就把镇压和防范农民反抗斗争作为最紧迫的事。商鞅也是带着李悝的《法经》到秦国去,并付诸实行的。秦王朝统一的中央集权制,表面上看是在同封建割据势力斗争中建立起来的,实际上是适应地主阶级对农民实行专政的需要而建立起来的。这一点只要分析一下战国各国为了加强对农民的统治,如何不断加强中央集权就十分清楚了。地主阶级的无限权力在中央集权制之下所以更加可靠,是因为在这种封建统治的外壳下,能使地主阶级统治力量更加集中和强大;在这个庞大的国家机器里面,统治人员的更换都很少能使这个权力发生动摇;这种制度能使地主阶级的利益获得普遍保证。对统一的中央集权制不作阶级分析,是对马克思主义国家学说的背叛。秦的法律明令规定,不同身份、不同阶层的人,言论、行动"皆有法式""尊卑贵贱,不逾次行"②,难道农民不是在这个宝塔的最底层? "赋税,这是喂养政府的母奶。"③这种奶只有靠挤——专政,才能从农民那里夺走。秦对六国贵族曾给以打击和限制,这是改朝换代中常见的现象,是地主阶级内部不同集团的斗争,绝不能同地主阶级对农民进行专政混为一谈,更不能认为地主阶级专政的对象不是农民。

　　罗思鼎歪曲秦汉之际的社会主要矛盾,并不是要对中国历史的发展提出什么新说,而是为了兜售修正主义黑货,为"四人帮"的"儒法斗争决定一切"

---

① 恩格斯:《路德维希·费尔巴哈和德国古典哲学的终结》,《马克思恩格斯选集》。

②《史记·秦始皇本纪》。

③ 马克思:《1848年至1850年的法兰西阶级斗争》,《马克思恩格斯选集》。

铺平道路,为施展阴谋诡计制造历史根据。

二

秦汉之际,是我国封建社会中阶级斗争波澜壮阔的一个时期。从秦始皇病死沙丘到刘邦建立西汉,在这短短的七八年中,发生了农民大起义、秦朝灭亡和楚汉相争三件大事。如何解释这些历史事件呢? 罗思鼎的回答是:陈胜、吴广起义是由于儒家上台,起义失败是儒生破坏,刘项之争是儒法斗争。总之,儒法斗争成了秦汉之际历史变动的杠杆,成了政治斗争的终极原因。

在解释秦末农民起义的原因时,罗思鼎也曾假惺惺地说:"秦王朝是要对农民实行残酷剥削和压迫的,是要把地主阶级的挥霍享受建筑在劳动人民遭受剥削的基础上的。"然而,这些玩弄文字游戏的诡辩家们,在虚晃一枪之后,便尽情为地主阶级讴歌去了。仅仅因为秦始皇是法家,罗思鼎就说什么当时赋税有限,徭役也不重,"一般是不随便'发闾左'服役的";同时,政令宽和,"不妄诛一吏",天下太平,"黔首是富",秦朝简直成了令人向往的一块乐土。

人们不禁要问:作为地主阶级的法家能够爱护农民吗?

不错,秦始皇是当时地主阶级中激进派的政治代表,是一位"厚今薄古的专家",可以说他把当时激进派的革新精神推到了顶峰。但是,在解决农民和地主这一对矛盾上,秦始皇是绝不会违背他的阶级本性的。毫无例外地剥削农民,这是地主阶级从母胎里带来的天性。有哪一位法家曾经宣布过取消对农民的剥削呢? 就是处在新兴地主阶级刚刚夺取政权不久、法家盛行一时的战国时代,地主阶级对农民的剥削也是极为沉重的。且不说徭役、兵役、高利贷的盘剥,单就赋税一项,就有田野之税、刀布之敛、宅园租、人头税、户口税、牲畜税、蚕桑税、农具税等等,名目繁多,数不胜数。这种种压榨,值得广大农民虽然"早出暮入"①,"力作而不止"②,也逃脱不出那种"饥者不得食,寒者不得衣,劳者不得息"③的悲惨命运。有剥削就有反剥削的斗争。农民阶级从地主阶级来到人世间那一无起,就开始了反对封建制度的斗争。农民阶级不但革儒家的命,也革法家的命。在战国中期以后的史籍中,找不到法家和农民举杯

---

① 《墨子·非命》。

② 《管子·山至数》。

③ 《墨子·非乐》。

共饮的任何痕迹,却到处看到农民反抗的烈火。从"怠耕""避战"、大规模"逃亡",直到"聚群多之徒,以深山广泽林薮扑击遏夺"①,展开了公开的武装斗争,即《管子》所说的"内战"。

秦始皇统一中国后,农民与地主之间的矛盾并没有因此而改变。统一使地主阶级已不能用战国时期国与国之间的次要斗争来转移农民的视线了,农民与地主两大阶级之间的矛盾在全国范围内集中和展开了。由于农民个体生产的分散性,再加上战国时期各国繁杂的等级制,以及封建割据带来的地区性差异,使农民联合起来是相当困难的。秦的统一和政令推行于全国,把农民置于大体相同的地位,使农民有了大体统一的利益,从而为统一行动提供了客观条件。另外,秦自商鞅变法以来,一直鼓励兼并,这种兼并对破坏奴隶制度起过积极作用,加速了地主阶级经济力量的增长,但同时也扩大了农民阶级中像陈胜这样"庸耕"者的队伍。这些除两手别无他物的"持手而食者",其革命性在农民阶级中是最强的。就秦始皇本人讲,他所干的事业,大致可分为三类:一类是有益的,对社会发展起了一定的积极作用,如统一六国、废止分封、车同轨、书同文、统一度量衡、焚书坑儒等;一类是当时必要的,但加重了人民的负担,像修驰道、筑长城等;一类则纯粹是有害的,如修阿房宫和骊山墓等,它完全是把个人的享乐建筑在劳动人民累累白骨之上。后两项使农民与地主的矛盾在新的历史条件下急剧激化。秦始皇在世时,广大农民就纷纷拿木棍、锄头作武器,逃到山林水泽,聚众反抗,逐渐汇集成英布、彭越、刘邦等三股规模较大的起义军,致使"秦始皇帝常曰'东南有天子气',于是因东游以厌之"②。"山雨欲来风满楼"。秦始皇已经预感到阶级斗争形势的严重了。

历史的现象是极其复杂的。秦始皇死后,出现了赵高伙同李斯矫诏杀死太子扶苏而拥立胡亥上台的宫廷政变。赵高上台是否引起了社会阶级关系的重新组合呢?我们认为,它并未改变当时的阶级关系和阶级斗争性质。我们并不否认,在地主阶级夺取政权以后,曾经出现过各式各样的政变和倒阁斗争。这些斗争,有的是复辟与反复辟的斗争,有的则是地主阶级内部不同阶层进行财产和权力再分配的斗争;但多是统治阶级内部这个集团同那个集团之间的"狗咬狗"。胡亥、赵高就属于这后一种。罗思鼎为了把赵高上台说成是奴隶主复辟,编造了

---

① 《吕氏春秋·安死》。
② 《史记·高祖本纪》。

一大堆理由:之一,说赵高是赵国奴隶主贵族的后代。可是赵国当时明明是地主阶级掌权的封建国家,有什么根据武断地说赵高是奴隶主呢?之二,说赵高上台全盘复辟奴隶制。试问,秦朝的郡县制没有动,封建生产关系依然如故,皇帝还是秦始皇的儿子,丞相仍然是法家李斯,这怎么能叫奴隶制全盘复辟呢?之三,说赵高"更为法律"。但这"更"的内容是什么,并没有说出来!之四,说赵高引述过孔丘的两句话证明赵高是地地道道的儒,而儒就是奴隶主,因此赵高上台就是奴隶主复辟。那么,时隔不久的刘邦以太牢之礼亲祀孔丘的幽灵又当何论呢?一步行动胜过一打言论,是不是刘邦上台也是奴隶制复辟了呢?就实际而论,赵高倒是以通晓"狱律令法"①爬上去的。这里附带说一句,战国后期的儒,有很大一部分已经贴到了地主阶级的皮上,绝不能一见儒就惊呼奴隶主来了(这一点将另行论述)。之五,说赵高上台杀死了秦始皇的大臣和子孙。可是,同是这个罗思鼎,却把吕后大杀刘邦的大臣和子孙,说成是继承刘邦的法家路线,是按刘邦的既定方针办。这岂非咄咄怪事!

罗思鼎为了说明奴隶主势力的强大,把赵高描绘成了一个倒转乾坤的英雄。赵高初露头角,就使整个历史舞台的演员、布景和内容全变了。好端端的天下,竟被一个还未走到前台的宦官搅得大乱;单枪匹马的赵高,竟使历史的车轮倒转了几百年。然而,这只能是天方夜谭式的神话。马克思主义告诉我们,历史在按照自己固有的规律前进,尽管道路是曲折的,但决不会回到原来的出发点。恩格斯在评论1848年欧洲革命后奥地利发生复辟时这样说道:"在这之后不久,奥地利议会只好追认农民已经实际实行了的措施,不管施瓦尔岑堡公爵的政府能够恢复什么东西,它却永远不能恢复对农民的封建奴役了。……不管业已复辟的政府侵犯了其他什么东西,农民所争得的这些实际的物质利益却没有受到侵犯。"②同样,不管赵高上台能够恢复什么东西,但他绝对不能把秦朝拉回到奴隶制时代去。

其实,司马迁讲得很清楚,赵高上台后是"赋敛""戍徭""法",等等,这些封建经济剥削和政治压迫的手段依然存在,只是更加重而已。我们认为赵高、胡亥不是奴隶主代表,并不是说他们还有什么可以肯定的地方。我们要说明的是,一个历史人物的阶级性不能离开当时的社会阶级状况,随便扣个什么

---

① 《史记·秦始皇本纪》。
② 恩格斯:《德国的革命和反革命》,《马克思恩格斯选集》。

帽子都行。同时也不能认为，在那个时期凡是胡作非为的人就一定是奴隶主代表，凡是地主则统统是好的。毫无疑问，在封建社会的上升时期，曾经出现过许多地主阶级的革命家、改革家；但也滋生过不少在历史上起过恶劣作用的人物，胡亥、赵高就是典型代表。正是由于赵高、胡亥的胡作非为，进一步激化了农民和地主阶级的矛盾，加速了农民起义的爆发。

陈胜、吴广起义，一开始就提出了"天下苦秦久矣"①的控诉，把斗争的矛头直指秦王朝。他们的革命，绝不像罗思鼎胡说的那样，只反赵高，不反秦朝；只反复辟，不反封建。说实在的，当陈胜、吴广于大泽乡揭竿而起之时，还没有材料能证明他们已经知道赵高是何许人物。一个隐士写信给秦将章邯，也只说到秦二世上台是李斯扶上去的。②

对于这样一场轰轰烈烈的阶级大搏斗的兴起，和罗思鼎的唯心史观相反，我们必须遵照无产阶级革命导师历来的教导，从社会生产方式的矛盾运动中给以回答。恩格斯曾反复告诫人们说："任何地方发生革命震动总是有一种社会要求为其背景。"③还说："一切历史上的斗争，无论是在政治、宗教、哲学的领域中进行的，还是在任何其他意识形态领域中进行的，实际上只是各社会阶级的斗争或多或少明显的表现，而这些阶级的存在以及它们之间的冲突，又为它们的经济状况的发展程度、生产的性质和方式以及由生产所决定的交换的性质和方式所制约。这个规律对于历史，同能量转化定律对于自然科学具有同样的意义。"④对于恩格斯早在九十年前就谆谆教导人们的真理，以马列权威自居的罗思鼎先生却完全忘记了。

罗思鼎把农民起义的基本原因归结为儒法斗争，就根本抹杀了毛主席关于秦末农民起义是由封建的经济剥削和政治压迫造成的这一马克思主义的原理。其实，地主阶级实行儒家政治会加速农民起义，实行法家政治也不能避免农民起义，秦始皇统治时期已开始发生农民暴动就是明证。把法家政治说成是消释农民与地主之间矛盾的溶剂是彻头彻尾的阶级调和论。

不仅如此，罗思鼎用儒法为纲篡改历史的魔术还到农民起义队伍内部去

---

① 《史记·陈涉世家》。

② 参见《史记·李斯列传》裴骃《集解》。

③ 恩格斯：《德国的革命和反革命》，《马克思恩格斯选集》。

④ 恩格斯：《〈路易·波拿巴的雾月十八日〉第三版序言》，《马克思恩格斯选集》。

要弄,胡说"农民起义队伍内部也出现了儒法斗争",起义失败"是六国旧贵族和反动儒生从内部的破坏"。

毛主席早就说过:农民起义陷于失败,最根本的原因在于农民不是新生产力和新生产关系的代表者,所以他们"总是在革命中和革命后被地主和贵族利用了去,当作他们改朝换代的工具"。就陈胜、吴广这支起义队伍失败的具体情况讲,则主要是由于农民缺乏大规模武装斗争的经验,组织准备不充分,团结不坚强和秦朝政府军队较强大等条件造成的,哪里是几个儒生兴风作浪的结果呢!事实上,罗思鼎也承认陈胜对孔鲋之流有过义正词严的驳斥,对张耳、陈余一伙也有所警惕。可是,罗思鼎为了使主子满意,硬是把陈胜的失败归罪于儒生破坏,用自己的手打自己的嘴巴。

至于把农民起义队伍内部的两条路线斗争说成是儒法斗争,那更是荒谬绝伦。第一,秦末农民起义是农民与地主之间矛盾激化的结果,这同儒法斗争产生的社会基础是完全不同的。农民起义队伍中两条路线的斗争,只能是农民与地主之间的阶级斗争在农民队伍内部的反映。第二,农民反对儒家,绝不会因此把法家思想作为自己的指导思想或必定尊法。法家在反对奴隶制过程中,曾在一定程度上得到过农民的支持,但法家维护的是地主阶级专政,在本质上同农民的利益是对立的。随着农民同地主对抗矛盾不断的积累,农民同法家的冲突也日益突出。集法家之大成的韩非,不就是露骨地宣扬对农民的严厉专政吗?所以,农民反对地主阶级专政,在思想上必定导致反对法家。第三,农民有自己的主义。马克思早就说过:"思想是从哪里产生的呢?是从社会关系中产生的。而这种关系又是从哪里产生的呢?是从敌对阶级的物质的、经济的生活条件中产生的。"①列宁也说过:"剥削的存在,永远会在被剥削者本身和个别'知识分子'代表中间产生一些与这一制度相反的理想。"②农民阶级的革命思想是在反封建斗争中逐渐发展起来的。秦末农民起义所表现出来的农民的革命思想,尽管不如后来农民起义那样鲜明,但陈胜提出的"王侯将相宁有种乎"的口号,不仅是对儒家"君权神授"论的批判,而且也是同法家绝对君权主义格格不入的,在法家的著作里很难发现这种思想。第四,法家的任何改革,都保持了地主阶级对农民的统治和奴役,保持了封建秩序,而秦末农民起义却侵犯了这个秩序。陈胜、吴广起义

---

① 马克思:《巴黎〈改革报〉论法国状况》,《马克思恩格斯选集》。
② 列宁:《民粹主义的经济内容》,《列宁全集》。

一开始就把斗争矛头对准了封建皇帝，开创了历史上农民反皇帝的新纪元，哪一位法家曾有过这种主张呢？很显然，秦末农民起义是一次农民自己的独立行动，绝不是充当地主阶级的同盟者。

对陈胜、吴广起义失败后的历史，罗思鼎也是信口胡说："陈胜、吴广起义后，紧接着出现在历史舞台上的是以项羽和刘邦为代表的儒法两条路线的大搏斗"，"楚汉相争，从路线上看，是一场儒法斗争"。在这帮篡改历史的专家手里，仅仅用"紧接着"三个字，就勾销了农民同地主的对抗形势，勾销了刘项转化，掩盖了"汉承秦制"的本质。

众所周知，陈胜、吴广起义失败，并不是秦末农民起义的最终结局，其后还有两年壮烈的项羽和刘邦等人领导的农民反秦斗争，最后推翻了秦王朝的统治。对秦朝来讲，农民起义并没有失败，而是以胜利者的姿态写进史册的。可是在罗思鼎的笔下，项羽那种破釜沉舟的英雄气概不见了，刘邦直捣咸阳的历史没有了。历史的帷幕一拉开，项羽就是一个奴隶主贵族，刘邦则是一个天生的地主阶级的代表。试问，毛主席关于项羽和刘邦曾是农民起义领袖的指示还算不算数？在秦朝灭亡后，项羽和刘邦才由农民起义的领袖转化成地主阶级的代表人物，并展开了争夺农民胜利果实和重建封建秩序的斗争。这场斗争的性质怎么能用儒法来概括呢？

关于罗思鼎所十分欣赏的所谓"汉承秦制"，我们同样必须用阶级斗争的观点加以分析，揭示它的本质。在中国的大地上，曾经出现过和秦朝封建政权相对立的"张楚"农民政权；"秦制"曾一度被农民打翻过。农民起义失败了，西汉统治者要把农民反对过的东西统统恢复起来，"汉承秦制"这究竟意味着什么？难道是刘邦要对农民施舍什么好处吗？难道是地主阶级要对农民实行让步政策吗？不是，统统不是。"汉承秦制"是对农民革命的反动，是对农民的反攻倒算，是地主阶级把封建锁链又重新套在农民脖子上。因此，只是一味地去赞美"汉承秦制"、而不去揭露它的阶级实质，就丝毫也没有马克思主义的气味，而是一个地地道道的剥削阶级的辩护士。

三

阶级斗争的历史经验一再告诉我们，任何人背叛马克思主义、篡改历史，必然是出于不可告人的政治需要。"搞点历史经验，古为今用"，利用儒法斗争,进行篡党夺权的阴谋活动,这是"四人帮"进行反党活动的一个"创造"。《论秦汉之际的阶级斗争》就是这个巨大阴谋的一个组成部分。

1974年6月,资产阶级阴谋家、野心家江青,首先在天津抛出了臭名远扬的讲话,胡说:"两千多年来的儒法斗争,延续到现在,影响到将来。"企图用儒法斗争代替我们党内的两条路线斗争,改变党的基本路线。主子一声令下,奴才紧紧跟上。罗思鼎就把阶级斗争史歪曲成了儒法斗争史。什么秦亡于儒,农民起义只反儒,农民起义队伍内部是儒法斗争,楚汉相争还是儒法斗争,真是儒法斗争无时不有,无处不在。再由此又延伸,把"四人帮"打扮成当代法家,而给无产阶级革命家扣上儒家的帽子,必欲打倒而后快。

就是在这样一条黑线下,罗思鼎用一些莫名其妙的文字,大搞影射比附,恶毒攻击毛主席、周总理和中央到地方的其他领导同志,我们不妨举几例示众。

为了影射和攻击毛主席和周总理亲自安排工作的经过"文化大革命"锻炼的一大批老同志,罗思鼎就把秦朝描绘成一个儒家横行的时代。什么钻进来的儒,放出去的儒,潜在的儒,中央儒,地方儒等等,真是群儒相会,百态千姿。而秦始皇就处在儒的重重包围之中。罗思鼎对此大发感慨,带着责备和惋惜的腔调说:"秦始皇一死,秦王朝对复辟势力镇压不彻底的恶果便迅速暴露,从埋藏在秦王朝内部二十多年的赵高,到躲藏在全国各地的六国旧贵族,一下子都从地底下涌了出来,而地主阶级没有能够把这股复辟逆流打下去,秦王朝的灭亡就成为不可避免的了。"这哪里是讲历史!试问,所谓赵高"埋藏"究竟从哪一年算起?难道他父母身为奴隶,本人为宦官,开始在宫中做些杂事,也叫作"埋藏在秦王朝内部"吗?说到六国贵族,罗思鼎更是捕风捉影。从秦始皇"焚书坑儒"到秦二世上台,只有个张良在博浪沙行刺秦始皇未遂,还被罗思鼎说成是"转变了立场",其他如孔鲋、张耳、陈余之类都是在陈胜、吴广起义后才抛头露面的,哪来的秦始皇一死,六国旧贵族"一下子从地底下涌了出来"呢?罗思鼎说"复辟逆流"把秦王朝淹没了,请问,陈胜、吴广起义是否也属于这股逆流?更为荒唐的是,罗思鼎竟然对历史进行了艺术虚构,胡说:"秦二世元年一月,'大赦罪人',被秦始皇专政的罪犯纷纷跑出监狱,在咸阳街头弹冠相庆,而法家人士却遭了殃。"雕刻的如此细腻,好像罗思鼎一伙身临其境,观看了这些罪犯的庆祝会一样。很显然,罗思鼎这些毫无历史根据的编造,就是恶毒攻击和诬蔑经过"文化大革命"锻炼重新走上第一线的革命老干部。更不能令人容忍的是,罗思鼎一方面把赵高说成是一个"地地道道的儒"，儒法不可调和；同时又说"秦始皇看他（赵高）能说会道"，"给予重用"，公然把矛头指向了我们伟大领袖毛主席，真是罪大恶极。

"四人帮"有个逻辑是，"复职就是复辟"。因此，罗思鼎大讲特讲赵高复辟，进行疯狂的反革命煽动，梦想刮起一股反对以伟大领袖毛主席和我们敬爱的周总理为代表的老一辈无产阶级革命家的妖风。

赵高复辟了，怎么办？罗思鼎唱了三部曲。一是为秦始皇镇压不彻底而叹息，责备李斯抵制不力，说什么："在赵高一手策划反革命政变时，唯一有可能起来揭露和抵制的李斯，却表现了不可原谅的妥协和动摇。……李斯的致命伤是私心重，骨头软"。这真是世上少有的奇闻。可敬的先生们，你们的主子在20世纪中国无产阶级奋起向私有制开战的年代，为了保住一条狗命，还不惜出卖革命、出卖灵魂，从敌人的狗洞里爬出来，怎么好要求两千年以前私有制还处在鼎盛时代的李斯去掉私心呢？明眼人一眼就可以看穿，你们咒骂丞相李斯是假，诬蔑周总理是真。二是要"镇压"，要"杀人"。罗思鼎凶相毕露、气急败坏地说："秦王朝的失败，正好不是因为对奴隶主复辟派镇压太多了，恰恰在于秦始皇对反动派的专政还不够彻底，甚至让他们钻进了政权机关，窃取了重要职务。"罗思鼎在自己的黑文中，明明是引用了毛主席关于剥削阶级革命没有必要也不可能去彻底镇压反革命那段语录，为什么又如此健忘，去非议秦始皇没有彻底镇压复辟派呢？逻辑上的混乱掩盖着刽子手的狰狞面目。联系到张春桥、姚文元要"镇反""杀人"的嚎叫，罗思鼎的所谓"彻底镇压"不是一清二楚了吗？三是所谓"儒家上台，法家造反"。罗思鼎对秦朝的法家们没有按照他的意志起来造反大为不满。于是他便假造了一个复辟局面，"煽动"农民和法家一块起来造反。近几年来，我国有些地方的坏人正是挥舞着这个反动口号，乱无产阶级天下。"天下大乱，乱中夺权"，这就是"四人帮"和罗思鼎之流甜蜜的梦。

罗思鼎和"四人帮"的另一条走狗梁效一样，在发泄对无产阶级的仇恨的同时，却不放过任何吹捧"当代吕后"江青的机会。在这株毒草的最后，罗思鼎捏造历史，两处吹捧吕后，说：楚汉战争时，"关中在吕后、萧何的领导下，积极进行建设，成为支援前线的根据地，源源不断地向前线输送人力和物力。刘邦有关中根据地作为坚强后盾，因而稳操胜券"。"汉朝建立后，评萧为一等功。"这只能欺骗那些无知的孩子。稍有一点历史常识的人都知道，当刘邦和项羽鏖战之时，吕后还是项羽的阶下囚，直到项羽乌江自刎的前夕才把她放回,吕后"领导""建设"云云,又从何谈起呢?请问,刘邦建汉,萧何评为一等功,做了丞相,你们打算评"功盖萧何"的吕后何等功?给什么官衔?罗思鼎虽没有明说,大概是功为特等,官是皇帝吧。

从赵高复辟到陈胜失败,从楚汉之争到吕后收拾残局,一人黄袍加身,一帮子飞黄腾达,罗思鼎们的梦倒是很不错。但可惜好景不长,霹雳一声震天响,党中央一举粉碎了"四人帮",他们在史学领域招摇的那面霸旗,也被揭发批判"四人帮"的怒涛所淹没了。

作者附记:本文写作的目的在于,揭发批判"四人帮"及其御用工具罗思鼎之流,利用历史进行反党活动的罪行和他们炮制的修正主义谬论。至于文中涉及的若干历史问题,史学界同志们的看法未必尽同,对此,我们愿意和广大作者、读者们一道,通过"百家争鸣"来求得解决。

原载《历史教学》,1977 年第 2 期

关于先秦儒法斗争的特点和作用——批判
"儒法斗争为纲"和儒法斗争"你死我活"论①

由奴隶制向封建制过渡时期和封建社会初期，儒法斗争是路线斗争吗？有一种意见说不是，只不过是学派之争。说学派之争固无不可。但在当时，这两个学派能不同一定的阶级相联系吗？以孔丘为代表及战国时期一部分儒家，在政治上执意复古，哲学上鼓吹天命论、唯心论，伦理道德上极力维护西周以来的"亲亲尊尊""仁义"之类的教条。法家则主张变古之道、实行变法，哲学上主张朴素的唯物论和历史进化论，在道德观念上强调"利"，推行耕战政策等。在当时历史条件下，上述那种儒无疑代表着旧制度或要较多地保留旧制度的传统；而法家则反映了新兴地主阶级的要求。儒法在政治思想上有这么重大的分歧，因此我们认为在当时，是一种路线斗争。

但是这种路线斗争，完全不同于无产阶级革命中两条路线的斗争。"四人帮"把当时的儒法斗争同无产阶级革命中两条路线斗争相模拟，说儒法斗争是"你死我活的斗争"，是"不可两存之仇"，儒法斗争是纲，决定一切，谁尊儒或同儒沾点边，谁就是复辟派、奴隶主的代表云云，这除了大家已揭露的政治祸心外，在理论上是荒谬的，是不符合历史实际的。

那么，当时的儒法斗争有什么特点？作用如何？斗争发展的基本趋势怎样？下边略述浅见。

在分析当时儒法斗争时，首先必须把握住儒法是代表着两个不同剥削阶级之间的斗争。封建制代替奴隶制是一种剥削制度代替另一种剥削制度的革命。两者有共同的基础，即维护私有制和剥削制。就中国历史上封建地主产生的途径看，它不是从奴隶主脚下另生长出来的，而是从原来的奴隶主逐渐转化过来的。因此封建制直接承继了奴隶制中的许多东西，两者有较多的统一性。这就决定了，在这样基础上产生的儒法，其间不仅有斗争的一面，也还有

---

① 以南谷众为笔名发表。

相互吸取的一面。

就法家对儒家而论,法家批判过儒家,但又以不把斗争进行到底为其根本规律。法家曾对儒家采取过严厉的措施,如商鞅烧毁《诗》《书》,禁绝儒学。韩非也主张废先王之教,并斥孔丘之言为亡国之言。但就实际而论,事情并不是这样不可调和。法家对奴隶主的旧传统(其中以儒家为代表)所采取的态度和做法,大体可分为如下三种情况:一是批判,如批驳儒家的"法古""仁义""天命"等;二是稍加改造便加以利用,如等级制,对"礼"也是这样。儒家言必称礼,政治上主张"复礼"。法家主要讲变法,制定新法。但也并不一概排斥礼。商鞅便主张"因时而制礼"。地主阶级的"礼"有很大一部分是因袭奴隶主阶级的礼而来的。其实法家的"法"也不是完全脱离开奴隶主阶级的法制另起炉灶,李悝的《法经》便是"集诸国刑典"而制定的。恩格斯在论述资产阶级夺取政权之后因袭封建法权时指出,资产阶级"可以把旧的封建法权形式的很大一部分保存下来,并且赋予这种形式以资产阶级内容,甚至直接给封建的名称加上资产阶级的含意"①。由于封建制与奴隶制存在更多的统一性,封建的法权继承奴隶制的法权形式更要多些。例如法家主张推广封建的生产方式,但在立法中却又明文规定保护主人对奴隶的占有权。商鞅变法条令中还有专款规定把罪犯罚作奴隶;三是拿来就用。如在维护君权上,儒家主张忠于君,法家的忠君思想比儒家有过之而无不及。儒家主张愚民政策,法家也同样主张施行愚民政策。不管法家说过多少要禁绝儒家的话,但实际关系绝不是什么"决裂"的关系。

儒家又怎样呢?儒家确实抗拒过法家的理论和政策。但实际上它又逐渐向地主阶级靠拢和转化。

春秋时期,在不可抗拒的经济规律推动下,大部分奴隶主转化为封建地主。因此,那些老牌的奴隶主诸侯们为了保持住自己的统治地位,不得不在适应封建生产关系的道路上向前蠕动。列宁在谈到普鲁士、俄国地主时曾说:"他们为了保存本阶级的统治不能有其他的做法,因为他们已经意识到必须适应资本主义的发展,而不是同它做斗争。"②类似这种情况在春秋时期也多次发生过,如齐国实行"相地而衰征",鲁国实行"初税亩",秦国的"初租禾",

---

① 《马克思恩格斯选集》。
② 《列宁选集》。

郑、晋铸刑书,等等,在客观上都是适应封建关系发展的。上述情况在代表旧制度的儒家思想中也是有反映的。孔丘鼓吹"克己复礼",代表了奴隶主保持自己统治地位的要求。在经济上,他在一定程度上表现了适应和承认已发展起来的封建关系的现实。他提出的"使民以时","使民如承大祭","敛从其薄",以及对民庶、富、教的议论等,显然都不是奴隶制范畴中的东西。梁效说孔丘主张恢复人殉,根本不符合历史事实。

孔丘政治上是奴隶主的顽固派。孔丘之后的儒是否都是铁板一块,丝毫不发生变化,统统代表奴隶主呢?梁效、罗思鼎定过这样的调子,一见到儒,他们便惊呼奴隶主来了!历史上的东西都在变,儒家怎么就是铁板一块呢?不可能嘛!赵武灵王就说过儒有各式各样的儒。荀卿也把儒分为雅儒、大儒、贱儒等。韩非说孔丘死后儒分为八。可见同样称为儒家,也是五花八门,不停地分化着。何止儒家有分化,战国时期哪一个思想流派没有分化?

儒家的分化是否只是奴隶主内部的四分五裂呢?有没有向地主阶级靠拢和转化呢?依我们看,由于地主阶级夺取政权后基本上完成了革命的使命;由于第一代地主大部分是从奴隶主转化来的;由于奴隶制与封建制两种生产方式存在着较多的统一性等,儒家分化出一部分附在地主阶级的皮上是很容易的。就孟轲而论,在"四人帮"大搞影射史学、独霸文坛之时,只能说他代表奴隶主,不准有一点异议,否则就扣帽子、打棍子。其实对历史上的孟轲有不同的看法完全可以讨论,我们认为孟轲在政治上鼓吹"法先王",向后看,是个保守派,但他所论及经济关系方面的事及其主张,都属封建生产方式范围内的东西,孟轲代表的已不是奴隶主,而是地主阶级中的保守派,他比较多地反映了从奴隶主转化来的地主和食封贵族地主的要求。在我们看来,战国中期以后的儒大都转到地主阶级方面了。

这里提出另一个问题:在社会转变和封建社会初期儒法斗争具有路线斗争的性质,那么,梁效、罗思鼎提出的以"儒法斗争为纲"能否成立?我们认为:不行。除前而谈到的儒法之间的妥协性外,还有如下几点理由:

法家代表新兴的封建制,从当时的主要矛盾看,封建制革命不仅代表地主阶级的利益,也部分地反映农民的利益。但在取代奴隶制的封建制中,地主对农民的剥削与压迫是不可避免的。因此,封建制是一分为二的。法家与其说代表新的封建制,不如说代表封建制中的地主。所以法家在本质上同农民是对抗的。怎么能把农民挂在法家这个"纲"上呢?

当时的阶级斗争错综复杂,从社会发展的规律上看,奴隶、农民是反抗奴隶制的主力军,他们的斗争被地主阶级所利用,成为他们上台的工具。但奴隶、农民的斗争采取的大都是非地主阶级的方式,换句话说,是以地主阶级(包括法家)反对的和不允许的方式进行的。又怎么能把奴隶、农民的斗争挂在法家这个"纲"上呢?

农民反抗地主阶级的斗争是从封建制产生的那一天开始的。我们承认封建制代替奴隶制的必然性与合理性,但决不能因此否定农民反封建的正义性。如果把儒法斗争作为纲,势必否定农民反封建的合理性。

"四人帮"提出的以儒法路线斗争为纲,是滥用毛主席提出的路线斗争是纲的理论。毛主席所讲的路线是纲是对无产阶级政党而讲的。在无产阶级革命中,以阶级斗争为纲与以路线斗争为纲,两者是一致的。因为这时的阶级关系简单化了,即无产阶级为一方,资产阶级为一方,其他一切劳动人民都是站在无产阶级旗帜下的。马克思主义就是无产阶级及所代表的一切劳动人民利益的集中反映。但是在一个剥削阶级代替另一个剥削阶级的革命中,阶级关系要复杂得多,处于革命地位的某个剥削阶级的思想政治路线只能代表他自身的利益,不可能代表被剥削阶级的根本利益。因此,在奴隶制向封建制过渡时,把儒法路线斗争作为当时历史发展的纲,用来统帅一切,是反马克思主义的谬论,篡改了以阶级斗争为纲研究历史这一马克思主义基本原理。

梁效、罗思鼎以"儒法斗争为纲"为根据,又断言:进入封建社会之后很长的时期内,凡当政者是尊法的便是革命家、改革家、反复辟派;凡是尊儒的或沾点儒家的边,便是奴隶主复辟,这也就是他们所谓儒法政治思想路线决定政权性质的谬论。

在无产阶级革命或掌握政权的过程中,实行什么路线会引出两种截然相反的结果,甚至会使政权的性质发生变化。这是不是一切社会革命中都有的共同规律呢?儒法斗争是否也决定一切呢?我们认为不是的。

思想政治路线属于上层建筑,属于意识形态,每一种思想政治路线的性质是由它赖以存在的基础决定的,它的作用的大小也是由它所赖以存在的基础力量的大小,以及它本身对社会规律反映的程度等来决定的。因此,必须根据具体的历史条件,对特定的思想政治路线的性质、作用,进行具体的分析。

封建社会的经济结构是从奴隶社会的经济结构中自发地产生和发展起来的。法家思想对封建生产方式的发展起了促进作用,但法家不可能认识社会发展的规律,因此封建的经济结构绝不是在它的指导下有计划地建立和发展起来的,它对封建经济的发展起不到指导和挂帅的作用。儒家对封建关系起什么作用? 儒家反对社会变革,对封建经济的发展起着阻碍作用,但它也不能阻止封建经济关系的胜利进军。

在地主阶级夺取政权之前,奴隶主利用手中的经济、政治、思想力量都阻挡不住封建生产方式的发展。在地主阶级夺得政权之后,某一个君主或掌政人物任用儒家,就能把历史扭向倒转,实行奴隶制复辟,这根本是不可能的。不仅不能使社会复辟,也不可能改变政权的性质。第一,封建关系不可能因某个君主信奉儒家而被废除。就以梁效、罗思鼎津津乐道的商鞅被车裂之后,所谓秦政权落入了奴隶主复辟派手中为例,秦国是否又回到奴隶制时代? 根本没有。相反,商鞅之法依然存在和实行。通观战国全部史料,没有任何一条能证明统治者尊儒而触动了地主阶级利益,又把社会拖入奴隶制时代;第二,地主阶级把奴隶制的上层建筑稍加改造用来为自己服务是很容易的。地主阶级某些人物尊儒不过是为巩固自己的统治服务, 当然就其性质来说是保守的;第三,儒家也在变,大部分转向了地主阶级。总之,在封建社会的初期,不管统治者实行什么样的思想政治路线,都不可能决定或改变政权和社会的性质。

基于前边对儒法斗争性质和作用的分析,我们认为儒法不是不可两存之仇,斗争发展的总趋势也不是一存一亡,而是合流。农民与地主的阶级矛盾上升为社会主要矛盾后,地主阶级需要借助奴隶主的统治经验统治农民,这是儒法合流的社会基础。地主阶级当权人物兼用儒法,促进了两者合流。兼用儒法的君主最早可上溯到魏文侯,他任用著名的法家李悝、吴起等,同时又尊儒家子夏、段干木为师。赵烈侯也是兼用法儒,他用法家组织耕战,用儒进行教化,宣扬"王道"。这之后的封建君主有的尊法,有的近儒,有的倾向黄老,还有的兼容并蓄。秦始皇开始也并不独任法术,他还信阴阳家的五德终始说,也任用儒。

在思想理论上搞合流的,《管子》一书中有许多篇已开其端倪。如《牧民》篇,文中十分强调开垦土地、发展农耕,主张"严刑罚""信庆赏"、从民欲,表现了明显的法家倾向;但另一方面又把"礼义廉耻"作为关系国之存亡的"四维",还极力宣扬"恭祖旧""孝悌",等等,又表现了十分鲜明的儒家色彩。儒与法在文中并不是两张皮,而是水乳交融。对荀卿历来有不同的看法。他自称儒,后人有许多也把他归入儒。但他书中又有许多法家的东西,因此也有人说他是法或外儒内法。依我们看,在荀卿那里,儒法不是外内的问题,而是在儒的旗号下融儒法为一体。"四人帮"硬说荀卿是个大法家,谁说有儒气就批谁,可见他们横行霸道实行法西斯文化专制主义的残酷了。

秦的速亡,促进了儒法合流派在政治上的见用。汉宣帝说"汉家自有制度,本以霸王道杂之",更促进了儒法的合流。汉武帝尊崇儒术。当时的儒以董仲舒为代表。董仲舒虽被称为"纯儒",实际上是杂儒、法、道、阴阳五行、神学为一体,凡属对维护地主阶级统治有利的,他都吸取了。

我们说合流是说儒法两者关系的主流。有时有的人强调某一方面,所以在思想形式上,儒、法两派仍然存在,《盐铁论》一书中反映的两派争论,儒法就较明显。以后,当封建统治发生危机时,常常出现不同的政治主张,其中有的就有儒法之争的色彩,如曹操、王安石、张居正等就有较多的法家的东西。曹操曾说:"夫治定之化,以礼为首;拨乱之政,以刑为先。"曹操的话大体上概括了西汉以后封建社会中所谓的儒法之争,只不过是根据形势倡导而有所侧重罢了。再也不是春秋战国时期的那种儒与法了。

综上所述,"四人帮"所谓的儒法斗争是"你死我活的斗争",研究历史要"以儒法斗争为纲"等,是他们违反历史事实捏造出来的历史唯心论,在政治上是为他们篡权制造舆论。

原载《南开学报》,1977 年第 6 期

砸碎枷锁　解放史学
——评"四人帮"的所谓"史学革命"

史学是思想领域中阶级斗争的一块重要阵地。广大史学工作者遵循毛主席关于"要批判资产阶级"的号召,在无产阶级"文化大革命"前和"文化大革命"中,对形形色色的资产阶级史学进行了批判。这就是同志们常说的史学革命,它对促进马克思主义史学的发展有着重要作用。

但是,这场革命由于"四人帮"及其同伙林彪、陈伯达、王力、关锋、戚本禹的插手,受到严重干扰与破坏。他们接过"史学革命"旗号,在史学领域大搞反革命活动。他们颠倒敌我关系,混淆两类不同性质的矛盾,形而上学猖獗,唯心主义横行,造成了马克思主义史学的大破坏。"史学革命"这个口号,由于"四人帮"及其同伙的歪曲和篡改,已经失去了它本来的革命意义,成了这伙反革命黑帮在史学领域推行文化专制主义的反动思想武器。因此,进一步清算"四人帮"破坏史学革命、利用历史反党的罪行,打碎他们强加给史学工作者的种种枷锁,是当前史学战线的重要任务。

一

早在"文化大革命"初期,"四人帮"和关锋、戚本禹就把"文艺黑线专政论"引进了史学领域。1966 年 6 月 3 日,陈伯达、关锋、戚本禹利用《人民日报》社论的形式抛出《夺取资产阶级霸占的史学阵地》一文,叫嚷要在"实行资产阶级专政的地盘上,重新建立无产阶级专政"。为此,他们提出了两个蛊惑人心的口号,一个叫作"重新改写全部历史",另一个叫作把"无产阶级领导权重新夺回来"。这两个口号,便成了"四人帮"及其同伙所谓"史学革命"的理论基础。

那么,新中国成立后到"文化大革命"前这十七年,乃至五四运动以来史学战线的状况,是不是如同"四人帮"所说的,统统是资产阶级垄断的天下呢?完全不是!

俄国十月革命以后不久，以李大钊为代表的先进的中国知识分子，就开始以马克思主义为指导进行历史研究的尝试，成为无产阶级向史学领域进军的先声。20世纪20年代和30年代，在我国运用马克思主义研究历史的人数虽然不多，但在各方面都取得了相当的成绩，特别是在关于中国社会性质和历史的大论战中，刚刚兴起的无产阶级史学，以新的战斗姿态向帝国主义和封建主义史学进行了猛烈冲击。

30年代末和40年代初，毛主席在《中国共产党在民族战争中的地位》一文中，发出了学习历史的号召；在《中国革命和中国共产党》一文中，又精辟地论述了中国历史发展的基本规律；在《改造我们的学习》一文中更明确指出，研究中国历史是党的三大学习任务之一。并对如何深入研究中国历史作了具体阐述。革命的史学工作者在毛主席指示的指引下，勇敢探索，不管是在解放区还是在国统区，在许多方面都取得了创造性的成果，沉重地打击了帝国主义、资产阶级和封建主义史学，并使其地盘逐渐缩小，力量大为削弱。

中华人民共和国的成立，给无产阶级史学的发展开辟了广阔的道路。坚持马克思主义的老一代史学工作者继续革命不断创立新功，原来属于资产阶级营垒中的史学工作者，经过学习和改造，绝大多数人愿意接受马克思主义，在世界观与学术观点上有了明显的转变，一些人还做出了可喜的贡献。十七年中，党自己培养的史学工作者茁壮成长，逐步成为史学战线上的主力军。正是这样一支新老力量组成的马克思主义史学队伍，对形形色色的资产阶级史学进行了多次批判，对中外历史程度不同地进行了全面系统的研究。不但在普及历史知识方面做出了成绩，而且写出了一批有较高学术水平的历史著作。总之，从新中国成立到"文化大革命"前的十七年，马克思主义的史学在史学领域始终居于统治地位。

恩格斯于19世纪末说过："必须重新研究全部历史"[1]。这是恩格斯针对当时资产阶级还统治着整个史学领域，向无产阶级发出的要进行史学革命的号召，这无疑是完全正确的。回顾五四运动以来，特别是新中国成立之后，我国广大史学工作者，不正是在实践恩格斯的遗言，在重新研究着全部历史吗？"四人帮"在20世纪60年代，在与恩格斯在世时历史条件根本不同的社会主义中国，耸人听闻地提出"要重新改写全部历史"。试问，在马克思列宁主义、毛泽

---

①《马克思恩格斯选集》第四卷，第475页。

东思想已成为绝大多数史学工作者自觉遵循的指导思想,并且已形成一支无产阶级史学队伍和取得了显著成绩的情况下,难道无产阶级已经改写的历史还"要重新全部改写"吗?我认为,马克思主义的基本原则必须和不断发展着的客观实际相结合,马克思主义才能显示其生命力,我们才能完整地、准确地理解和运用马克思主义。"四人帮"及其同伙,把恩格斯当年的指示机械地搬到今天,乍然看去,似乎是一副左派的面孔,实际上是极右。把以马克思主义为指导取得的科学成果视为资产阶级的货色,这不是打着革命旗号干反革命勾当又是什么?

至于把史学革命的基本任务说成是"夺权",我认为更是荒唐可笑。历史学是一门社会学科,在史学领域进行革命,最根本是靠真理而不是靠权力。马克思和恩格斯是历史科学的开创者,马克思主义史学的创立是史学领域破天荒的大革命。然而这场革命恰恰是在资产阶级专政的时代发生的。就中国的情况而论,史学革命是在马克思主义传入中国之后的五四时期开始的,而中国无产阶级整整奋斗了三十年之后,才夺取全国政权。资产阶级当然不会对马克思主义史学的创立和发展袖手旁观。相反,他们为了扑灭和扼制马克思主义史学的传播,凭借他们手中的权力,把所有的御用史学家都召唤到战场上来,对马克思主义的史学进行了一次又一次的围剿。但是中外历史都证明,权力不能征服科学和真理。

在无产阶级专政的时代,封、资、修的史学思想也绝不因为资产阶级丧失了政权而自动退出历史舞台。问题在于,斗争的中心是不是还围绕一个"权"字进行呢?当然,史学阵地由谁领导,是由坚持马克思主义的人领导,还是由反马克思主义的人把持,对于促进还是阻碍历史科学的发展,有着重大关系;但是,领导权的解决,并不意味史学革命的胜利。即使在社会主义条件下,真正能推动史学不断革命的,最主要的仍然是在马列主义、毛泽东思想理论原则指导下的学术研究、争鸣和批判。因此,史学领域的斗争主要是围绕要不要以马列主义、毛泽东思想为指导,要不要实事求是,即详细占有材料,经过分析与综合,从中引出固有的而不是臆造的规律来而展开的。在这种斗争中,除了对极少数利用历史反党反社会主义的阶级敌人(如"四人帮"一伙)应当无情打击外,在人民内部只能采取民主的办法,摆事实、讲道理,以理服人。"四人帮"把史学领域的斗争归结为一个"权"字,根本背离了史学革命的规律。他们用"夺权"代替史学的争鸣与批判,用权力确定科学中的是非,倚仗权势把

"帮言""帮论"定为绝对真理,不允许任何人提出异议。但是,权力和真理并不是一个范畴。有权并不一定有真理。"四人帮"手中就没有真理。他们"夺权",带来的不是史学的革命,而是法西斯文化专制主义。

"四人帮"在"夺权"时喊得最响的一个口号,就是打倒反动学术权威。毫无疑问,对反动学术权威是一定要批判的,如"梁效""唐晓文"的几个顾问。可是,"四人帮"却把史学界所有的学者和专家,其中绝大多数是属于无产阶级知识分子范畴或接近这个范畴的专家,甚至把根本不是什么权威的,也统统扣上"反动权威"的帽子,打入另册。在九百六十多万平方千米的土地上,凡属稍有些名望的史学工作者,统统在横扫之列。就连对马克思主义史学做出过重要贡献的郭沫若、范文澜同志,也几乎遭到扫地出门的厄运!

在史学领域(其他学术领域也一样),究竟要不要马克思主义的史学家或学术权威呢?毛主席早有明确回答:"工人阶级必须有自己的技术干部的队伍,必须有自己的教授、教员、科学家、新闻记者、文学家、艺术家和马克思主义理论家的队伍,这是一支宏大的队伍,人少了是不成的。"在以往史学领域的斗争中,曾出现一些受尊重的马克思主义的史学专家。当然,他们可能会有这样那样的错误,但不能求全责备,那种金要足赤,人要完人的观点是形而上学的。"四人帮"以极左的面貌出现,抓住这些同志的某些缺点错误,把他们的著述污蔑为反马克思主义的"史学体系""史学纲领",把他们当成资产阶级反动学术权威加以打倒,这不只在人的处理上完全颠倒了敌我关系,更为严重的是在史学思想上造成了极端混乱。这种混乱至今没有随着落实人的政策而得到澄清。

"四人帮"及其同伙搞的所谓"史学革命"前后有不同的特点。十年之间大体上可分为两个阶段,从"文化大革命"开始到1972年为第一阶段;从1973年到他们垮台为第二阶段。

第一阶段,是以极左的历史虚无主义冒充革命,否定一切,打倒一切。广大史学工作者遭迫害,历史著作被封禁,历史研究和教学被取消,研究单位被解散,历史科学蒙受了一场空前的浩劫!

第二阶段,"四人帮"却一反常态,以极右冒充革命。这一次,他们仍然宣称把颠倒的历史重新颠倒过来,占领史学阵地,表现形式则是鼓吹以儒法斗争为纲"重新改写全部历史"。他们借此大搞反革命影射,极其恶毒地诬蔑、攻击以敬爱的周总理为代表的老一辈无产阶级革命家,为叛徒江青当女皇大造舆论。由于他们在第一阶段冲散了马克思主义的史学队伍,搞乱了思想,从而使他们得以售其奸,欺世骗人。

"四人帮"搞的"史学革命",尽管从极左跳到极右,从一个极端走到另一个极端,却都是为着一个目的,即篡党夺权,推翻无产阶级专政,复辟资本主义。

二

"四人帮"及其同伙的所谓"史学革命",是他们推行法西斯文化专制主义的组成部分。为了达到称王称霸的目的,他们祭起了两大法宝:一是借反对资产阶级自由化为名,取消百家争鸣,以帮言号令天下;二是以反对纯学术和折中主义为名,把学术问题上升为政治问题,把不同意他们观点的人置于死地。"四人帮"在这方面造成的混乱,远未清除,有必要拨乱反正。

什么是资产阶级自由化?什么是百花齐放、百家争鸣?资产阶级自由化是指任凭反党反社会主义的东西自由泛溢,这是一种修正主义的政策;百花齐放,百家争鸣是在六条政治标准范围内,提倡自由讨论,这是促进社会主义文化繁荣的方针。反对资产阶级自由化和实行百花齐放、百家争鸣的方针是并行不悖的。只有反对资产阶级自由化,才能更好地贯彻百花齐放、百家争鸣的方针。

但阶级斗争是错综复杂的。这种复杂性常常表现为,在斗争中你利用我,我利用你,你中有我,我中有你。资产阶级曾不止一次利用百花齐放、百家争鸣和反对资产阶级自由化这两项无产阶级政策,从"左"或右两个方面进行反党反社会主义活动。1957 年资产阶级右派借百家争鸣来反党、反社会主义、反人民;林彪、"四人帮"借反对资产阶级自由化为名,以极左的面目出现来反党、反社会主义、反人民。他们用红旗裹上钢鞭,残酷地抽打人民。你看,本来是为了繁荣社会主义文化实行的百花齐放、百家争鸣,资产阶级右派却乘机利用,大放毒草。本来是为了禁绝反党、反社会主义言行泛滥的反对资产阶级自由化,却被林彪、"四人帮"利用,推行法西斯文化专制主义。复杂的斗争曾使一些同志困惑犹豫,畏葸不前。这种精神状态,不但不能打击敌人,而且于繁荣社会主义史学也是无益的。唯一的办法是勇敢地站起来,向着一切谬误冲锋!君不见各式各样的阶级敌人不是一次又一次地垮台了吗?无辜的人和好的著作不是在经过风雨的洗涤之后更加放出夺目的光彩吗?阶级斗争是长期的,破坏党的方针政策的人,浑水摸鱼的人,过去有,今后还会有。只要我们真心实意地献身于科学事业,就要激流勇进,在斗争中维护和执行党的政策。

在百花齐放、百家争鸣中,如何对待"批判"是一个很突出的问题。"四人帮"一伙是以"批判"发迹的野心家。他们经常假借马克思"在批判旧世界中发现新世界"的名言蛊惑人心,把"批判"当作圣物,煽动人们"批判"一切。我们有些同志确实被"四人帮"的"批判"吓怕了,一想起"批判"便不寒而栗,畏首畏尾。不打破"批判"神圣化的观念,思想就很难得到解放。

我们知道,马克思讲上述那句话的时间是在1843年,是无产阶级向旧世界的挑战。但怎么可以把马克思这句话原封不动地用来对准无产阶级专政的社会主义中国呢?新世界只有在批判旧世界中才能发现,但批判旧世界并不一定都能发现新世界。这一点只要看看《共产党宣言》第二章就一目了然了。至于批判新世界,那只能回到旧世界去。

"四人帮"千方百计制造这样一种神话:只要高喊几句"批判"的口号,真理的天果就会应声而落。调门越高,得到的天果就越甜。这种形而上学的诱骗,曾使不少阅历浅薄的人上当,这个教训应该引以为戒。古往今来有各种各样的批判,有革命阶级的批判,也有反革命阶级的批判,批判绝不是检验真理的尺度。检验真理的标准是实践。检验历史理论、史学观点的标准是什么呢?是原则吗?当然不是,在认识史上,人们总是把经过实践检验的正确认识或原则作为进一步认识其他事物的基础和阶梯,也常常用来检查新的认识是否正确。这样做绝不意味着"原则"本身成了衡量真理与否的又一标准,归根结底仍是实践,因为这些"原则"是被实践检验过证明是真理。而且这些"原则"还要在发展的实践面前不断接受再检验。所以检验历史理论的标准也只能是实践。也就是说,衡量一个史学观点是否正确,只能看它是否正确地反映了历史发展本身所固有的而不是臆造的规律和客观存在。规律是在历史发展过程中展现出来的,因此,一切史学观点也要在当前的实践和未来的实践面前受到检验。如果把批判看作是一种认识,它同样要接受实践的检验。"四人帮"的所谓批判,是自我意识的无限膨胀,是十足的主观唯心主义。

应当看到,这股妖风曾经一度迷漫中国大地,流毒之深,不可低估。我们常常碰到这样一种现象:当人们在回忆史学领域一些问题时,不是看它有无根据,有无道理,而首先看它是不是被批判过的,把批判当成了衡量是非的标准。难道被批判过的东西就一定是错误的吗？必须指出，凡是被"四人帮"颠倒了的历史理论、历史事实，进行了错误批判的，我们必须执行批判的批判，把它拿到实践面前重新加以检查。

在人民内部，毫无疑问，错误的观点也要批评。但批评者的观点不一定都正确。因此，在批评一种错误观点时要允许对批评者的观点进行讨论。有批评的自由，也有反批评的自由，也要有批评批评者的自由。只有这样，才能称得上是真正贯彻百花齐放、百家争鸣的方针，也才能更有效地防止资产阶级自由化和形而上学的绝对化。

在百花齐放、百家争鸣问题上，还有一个被"四人帮"搞乱了的方面，就是破和立。"不破不立"，"破字当头，立在其中"，这无疑是正确的。但在人们的社会实际生活中，不能离开具体内容来抽象地谈论破与立。且不说破与立受着阶级的制约，就是无产阶级在各个领域所进行的破和立，也还受到时代等条件的限制。破与立的关系并不等于谬误与真理的关系。破谬误可以引出真理，但也可能从谬误引出谬误。在认识史上，这样的例子何止成千上万！"四人帮"的"批儒评法"，可谓有破有立。但破的是什么，立的又是什么，大家都是十分清楚的。

在学术和政治的关系问题上，"四人帮"气势汹汹地说：哪有什么纯学术，学术问题就是政治问题！把学术问题和政治问题简单地等同了起来。

在阶级社会里，社会科学领域有没有纯学术呢？有的人提出，考证一件史料的真伪，叙述一个历史人物的生卒年月，难道不是纯学术吗？的确，就某一篇文章而论，有时是很难做出断语的。但从总体上看，每一个人都不能离开一定的阶级而超然存在。正如恩格斯所说："一切历史上的斗争，无论是在政治、宗教、哲学的领域中进行的，还是在任何其他意识形态领域中进行的，实际上只是各社会阶级的斗争或多或少明显的表现"[1]。因此，在阶级社会里没有超阶级的纯学术。

但能否像"四人帮"说的那样，学术就等于政治，"不是革命的，就是反革命的"呢？当然不能。我们认为没有超阶级的纯学术，并不是说一切学术都是政治，更不能简单地归结为"革命"与"反革命"。众所周知，无产阶级的阶级斗争有三种形式：经济的、政治的和思想的。这三者有联系又有区别。例如政治

---

[1] 《马克思恩格斯选集》。

斗争主要是解决政权问题,而思想斗争主要是解决人们的指导思想和世界观问题。思想斗争要为政治斗争服务。但由于政治斗争和思想斗争各有其特殊性,所以采取的斗争方式也就不同。前者要靠枪杆子,后者则主要是靠讲道理和改造思想。思想是个大范畴,其中又包括各种不同的形态,如政治思想、经济思想、道德观念、哲学观点、文学艺术观、历史观等等。不同的意识形态同经济基础的关系,同政治的关系也不同,有的紧密相连,有的则相对疏远。

就史学来讲,马克思主义的史学必须为社会主义革命和社会主义建设服务。但其中又分许多门类,这许多门类同无产阶级当前的政治斗争同样有远近之分。有的直接服务,有的则提供历史根据和资料,有的则要通过若干中间环节才能和政治发生联系。还有一些则是作为知识储备,一时难于看出它的作用。怎么可以不加分析地把学术问题统统当成政治问题呢?

"四人帮"反对人们对学术和政治之间的关系进行具体分析。谁要进行具体分析便立即冠之以"折中主义"的大帽子。他们连篇累牍地批判"折中主义",实际上批的是具体问题具体分析这个马克思主义活的灵魂,批的是摆事实、讲道理、实事求是,批的是马克思主义的辩证法。

"四人帮"及其同伙在给学术问题作政治结论时,常常引用毛主席如下一段话:"我们提倡百家争鸣,在各个学术部门可以有许多派、许多家,可是就世界观来说,在现代,基本上只有两家,就是无产阶级一家,资产阶级一家。或者是无产阶级的世界观,或者是资产阶级的世界观。"[1]这段话能不能作为"四人帮"混淆学术与政治界限的依据呢?当然不能!毛主席在这里所论述的是百家争鸣与世界观的关系,是说学术部门的许多家、许多派都要受到两种世界观的制约。至于学派、世界观与政治的关系则要具体问题具体分析。即便属于资产阶级世界观的流派,也绝不能不加分析地说他们在政治上都是反革命。我们不排除有少数人不但在世界观上是资产阶级的,而且在政治上也反党、反社会主义。但大多数人属于人民内部矛盾。这些学派在世界观上是唯心主义的,但在政治上并不反党、反社会主义。这就是毛主席所说的:"例如一部分唯心主义者,他们可以赞成社会主义的政治制度和经济制度,但是不赞成马克思主义的世界观。"[2]我们必须把上述这两种人严格区分开来。"四人帮"把学

---

①②《毛泽东选集》。

术、世界观上的问题同政治问题混为一谈,是根本违反毛主席教导和党的政策的。

这里需要着重讨论的一个问题是,在学术部门的许多家、许多派中,是否只能有一家一派属于马克思主义,而其他都是资产阶级的呢?我认为不是这样,而且也不应该这样。马克思主义是一个广阔的领域,在这个大范围内,可以而且必须存在不同的流派和学派。如在史学领域,同属马克思主义,但学术上却可属于不同的派别,其原因在于:

第一,要把马列主义、毛泽东思想的普遍真理同历史实际相结合,从而得出正确的结论不是一蹴而就的,要有一个长期的、反复认识的过程。在这个过程中,必然会产生分歧。例如,大家虽然都以马克思主义关于人类历史发展规律的理论为指导研究中国历史,但对中国历史发展规律所表现出来的特殊性,认识未必一致。

第二,历史发展的客观规律和客观真理只有一个,一下子穷尽真理是不可能的。人们常常是从不同的侧面或不同的角度去接近真理。恩格斯在评价摩尔根的《古代社会》一书时曾说,"摩尔根在美国,以他自己的方式,重新发现了四十年前马克思所发现的唯物主义历史观,并且以此为指导,在把野蛮时代和文明时代加以对比的时候,在主要点上得出了与马克思相同的结果。"①这说明真理不是属于某一个人所独有的。人们可以从不同的角度、用不同的方式去揭示同一历史现象的本质及其内在规律的某些方面,从而表现为不同的流派。

第三,人们对历史的认识是随着历史的发展、三大革命实践水平的提高而不断加深和完善。例如郭沫若同志对中国古代社会的认识,从《中国古代社会研究》到《十批判书》再到《奴隶制时代》,便经历了不同的发展过程。郭老是如此,其他同志大多也是如此。这个真理的认识运动,是永远不会终止的,原来的问题解决了,新的分歧又会出现,于是,不同的观点和流派,殊途而同归,各自深化自己的认识。

第四,历史几乎像天体一样,还存在许多未被认识的领域。新的历史资料的不断发现,必然要引起人们对历史的再认识。

如此等等原因决定了,人们虽然都以马列主义、毛泽东思想为指导研究历史,却又可以分出不同的家与派。例如郭沫若、范文澜、侯外庐等,便分别表现为不同的流派。当然,从终极的结果看,真理只有一个。因此不可能都正确,

---

① 《马克思恩格斯选集》。

但又必须承认,真理并不是一个人一次认识就能完成的,更多的情况必将是:每个学派都有正确的部分,也都有谬误。这些流派互相争论,续长补短,犹如合围战一样,人们可以而且必然是从四面八方向真理进军。因此,鼓励不同流派的争论,是完全符合真理发展的客观规律的,是真正的马克思主义的政策。如果有人认为既然都以马列主义、毛泽东思想为指导,就不应该有不同的流派或学派,这还仅仅是一种可笑的帝王思想;如果用权势去禁止不同流派或学派的存在,那就是历史的罪人了。"四人帮"正是这样一帮历史的罪人。

"四人帮"伙同林彪、陈伯达、王力、关锋、戚本禹,利用窃取的权力,把属于马克思主义范围的不同学派,硬是扣上反马克思主义的大帽子而加以痛打。他们这种把学术问题任意当成政治问题处理的罪恶行径,在史学领域造成了严重的混乱。例如 60 年代初期开展的关于封建社会农民战争、历史主义等问题的讨论,我认为争论的两大派,其主流都是试图运用马克思主义原理,具体分析中国历史发展的规律,是属于把马克思主义的普遍真理同中国的具体历史实际相结合过程中而出现的不同流派或学派。这种学术上的分歧,本应长期争鸣,在辩论中逐步求得解决。但到了后来"四人帮"一伙却对其中的一派,极其粗暴地扣上诬蔑劳动人民、反对贫下中农、反马克思主义的政治帽子而一棍子打死了。再如"让步政策"的问题。我认为把农民战争失败后统治阶级所实行的政策主要说成是"让步政策",并加以肯定是错误的。但我又认为在革命即将暴发时,剥削阶级为了防革命于未然,确实搞过各式各样的"让步",在马克思主义经典作家的著作中也多次分析和揭露过这种"让步"。不管怎样,这个问题是完全可以作为一个学术和理论问题来加以讨论的。但是在"四人帮"的"学术就是政治"的棍棒之下,人们不但缄口不言了,而且连统治阶级政策的迂回性、欺骗性、两手交替等等也不敢谈了,甚至"让步政策论"所涉及的历史也统统否定了,连兴修水利也统统说成反攻倒算,于是文景之治、贞观之治成了中国历史上最黑暗时期。在批判"清官论"中也有类似情况。我个人不赞成把"清"与"不清"作为评价历史人物的标准。但是不加分析地认为清官比贪官更坏,这就很难让人接受了。

马克思主义的认识论告诉我们,历史本身和对它的认识与评价不是一回事。前者是客观存在,后者属于认识范畴。认识可能是对被认识对象的正确或比较正确的反映,也可能是错误的反映。批判错误的认识时连同被认识的对象一起批,在许多情况下,常常会弄到极其荒唐的境地。多年来的经验证明,人们对于历史客观规律的认识,特别是那些能够揭示历史本质和规律的理论概括,往往不能一下子臻于完善。在通向真理的道路上必不可免地要有错误相伴随。错误不是甲犯,就是乙犯。我们常常看到这样的情况,某同志第一步走的对,第二步却可能走偏或失足。因此无论是谁,都不要把自己说成是一贯正确,要允许自己犯错误,也要允许别人犯错误。犯了错误不一定都是坏人,不要一提起某同志犯了背离马克思主义、特别是修正主义观点的错误,就都认为是坏人,是反革命。这正如毛主席所说:"在犯走资派错误的人们中,死不改悔的是少数,可以接受教育改正错误的是多数。不要一提起'走资派',就认为都是坏人。"那种认为在学术上犯了错误就是坏人,就是政治问题的做法,是完全违背党的方针政策的,是极不正常的。无产阶级决不允许"四人帮"的恶劣行径重演!

由于学术问题和政治问题关系的复杂性,我认为还有一点也必须引起注意,就是在批判敌人时必须注意保护人民。反马克思主义的阶级敌人之所以成为敌人,有构成他们敌我矛盾的特定根据。除此以外,他们的某些观点,常常同人民内部某些同志的看法有交叉或近似。出现这种情况,一方面是一些敌人打着红旗反红旗,披着马克思主义的伪装;另一方面有些敌人有一个转化的问题,原来并不是坏人,后来变坏了。因此,我们要严格区分和正确处理敌我矛盾和人民内部矛盾。即使解决敌我矛盾,对上述情况也要适当加以区分,不宜简单地"对着干"。列宁对普列汉诺夫、考茨基的修正主义进行了最严厉的批判,把他们钉在了历史的耻辱柱上,然而也正是列宁对他们前期宣传马克思主义的某些著作给予了充分的肯定。我们应该学习列宁的做法。这样做,对于澄清被"四人帮"搞乱的理论是非和真正把"四人帮"的罪行批深批透,具有十分重要的意义。

三

"四人帮"借"史学革命"之名,行法西斯文化专制主义之实。法西斯文化专制主义主要内容就是禁锢人们的思想。史学领域中的许多"禁区"便是为此而设的。为了行禁,又总有相应的禁条。"四人帮"设置的"禁区"或"禁条",把统一的历史整体肢解得四分五裂,使人们不能从总体上去研究历史。不准从总体去考察历史,也就扼杀了历史科学。"四人帮"设置的许多"禁区"和"禁条",如今有许多已被冲破,但有些还像恶魔一样束缚着人们的头脑,使人们在探索真理的道路上却步不前。不打破这些"禁区""禁条",繁荣历史研究就是一句空话。"禁区""禁条"甚多,这里仅举几例。

一、关于孔、孟、儒的历史评价问题。"四人帮"借批林批孔之机,攻击敬爱的周总理、华主席以及老一辈无产阶级革命家。为了这一反动政治需要,历史上的孔、孟、儒统统被捉拿到"四人帮"的囚室,成为任意棒打的对象。他们见孔孟就打,见儒家就骂。容不得任何人进行一丝一毫的历史分析。在揭露和批判了"四人帮"的阴谋活动之后,我认为可让历史上的孔、孟、儒从"四人帮"的囚室里回到历史研究对象的行列中去,允许人们依据马克思主义历史唯物主义原理进行重新评价。

迄今为止,能否把孔丘、孟轲代表奴隶主之说作为最后的不可更易的定论呢?能否把儒家统统作为历史罪恶而加以否定呢?我看没有这样的理由。

时代是判断一个人历史功过的出发点和基础。然而直到今天,人们对孔丘、孟轲所生活的时代的看法还有重大的分歧,究竟是奴隶社会还是封建社会尚未取得一致看法。对时代尚且允许有不同看法,为什么对孔、孟就不能有不同评价?我认为,一切从当时历史条件出发对孔、孟做出的具体的历史的评价,不论持何种观点,都应作为学术问题,继续开展争鸣。

从汉武帝开始,儒家被尊为封建正统思想。但其内部也并不是铁板一块,依我看,孔家店是一个大杂院,一概打倒,一概批判是形而上学的做法。儒家内部在哲学上有唯心与唯物之争。政治上有改革与保守之争、有正统与非正统之别。在文化上有糟粕与精华之分。即使对正统的儒,有些也要作具体的分析,如董仲舒,对他宣扬的天人合一、形而上学、三纲五常等一定要批判,但他提出的大一统、限田与释放奴婢等主张,则是不能完全否定的。

对封建社会的人物评价,特别是一些政治家、军事家、科学家,决不能以是否尊儒作为肯定与否定的准绳。而应根据他们生活的时代,各自对社会各种矛盾的态度与作用进行具体分析。如刘秀是尊儒的,但不能因此而否定他释放奴婢令的某些积极意义。康熙是尊儒的,但不能因此而否定他对加强多民族国家而做出的贡献。

中国共产党在领导新民主主义和社会主义革命过程中,一直坚持批判孔孟之道,这同对历史上的孔、孟、儒的历史评价是另一种性质的问题。批判孔孟之道是清除旧传统、旧文化所必需的,更主要的是因为地主阶级、资产阶级提倡尊孔读经,用来抵制马克思主义,党内机会主义者也常常用孔孟之道修正马列。马克思主义对许多问题的历史评价与在现实斗争中采取什么政策,并不完全是一回事。因此我认为要把作为无产阶级在思想领域革命对象的孔孟之道,同历史研究对象的孔、孟、儒作为两个不同范畴的东西区别开来。不能把对历史上孔、孟、儒的不同评价,作为现实阶级斗争与路线斗争中是否尊孔的根据。

二、在历史研究中坚决摒弃历史类比的做法。"四人帮"为了达到篡党夺权的目的,大搞历史类比,把秦始皇比作无产阶级的领袖就是突出的一例。他们极其卑鄙地用无产阶级领袖的一些思想、言论和革命精神来美化秦始皇,把秦始皇的形象描绘得比无产阶级领袖还高大。谁要是对秦始皇进行一下阶级分析,讲他对人民的残暴,便立刻给谁扣上攻击无产阶级领袖的大帽子。这种荒唐的类比不只把秦始皇无产阶级化,更严重的是丑化了无产阶级的领袖。"四人帮"这样干的真正意图是借无产阶级领袖作掩护,向人民灌输帝王思想,以便为江青当女皇扫清道路。我们必须把秦始皇这类被"四人帮"神化了的人物从供桌上请下来,归入历史研究的对象之列,让人们根据历史唯物主义原则去研究、去批判。

还有同上述情况性质相同而表现形式相反的同类问题。海瑞这个历史人物曾被人用来含沙射影地进行反党,于是在人们的心目中就产生了这样的印象,历史上的海瑞似乎也成了"反党"分子。自从那时起,人们一触及海瑞便噤若寒蝉。事情还不限于海瑞,历史上所有的谏臣几乎都受到牵连。"进谏""纳谏"之类的事也不敢议论。问题并不在于要谈什么"进谏"和"纳谏",问题在于要不要对统治阶级内部的不同主张和政策进行分析和研究。不研究这些就不可能充分了解统治阶级是怎样对付人民的,也就不能充分理解阶级斗争的复杂性,就会使自己思想僵化。

"四人帮"利用历史搞反革命影射,又用影射的观点看待历史问题和评论别人的历史著作,致使许多历史问题,弄得人不敢摸不敢碰,这种状况必须改变。

三、要打破"四人帮"在评价历史人物问题上,要好一切皆好,要坏一切皆坏的形而上学的桎梏。

这个桎梏有个形成过程,开始于戚本禹评价李秀成,形成于评法批儒。李秀成晚节不终,乞降变节,应该批判,但后来越走越远,竟至弄到这般地步,凡属晚节不终者,一概否定。评法批儒中,"四人帮"见儒就骂,一骂到底,见法就捧,一捧到顶。

根据这个公式,正像有的同志所指出的那样,一些人被"神化",另一些人被"鬼化"。更为严重的是"神化"或"鬼化"了的人物,从"正""反"两方面成了臧否和衡量其他一切人物、事件的标准。被"神化"者莫过于秦始皇,被"鬼化"者莫过于孔丘,一部中国史所有人物就看对秦始皇、孔丘的态度分法、儒,分革新与反动。谁说了几句秦始皇好话,谁就是法,就是革新派;谁颂扬了孔丘,谁就是儒,就是反动派。王充、李白、柳宗元、王安石、张居正、李贽、王夫之、龚自珍、章太炎等均因只言片语歌颂过秦始皇或批评过孔丘,便一律装入法家口袋。其实,他们无一是法家。

江青为了当女皇,恬不知耻自比武则天。于是从武则天进宫那天开始,她便成为时代的中轴。长孙无忌、褚遂良、来济、于志宁、裴炎等等,不管出自什么动机和原因,只因与武则天发生过冲突,遭到了武则天的杀贬,便一股脑都成了保守派、儒家、复辟分子;恭奉她的统统是革新派、法家,甚至来俊臣、周兴、索元礼、侯恩止等等鹰犬走狗、杀人魔王,告密专家也都被封为"法家"。

"四人帮"在历史上以人画线,正是他们在现实生活中以帮画线,以帮品人在历史上的应用,并反转过来为他们以帮画线制造历史根据。更有甚者,他们为了大树法家,狠批儒家,竟至以篡改历史、颠倒历史、捏造历史来作铺垫。为了烘托秦始皇,人为地颠倒社会基本矛盾和阶级关系,不惜牺牲农民阶级的利益以屈从于秦始皇,让全部历史都围着秦始皇转。我们要彻底批判"四人帮"这种以人画线,以某人为中心来改铸历史的英雄史观。所有历史人物只能在时代、阶级和阶级矛盾面前接受衡量。某个人物可能是历史上的明珠,但历史却不能成为某个人物颈上的项链。

以上仅举几例,在史学领域"四人帮"所设禁区是很多的。但是,科学是不承认禁区的。如果科学承认禁区,那么科学就不再成其为科学,而是权势者的婢女了。为科学设禁者是科学的大敌,献身于科学事业的人要有勇气打破禁区。在历史科学面前,一切历史问题都是可以研究的,这里没有终极的真理。绝对真理只能存在于滚滚向前的相对真理的长河中!

砸碎"四人帮"的枷锁,目的在于解放史学,促进历史科学的发展。

总结以往正反两个方面的经验,研究历史必须把马列主义、毛泽东思想的普遍真理同具体历史实际结合起来。"结合"绝不是语录和材料的堆砌,而是完整地、准确地学习和运用马克思主义经典作家的立场、观点和方法,在详细占有材料的基础上,加以科学的分析和综合,从而揭示出历史现象的本质和内在的固有的规律。马克思主义给我们指明了人类历史发展的基本规律,是我们研究历史必须遵循的原则。但这个基本规律在各民族、各地区和不同的历史条件下,必然有着各自的特点,有着受基本规律制约的许多具体规律。这一切正是需要我们史学工作者去努力进行研究和探讨的,在做这些工作时,最需要的是创造性的劳动。

马克思和恩格斯把历史变为一门科学,马克思主义经典作家们给我们留下了丰富的历史著作和有关对历史事件、人物等等方面的论述。学习这些遗产,我认为最主要的是学习他们分析问题的立场、观点和方法,而不应机械搬用个别结论。他们对特定环境中特定历史问题的论述,无疑会对我们有很重要的启示,但必须严格注意这些论述的特殊环境和特殊意义。比如马克思和恩格斯关于古代东方的论述,对一个史学工作者来说,那是十分重要的。但我认为无论在实际上还是在理论上,都不是针对中国古代史而提出的。我们研究中国古代社会可以从中得到启发,但不应简单地照抄照套。又如恩格斯和斯大林认为德国和俄国中世纪农民运动中存在着皇权主义,这对研究欧洲农民战争问题的确有着重要的指导意义。但中国封建社会的农民战争有没有皇权主义,却是一个有待研究的问题,不能简单地把恩格斯和斯大林的话拿来当作结论。

我们研究历史时常常谈到"理论根据"的问题,我认为这只能指马克思主义的普遍真理以及马克思主义经典作家观察问题的立场、观点和方法。至于对具体问题的论述,则不能字字拘泥。我们必须在马克思主义普遍原则的指导下,深入研究新材料,敢于提出新看法,做出新论述。如果把经典作家的每一句话都当成一成不变的教条,表面上似乎是虔诚的马克思主义信徒,实际上却是违背马克思主义的,因为马克思主义本身也在不断发展。如果那样做,好心的人不免要陷入教条主义的泥坑。别有用心的人,如"四人帮"则是曲解马克思主义,把它用来当作打倒异己的棍子。

只有完整地、准确地学习和运用马列主义、毛泽东思想,把马列主义、毛泽东思想的普遍真理同具体历史实际相结合才能避免教条主义和修正主义错误,才能识别打着马克思招牌利用历史反党的反革命分子,才能把我们的历史研究推向新的高峰!

原载《历史研究》,1978 年第 8 期

繁荣学术必须发扬文化民主
——从吴晗同志的冤案谈起

"四人帮"大兴文字狱，使成千上万的文化教育工作者遭到一场浩劫。吴晗同志便是首遭迫害的代表之一。

我与吴晗素不相识。我在这篇文章中只是作为一个读者，以其文，评其人。幸好，姚文元、关锋、戚本禹置吴晗于死地的证据皆取自吴晗《海瑞骂皇帝》《论海瑞》《海瑞罢官》等几篇著述。因此我们也是有权进行评论的。

姚、关、戚对吴晗大张挞伐时一再宣称，吴晗的问题不是学术问题，要害是政治问题。那么我的这篇文章只就"政治"问题，发表一些看法。

一

姚、关、戚加在吴晗头上的罪名有："反党、反社会主义"，"骂党和党中央"，煽动牛鬼蛇神"拆掉人民公社"，"恢复地主富农的罪恶统治"，"为右倾机会主义分子鸣冤叫屈"等。不要说这么多顶帽子，只要其中一顶便足可以置人于死地。

从吴晗同志评论海瑞的几篇著述中，怎么会引出这么多的政治结论来呢？没有罗织人罪之术是绝对做不到的。他们罗织之术可概括为"历史代入法"。简言之就是：把别人的文章和特定的历史背景挂上钩，然后宣布你的文章是影射当时历史现实的毒草。

姚文元说："1961年，正是我国因为连续三年自然灾害而遭到暂时的经济困难的时候，在帝国主义、各国反动派和现代修正主义一再发动反华高潮的情况下，牛鬼蛇神们刮过一阵'单干风''翻案风'。""他们要求'退田'"，"地富反坏右……觉得被打倒是'冤枉'的，大肆叫嚣什么'平冤狱'。""'退田'和'平冤狱'就是当时资产阶级反对无产阶级专政和社会主义革命的焦点。"紧接着便把吴晗的文章"代入"这种历史环境中。从吴晗文章中抽出个别情节和只言片语,如海瑞要徐阶退田和平冤案等,与上述历史环境中的"退田""翻案"对号挂钩,从而便宣布找到了吴晗反动的铁证,硬说吴晗的著述是代表了牛鬼蛇神、地富反坏右的要求。案便这样定下来了。

关锋、戚本禹也是实行的这种"代入法",不过"代入"的却是另一种历史环境。关、戚详尽罗列了从 1957 年反右,1958 年大跃进,1959 年庐山会议,三年暂时经济困难时期,社会上经济、政治、思想、文化上的斗争。其中的主线则是反对所谓右倾机会主义分子的斗争。随即把吴晗论海瑞的著述"代入"上述环境,得出结论:在庐山会议前夕发表的《海瑞骂皇帝》是鼓动所谓右倾机会主义分子骂党和党中央。庐山会议后发表的《论海瑞》《海瑞罢官》是为罢了官的彭德怀等同志唱赞歌,鼓励他们"不屈服、不丧气","失败了再干",复辟上台"重整纪纲"。案也就这样定了下来。

从上面两个"判决",说明"四人帮"一伙,对吴晗同志的诬陷,漏洞很多,矛盾百出,姚文元判决吴晗代表"地富反坏右"的复辟活动,关锋、戚本禹则判决吴晗是配合所谓右倾机会主义分子向党进攻。判决的分歧正是说明证据不确凿。证据不确凿又怎么能判罪呢?不管"法官"有多么大的权威,"法官"的臆测是不能作为被告的罪证的!硬要判罪,那只能说明"法官"仗权诬陷。

"四人帮"一伙的这种"历史代入法"是极其荒唐的。姚文元把历史剧"海瑞罢官"说成是代表地富反坏右的作品,这当然是不值一驳的。吴晗自己说他作品的主题是"除霸",是写海瑞打击乡绅大地主的,替农妇洪阿兰一家打抱不平。明明是反对地主阶级中最凶恶的势力,怎么是代表地富反坏右的复辟活动呢?至于戚本禹之流,把吴晗宣传海瑞精神,说成是鼓动右倾机会主义分子向党进攻,这纯属无稽之谈,在党的历史上,哪一个右倾机会主义分子具备海瑞精神?之所以称为右倾机会主义分子,就是因为他们对革命前途失去信心,过高估计了敌人的力量,胆怯畏缩,根本谈不上是什么敢说话,敢提意见,更谈不上有什么海瑞精神,如果真有海瑞精神,那就不应诬之为右倾机会主义分子,而应该誉之为站在党的正确路线一边的积极分子才是。实际上,在 1960 年前后,党中央和毛泽东同志一再发出指示反对瞎指挥,反对官僚主义,主张发扬民主,提倡敢说话,纠正反右倾中对许多同志的错误处理。如果把吴晗论海瑞文章中提倡敢说、敢批评、敢于平冤狱的精神,"代入"这种环境,那吴晗岂不又成了大大的革命者了吗?当然,我并不主张这样一种蛮不讲理,陷人于罪的"代入"法,只不过用姚、关、戚的治人之道以解人之"罪"而已。

二

"四人帮"横行霸道之时,无论对谁,只要宣布不是学术问题,是政治问题,便可用"代入法"随意把人拖进政治陷阱,置人于死地。由于用这种方法打人太多,便给人留下一种精神创伤,总希望把学术与政治分开,以便躲开政治,专事学术。

学术和政治有否区分呢? 不能没有。我认为现在需要思考的不是如何划分学术与政治的界限,而在于:为什么在社会主义条件下一些同志反而怕政治呢? 产生这种现象的原因不能从别处找,只能从政治中找。我看,最主要原因是林彪、"四人帮"推行封建法西斯专制主义,破坏了社会主义的文化民主。因此摆在我们面前的问题,首先不是如何细心区分政治与学术的界限,而是怎样充分发扬社会主义的文化民主问题。

宪法第四十五条规定:"公民有言论、通讯、出版、集会、结社、游行、示威、罢工的自由……"这里所说的言论、出版自由的界限在哪里? 我们史学工作者经常讲,研究历史要揭示历史发展的规律,总结历史的经验教训,要古为今用,要为无产阶级政治服务等等,那么,哪些政治是我们可以干预的? 这里我只提出如下几个问题与同志们商讨:

一、研究历史可以谈古论今吗? 我认为不但可以,而且应该大大提倡。中国的今天来自中国的昨天和前天。中国的今天同昨天与前天有着血肉联系。我们在分析任何一个重大的现实问题时,总要分析它的历史根源,这不就是把现实同历史连在一起了吗? 现实的斗争需要研究历史,但研究历史的最根本目的应该说明现实。林彪、"四人帮"这伙封建法西斯分子的出现,它不仅有现实的土壤,而且是中国两千年来封建专制主义余孽的又一次复活。林彪、"四人帮"的出现,使我们深切感到批判封建专制主义是摆在我们面前的一项重要任务。另外,在我们同志身上残存的"长官意志""衙门老爷态度""等级门阀观念""血统观念"等等,都同封建专制主义有着历史的联系。当我们研究历史上这些现象时,难道不应该对现实生活中还残存的这些东西给以鞭挞吗? 封建的毒素侵蚀着我们健康的肌体,而民主的精华又滋补着我们成长。无论从剔除封建糟粕,还是从吸取民主精华方面看,都需要谈古论今。吴晗的《海瑞罢官》,提倡了海瑞刚直不阿的精神,提倡敢于说真话,不为强暴势力所屈的斗争精神,当然是属于谈古论今。这出戏对那些作威作福的人民的老爷难道不应有点启发吗?姚文元对"起了大字报作用"的说法特别反感,难道这出戏对于那些官僚主义不关心群众疾苦的干部不正是起一张大字报的作用吗?谈古论今,说得贴切是会起积极影响和鼓舞士气的作用的。毛泽东同志提倡"四大",其中包括大字报,并且指出这是一种新式武器,姚文元如果不是做贼心虚,心中有鬼,为什么如此害怕这种新式武器,害怕"大字报作用"呢?当然,我们说的谈古论今绝不是胡乱类比和影射,而是要从规律的联系上说明问题。

二、在历史的著述中可以不可以渗透和表达作者的政治思想倾向呢?不但可以,而且应该大大提倡。一篇好的历史作品应该是一面镜子。郭沫若同志的《甲申三百年祭》不仅对李自成起义作了有价值的探讨,而且从中得出经验教训,告诫革命人民在胜利之时防止犯骄傲的错误。还以郭沫若为例。他写的《吕不韦与秦王政的批判》,不仅对两个人进行了历史评价,而且表达了作者对封建专制主义的批判。王夫之的《读通鉴论》好就好在他通过读史表达了他自己的政治倾向。吴晗研究海瑞,是响应毛泽东同志的号召才进行研究的,毛泽东同志亲自提倡过海瑞精神。毛泽东同志在 1959 年提倡海瑞精神,是针对 1958 年的经验教训提出的,特别是针对党内不少党员不敢同脱离实际、脱离群众的错误倾向进行斗争提出的,因为这种错误倾向,曾经给党的工作、国民经济和人民生活造成相当严重的恶果。可见,毛泽东同志提倡的海瑞精神也是具有鲜明的政治倾向的。这说明毛泽东同志的伟大,这闪烁着毛泽东思想的光辉。吴晗同志正是响应毛泽东同志的号召,正是以毛泽东思想为指导,评价海瑞这个历史人物的。从他的论文到戏剧,正如他自己所说的,要塑造一个敢想敢说敢作敢为的海瑞,也就是说,要让海瑞精神来为社会主义建设服务。这同样是有其鲜明的政治倾向的。如果说吴晗同志颂扬海瑞精神是反党反社会主义,那把毛泽东同志提倡海瑞精神置于何地呢?真理面前人人平等,怎么可以把毛泽东同志提倡的视为真理,而把吴晗同志颂扬的同一真理斥为谬误呢?天下哪能容忍如此不讲道理呢?我们主张这样做,是为了在科学研究的基础上表达作者的见解,与读者交流思想、给读者以启发。

吴晗同志历来主张古为今用,至今我仍认为他的一些文章是包含着他的政治倾向的。现在需要讨论的是,吴晗在文章中表达的政治倾向是不是宪法所允许的?是不是社会主义民主所容许的?我认为是应该容许的。

吴晗同志写的有关海瑞的文章,史实基本可靠,无可怀疑,侧重点当然有作者的意向。以我个人的分析,他在论海瑞的几篇著作中主要寓于了如下两个思想,一是顶头上司做错了事,要敢于提意见,敢于斗争;二是不怕受打击、不怕罢官、不怕杀头。不管每个读者对这种意向如何评价,放在什么历史环境去分析,我认为说它违犯宪法,说它反党反社会主义则是毫无根据的。我国的宪法和其他的法律条文有哪一条规定不准讲历史上臣下骂 (也就是批评)皇帝的故事? 不准讲历史上罢官的故事? 不准讲历史上平冤狱的故事? 没有,根本也不会有。历史上明明有的事,为什么今天就不能讲,讲了就是针对党和党中央? 真是岂有此理! 姚、关、戚硬说谁谈了上述问题就是攻击党和党中央,吴晗没有此意,那不恰恰证明他们把党和党中央比作封建皇帝吗? 我们借用他们爱说的一句话:这不是恶毒地攻击党又是什么? 这里再说几句“海瑞精神”问题。关于“海瑞精神”,人们可以有不同的理解与评价。但我认为,吴晗同志所倡导的“海瑞精神”不过是一种以古鉴今的提法,上边提到的两点大体不失其要。吴晗同志的《海瑞骂皇帝》《论海瑞》《海瑞罢官》,便是用叙述历史故事,人物评价和历史剧等不同方式表达了上述精神,尤其《海瑞罢官》表达的更为充分。我是赞成提倡“海瑞精神”的,为了社会主义事业,应该敢于同一切错误现象做斗争,特别是对官僚主义,更应该有勇气斗。从借鉴的意义说,提倡“海瑞精神”是有必要的。吴晗同志的《海瑞罢官》,我认为其主流是好的,应该肯定。

　　鉴于林彪、“四人帮”大兴文字狱,摧残学术文化的历史教训,我认为必须发扬社会主义民主,加强法制,应根据宪法有关条款的规定,制定出具体的法律,对言论、出版自由,确实加以保护,对压制和摧残言论出版自由的违法行为,坚决予以制裁,才能促进科学文化的繁荣。

原载《光明日报》,1979 年 1 月 21 日

"读书无用"引起的几点思考

当前的"读书无用"主要表现是什么呢？众说纷纭，一言以蔽之曰：重利轻学。要求学子远离利途，以为学而已，何必曰利?!认为学与利如同冰炭同炉的看法，是一种陈腐的观念。这里有两个问题需要讨论：

其一，知识是否应该商品化。这个问题从历史上考察，在发达国家早已解决。而在我国，一些人总认为知识离商品、市场越远越高尚，下意识地仍把商品、市场视为罪恶。知识本身是劳动的一种产品，同样有价值量。有价值就不必讳言价格，至于价格多少要由市场情况决定。知识同价格发生关系，不是知识分子的耻辱。而是知识分子走向现代化所不可缺少的。古人尚且讲以笔代耕，卖文为业，读书皆为稻粱谋；在商品发达的今天，知识分子何必讳言利字呢？

其二，学人能否兼业，特别是教师能否兼商。对这个问题，不应从道德、风俗、传统进行判断，而应从法律、法规上进行考察。法律、法规明令禁止，当然不可为；如无明文规定，有为者不应视为犯禁。对于学生经商也不应一概否定，勤工俭学与经商界限究竟在哪里？界限不清即发谴责，大可商议。责备应后于商讨。重利轻学的出现，恰恰说明知识贬值或知识的价值未到位。在商品日益发达的时代，不应要求学人远离市场，不食人间烟火。知识分子当官、兼官，很少有人投以鄙薄的眼光，多视为知识分子的骄傲；为什么从商、兼商却遭白眼？许多知识分子，特别是一帮教书匠，入不敷出，又不让他找出路，怎么活？现在需要的是探索解决的办法。

为什么在一个存在大量文盲的国度里会出现知识无用？这是一个很复杂的问题，既有社会机制方面的原因，又有人为的因素。这里仅谈以下四点：

1.社会生产有机构成比较低，对知识的需要不迫切。我国有相当多部门与生产环节，眼下只需要具有一定体力和必要经验的人。他们的收入并不比上过学的人少，甚至还要高出许多。这个问题反映在当前的劳动市场上，表现为缺乏对知识的需求和推动,而另一方面,知识培养又与市场需求脱节。两者之间还没有形成互相推动的良性循环。因此,尽快形成健全的劳动市场,并迫切需要有知识的劳动者,远比任何行政命令,都会更有力地推动社会走向知识化。

2.知识分子缺乏知识主体意识。多年来,知识分子的多数被划入资产阶级范畴,历来又宣传知识属于人民,知识分子应把知识还给人民。在这种理论指导下,反复批判知识私有,更不准把知识作为"资本"来"讨价还价"。这些年情况有了很大转变,知识分子归队成为劳动者。但对上述理论并未认真清理和重新认识。知识分子作为知识主体与知识所有者的观念仍相当淡薄,甚至仍为道德观念所不容。一方面,知识市场还没有形成;另一方面,知识分子自身也不敢或放不下架子去探讨知识价值的实现问题。这样也势必造成知识价值不到位。

3.在用人上缺乏公平竞争的社会环境与条件。近几年社会经济在商品化、市场化道路有了迅速发展,但人事制度主要仍受行政关系支配。缺乏公平竞争机制,很难进行选优汰劣,致使相当多的业务部门,有专门知识的人才很难取代文化素质较差的人。这也是一些大学毕业生很难进入相应的业务部门的主要原因。而大学生虚假过剩现象的出现,也为读书无用论提供了某种根据。

4.学校教育制度应适当引进商品与市场机制。同商品经济配合,应逐步发展人才市场。学校要考虑市场对人才的需要,适时地调整某些专业,以培养社会需要的人。对大学生也要逐步引进必要的商品与市场机制进行制约,如缴一定的学费,包括学分费;改变统包分配制,推广自谋出路。读书有用无用的问题可交由学生(指大专以上的学生)自己选择,可以退学,也可以休学,在一定时间内保留学籍,重新学习要缴纳一定费用等。

原载《天津日报》,1988 年 8 月 22 日

《中华文化通志·制度文化典》主编寄语

　　《制度文化典》各"志"，重在论述制度与文化的关系和制度所凝结的文化内容。为此，应把文化制度化和制度文化化作为楔入点。每种制度的形成与发展无疑是历史综合运动的产物，但本"典"各"志"要重点论述各种制度形成，发展过程中的文化环境、文化动因和某些观念是如何转化为制度的；反过来，也要着重论述该制度在实行过程中所依赖的文化条件以及如何转化为社会意识和社会心理学等。

　　各"志"要在准确叙述所论制度基本历史事实和发展过程的基础上，着力论述该制度的运行机制、内在矛盾和历史意义，从中揭示该制度的发展趋势和规律。各"志"既要有翔实的材料，又要进行高度的概括；在历史与逻辑统一的基础上，主要用逻辑的方法处理繁杂的问题。

　　写作体例要尊重编委会的要求，但在内容上，要在吸取前人成果基础上，突出个人的研究心得，力求成一家之言。

　　　　　　　　　　　　　原载《中华文化通志编纂通讯》，1993 年 2 月 1 日

知识要在市场中实现自己的价值
——关于知识贬值问题的思考①

一、引言

目前多有议论的知识贬值现象是一个非常复杂的社会背景下的产物。大家都知道,目前的中国既不是改革以前完全的计划经济体制,也不完全是人们所追求的市场经济体制。十年改革为中国带来了巨大而又深刻的变化,但到目前为止,改革工程还远没有完成,尚不存在一个基本合理的经济体制,整个社会生活也并没有纳入稳定正常的发展轨道。新旧体制的并行引发出一系列的摩擦与矛盾,带来了不少的社会问题。而知识贬值现象正是诸多社会问题中的一个。

所谓知识贬值,实际上是知识分子收入问题的综合反映。没有证据能证明知识分子没有从改革中获得好处,而且实际上,十年来知识阶层无论在政治上还是在经济上,其生活都发生了重要的变化,当然这些变化大部分是好的方面的变化。但是,现实生活中存在的一些问题也是不能忽视的:比如,一定程度与范围的脑体收入倒挂,拿手术刀的不如拿剃头刀的这种不合理的收入差距,等等。收入方面的变化对于社会的影响是不言而喻的。由于读书无钱而导致读书无用论的蔓延,进而对整个社会的道德文化素质都形成极为消极的影响,长期不改变这种状况,后果是非常严重的。

---

① 本文与史继平合作。笔者注:本稿写于 1990 年年初,原是"当前社会问题综合治理"课题中的一个问题。该书出版时,本篇未编入。现拟仍用原稿刊出。因文太长,省略第二部分。

二、脑体收入倒挂及其对社会的影响（略）

三、双轨分配机制：知识贬值的直接诱因

我们认为，造成知识贬值现象的直接原因在于：在半计划半市场的状态下，存在着两种并行而又互相滋扰的分配机制，因而引起了一系列分配上的混乱现象。

在计划体制下，几乎所有的劳动者都被置于国家的直接控制之下。在这种分配机制中，不同部门、职业、行业，乃至个人之间素质、能力、贡献以及教育水平等方面的差别难以在收入上体现出来。改革开放以来，这种情况已经有了较大的改变。变化的因素就在于一定程度及范围内市场制度的引入，也就是说，市场已经成为与计划并行的分配依据，即所谓收入分配的双轨制，主要表现在以下几个方面：

第一，在所有制方面，由过去单纯的公有制转向多种所有制并存的局面，个体、私营、集体、外资的比例逐年扩大，劳动者的"雇主"出现多种并存的局面；

第二，在个人收入的构成方面，由过去唯一的工资收入变为包括工资收入、资金收入、财产收入、经营收入、风险收入、兼职收入、雇工收入等多种收入并存的局面；

第三，在国营部门中，由于推行了个人收入与经济效益挂钩的政策，分配领域中国家直接控制的范围与程度有所减少和降低，尤其是体力劳动者占绝大部分的企业单位的职工个人收入已经基本上完全放开，正在形成市场收益决定个人收入的机制；

第四，国营部门中的事业单位，主要包括教育、科学、文化、卫生等部门的职工以及国家机关干部，这部分人的工资还完全由国家决定，而这些人中，脑力劳动者占绝大多数。

这样，政府对个人收入的调控手段就由过去高度集中、统收统分的直接控制向间接控制转化。但是，由于政府对收入分配的直接控制明显弱化，而新的宏观间接调控体系及手段尚未建立健全，原有分配问题上的问题并未完全解决，同时又引发了新的问题。

由于分配机制的变化带来了个人之间收入的差距，到目前为止它所表现

出来的特征是：

第一，私营部门中个人的收入高于公营部门。这一点从个体户与普通职工的收入差距上可以看得很明显，比如北京市对个体户调查表明，其年收入平均为 5000—10000 元，显然已经大大超出了端"铁饭碗"的国家职工；另外，外资企业的收入亦超出国营企业较多，例如《经济日报》1988 年 5 月报道了两位医生的收入对比，一位在合资饭店工作，平均月收入为 460—470 元；而相同水平的另一位医生，在医院工作，月收入却只有 180 元左右。

第二，能够直接从市场中取酬的部门的个人收入高于靠再分配维持的部门的报酬。这一点最明显的例证莫过于脑体收入倒挂。从倒挂的构成来看，形成脑体收入倒挂的部分并不是基本工资，而是收入中基本工资以外的部分，即奖金、津贴等，而这部分收入只能来自市场。数字显示，1986 年机关团体和事业单位的奖金津贴、计件工资占工资总收入的比例只有 31%，而体力劳动者密集的企业这一比例则达到 45%，这还不包括各种实物奖。

第三，国营企事业单位内部分配上平均主义"大锅饭"现象不仅没有减少，反而有某种程度的增加。据国家统计局对 48 个城市的调查，1988 年与 1985 年比较，科研单位实习研究员与研究员工资差距由 1:3 缩小为 1:2；医院医士与主任医师由 1:3 缩小到 1:2.2；大学助教与教授由 1:4.1 缩小为 1:2.1；国家机关办事员与司局长由 1:3.1 缩小为 1:1.6。奖金平均发放的比例也越来越高。目前不少企业奖金平均发放部分已占 50% 以上，有的甚至到 70% 以上，而机关事业单位的奖金则基本上平均发放。

第四，各种非货币收入以及非法收入呈泛滥的趋势，表现为特权、贿赂、回扣、官倒、投机倒把、偷漏税等。据调查，个体工商户偷漏税比例在 90% 左右。至于各种投机倒把活动、官吏的腐败、权钱交易，乃至各种职业权力所形成的非法收入，其数量都是相当大的。

如果把上述特征概括来说就是，在目前双轨分配机制下，个人收入高低取决于其与市场结合的程度：私营部门是以个人方式直接参与市场的分配，因而可以获得市场收益中最大的份额；国营企业是大家捆在一起进入市场的，"有福同享"，虽然国家行政控制并没有完全减弱，但个人还是可以从市场收益中获得一部分收入；只有国营事业单位，因与市场基本无缘，因而只能获得一点市场收入的"残羹冷炙"（再分配）。

以上我们简述了改革以来整个社会分配领域的变化情况，目的是为了考察在新的、已经变化了的收入格局中,广大的知识分子处在一个什么样的位置上。

我们认为,从知识分子工作的性质与方式来看,目前推行的分配政策对于大部分知识分子来说是不利的。知识分子总体收入较低的现状,主要是由于知识分子本身的工作环境与工作特点决定的。到目前为止,已经出台的涉及收入分配领域的改革措施的基本精神是:在维持原有的大部分状况不变的基础上,推行个人收入与其所在部门直接经济效益挂钩的办法。显然这种情况对于无法创造"直接"经济效益的部门是极为不利的。比如教育部门、机关团体、从事基础研究工作的科研部门等等,这些部门显然无法从这种分配方式中获得好处,而这些部门则正是知识分子密集的地方。目前出现的脑体收入倒挂正是这种分配政策直接造成的。大部分知识分子收入较低的原因就在于其工作本身没有提供机会或渠道获得基本工资以外的那一部分收入。加之最近一些年来越来越高的通货膨胀率,使得脑力劳动者与体力劳动者之间在基本工资上的差额显得越来越微不足道(从工资标准来看,知识分子这部分工资是略高出普通体力劳动者的),而奖金部分的差别却越来越大,因而加剧了脑体力劳动者之间的收入差距。统计表明,1987 年北京市企业职工人均月奖为 54 元,而机关事业单位人均月奖则为 21 元,前者为后者的 2.57 倍。

上面讲的这些有关知识分子收入偏低现象的政策因素着眼于大部分人的情况以及总的倾向而言的。事实上,知识分子当中,也有相当数量的人得益于现行的收入分配政策,在他们身上,显示出知识"升值"的迹象。

首先,进入私营、民办、集体、合资、独资等部分的知识分子一般都能够获得较高的收入,而且,在这些部门之中,基本上不存在脑体收入倒挂现象。

其次,知识分子中的一部分人,依靠稿酬、技术转让、业余兼职等渠道,可以获得工资以外的一部分收入,或多或少,因人而异。值得一提的是,与现行工资体制中脑体倒挂的现象正相反,在第二职业中脑体收入差别却趋于正常,例如一个饮食业帮工,每晚可得 5—8 元报酬;一个家庭教师每小时报酬是 3—6 元,以每晚 3 小时算,可得 9—18 元;民办夜校教师每课时 4—10 元,以每晚 3 小时计,可得 12—30 元。①

最后,由于国家政策的松动与鼓励,科研单位和高等院校中部分应用学

---

① 雷弢:《反思公平》,中国妇女出版社,1988 年。

科的知识分子,通过办班、咨询、技术服务、产品开发设计等方式进行创收活动,也可以获得相当收入。这种情况,因不同地区、专业,以及政策规定的差别而表现不一。

上述情况表明,知识分子当中,凡是能够做到使自己的工作与市场收益挂钩的,都不存在知识的贬值现象。遗憾的是,这种情况相对于整个知识分子队伍来说,人数过少,比例过低,短时期内难以形成较大的影响,更无法对旧的分配体制造成有效的冲击。其一,由于民办、集体、私营部门在投资和规模上都比较小,对于中、高级知识分子的需求较少,而外资的比例又太低,因而能够流动到这些部门的知识分子为数甚少。其二,虽然有一部分知识分子可以靠出卖知识获得收入,但是,由于缺乏可靠的法律保障,制度有待健全,而政策上的各种限制也比较多;另一方面,分布在教育、科学、文化、卫生等部门中大量从事教学以及从事基础研究的大量知识分子,客观上远离市场,难于使自己的劳动成果直接转化为商品,因此,对于知识分子总体来说,这种获取收入的"第二渠道"相对还是太狭窄了,能通过去的只有少数人。

四、导致知识贬值现象的一些深层原因

目前妨碍知识分子提高待遇的因素大致有下面几个方面:

第一,我国经历了一个漫长的封建社会,近代工业起点低、发展慢,与大机器工业紧密相连的现代意义的知识分子人数少、力量小,始终没有形成一个相对独立的社会集团。新中国成立以后,知识分子队伍迅速扩大,在社会主义现代化建设中发挥着越来越重要的作用。但是,由于长时期在知识分子问题上执行"左"倾政策,忽视了知识和知识分子对社会发展的重要作用。尤其是在"文革"期间,知识分子大都成为"革命"对象,遭到空前的厄运,许许多多人被降职降级、下放劳动,甚至迫害致死,成为名副其实的"臭老九"。于是普遍形成轻视知识、轻视知识分子,甚至丑化知识分子的恶劣风气。在中国这样一个政治支配经济的社会里,政治上的评价必然会影响到工作、收入等各个方面,"文革"期间实际上存在着对知识分子的政治、经济的"双重歧视"。虽然党的十一届三中全会以后,知识分子的社会地位得到了重新评价,成为工人阶级的一部分,党中央也提出了"尊重知识、尊重人才"的口号。但是由于历史影响较深,且积弊日久,短时期内仍然余迹难消。

第二,国家对于知识分子包得过多,管得过死。所谓知识分子,在目前我国大致是指接受过高等教育,并且具备一方面专长的人。对于知识分子,国家采取了统统包下来的政策,无论是教师、工程师、科学家、记者、编辑,还是演员、作家等等,一律吃皇粮,领官俸。在包下来的同时,又采取了过分僵硬的管理方式,统一定级,统一加薪。由于包的过多,必然是僧多粥少;而管得过死,又造成难以解决的平均主义现象,形成不同行业、地区、职业、部门乃至个人之间收入攀比现象。这种管理方式对于知识分子来说是极为有害的。

目前我国人才管理在观念上和体制上,都无法适应市场经济的要求。从观念上看,计划经济模式还束缚着人们的思想,如职业只能由组织分配而不能自主选择,个人择业要受种种限制,等等。从管理体制上看,国家对知识分子的管理和使用统得过死,过分强调国家计划或领导意志,不大尊重知识分子个人的意愿和特长,逐渐形成了一种非常僵化的人才地区、部门、单位所有制。人才流动受到种种来自人为的和体制的限制,流动率极低。据统计,1984—1987年,科技人员的平均流动率仅为2%,远远低于苏联、匈牙利20%—30%的流动率。

由于长期以来对知识分子采取了"养"起来、管死了的政策,使知识分子本身形成了一种"等、靠、要"的依赖心理。在改善自身待遇的问题上,过多地企望国家,把一切希望都寄托在国家"落实知识分子政策",不想也不愿意通过自身的努力来改变现状。鉴于这种现象,有人甚至把知识界对于解决脑体收入倒挂的呼吁称之为"知识分子不适应商品经济的一种呻吟"。话虽显得稍为尖刻,但也说明了部分现实。从这个意义上讲,有时候正是知识分子本身充当着妨碍知识分子待遇提高的角色,这一点不可忽视。

第三,主要是受到来自体制的制约,造成社会对于知识和人才的有效需求不足。现在无论是做报告还是写文章,听广播还是看报纸,大家异口同声地说中国急需知识和人才;但在现实生活中,情况似乎并非如此。或者说,中国目前对于知识和人才的需求,更多的是表现为理论上或纸面上的需求;而在现实生活中,尚缺乏一个使人才迅速成长和有效发挥作用的环境。甚至在现行体制下,尚存在着相当程度的排斥知识与人才的趋向。

目前最能够说明中国"人才过剩"的证据就是大学生的求职难问题。过去采取大学毕业生统统由国家包下来的方法,结果造成许多用非所学的例子;现在采取了对大学生不包分配的政策,结果是许多人到处奔波,到处吃闭门羹。1988年全国新分配大学生被用人单位退回达数千人。四川大学历史学博士求职无门,做高中毕业生就可以做的图书管理员工作。新中国培养出来的第一位兽医学博士,由于没有单位愿意要,被迫摆起了烟摊,靠做小生意维持生活。1949年以后我国第二个在联邦德国获得哲学博士学位的博士,仅仅因为用人单位"编制满了",无处可去,投书报社。当然,不能允许大学生失业的现象发生,不管专业是否对口、个人是否满意,最后仍然会给每一个人一碗饭吃。但是,有工作不一定就意味着有事情干。据国家科委的一项调查显示:目前在我国专业技术人员中,能力得到充分发挥的仅占14.6%,全国专业技术人员能力发挥程度为65%左右。因此推算,相当于全国约有340万名宝贵的专业技术人员处于闲置状态。[①]上海的一项统计显示出这样的情况:由于各种原因,上海市1987年获得的500多项专利申请,至今仍有70%找不到买主。天津市提供的一份调查表明,34%的专业技术人员潜能不能够得到应有发挥。对2496人调查,除一部分人以外,大量人才从事的是经验型和程序型工作,从而缺乏研究和开发新产品的机会和动力;科技活动所必需的物质条件不足,有的单位领导不提供或经常不提供工作的方便;专业不对口,人才流动难,分配工作不对口的占42.7%,因组织调动不对口占30.7%,两项合计占73.4%。[②]

从体制上看,出现这种现象的原因就在于我们的经济体制本身缺乏一种在微观上的扩张冲动,只求安稳,不求发展,对知识和人才只满足于一种最低限度的需求;推行各种经营承包、经费包干的政策后,又造成企业的短期行为,厂长经理为达到其任期经济指标,拼人力、拼设备,采取掠夺式的经营方法。对于技术进步,对于知识和人才,则只看作是软任务、软需求,置于一个可有可无的位置。像这样一种在体制上的弊端,是无法靠几个口号、几次讲演,或几篇文章能够解决的。

第四,从我国人才的构成来看,也存在着相当多的问题。在知识分子当中,有不少人所从事的工作脱离现实,不能满足社会的需要,表现为重基础、轻应用;重书本、轻实践。长期以来我国已经形成了比较庞大的基础研究部门,比较优秀的人才多集中于高等院校和科学研究部门;而在这些部门之中,又大多从事着与现实需要关系不大的一些基础研究项目,相比之下,直接与

---

①《中国人力资源开发研究》,北京经济学院出版社,1989年。

②《今晚报》,1989年4月3日。

生产、管理相关的部门中，一是知识分子人数比较少，另一个则是水平较低。

人才的培养也是一样，结构上不够合理，不能适应社会需要。其一，高校专业设置缺乏适应社会需要的灵活性，许多社会急需的专业人才高校无法或不愿培养；而许多专业的毕业生本来已经饱和却还在源源不断地向社会输送。其二，人才的培养过多地重视高层次，而忽略中低层次。实际上，由于我国经济发展水平较低，劳动力素质较差，社会上对于中、低层次的专业人才的需求可能更为迫切，而我国的现状恰恰不能满足这种需求。其三，国家统得太死，缺少社会办学的条件与环境。应该拓展敞开社会办学之路。其四，学校之间缺乏竞争机制，行政干预太多。

五、关于对策的若干思考

由于条件所限，我们只能着眼于大的思路。

比较流行，也最受欢迎的意见是由国家大幅度提高知识分子收入，由此改变脑体收入倒挂现象，使知识分子收入能够超出社会收入平均水平。但是，十年来的发展已经差不多证明了这一思路几乎是行不通的，一方面国家经济有困难，能否拿得出钱来做这件事情是一个问题；另一方面，即使这样做了，也势必要引起整个社会各阶层的攀比，进而有可能引起某种社会摩擦。再者，目前的体制早已不是改革前的高度集中的体制，国家对于整个社会收入的控制能力早已不是五六十年代的水平。所以，这一思路的可行性是很小的。

另一种思路是通过进一步的改革措施来使知识分子改变原有的收入状况，即所谓"给政策"。本文的分析已经说明，到目前为止，已经出台的改革政策只是改变了较少部分的知识分子的经济地位，对于大部分知识分子来说，它反而加剧了脑体倒挂的程度。

我们认为，目前妨碍知识分子收入问题解决的因素不仅在于收入政策而在于整个经济体制。我们可以沿着这样的逻辑反推：知识分子收入问题的解决取决于整个工资制度的改革，而工资制度的内容则取决于经济体制的变化方向与程度。对于知识分子来说，根本问题就在于知识阶层在现代中国经济发展中扮演一个什么样的角色：第一，是否存在一种经济运行机制，使社会对于知识和人才的需求不是表现在宣传、号召、要求、呼吁或行政命令上，而是出自社会发展的内在需求？第二，是否存在必要的社会条件，使知识分子能够自由获得与其劳动付出相称的一份报酬？我们认为,这才是根本解决知识分子收入问题的基本前提。知识分子收入问题的最终解决,在极大程度上依赖于整个经济制度的变化趋向。一旦整个经济环境变了,知识分子收入问题的解决只不过是水到渠成的事情;相反,在整个经济运行环境不发生根本性变化的情况下,单独谋求知识分子收入问题的总体改观,在相当程度上只能说是成效不大的努力。当然,这并不是说对于这一问题我们只能无所作为地等待环境的改观。实际上我们可以并且必须做出努力,使问题朝着解决的方向推进。

第一,在现有的条件下,尽可能地为改善知识分子生活待遇做一些事情,包括在收入以及住房、医疗保健等方面。这方面需要社会与国家的共同努力。

第二,在舆论宣传方面,对知识分子对于社会发展做出的巨大贡献予以鼓励和宣传,形成整个社会尊重知识、人才的良好社会风气。

第三,在知识分子的使用与管理上,进行进一步的改革,主要要解决国家对于知识分子包的过多、管得过死的状况。要鼓励知识分子努力向社会找饭吃。凡是有能力、有条件能够从社会取得报酬的知识分子,都应该推向社会;另方面,国家对于知识分子的管理也应当进一步放松,逐渐培育并形成人才市场,使知识分子能够在知识市场中进一步发挥其能力并获得相应报酬。

第四,逐步解决占着"双轨",吃"双锅饭"的问题。那种靠着"铁饭碗"养老,靠市场"发财"的现象再也不能继续下去了。一大批"文化""知识"机构与人员,应向社会找饭吃、求生存,与财政脱钩,国家把省下来的费用转入增加教育经费,提高公务员的收入等。

第五,国家的行政部门主要用法律的方式管理和引导知识与文化市场。

原载《理论与现代化》,1993 年第 4 期

传统文化要在适应现代化中寻求生存点

　　历史的进程具有时代性,最能表明时代的,是历史的阶段性,比如传统社会与近代社会之别。每个时代都有它的文化主题,就中国传统社会而讲,传统文化尽管千姿百态,然而中心大抵是君、臣、民、仁义、纲常、道德、心性、神鬼、天人关系,等等。即使那些最形而上的高论,也离不开这些。陈寅恪说:"吾中国文化之定义,具于《白虎通》三纲六纪之说。"陈先生之说,至少就儒家而论,是切中要点的。

　　近代社会的文化主题与传统社会大异,它的主调是科学、民主、平等、自由、法治、竞争、人权,等等。近代化是具有世界性的。在世界性的大变动中,中国慢了一步。这一步之差使整个中国陷入痛苦之中。就文化而言,近代所提出的一系列课题,在传统文化中,几乎很少有直接衔接的地方。中国有"人唯求旧、器唯新"的传统。接受新物阻力较小,接受新思想、新观念相对比较难。中国被卷进近代化大潮时,"师夷长技"未遇到大的阻力,但却要固守中国的传统观念,于是有"中学为体,西学为用"的提出和流行。这样,思想文化比技术的近代化又慢了一步。

　　中国的历史,尤其是文化,曾是那样的辉煌,到了今天一下子要承认落后,该是何等的困难!而近代社会使传统文化失去了它原来的生存环境,近代文化把传统文化挤到了边缘地带。但传统文化遇到的困境不是它的自身问题,而是整个文化发展环境有待改善。文化发展需要更多的自由,在自由的发展中,传统文化会找到它的位置。

原载《光明日报》,1993 年 7 月 7 日

他们为中国历史涂抹浓重的一笔

对"老三届"的评价,目前社会上众说纷纭,各执一词。但有一点,几乎所有的人都承认,从陷入狂热的盲从漩涡到主体自觉意识的不断增强,从同怀"解放全人类"的理想到崇尚实证主义的思维方式的转变,造就了这一代人不唯上、不唯书、勇于探索、乐观达生的精神风貌。对于正处于文化转型期的中国社会来说,这种精神风貌弥足珍贵。

这一代人在政治的发动下,走过了"红卫兵运动"和"上山下乡运动"。他们中许多人对于这个国家、这个民族,对于丰厚的文化遗产做了许多让人心酸的蠢事。像我这样年纪的许多人都曾和他们有过不愉快的交往,但反躬自问,铸就他们那样狂暴行为的历史背景中,是不是也包含有我们这一代人的"智慧"呢?我们中的不少人,包括我自己在内,不是曾一边当"牛鬼蛇神",一边痛哭流涕地进行"斗私批修",甚至为"立新功"而加罪同类。所以,我认为,对于"文化大革命"乃至"老三届"的历史评价,应当客观、辩证,毕竟人是环境的产物。个人间的恩恩怨怨,实在没有多少必要去计较,但却需要从更高层次上进行反思和再认识,如实地记录事实和进行历史哲学的思考是最为重要的。然而,这些却是目前最缺乏的,令人叹息!

"老三届"人在成长道路上走过了较多的曲折,付出了更多的血和汗。他们的艰难并不在于北大荒、戈壁滩的冷与热,而是共有的文化贫乏使这一代人长期处于精神饥饿状态而有点变异。人毕竟不是兽类,必须用精神表明自己是人,精神的饥饿反而引起了这一代人对精神的特殊追求。于是,这一代人用血和汗写就了他们令人震撼的觉醒和顿悟。这一认识过程的完成,对于灾难深重的中华民族实是一大幸事。从过去二十多年的历史来看,"老三届"人中精英们的清醒,是中华民族从"文革"怪梦中觉醒的重要标志之一。没有他们这一代认识的升华,我们民族从泥淖中拔出的速度也许不会这么快,今天的改革开放进程也未必如此迅捷。公平地讲,"老三届"人的苦难,大概是我们这个民族发展中不可缺少的一环,没有这样的苦难,难以有迅速的觉醒。从这个意义上讲,我们必须向他们表达最深切的敬意。

这一代人正值年富力强,未来十年甚至二十年的中国大舞台,要由他们担当主角。因此,他们这一代人的品质、人格、精神都足以在未来的中国历史上涂上重重的一笔。是否如此,还得拭目以待!

原载《苦难与风流——"老三届"人的道路》,上海人民出版社,1994年

心灵中的空白①

公元 1046 年的一天,准确地说也就是宋仁宗庆历六年的九月十五日,范仲淹应在岳州巴陵郡担任太守的好友滕子京之托,为重新修建好的岳阳城西门堞楼写下了一篇传诵千古的文章《岳阳楼记》。

登上岳阳楼的迁客骚人,面对着洞庭湖"衔远山,吞长江"的奇秀景色,肯定会浮想联翩,产生不同的心境,然而,范仲淹在文中所表达的却是自古以来的仁人志士们的人格追求,这便是:"不以物喜,不以己悲;居庙堂之高则忧其民,处江湖之远则忧其君。"

后世的人们大多只注意赞赏范仲淹在文章中表达的 "先天下之忧而忧,后天下之乐而乐"的思想,却很少看出上面的那段话是范仲淹对中国士人们普遍心态的一种概括。

范仲淹提出了一个十分要紧的问题:仁人志士们"是进亦忧,退亦忧,然则何时而乐耶?"这就是说,中国的知识分子无论什么时候都处于忧虑之中,他们什么时候能开心呢?他认为这要等普天下的人都开心了,他们才会开心。但直到今天,也没有人敢说世界上所有的人都开心了。范仲淹的千古名言无疑是一个伟大的抱负,然而到目前为止,历史却作了另一种安排,只要恪守范老先生的教导,士人们注定无快乐之时。然而即使如此,许多良知未泯的士人们仍在孜孜以求。

自五四运动以后的学者大都将中国知识分子的这种心理特点用 "忧患"二字来概括。纵观历史不难发现,良心未泯、富有个性的知识分子都怀着对社会、人生、自我、文化等问题的深深忧虑,也许他们在一生中获得过许多乐趣,但在他们内心深处,又有什么时候是真正快乐了呢?

---

① 此文是作者为刘武的《醉里看乾坤》和张毅的《潇洒与敬畏》两书所作的序言。两书均由岳麓书社出版。

在对中国古代知识分子的研究中，人们更多关注的是他们的思想、学说、著作、经历和政绩，而很少对他们的心态作认真的分析和描述。这种缺陷无疑给历史文化留下了一行空白。历史从某种意义上说是人类的心灵史，如何用清新脱俗的笔墨描述出人类心灵发展的轨迹，也许正是新一代学者需要担负的工作。

现代心理学为观照古代士人的心态提供了理论基础。在弗洛伊德看来，人的本我与自我、超我是不同的心理层次，也就是说，人的行为和心理往往并不一致。"文如其人，人如其文"是一种极其普通的常识，于是，以文论人，或者以人论文便成为我们评论文人的惯例，从弗洛伊德的观点看这不能不说是一个小小的误区。倘从心态的角度来看，会发现许多文不如人、人不如文的现象，这往往是一个人心理矛盾的体现。中国古代的士人在处世、从政、为学，以及面对生死、忠孝、功名、酒色等问题上，常常是矛盾的。利害与道德的冲突，理想与现实的矛盾，以及儒道佛思想的杂陈，始终积淀在士人们的心底，铺垫出中国知识分子的心路历程。

许多学术著作深浸着浓厚的八股气，能不能采用一种新颖的文体，通俗易懂地向人们讲述古代那些被人们忽略了的旧事呢？能不能从心态的描述中，发现中国古代士人们不可避免的悲剧呢？评传、史传之类的学术著作是不是不面面俱到，不作广博的引证考据，就不足以体现学者风度呢？

回想"唐宋八大家"的作品，有多少是艰涩枯燥的呢？那恢宏的气势、清新的笔调、幽默的文风、酣畅的文字常常使人过目难忘，也正是这种不假规矩的洒脱摆脱了学究气息，而展现出唐宋一代大家的风范。

我早就有心编撰出一部不具学术味而具学术观点的通俗文化著作，来展示中国士人的复杂心态。然而，我深深感到心有余而力不足了。如今，两个年轻的学者有志于这项工作，而且靠他们的努力为历史奉献了这些清新脱俗的著作，使我的夙愿变成了现实，也更使我体会到换一种眼光、换一种笔调来审视、描画历史的意义和价值。

至少，在我们心灵的原野中又略去了一行空白。

原载《中国青年报》，1995 年 4 月 17 日

《大明王朝》乃文学传神历史命运之笔①

我每晚看《大明王朝·1566》电视剧时都被深深震撼,叹服编剧刘和平在文学创作方面的天才,尤为可贵的是,刘和平对历史精神的理解和把握,显示了他在史学方面也具有很深的学养和悟性。我作为一个多年从事中国古代政治思想史研究的学人,想从中国传统政治文化的角度,对该剧发表一点初步的看法。

中国传统政治文化的"质"是什么?这是我多年来一直在关注和探讨的问题,刘和平的作品也在探讨这个问题,我们得出了一个共同的结论,那就是"王权主义"。电视剧一开头,就以天象示警,就在朝廷上打板子,几板子打下去,就打出了君臣关系的本质——"王权主义"。由此可见,编剧的文艺思维,不仅能以其戏剧性引人入胜,而且有着理论思维的深度,能启人深思。本剧对宦官的描写,真绝!将"王权主义"写到他们骨头里去了。

影响中国古代历史发展的核心力量是什么?是王权,王权支配经济!本剧对此作了深入的揭示。无论严嵩父子怎样巧立名目大搞土地兼并,还是嘉靖皇帝以无为而治的名义,躲在深宫指挥宦官算账竭尽敛财之能事,这样的故事情节,就其本质而言,都是王权支配经济的反映。在王权支配经济的大前提下,朝廷两手抓,一手抓重农抑商,一手抓官督商办,一重一抑,一督一办,自上而下夹击之,这样就决定了商人的命运。在此宿命中,商场依附于官场,商人几乎无不投入官僚的怀抱,以至于官商勾结,酿出沈一石式的悲剧。对这样的商人,作者充满了理解和同情,使人不禁要问,究竟是为富不仁,还是为权不仁?!

看得出来,刘和平的创作,并不仅仅满足于写那些扣人心弦、催人泪下的

---

① 本文首发于"新浪娱乐",2007 年 1 月 14 日。

故事,而是要在这些故事里面展示命运的逻辑。因为,唯有在命运的逻辑里,文艺形象和历史精神才能达成内在的统一,在这样的统一性里,掌握故事进程的仿佛已不再是编剧本人了,而是行云流水般的命运,不是编剧在驱使人物的命运,而是人物的命运进入了编剧的灵魂,用编剧的话来说,那叫作命运附体。毫无疑问,他被命运附体了,成了命运之笔。

该剧人物中,有两个最具命运感的人物,一个是海瑞,一个是嘉靖帝,他们在命运的催化下复活。这两人,一个是清官,一个是昏君,这是传统看法,形象早已定了。可编剧的思绪,却被命运牵引着,进入传统观念的幕后。在幕后,他有了新的发现!如果说"清"的正面是"忠","忠"之极则"愚",是"愚忠",而他在幕后却看到了反面——"智"。"智"之大也"愚",正所谓"大智若愚"。编剧几乎没有写人们想当然的海瑞的正面——"忠",却以大手笔来写他的反面——"智",从反贪官到骂皇帝,海瑞都闯过来了,靠的就是"智"!他的"忠"是君本位的,可他的"智"却以民为本,此乃大"智",有几人知?

海瑞是中国式的组合思维方式,即君本、民本理论性格的体现,大智包含大忠,是"第二种忠诚",不对明朝构成威胁,忠于明朝,得到了士林的拥护。明人何良俊说:"海刚峰之意无非为民。为民,为朝廷也。"

嘉靖帝以"昏"著名,数十年不上朝,实在"昏"得厉害,可编剧却从这"昏"的幕后,看到了"无为而治"。用常人的眼光来看,人"昏"到了极点才会"无为","无为"就是无用,就是什么都不做什么也做不了,却不懂得从"无为"向后一转就变成"无不为"了。"无不为"是什么都可以用什么都可以做,这在政治上叫作"霸王道杂之"。剧中,嘉靖帝临死前,以长江水清、黄河水浊来比喻"无为而治",说治国之道应当清、浊并举,如长江、黄河并行于大地,不可因长江之水清而畅其流、黄河之水浊而禁其行。水清也好,浊也罢,都要用,它们都有自己的流域,都要灌溉一方土地,养育一方人民,这样的"霸王道杂之"才是最彻底的民本主义。当然,它们也会带来灾难,恩也好,灾也罢,都要欣然受之。

海瑞闻之默然不语。中国传统政治文化中的两种反智主义的智慧——"用愚"和"用昏"在这里过招,朝臣无不为之骇然,因为对于这种智慧的理解,完全超出了他们所能理解的"智慧的格局",反智主义的"用愚"和"用昏"竟然更接近智慧的最高峰。在智慧的最高峰上,它们无须剑拔弩张,而是握一握手,相逢一笑泯恩仇。这两个孤独者,一个是最高道德境界上的孤独者,一个是最高权威境界上的孤独者,他们在内心深处是最能相互理解的。海瑞骂皇帝,突如其来,如晴空之霹雳,落在嘉靖帝的头上,作为皇帝,本能的反应就是,把他宰了!一怒之下,先将海瑞打入监狱,细读奏折,方知海瑞呕心沥血的苦心,因而有了临死前那一番长江、黄河的皇皇大论,并出人意料地以天命的名义赦免了海瑞的死刑。

真是神来之笔!编剧用一部可歌可泣的好剧作,揭示了中国传统政治中儒道互补的运作规律,嘉靖深知"无为而治",也要以"天行健,君子以自强不息"为根底。他赦免了海瑞,自己就死了,还背走了"昏君"的恶名,海瑞终于也理解了皇帝,听说皇帝死了,他如丧考妣,恸哭不止。嘉靖究竟是"昏君"还是"明君"? 可以将他与后来的崇祯帝做一下比较。他是"用昏"而明,而崇祯则"用明"而昏,一个"不治"而治,一个图治而亡,一个能留海瑞,一个难容袁崇焕,相比之下,显然崇祯离"明君"的差距较大。这是与本剧无关的闲话。

能把历史写到这种程度,我总觉得是个奇迹。和平很有抱负,总想为我们的民族写点新东西,我认为,在这部电视剧中他做到了,他确实为我们的民族与历史争得了一份荣誉。

"父母官"概念应进历史博物馆

　　谁是民之"父母"？以现代眼光说,父母就是父母,不存在父母之外的别的什么"父母"。但是在传统中,并不是这样,老百姓还有一群社会性与政治性的"父母",这就是皇帝与治民的地方各级官吏。帝王是全国的大父母,地方官吏相对是小父母。总之,一大群父母横卧在老百姓的头上。直到如今,不少人常常把基层官吏称之为"父母官",听起来很亲切。最近看到一位大官和大的媒体,在谈到地方官时依然这样称呼。当然这是老词新用,也不必细究。不过我总感到这里边还是有值得再思的余地。这类称呼与公民社会应该说是格格不入的。再思,就要从老话说起。

　　在中国古代,宗法制度是君主制度的源头之一,所以在某种意义上宗法制度是君主制度的母体和原型。因此,在文献中,标明君主称谓除了王、君等外,主要有"后""君父""宗""宗主"等。最古的君主是以血缘宗族大家长的名分行使政治权力的。夏商周三代大大小小的君主皆以"君父"自居。祖宗崇拜、血缘亲情、宗法道德及由此衍生的心理上的从属感,成为专制王权最初的操纵工具和臣民文化的起点。

　　说到父母自然温情脉脉油然而生,君主作为"君父"也确实有其保护族人的一面。但是我们也要充分注意,古代是父权制,宗法价值观的核心是父家长崇拜,以此为基础形成的君权观念,必然把君权至上奉为最重要的价值尺度。于是,家庭伦理与政治伦理合一,忠与孝成为道德准则。"事君以敬"与"事父以孝","君命不二"与"违命不孝"相辅相成,是为社会所公认的行为准则。

　　"君父""子民"是传统政治关系中一个重要的固定观念模式。春秋战国以后,政治体制发生了很大变化,但"君父"观念历久而不衰。汉以后,儒家思想长期居于统治地位。"君父""子民"观念成为政治理论的基础之一,成为普遍认同的社会政治意识,帝王是天下之父母,"夫臣之事君,犹子之事父,欲全臣子之恩，一统尊君"。后儒对这一套思想作了进一步的阐释。君主是天下的大父母，临民的地方官就是更直接的父母，于是俗称为"父母官"。

其实先秦法家早就指出，君主与臣民，官吏与老百姓根本没有父子之亲，哪来的父母之爱和"爱民如子"？父子兄弟之间有时还计较利益，说君王、官吏与老百姓之间犹如父子，是根本靠不住的。清朝一位较真的人，对历史上所谓清官进行了一次考察，很可怜，在他看来能称之为清官的不过数十人而已。这对唱"父母官"高调的儒家无疑是泼了一盆冷水，"三年清知府，十万雪花银"应该是比较接近实际的。唐代杜荀鹤有一首描述县太爷的诗："去年曾经此县城，县民无口不冤声。今年县官加朱绂，便是生灵血染成。"县官未必都是这么狠毒，但应该说，"克剥"是"父母官"的主要形象。

法家认定，无论是君主，还是官吏，说他们对民如同父母，是不可能的，是不真实的，是花言巧语。他们认为不要把社会秩序的维系寄托在官吏的"爱"上，最实际的是依法行事，谁都不能违反法律规定。因此法律要详细，要公开，上下要"一断于法"。官吏执法，百姓守法，如果官吏不按法律行事，民可以告官。由此他提出另一种说法："法者，民之父母也。"这与官吏为民父母形成截然不同的两种思路。

以官吏为民父母强调的是人治和官吏个人的道德作用，以法为民父母强调的是法治和普遍性的社会规范。从政治的职能来说，法对维护社会和公共秩序，显然比官吏的个人品质和道德更有作用和意义。从历史上说，大家颂扬的清官有一项是共同的，即铁面无私，执法如山。可见清官也要以执法为条件。

进入宪法与公民社会，上述两种说法都过时了，相比之下，官吏为民父母更陈旧。当然把法说成民之父母，也不尽适当。因为公民有权提议立法，甚至修宪，需要公投时公民有表决权。从这个意义上说，公民是法律的父母，因为依照一定程序公民可以立法、可以修正法。但从维护社会秩序角度和自己权利而言，公民依靠的是法律，在法律面前人人平等，在这个意义上说"法者，民之父母也"，还是有一定道理的。公民要靠法维护自己的权益，而不是官吏的恩赐。当然官员的品质无疑是十分重要的，"清廉有为的公仆"比"父母官"更切近时代的要求。

"父母官"这个概念应该进博物馆了！

原载《今晚报》，2009 年 8 月 27 日，第 21 版

特色鲜明　启人心扉——《史学导论》读后①

　　这几年,我国已有多种史学概论的专著相继问世。最近,陕西人民教育出版社又推出了姜义华、赵吉惠、瞿林东、马雪萍四位同志撰写的《史学导论》一书。读过之后,觉得它确是一部特色鲜明,又能启人心扉的佳作。

　　视野开阔,是该书的第一个特色。这首先表现为它对"中国与世界史学发展的丰富实践",对"当今传统的与现代的、东方与西方的史学理论与史学方法五光十色的开拓、创新与发展"给予了全面关注。②本来,全面反映世界范围内的史学重要成就和最新成果理应是史学概论的基本任务之一,然而有些著作对此做得并不够。其一,这些著作一般采取"史"(史学史)、"论"(历史唯物论的相关部分与史学基本理论)、"法"(史学方法)截然分割的论述方式,往往只在"史"的部分以一章半节的篇幅大致勾勒国外史学的粗略脉络,而以绝大部分篇章"以我为主"地说"论"道"法",这就从总体上给人以中外比例失调、畸重畸轻之感。其二,这些著作大都未能将较新的史学信息充分反映出来。

　　《导论》的明显不同,一是采用了"史""论""法"三者有机结合的论述方式——几乎在每一章节中都从其主题的中外之史分析开始,再由此引入自己的看法。这既不影响充分表述自己的见解,又用了适量的笔墨介绍古今中外的重要史学成就。可以说,无论是孔夫子、司马迁、刘知几、梁启超、李大钊、郭沫若、侯外庐,还是希罗多德、修昔底德、伏尔泰、兰克、克罗齐、梅林、普列汉诺夫、布哈林……读者都能在相应章节中看到这些学者从不同层面对史学的贡献。加之它对较新成果的格外重视,如评述《新编剑桥近代史》第13卷中"历史的连续与变化"的观点、介绍白寿彝、罗尔纲两位学者对历史著作"编撰构架"的新探索等(分别见绪论第二节和第四章第一节)。这自然比其他一些

----

　　① 本文与叶振华合作。
　　② 《〈史学导论〉引言》。

著作要全面得多。

这一特色的另一表现是对研究内容的进一步拓展。如论史学功能,其他著作多仅着眼于史学对社会的影响,《导论》则又考察了它对科学发展的作用(绪论第三节)。谈史学方法,其他著作多评介分析与综合、归纳与演绎、具体与抽象、历史与逻辑等人所熟知的方法;《导论》则又论述了近年引进的计量、结构分析、整体与跨学科研究等新方法(第二章第三节)。讲历史学家的工作,《导论》不仅强调个体"独断之学"的重要,还分析了群体联合研究的意义(第五章第二节)。此外,其他著作一般仅仅总结过去与现在,《导论》则又对史学发展的未来趋势做了展望(第五章第三节)。如此等等,都使史学概论的研究内容更为广泛丰富。上述两方面,不仅表明《导论》视野的开阔,同时也拓宽了读者的眼界。

观点新颖,是本书的第二个特色。这也体现在两方面,一是通过借鉴其他学科的新成果形成自己的新看法;二是从新的角度探讨本学科的老问题而引出新结论。

前一方面,可以论历史思维形式中的"直觉思维"问题为例说明。同类著作中对历史思维形式问题无专门研究,有的只是在论其他问题时稍稍涉及形象思维与逻辑思维两种形式。《导论》除了更详尽地阐发了这两种形式的特点、功用之外,又提出了"直觉思维",与之赫然并列,鼎足而三。

当然,在近代史家中也有人觉察到历史研究需要"直觉",如德国的兰克和我国的梁启超。不过他们对什么是直觉,以及它如何在历史研究中发挥作用等问题未做任何说明, 只停留在感性认识阶段[1]。对此颇感兴趣的是哲学家。在西方如亚里士多德、笛卡儿、斯宾诺莎、莱布尼兹、柏格森等,均发表过各自不同的见解。我国哲学界则是近几年才开始讨论这一问题,学者们对直觉的特征、本质等方面提出了不少看法,其中也有些问题,如直觉与"灵感"是否同一,能否将其归入"思维"范畴之中等,尚无定论[2]。

《导论》显然从这场讨论中得到一些借鉴,但又根据历史认识的特殊情况做出了自己的新论断。作者认为,直觉就是俗称的"灵感"或"顿悟",它作为一种创造性的思维方式存在于历史思维之中。当仅靠形象思维、逻辑思维两种

---

[1] 参见《现代西方史学流派文选》中迈纳克文及《中国历史研究法》第六章。

[2] 参见冒从虎等编:《潜意识·直觉·信仰》,河北人民出版社,1988 年。

方式难以索解某些历史问题,"形成巨大精神压力之时",历史认识者的"潜在认识能力"往往会与历史实际的"潜在能量"发生撞击,于是直觉思维便释放出来,促使一些难解的历史之谜豁然而解。另外,作者还指出,直觉思维要在历史认识中起作用,必须以另两种思维的"长期活动和不断积累为其基础",同时还要靠另两种思维的"后续活动"来修正、补充、证实自己的判断(第一章第二节)。

可以说,《导论》对直觉思维所形成的客观条件、主观因素、它的作用、局限,以及与另两种思维形式的关系等等的论述是恰如其分的,我们表示赞同。不过,对其中的一个提法,即直觉思维"不可能经常地、普遍地起作用,但却是历史思维不可或缺的一个组成部分",尚感论述不甚充分,在此略作补充。

我们以为,直觉思维具有突发性、短暂性和创造性三大特点。由前两个特点所决定,它在某一次历史认识中相对其他两种思维说来,所起的作用确乎是不经常不普遍的。但若从社会全部和整个历史认识的过程考察,由第三个特点所决定,只要认识主体的研究活动是不断创新的,那他们就必然会时常为一些百思莫解的问题所困扰,也就需要直觉思维来发挥作用。甚至很多历史研究选题的确定那最初一瞬,都有依靠直觉的可能。王国维在《人间词话》中曾借三首宋词之句生动地描述了学术研究的三层境界, 其第三层所引的"众里寻他千百度,蓦然回首,那人却在灯火阑珊处",就可以说是对直觉、灵感的形象表达。王氏认为只有做"大学问"者才可体会这种境界,其实,只要是认真去探索别人没有探索过的历史问题者,谁没有品尝过这种滋味呢?这样看来,又可说直觉思维在经常普遍地起作用,而它之所以在历史思维中"不可或缺"的原因也在于此。这些补充未必妥当,这里提出,意在向《导论》作者及其他同志讨教。

对新问题、新观点的论述不很充分并不足怪,重要的是,《导论》为我们打开了思路:史学理论的研究者不是经常在谈史学与其他学科的密切关系吗?但近年来讲吸收"老三论""新三论"等自然科学的新营养者多了。对与史学关系更为直接的哲学社会科学的重视反倒有减弱的趋势,而《导论》恰恰在这方面做出了可贵的新尝试。除在历史思维形式中引进直觉思维外,它又在历史认识阶段中从哲学界引进 "知性认识",在历史认识层次中从经济学界引进"中观研究"等新概念以丰富和更新史学理论。这些,也都做得相当成功。只是限于篇幅,这里难以一一评介了。

后一方面,以历史本体与历史规律问题为例稍作分析。其他同类著作论及这一问题时,侧重于阐释经典作家们反复论证过的一些历史唯物论的基本原理,《导论》却从人类对自身及历史本质的探索这一新角度进行了考察。在本书的第三章,作者首先为我们描绘了一幅历史画卷:自古以来,“人为了认识自身的本质”,就在不断努力地去“探究人类历史的本质,探索历史的本体及历史发展演变的内在规律”。然而,在旧的经济基础、旧的社会条件之下,人们的认识能力也不能不为其所囿,直至封建制度社会崩溃前,人们追寻到的历史本质只能是“充满神秘主义的假象本质”。随着商品经济的不断发展、大工业的产生,资本主义所有制取代了封建所有制,逐渐“开创了真正的世界史”,也使人们的认识能力有所提高、认识范围大大拓展。当然,由于资本主义在带来生产力与社会财富巨大增长的同时,又造成了劳动和人的本质的“普遍异化”,所以在很长一个时期内,人们所认识到的历史本质也只能是在人的“抽象化”或“物化”下的“变形本质”。虽然它将人的认识从宗教神学的桎梏中解脱出来,使人“回归于人自身”,“推进了人对于历史本质即对于历史本体与历史规律的认识”。历史毕竟还要前进,大工业还要向新的高度发展,资本主义这一“比较完全意义上的私有制”的各种矛盾终于充分暴露,因之也就产生了消灭它的现实运动——共产主义运动。这一运动的目的“是私有财产即人的自我异化的积极的扬弃”,它使人们理解“历史运动的全部”和认识“历史的全面本质”成为可能。马克思就是在这种条件下,对前人的认识成果进行了全面总结与扬弃,从而阐明了“历史唯物主义的方法”,创立了“社会经济形态及社会形态学说”,并从社会内在矛盾(特别是生产力与生产关系、经济基础与上层建筑的关系)的发展,来论证新旧交往形式的更迭交替,等等。这些,都为进一步“认识历史发展的各种规律”开辟了一条科学的途径,也为进一步认识历史的全面本质做出了迄今为止无与伦比的贡献。

如果叙述仅止于此,那不过是把别人的“论”改成自己的“史”,单纯变换一个角度罢了,并没有得出什么新结论。《导论》的新,在于其又通过逻辑与历史的分析得出下述论断:由于对历史全面本质的认识是同以对“人的自我异化的积极扬弃”为目的的共产主义运动紧密联系在一起的,因而,只要这个运动尚未终止,那么,人们的这种认识也就不会完结,马克思对这种认识所做出的贡献,也“仅仅是一个开端”。事实上,在马克思逝世后百余年来的新的历史条件之下, 人们一面继续运用马克思的学说去努力探索历史的全面本质,使马克思主义的历史哲学不断充实、丰富和发展;一面又针对这一历史哲学"基本构架及主要范畴"中的许多问题展开了激烈的论争。这也在表明,对历史的全面本质的探索,依然"是一个正在持续的过程"。

这里的结论虽然是一个简单而平凡的真理,可是由于长期为人们所忽视,自然也就格外新颖了。而且,它还具有一定的现实意义。把马克思主义已有的认识成果看作是"开端"还是终点,实质上牵涉到把马克思主义是当作一种原则还是一种教条,是当作一个对人类各种新的认识不断开放,还是对这些认识一概排斥的僵化、凝固、封闭的理论体系等重大问题。仅就史学领域而言,围绕着是以马克思主义还是以形而上学的态度、立场、观点、方法去对待一切历史问题(其中包括马克思主义理论本身)的论争至今仍在各个方面和以各种不同的形式表现出来。《导论》所坚持的,正是彻底的历史唯物主义。

探索深入,是本书的第三个特色。对此,我们就三个问题来谈。

其一,关于历史认识的基本特征。这是近年来史学理论领域众所瞩目的问题之一,也是本书的理论核心所在。在此作者提出了"三极能动统一结构"的观点。他们认为,在历史认识中,无论主体(历史认识者)、中介(历史资料)还是客体(历史事实)"都是相对独立的实体,是各自具有独立品格的客观存在"。另外,三极中的每一极又都"积极地能动地作用于其他两极"。历史认识的过程实际是主体通过中介达于客体而"在社会实践及历史科学研究实践基础上"的统一(第一章第一节)。

把历史认识的客体看作客观存在,或无异议,而对其他两极也作如是观,就可能引出疑问:主体和中介明明具有主观因素,怎能说成是客观存在呢?这并不难理解。只要是有意识的人的活动,就必然会有某种主观意向蕴含其中,但人的一切活动,又均可成为他人的审视对象。这时,无论是活动的人或活动过程、活动结果,在审视者的眼里又都是客观存在物。《导论》的作者正是把历史认识的三极全部作为自己的审视对象的。这里虽使用了"客观存在"的概念,却并未否定内中任何一极的主观因素。

在论及历史认识的三极关系时,有过两种倾向:一种是只强调主体对中介和客体的积极能动作用,而忽略了客体对中介、对主体和中介对主体对客体的制约作用。另一种是只强调三极之间的矛盾对立而忽略了它们的统一。前一倾向因容易夸大认识主体的能动性而误将历史认识看成是不受任何约束的随心所欲的活动,后一倾向又容易因误以主体不能认识客体而流于历史不可知论。

《导论》不仅充分注意到历史认识三极之间交互能动与交互制约的关系，肯定了历史认识是一种既有一定随意性、又不得不为某些内外因素所限的活动。同时，还注意到三极之间既矛盾又统一，肯定了历史认识是一个矛盾不断产生又不断解决、并逐渐接近客观真理的过程。这就避免了前述两种倾向的偏颇，是对历史认识的基本特征全面而深入的把握。

其二，关于历史著作语言表述的美学要求。虽然其他同类著作并没有用"美学要求"的概念来表达这一问题，但几乎每部著作又都曾论述及此。由于大多著作只是围绕着"生动""简练"等要求做文章，所以就显得对此问题的研究再难以深入，只好老生常谈了。《导论》的作者却正是在此处显示了功力与匠心。他们较为细致地分析了前人的有关理论，总结出"真实之美""质朴之美""简洁之美""动态之美""含蓄之美""力量之美"和"形象之美"七种要求，并对其特点一一做出说明(第四章第二节)，使较为抽象的原则化为相对具体的内容，也使对此问题的研究前进了一步。如果作者能够再对今人著述的语言之美的实践和对论说性著作的语言之美加以总结，那就更好了。

其三，关于我国当代史学的"弱点"。史学概论的重要任务之一，就是要促进历史研究水平的提高。而要真正完成这一任务，必须注意两方面的问题——总结成就与批评不足，特别是批评现阶段的不足。在某种意义上，后者比前者更重要。因为，只有使史学工作者充分认识到目前的不足，才能彻底克服它而去开创新的未来。中外史学史上成功的史学批评家大都坚持了这一原则。然而，长期以来，由于我国政治生活中的民主机制不十分健全与不十分完善，在社会上形成了一种多讲成绩、少讲缺点，甚至是只能说好，不能说坏的恶劣风气。这种风气渗入史学领域，就表现为正常的史学批评与辩难难以充分开展(特别是对一些重大理论问题)。《导论》在充分总结、肯定我国马克思主义史学自形成以来所取得的巨大成就的同时，又批评了其四种弱点，并对这些弱点所产生的社会历史原因做出较为中肯而深入的剖析(参阅第五章第三节)。这是相当难能可贵的。

以上的三个特点在本书所论的一些具体问题中是相互交融的，并非有的问题只新不深或只深不广。此外，如果从更多的角度去考察本书的话，我们还可于中领略其强烈的历史感、哲理味与时代性等特色。

最后要指出的，是本书在技术细节问题上的不妥与错误。其一，涉及学者简介时,应在其首出处注明生卒年等,而不当在后出处注。如赫尔德,33 页已注,223 页不当再注;杜威,应在 131 页注,而不当在 132 页注;卢奇安,应在 274 页注,而不当在 293 页注。其二,外国人译名当统一。如同一德国学者,88 页作"李凯尔特",229 页作"李凯尔德"。其三,校勘欠精。如 113 页,"在艺术创作中,……所要求达到的目标是历史的真实,在历史认识中则不行。这里所要求达到的目标是历史的真实。"前一"历史",显应为"艺术"。223 页,赫尔德的英译名中的"Johamm"误,当作"Johann"。272 页"日本珂通那世"误,当作"那珂通世"。从总体上讲,这些小疵是不足掩大醇的。

原载《复旦学报》(社会科学版),1990 年第 5 期